中国易学文化传承解读丛书

四柱真经

子平真诠经义解

万公论命诗诀解

喜忌篇继善篇解

徐伟刚 评注

中国商业出版社

图书在版编目(CIP)数据

四柱真经／(清)沈孝瞻,(清)万民英,(清)徐大升编著. — 增订本. — 北京：中国商业出版社, 2012.5

ISBN 978-7-5044-7617-3

Ⅰ.①四… Ⅱ.①沈… ②万… ③徐… Ⅲ.①命书—研究—中国 Ⅳ.①B992.3

中国版本图书馆CIP数据核字（2012）第053573号

责任编辑 许延平

中国商业出版社出版发行
010-63180647 www.c-cbook.com
(100053 北京广安门内报国寺1号)
新华书店总店北京发行所经销
北京明月印务有限责任公司印刷

*

710×1000 毫米 1/16 开 23.5 印张 347 千字
2012 年 8 月第 1 版 2012 年 8 月第 1 次印刷
定价：48.00 元

* * * *

(如有印装质量问题可更换)

《中国易学文化传承解读丛书》
出版前言

中国传统文化以诗、书、易、礼、春秋为源头经典。《三字经》上曾讲"诗、书、易，礼、春秋，号六经，当讲求"，又说"有连山，有归藏，有周易，三易详"。在这六种（其中礼，有周礼、礼记二种）经典中，又以易经为最重要的经典。儒家将其列为群经之首，道家将其列为三玄之冠。因此，武汉大学哲学学院博士生导师唐明邦教授将易经称之为"中华文化的源头活水"。

易经文化的传承，一向分为两大部分，一部分是义理的传承，主要从哲学、政治学、社会学、伦理学等人文科学的方面进行阐释、发挥，以指导现实社会发展的方方面面；另一部分就是数术的传承，主要从未来学、预测学、咨询文化的角度进行阐释、发挥，乃至创新、改造，以适应现实社会生活和各色人等的心理咨询需求。

该套丛书，虽然也有部分文章着重从义理方面进行阐发解读，但大部分著作主要是从数术角度进行传承，进行解读。这十几部书涉及到数术中的绝大部分种类，既有古代称之为"三式"的太乙、奇门、六壬，又有八卦、六爻、梅花易数以及四柱命理等，都是作者近几年最新的研究和实践成果。

数术文化，源远流长。中华传统文化从本质上讲是一种没有宗教的文化（所谓本土宗教道教，也是在佛教等外来宗教传播的形势下，才以道家老子为鼻祖而新创的一种宗教），而易经数术文化在中国历史上在一定意义上发挥着"准宗教"的作用，起着抚慰广大人民心灵的作用，换言之，发挥着社会心理学的作用。这就是它"野火烧不尽，春风吹又生"，能够顽强生存下来，得到持久传承的原因。即使到现代科学如此昌明的今天，有人称之为电子时代，信息化社会，但它不仅未能消亡，反而仍然在生生不息地传承着。

当今社会上人们对数术文化有着不同见解和看法。有人将它斥为"封建迷信"，有人将其视为"预测学"或"民俗学"，也有少数人盲目痴迷它，但大多数人处于不了解的状况。

为了使广大读者能够深层次地了解传统文化中的数术文化，以便独立地确定自己的意见和见解，我们出版了这部"中国易学文化传承解读丛书"，参与解读的作者提供的都是个人研究的心得和实验的成果，正确与否，只是一家之言，一得之见。广大读者可以从中辨别真伪，或赞同，或批判，或质疑，或否定。

本丛书的很多内容讲的是预测及占筮技术。对此，我们比较赞同著名作家柯云路先生的观点，他在给本丛书之一的《梅花新易》一书的序中写道："占筮技术在当今的实际应用则是该谨慎的。一个，是因为这种占筮技术本身的作用还是有其限度的，现代人该更多依靠科学决策。另一个，这一行良莠不齐，很容易给各种江湖骗子可乘之机。所以，对于一般大众来讲，我的告诫常常是：命一般不算，起码要少算。算错了，被误导，就真不如不算，那很有损害。而要真正使自己活得好，倒是该从大处掌握《易经》中的道理，那就是乾卦讲的'天行健，君子以自强不息'，还有坤卦讲的'地势坤，君子以厚德载物'。大的道理是十分简易的，再加上做事中正，为人诚信，与时偕行，知道进退，《易经》的大道理就都有了"。

目 录

简　介 …………………………………………………… (1)

上篇　子平真诠经义解

一、写作缘起 …………………………………………… (2)
二、评注凡例 …………………………………………… (5)
导论一、定格研究的歧路 ……………………………… (7)
导论二、从《子平真诠》古例看如何定格 …………… (9)
导论三、论月令主气定格的原理 ……………………… (11)
导论四、驳"干透支藏"作为优先定格的谬论 ……… (15)
导论五、格局论之定格与日主中心论 ………………… (16)
导论六、品格 …………………………………………… (18)
导论七、格局论能干什么？ …………………………… (19)

原　序 …………………………………………………… (20)
第一，论十干十二支 …………………………………… (21)
第二，论阴阳生克 ……………………………………… (23)

1

第三，论阴阳生死 ………………………………………… (25)

第四，论十干配合性情 …………………………………… (27)

第五，论十干合而不合 …………………………………… (30)

第六，论十干得时不旺失时不弱 ………………………… (32)

第七，论刑冲会合解法 …………………………………… (36)

第八，论用神 ……………………………………………… (38)

第九，论用神成败救应 …………………………………… (43)

第十，论用神变化 ………………………………………… (51)

第十一，论用神纯杂 ……………………………………… (56)

第十二，论用神格局高低 ………………………………… (57)

第十三，论用神因成得败因败得成 ……………………… (62)

第十四，论用神配气候得失 ……………………………… (63)

第十五，论相神紧要 ……………………………………… (66)

第十六，论杂气如何取用 ………………………………… (69)

第十七，论墓库刑冲之说 ………………………………… (74)

第十八，论四吉神能破格 ………………………………… (76)

第十九，论四凶神能成格 ………………………………… (78)

第二十，论生克先后分吉凶 ……………………………… (79)

第二十一，论星辰无关格局 ……………………………… (82)

第二十二，论外格用舍 …………………………………… (85)

第二十三，论宫分用神配六亲 …………………………… (87)

第二十四，论妻子 ………………………………………… (88)

第二十五，论行运 ………………………………………… (91)

第二十六，论行运成格变格 …………………………………… (96)

第二十七，论喜忌干支有别 …………………………………… (99)

第二十八，论支中喜忌逢运透清 ……………………………… (100)

第二十九，论时说拘泥格局 …………………………………… (102)

第三十， 论时说以讹传讹 …………………………………… (104)

第三十一，论正官及取运 ……………………………………… (107)

第三十二，论财及取运 ………………………………………… (117)

第三十三，论印绶及取运 ……………………………………… (130)

第三十四，论食神及取运 ……………………………………… (140)

第三十五，论偏官及取运 ……………………………………… (146)

第三十六，论伤官及取运 ……………………………………… (155)

第三十七，论阳刃及取运 ……………………………………… (164)

第三十八，论建禄月劫及取运 ………………………………… (170)

第三十九，论杂格 ……………………………………………… (180)

中篇　万公论命诗诀解

一、论甲乙 ……………………………………………………… (190)

　　春木 ………………………………………………………… (190)

　　夏木 ………………………………………………………… (199)

　　秋木 ………………………………………………………… (202)

　　冬木 ………………………………………………………… (211)

3

二、论丙丁 ...... (214)
　　春火 ...... (214)
　　夏火 ...... (217)
　　秋火 ...... (222)
　　冬火 ...... (226)

三、论戊己 ...... (229)
　　春土 ...... (229)
　　夏土 ...... (234)
　　秋土 ...... (238)
　　冬土 ...... (244)

四、论庚辛 ...... (246)
　　春金 ...... (246)
　　夏金 ...... (252)
　　秋金 ...... (254)
　　冬金 ...... (257)

五、论壬癸 ...... (261)
　　春水 ...... (261)
　　夏水 ...... (267)
　　秋水 ...... (272)
　　冬水 ...... (276)

下篇　喜忌篇继善篇解

一、喜忌篇注解 ……………………………………………（280）

二、继善篇注解 ……………………………………………（302）

杂篇　命理随笔

一、论命先观气象规模 ……………………………………（324）

二、格局论框架 ……………………………………………（324）

三、格局论中的常见败格真机 ……………………………（324）

四、神目如电——格局论发展中的数种谬论 ……………（325）

五、八字格物论 ……………………………………………（326）

六、从格局论到格物论（1）………………………………（326）

七、从格局论到格物论（2）………………………………（328）

八、集大成八字命理的简单思考 …………………………（329）

九、八字命理如何研究？ …………………………………（330）

十、你的实践能创造理论吗？ ……………………………（332）

十一、理在占先——如何鉴别命理学说之真伪 …………（333）

十二、八字主要到底算什么？ ……………………………（336）

十三、高人算命指点迷津讲什么 …………………………（337）

十四、"面授"什么？教授"真机" ………………………（338）

十五、妙手偶得"福如东海"之佳名 ………………………… (340)

十六、一份起名原理简要分析书 …………………………… (342)

十七、起名改名要有想像力 ………………………………… (345)

十八、择吉求子　富贵由我 ………………………………… (346)

十九、择吉生子造命求福流程 ……………………………… (347)

二十、一份真实策划择吉生产方案 ………………………… (349)

二十一、准，是应该的 ……………………………………… (353)

二十二、明理保证预言成真 ………………………………… (354)

二十三、客观评价徐乐吾先生 ……………………………… (355)

二十四、拼命 ………………………………………………… (357)

二十五、淘汰 ………………………………………………… (357)

二十六、学生余海平学易成功创业之路 …………………… (358)

二十七、各人头顶一片天 …………………………………… (359)

后　记 …………………………………………………………… (362)

简 介

《四柱真经》一书，主要收录了《子平真诠》、《万公论命诗诀》、《喜忌篇》、《继善篇》等子平命学古籍经典，我对这些经典加于了一一评注，旨在让当代子平爱好者们回归传统，重读经典，找到子平命学的一条传统正路上来。

本书的主要子平四柱论命思想，还是以传统命理"格局论"为主，描述出传统命学经典中格局论的本来面目，建构起一个有章可循、有法可依富有逻辑层次的论命体系来。大概而言，《子平真诠经义解》这一部分就是依十神符号为基础，以日元为主，以月令为用，根据月令主气人元定出吉格、凶格之分，然后根据吉凶格之喜忌原则，寻找出成格、败格的线条，依之来评判一个命局的好坏高低来；且将此原理顺延，用于推算大运流年的吉凶事端，从而完整描述出子平格局论的普适性一般原理，建立起格局论的基本框架。至于《万公论命诗诀解》，则是在格局论一般原理的指导下，将格局论从以十神为语言的论命角度上进行延伸，与具体的干支结合起来，结合十干日主天性，放到春夏秋冬十二个月令当中，再考虑日元坐支、时辰干支，进行格局论在具体干支命局上的详细演绎，从而全面论述了格局论在具体支干命局的应用。如果讲《子平真诠经义解》是讲述格局论的原理书，那么《万公论命诗诀解》就是格局论的方法论；如果讲《子平真诠经义解》主要是依十神语言来描述格局论，那么《万公论命诗诀解》则主要就是从干支语言角度来讲述格局论的具体运用；两书合璧，则子平命理格局论在原理与方法、十神与干支、格局与岁运等方面，无疑进行了完美的结合，打造出一个命理格局论的完整体系了。

子平命理中有无数的千经万论，但究其源头，所有经论都出不了《喜忌篇》、《继善篇》这二篇命理赋论。这是因为，古今子平命书无数，所论都不出了命学祖宗书《渊海子评》一书，而《渊海子评》一书中，其书综论中就是将《喜忌篇》、《继善篇》此两赋文置于全书的首位。于此可见，《喜忌篇》、《继善篇》这两赋确是子平命理学中源头所在、大纲所在，正是据于此两赋在命学中的特殊地位，我对此两赋作出注解也在情理之中，通过此二赋所论，大家就可以找到子平命学的根本所在了。

　　在本书杂篇章节中，收录了我近期的一些命理短文，从中反映了近年来我对子平命理研究的一些最新想法与观点，旨在让读者了解更全面的子平正统格局观。

上 编

子平真诠经义解

原著：沈孝瞻　评注：徐伟刚

一、写作缘起

自拙著《八字正解》（现名为《子平正解》，2009年由中国商业出版社重版，以下简称为《正解》）一书在2004年10月出版之后，海内外命学界掀起了一轮以传统格局命理学说的命学研究风潮。这种风潮就是子平研究者在《正解》一书的基础之上，重新开始来真正地审视传统命学中格局学说了，由此自然而然地对相应的一些传统经典命学进行重读与研究，《子平真诠》此本讲述格局的经典命学又开始让命学研究者们真正重视起来了。

我的《正解》书，从学术的根源来看，的确是以《渊海子评》、《三命通会》、《子平真诠》、《神峰通考》等古命书为依托的，其中我的《正解》书中讲述格局的基本理论框架就是从清代沈孝瞻所著《子平真诠》中发掘出来的。换言之，《子平正解》一书基本上是继承了《子平真诠》一书的核心论命思想与体系，看了《正解》一书后想对格局论命理论进行全面更深入地研究与了解，则是一定要去看研究格局学说的古命理原著《子平真诠》一书的。

关于沈孝瞻先生其人其事，我们现存的资料不是很多，仅知一二。在《子平真诠》的"原序"中可以了解到的是："先生讳燡燔，浙江绍兴山阴人，乾隆己未进士"。由此我们可以知道，乾隆己未年就是公元1739年，也就是乾隆四年，此年沈孝瞻先生考中进士。在江庆柏所著《清朝进士题名录》（上册，北京：中华书局，2007年6月第1版）中的记载中，说乾隆四年（1739）有恭榜，其中就有沈孝瞻中榜的名录，沈燡燔，赐进士出身二甲第82名。又在《民国德兴县志》卷六职官志中记载：沈燡燔，乾隆十六年（1751）在任。在此县志名宦中记道，"沈燡燔，浙江山阴人，以进士任，洁清自好，明而且勤，讼赎悉清，优礼文士，书院课艺，细加评削，厚给奖赏，文风为之丕振，著有文稿。"从这些有限的文字记载中，我们可以了解到，沈孝瞻先生是一个以进士出身有文化背景的地方官，重文勤政，洁身自好，基本算是一个清官、好官。就是这样的一个清代中叶的知识分子官吏，在业余时间研究八字命学，才给后人构建出一个论命的格局逻辑系统来，由此在清末以后的命学界占有一席之地。

沈孝瞻先生的命学手稿出来之后，后到乾隆丙申年，也就是在公元1776年（乾隆四十一年），浙江同里人胡焜倬从宛平沈明府公署内得到了这些手稿。看了这些手稿，胡氏以为其理尤精，所以，将之给同乡好友章君安看，章君安看了之后，不禁谓然赞叹道："此谈子平家真诠也"，其话的意思是，这部手稿真是子平命学家的真知正见啊。由此因缘，《子平真诠》这一书名才真正诞生了。章、胡两先生对此手稿非常肯定，所以发心要将此稿正式印刷出版，让其流行开来，一方面让沈孝瞻的命学理念广为天下知，另一方面又可以让天下学命者有一此书可以少走弯路，不入于迷途之中。正是有了胡、章两位先生的善心、善举，《子平真诠》这一命书才没有了失传之危险。

到了民国时期，民国命理学家徐乐吾先生给《子平真诠》一书作了评注之后，此书才真正开始面世广泛流行起来，成为所有八字研究者人人知道的一本重要命书了。我们今天看到的《子平真诠》一书，事实上已是《子平真诠评注》一书名了，所谓纯粹完本的《子平真诠》一书不多见了。《子平真诠评注》一书成了《子平真诠》书的流行版本样式了。

现在看来《子平真诠》一书作为研究格局论的经典作品，成也徐乐吾，败也徐乐吾先生；为何如此说来？《子平正解》一书告诉我们，研究中国八字命学，一定研究传统命理；研究传统命理，一定要研究格局命理。现代中国大陆格局命理入门书当首推《子平正解》，要想了解掌握透彻《子平正解》之底蕴，则必要研究《子平真诠》原本。《子平真诠》一书是清乾隆年间沈孝瞻先生的大作，由于其是古文之作，自民国以来，很多现代人限于不懂古文而读不明白本书的本义。徐乐吾氏由此作了评注本，旨在让世人了解《子平真诠》之义，惜徐乐吾本身没有搞明白《子平真诠》格局论本义，徒以日主身强弱之取用神法来混沈先生之格局用神义，方向全错，正是由于此书被民国徐乐吾先生作了误注误解后，从而让多少研究者读歪了此书的本来真实意义，误导天下所有研命者矣！！

　　为了帮助今天研命者了解格局论的本旨，同时也为了宣扬沈先生《子平真诠》一书的伟大价值，我于2008年戊子年特地找出时间来给沈先生《子平真诠》一书作评注，意在将沈公的本义宣达于当世以及未来，让所有的研究格局论者找到学术之本源，学有所本，理有所统，让格局论大明于天下！《子平真诠经义解》这本书的书名取法，缘于我对《子平真诠》一书极端之尊重，此书之价值在命学史上完全可以称得上经典作品，故谓之为"经"是理所当然的。我所作的评注与解释，就是要将此书作为命学经典推给于世人，将沈公的命学理念永远传播下去。

　　《子平真诠经义解》一书的写作，也是对《正解》一书的提升与补充，结合近四年来对格局论的理论研究与实践经验，正本清源，对《子平真诠》作出一个完美的阐释，让格局论在经典的基础上踏实前行。

　　到了今天，《正解》一书到已出版近八年了，国内研究格局论的人已慢慢多了起来，在网络上则早已是流行成风气了。这种可喜的局面，不能算是《正解》的成功，而是古法正统六格命理重现于当世的胜利，是近人向传统命理正法回归的标志，是传统经典于当代命学研究的重现指导价值的表现。

徐伟刚
2012年6月18日修订于北京

二、评注凡例

一、《子平真诠经义解》此书的写作基本精神就是四个字：忠于原著，真实客观地用白话文的写作表达方式来阐述沈孝瞻先生格局论的真实原意，不附会，不乱发挥，旨在完整地勾勒出《子平真诠》原著的本义。

二、《子平真诠》原手稿本分为39篇章节，徐乐吾先生的《子平真诠评注》将原稿本的39篇的本子分成了48篇，其分法主要是将原书中八格与取运分开单列出来（原书稿中的格局论与取运本是合为一篇的）进行评注，这样就在39篇的基础上多出了8篇，如此有了47篇，徐氏最后又附加了原稿本没有的"论杂格取运"一章节内容，由此形成了48篇形式的徐乐吾版本式的《真诠》评注本。现在据于尊重原著的出发点，也是为了方便研究者阅读理解原文原著的本义，我的这个评注本恢复了原39篇章节的形式，重新将格局论与取运放到一起，不再分开，以求完整系统。

三、本书评注具体的基本原则就是：对沈公原文中文意不明者，进行详加注解力图明白之；原文中简略者，进行全面展开说明详细之；原文中没有实例者，用现代实例进行解说进行补充之；原文中所举实例说明不太合拍于所讲命理者，用更好的现代实例来对应之；对原文中一些有待商榷的观点进行辩证分析之；对原文中一些章节前后内容不协调者，进行前后调整以求完整以统一之；此六项基本原则根本目的就是为了将沈孝瞻先生的格局论真义大明于天下。

四、本书写作没有参考相关的同类书，徐乐吾先生的《子平真诠评注》中的任何观点我没有任何借用或取裁，也没有对徐乐吾先生之误导误注作出逐一的批驳。前人之书，后人之台阶，没有徐乐吾先生的大力推荐，就没有今天《子平真诠》的流行，正是徐氏的这一功绩，使我不忍心对徐乐吾先生的评注中的谬误进行严厉的批驳。但是，据于学术研究的严肃性，我必须客观地指出，徐乐吾先生的《子平真诠评注》一书完全没有理解原作者沈孝瞻先生的格局论本义，其只能是徐乐吾先生本身命理观点的曲折表达。所以，徐乐吾先生的《子平真诠评注》一书的意义不在于此书的原文之上，而就在于徐乐吾先生的评注文中，这些评注文集中地反映了徐乐吾先生的基本命理思想、观点：以日主为中心，以身强身弱为基本命理原则进行分析命局。而沈孝瞻先生《子平真诠》原著的本意则是：以月令格局为中心，以格局顺用、逆用为基本原则进行分析命局大运。这两者之间巨大的不同，是所有研究者必须要认识到的，那就是绝对不能用徐乐吾先生的命理观点去理解沈先生的原文意义，这是错误的。

五、研究《子平真诠》者必须先要重视原文，要在研究原文原著的基础上，再来阅读研究评注。原文为经，评注为纬，只有将此原文与评注结合统一起来看，才能确实了解《子平真诠》格局论的真实本义。

六、《子平真诠》一书固然伟大，但其书在命论方面还不算完整，那就是没有论及女命与流年，是为此书的巨大遗憾处，所以研究者了解研究本书后，还必须参考其他命学经典来研究女命与流年。

七、《子平真诠》一书基本上是命理体系逻辑的构建，没有任何技法层面上的阐述，其只是命学"内功"的修炼，如何将此"内功"运用发挥出来，还必须学习命理语言向人生命运事实之间的"翻译"。但是，只要有了强大的命学"内功"，才有可能有真正的实战断命水平；只有有了正确的理论指导，才有可能进行正确的实践。《子平真诠》一书就是中国传统命学中的正统命理体系，学习它掌握它精通它，就必能找到学命研究与实践前进的正确方向。

导论一、定格研究的歧路

自我的拙著《子平正解》出版以来，格局论慢慢流行起来，研究者也慢慢多了起来。但是研究者一多，自然又是"百家争鸣"了，各种歧见迭出，格局的正理也会在某些格局"研究者"手里"变质""变味"了。

这里我先谈一下还是格局论的基础，这就是定格的问题。

本来，一个八字出来，按照《正解》一书的讲法，定格只以月令（寅申巳亥子午卯酉此八个月）主气就可以了。杂气月令按透干会支、从重者论这两个法则就可以了。

但是，现在的好多格局研究者好要"小聪明"，喜欢在定格此一原则问题上作变通，根本不顾及《子平真诠》中的全部古例取格的举例说明，也就是又将《真诠》一书读歪了。这几种歧见主要有如下数种表现类型。

一、定格局以官煞为主，将八字中出现的官煞作用超越月令，以为只要有官煞，就要放弃月令在八字全局的主导性，就要将八字全局去作官煞成格败格与否的研究。这种论八字全局视官煞重于月令的偏见，自然不是正论。八字之所以用月令主气来定格，主要是遵循从重者论的原则来的。任何命中的十神对日主要产生影响或如何影响，关键在于各自的力量而不是名谓。八字中月令主气是当权者，力量最大，当然要以之为中心来定格局属性。当知，《子平真诠》一书中从来没有任何一个例子会以官煞重于月令来定八字格局的。反而是，所有此书中的八字古例中凡有涉及到官煞的，都是以服从于月令格局来论的。比如印格见官、财格见煞之类。若按一个八字中"有官先论官，无煞方论用"的定格歪论，一个月令见印的八字中出现了官星，就不去依月令印作中心论，反而要月印去屈从于其他柱上的官星，这显然是将官星与月令的主次性进行了本末倒置，也显然是违背了《子平真诠》一书论格的本意。所以，可知在八字定格中将官煞优于月令主气来定格局，这是读歪《子平真诠》一书定格的一大歧见。

二、在定格当中，现在不少研究者喜欢以透干与否来定格，而将月令所有的主气定格进行"变化"。《子平真诠》一书中固然有"用神变化"一节来论格局的"变格"，但是原文的本意在于是"变格"必须有"本格"为之定格，也就是说真正的变格是很少的，就是变格了也是可以放在本格的变化中去作研究的。再看《子平真诠》一书所有举的格局例子，都是在本格上作的举例说明与研究，真正的变格几乎没有。也就是所有此书的格局古例，也全是按月令主气来定格作举例说明。也就是讲，《子平真诠》这本书的全部古例定格，作者沈孝瞻先生根本没有过以月令透干来定格划分格局类型的。所以，可知，以天干透露情况来定格也是一条定格的歧见。

三、在定格中，还有一种歪理是以为月令地支一旦逢六合、三合，则此格就难以月令主气来定格，因为月令地支逢合发生了变化。这种以为地支逢合就会改变地支性质的错误理念，实质上没有了解八字中地支六合、三合的本义。这是因为，在八字地支的三合或六合中，任何一个地支的本性都是不会轻易改变的。特别是月令地支正当天时，处于当权之际，如何会因一点小小的合力会变化自己的本性？这是不可能的事。比如甲生在申月，地支合子辰，此格原本是煞格。若以为地支三合局申子辰成水局，则此八字就成"印格"了，则就是以为申金月令完全变化了本性，不再是作本身的"庚金主气"了，而去作了"水局之气"了。这种见解大错特错，无论申金是否有三合或六合，其本性主气的庚金性质是不会变的。也就是甲生在申，地支见子辰合成水局，也还是七煞格，其会局则是煞格逢印、煞印有情的命格模式，是绝对不能将此格直接定位于印格来的。所以，可知月令地支逢合逢冲与否，都是不会影响其定格的基本性质。

四、在以月令定格当中，有的研究者还喜欢搞个什么"人元值日司令"的理论，以为在月令当中所藏的天干在一个月中分别司令当值数日，这就是寅月立春后戊土七日、丙火七日、甲木十六日之类的论调。有的人以为此是定格的天机，世上的人都不知道，就是古书上记载的东西也是错误的。只有他们师传上千年的人元值日口诀才是惟一对头的。关于人元值日司令的问题，《子平真诠》一书根本没有谈到，因为这根本不是问题。如果一定要讲是问题，那是好事者们无事生非的"瞎研究"。

《子平真诠》一书作为研究命理格局论的经典，固然有各种各样的不足，但是此书在论格定格方面的一些基本原则是不会错的。所以，按照《子平真诠》定格原理与所举古例，所有八字格局类型完全要以月令中的主气为定就可以了。任何在此定格基础上进行节外生枝的所谓"研究"都是歧路，不是论格定格的正道。

导论二、从《子平真诠》古例看如何定格

关于定格问题，这个是关系到格局论基本方向的原则问题。所以，对格局论经典作品《子平真诠》中相关古例作出格局判断是十分必要的。本来，定格不是问题，但正是研究者多了，以至这不是问题的问题要来特别作举例说明与研究了。

一本书的理论总是为实践服务的，也就是讲一本书的理论就是如何进行实践的基础，而实践则就是理论的最好说明。所以讲，一本书的理论与实践总是统一的。凡是在理论与实践不一的情况下，不是将理论读歪，就是在实践中引用的理论不是理论的本义。对于命书而言，这也同样成立。所以，对于格局论的经典《子平真诠》，要想整明白其书是到底如何定格的？也就是将八字到底如何进行划分格局类型的，最好的方法不是去说什么理，而是去看《子平真诠》作者沈孝瞻先生在格局论实例（举例说明）中是如何定的。所以，《子平真诠》到底如何划分格局类型，也就是八字到底如何定格？是不是定格中真要官煞优于月令？定格必要月令中透干为主？月令逢六合、三合是不是真要作改变月令基本格局面目的？定格是不是真要考虑人元值日的问题？对于这些现代流行的所谓定格"研究与发明"，我们只要看看《子平真诠》的若干古例就可以明白了。

在《子平真诠》"论正官"一节中，沈孝瞻先生举了如下例子：

薛相公命　甲申　壬申　乙巳　戊寅

注：乙木生在申月，沈孝瞻先生将此命归在正官格中论，显然是将本命定为正官格。但是若按以透干论定格的话，月令申金中庚官没有透出，只有申月令中壬印透出，则此格当为正印格了。可作者沈先生并没有这样定法。可知，以透干来定格，沈孝瞻先生是没有这种理念的，有这种理念的人，总是在作"研究发明"。

金状元命：乙卯　丁亥　丁未　庚戌

注：本命中丁生在亥月，沈先生也是放在"论正官"中作举例说明，可知，此命也是正官格。若按现在的定格歪论，此命月令亥中壬水没有透干，反而是命中亥月令逢年支卯、日支未合成木局作丁日主的印局，则此命因月令逢合，就当作印格论。可沈先生不仅没有将此命作印格论，还是将此作为正官论。对于命中的印局与时上庚财，作了年上印星与时上财星来配合月令亥中壬官的关系说明。可知，在沈孝瞻先生眼里，月令逢三合，也不能将此三合性质超越月令功能的，月令逢三合，定格论格还是必须要以月令中的主气来研究的。

在《子平真诠》"论正印"一节中，作者沈孝瞻先生就举了如下例子。

朱尚书命　丙戌　戊戌　辛未　壬辰

注：这个八字作者将它归于"论正印"一节中，显然是据于本命辛金日主生于戊戌月之故，也就是说本命就是理所当然的正印格了。可是若按现"有官先论官，无煞方论用"的研究观点，就是定格中先要看八字中有无官煞，有了官煞则必先论官煞，没有官煞了才可以讲月令用神定格的理念，则此命中年上就有丙戌自旺之官星，则此丙官就要优先于月令戊戌印了，则此格就要以官格来论了。很显然，这种定格理念观点与《子平真诠》沈孝瞻先生定格完全是两回事。在沈先生的脑子中，估计从来没有过这种分格定格的想法。这是因为，从《子平真诠》全书中所有的例子来看，从来没有这种定格论调的。

葛参政命　壬申　壬子　戊午　乙卯

这个命在《真诠》书的"论财"一节中。沈先生在月令子财与时上乙官之间，完全是以月令子水来定这个八字为财格，时上正官与财格配合，就是财旺生官的格局组合配置，根本没有什么"有官先论官"的意思。所以，这个例子与上个例子一样，无论是财格、印格中，出现的官星是不能用来作格局划分根据的。所以，凡是命中不在月令位置的官煞之星，首先要服从于月令这个中心定出的格局类型大框框，然后官煞来作为月令格局中的"配角"来研究其功用。

关于人元值日的问题，沈孝瞻先生在《子平真诠》根本没有涉及过，所以，这不是问题，不必再节外生枝去作研究了。

对于月令定格这个问题进行深入研究与探讨，这不是坏事，也不是一定要来说明哪一家的理论一定是对，哪一家的理论一定是错。本文不过只是在延续《子平正解》的定格基本理论，并且说明这种定格方法的确是实事求是从《子平真诠》中"依样画葫芦"出来的，也就是遵循沈孝瞻先生的定格本义去作划分格局根据的。如果信奉沈孝瞻先生《子平真诠》一书本义、原意者，则可以依这种格局理念去定格去作格局研究。如果不想遵循《子平真诠》一书格局理论，或者以为《子平真诠》一书在格局论方面有不足甚至有重大错误者，则完全可以不依此书的定格原则去作自己所认可的研究。换言之，信《子平真诠》书者，可以依我的定格方法去划分格局类型，简单清楚明白。若不信或怀疑《子平真诠》者，则完全可以别出心裁搞自己的一套定格方法，我没意见也不反对！

对于《子平真诠》这本书，我以为其是格局论的经典。所以，我对《子平真诠》这本书基本态度就是"信受奉行"，不曲解此书，不怀疑此书，肯定此书所构建的八字格局论基本体系的正确性。本文写作就是要继承本书的基本理论，将格局论研究的基本方向问题搞清楚搞明白，从而让有缘者顺着《子平真诠》这本书的基本体系进行格局论的深入研究。

导论三、论月令主气定格的原理

对于月令主气定格，在《三命通会》中早有定论。但是，现代人好自作聪明，格局论流行当中，就出现了所谓以"值日人元"来定格的谬论。事实上，这种谬论早已让万民英先生批驳过了。这里我老生常谈，再来讲讲其中之原理。

对于月令主气定格的原理，必要从天人合一的高度去才能正确认知，这是因为八字命学本质上是由天道来知人道的一门学术，天道立，人道生，人道必合乎天道。所以，八字之原理，必然要从天道造化的角度去理解之。

对于月令主气定格原理的了解，先要明白一个先决的根本性原理，那就是八字论命模式中先贤为什么要立"以日为主"的问题。对于这个问题，事实古人早就谈过，只不过现代命理研究者漠不关心而已。

其次，月令主气定格原理的了解，还要明白一个事实，就是"岁功"的演化现象与基本规律，只有了解了这个问题，才能了解月令为什么定要主气定格的原理了。

对于这两个前提原理的研究与论证，我在八字新著中通过对八字经典赋文"喜忌篇"、"继善篇"的一些开篇赋文中作了注解性的说明，在新著没有出版之前，我就将这些文字引来，以来力证八字月令主气定格的正确性。下面引自八字新著"喜忌篇注解"一文中，以来注解说明八字模式为什么要"以日为主"来论命。

"……四柱排定，三才次分，专以日上天元，配合八字支干，有见不见之形，无时不有。

凡看命先看四柱年月日时，次分天地人三元。干为天元，支作地元，以支中所藏金木水火土为人元。年为基本，月为提纲，日为命主，时为分野。故以日上天元配合，取其财官印绶，有无败伤争斗，论其八字也。碧玉歌曰：甲官辛兮柱无有，支内宜精究卯冲，酉合喜合巳酉丑，如无喜绝衰旺休。或三合、六合贵地，虽禄马、妻财、子孙、父母、兄弟皆是有见不见之形，无时而不有也。

徐伟刚注：凡看命，以年月日时为四柱，以干、支、支中藏干分别为天地人三元。元者，造化之始也。人之命，禀天地之气，受父精母血，十月怀胎而生，究其本原，确乎天地人三元为肇因，是以三元为本，四柱为根，而人之天命见矣。

年为太岁，一年之君，主一岁之造化，是为岁功之主。月为提纲，君令所在，治政之象，日为人臣，受命于君，推之行之于时，积时成日，积日成月，积月成岁，以人臣行君之令遂有贵贱吉凶之分也。取日干为主者，以代人臣之象，以年柱太岁者，以代一年岁君，以月令为提纲者，以见所受天命之令也，以时为辅佐分野，助日之行也。论命以日干为主，岁月时者内之财官印绶者，表岁君、行令、分野之意象，日主与之议论，有无败伤争斗，则命之吉凶可以现矣！

柱中干支，一共有八个字，表面上看，只有干支之字，然以日干为主，则四柱当中禄马、六亲、十神、神煞全系其间矣，如果再考虑地支三合六合、刑冲破害，则其不见之形更多，是无时不有也。赋文意思就是，命中支干虽然明见只有四个天干、四个地支共八个字，然而在这八个字上，就有神煞、六亲、十神、贵人禄马相依附，这些伏藏不见之象，实论命之根本关健也。"

下面引自本人八字新著"继善篇注解"一文中，以来说明天地造化"岁功"中主气为常经、常道的根本原因，同时，也就论证了格局以月令主气定格的天人合一之道。

"……欲知贵贱，先观月令提纲

月令乃八字之纲领，更知节气之深浅以知灾祸。如寅中有艮土余气七日半，丙火寄生又七日半，甲木正合共十五日。此三者不知用何为祸为福。见正官、正印、食神则吉，伤官、偏印则凶也。

徐伟刚注：月令，天命所流行者也，令者，命之推移，命者，令之主体；无命则令无从所出？无令则命不能行，是知，命令不可分离也。月令者，领太岁之命而行令者也。一年分十二节十二气，二十四气七十二候，皆天地流行之气发现矣。节气有深浅，气运有来往，成功者退，未来者进，知一月气运之来往进退深浅，则知命格之吉凶祸福也。

一月之内，主气者人元也，是谓令神，令神有主有辅，共赞造化，分别主事，以见天命之流行。天命流行有常有变，常者，主气当令，气候正常，春温夏炎秋凉冬寒是也。变者，参差不齐之气也，客气主事，或春行冬令，或秋行夏令，令之不齐，以至气候反常是也。然而人命中，终于主气为常，以见人命之上下。气之深浅，又见福禄厚薄也。如寅中甲木是谓主气，丙火戊土谓客气，三者之内，寅月甲主事，以见春天消息，是天道之常经，用丙火戊土客气，终是气候反常，令不齐也。主气为人命财官印食为福必大，主气为煞伤劫败，为灾必甚。客气为福，其福不厚，客气为灾，其灾也浅。"

　　上面两段文字，就是说明了两个问题，一个就是八字论命模式为什么要"以日为主"？这是因为取日为主，就是取像人臣行君而遂有吉凶之分，其吉凶何在？就是在于人臣"日主"受君之令了，这个"令"是什么？就是月令了，人受君令而推行之，自然会产生吉凶事来了。这个"以日为主"产生吉凶事的论命原因与过程，就是人一生实际命运之所以吉凶的原理所在。还有一个问题，就是回答了月令中主气也就是常气的原理，天地造化流行，就是君赋"命令"于天地之间，这个"命令"就是12个月令所主的流行推移，这些月令主气的流行、推移与完成，就是造化一年的周期性。无论任何日主，只要生于具体一个月令之内，定然受其主气影响，比如一个生于夏天午月的日主，无论如何，这个日主定然会受其午月主气的影响，也就是定然受到午月高温酷暑之气的作用，这个主气在任何年份都是不会变的。主气永远流行，永远定性，谁能说那一个午月不是高温酷暑之气候呢？所以据于此理，八字作为一个小天地，日主作为一个人，生于这个月令当中，难道不受这个主气的影响吗？当然了，这显然是第一作用力，最大作用力，那八字定格不用这个力量最大的主气还用那个呢？

　　实际上，谈及月令主气，就是强调天道常经、常道的规律性与作用性，八字研究主要研究月令这个主气所定格的普适规律，不研究客气、地域、时代等特殊规律。就是八字落实到每个人身之时，要讲究这个八字出生时的特殊性，但其基本原理必先要遵循这个普适规律的。

　　本文谈此月令主气定格的原理，只是从天人合一的高度来进行论证的。本来，这些问题早不是问题，也用不着我来再写文章来说明。但是到今天，大道生，岐见出，为了维护格局论的正确导向，我不嫌烦琐，今天再写此文，用于提醒那些格局论的初学命者们。至于那些死执"以人元值日"来定格的鼓吹者，肯定不是本文写作所要善意提醒的对象，随他们自然生生灭灭好了。

导论四、驳"干透支藏"作为优先定格的谬论

关于定格局的数种谬论，我早已写文说明过了。不过，为了格局论在当代不再让一些"歪嘴和尚念歪"了，今后我将写一系列的文章来正本清源，维护格局论命理在这个时代的正确导向。

第一种谬论就是依"干透支藏"作为优先原则，以为在月令取格中，以月令中的透干作为定格的优先原则。比如壬生寅月，寅中有甲丙戊，如果甲主气不透，只透丙，此格就全舍甲木主气之格而以透出的丙字作主定为偏财格。持此论调者的理由之一，就是因为透干之物明显有力，跳到在台面上，与日主可以直接作用，所以透干之物要优先于支中所藏之主气天干的。

对于这种"干透支藏"作为定格的优先原则，我百思不得其解，为什么呢？在我的记忆中，没有一本经典作品如《三命通会》《渊海子评》《神峰通考》等书中，根本没有所谓要以"干透支藏"作为定格的优先原则相关论述文字。换言之，"干透支藏"作为定格的优先原则在经典命书中无依无据的。那么，现在流行这种"干透支藏"作为定格的优先原则一说主要源于那里呢？我的印象中，主要是源于港台命理作品当中了。特别是台湾梁湘润先生在其作品中非常明确宣扬这种论调，且此论调的基础上，推理出一个八字并行存在多个格局的歪论。当代习命者受其影响，人云亦云，以为此法就是古法与真法了。我这个人从不轻易相信任何理论观点，一定会要寻根问源整明原理的。对于这个现代流行的"干透支藏"作为定格的优先原则，我个人以为，此法本质上并不是定格局的真正古法，只是台湾梁湘润先生个人理解、个人命理定格的观点而已，不代表古法定格局的正道。梁湘润先生的命理作品，在梳洗古代命理经典的基础上，加入了大量的个人想法与观点，其中好多观点有误，这也是梁湘润先生命理作品在港台并不吃香、流行不开的

主要原因之一了。比如这位老先生所讲的"休废格局"论，可以算作是这位先生最典型的个人的主要代表观点了。但是，显然此说只是梁先生想当然的命理观点，自然是禁不起推敲的了。

下面，再来细论这个观点的主要内涵，那就是透干有活力在前台，所以必要优先于支中藏干了这个主要观点。实际上，如果将月令当作一个执行天命的"政府"，那么，支中的主气就是这个"政府一把手"了。在这个月令的"政府"体系中，任何藏干字都是受制于或者说"听命"于这个主气"政府一把手"的，无论你这个藏干字的"透"与"藏"，决定你的活动与作用程度全是主气，而不是你藏干本身如何。同理，支中主气人元天干，无论是"透"与"藏"，他就是这个月令内的"执政者"，他是这个月内权力与力量的第一位，只要在他"执政"期间，他永远就是"老大"。支中的所有其他人元或天干，永远听命于他，受命于他而不能自己作主。所以，透干对于月令来说，更像一个"政府"面向公众的"发言人"，表面上是他在表达观点，实际上他是没权的，他实际还是要听命于内在的月令人元主气的。换言之，透干的人元虽然可以对日主产生作用力，但透干的这个字，其本质是属于这个月令"政府"这个系统内的一员，他没有决定权对日主如何，对日主如何作用的最大权力者还是月令中的主气藏干，而绝对不是因为跳到前台上的透干之神。

所以，月令中的透干之神，对日主而言只有影响权而没有本质上的定格权，定格权是属于月令主气这个"一把手"的，而不是其他任何藏干。

今天，先简约地先驳一下这个"干透支藏"作为优先定格的谬论，今后一些时间，我将会逐一写系列文章，要一一分析驳斥所谓"有官先论官"、"人元值日"数种定格谬论，敬请大家关注。

导论五、格局论之定格与日主中心论

如果讲格局论主要是从人的社会性功能通过10神语言来解析八字体系，

其在命理上的正确程度与应验取决于格局论之框架与10神体系的精密程度这2个方面。

一、格局论之正确应用范围取决于格局论对四柱八字框架这一组织结构（就是以月令定格，以日干为主，以年时为佐，大运延伸）的合理程度，这个四柱八字的组织结构越合理，那么，格局论的合理程度就越高，其应用的正确面就越高，准验程度就越高。事实上，在此格局论的组织结构分析上，定格的观点已是多种多样，岐说层说不穷，以致这个格局论的四柱八字格局组织结构已出现了重大争论了。当然，如果考虑到外格，比如年格论，那就是以年定格，以日为主，以月时为佐的格局论命结构组织了。日格、时格等同论。这样，格局论的组织结构框架论中会更加复杂了。

我所强调的六格论本质上是月令中心论的结构论命法，不讲透干与会支来定格。如果不重月令主气定格，而用透干会支来定格，在我的格局思想研究中，这只是年格、日格、时格之问题。比如辛生寅月，透出丙官在年上，这就是年官格，如果透出丙官在时上，那就是时官格；如果要讲月令定格，这就是正财格。现在网络世界上，格局论上的定格好多争论与胡侃，本质上就是将月令正气、主气定格观将年、日、时格混为一谈的主要原因了。事实上，月令定格与年格、日格、时格论是完全统一的。在十八格论中，六格论也就是月令主气定格是核心论，以透干会支而定的格不是月令格，而是年格、日格与时格而已，这就是十八格论由六格论全面引申而来的。

当然，何时以六格论？何时以年格、日格、时格论，这中间是有原则的，不是可以随意可以胡乱的。

但是，格局论的研究者们可能会有偏执式的思想，格局论的论命组织核心确是在月令上。但是，我在先天雷法论坛中早就声明，格局论的根本最终核心还是要回归到日主中心论上来的。日主才是八字的最中心，任何格局的福与祸全是要落实到日主身上来体现出吉凶的。所以讲，我在2003年讲，格局论中日主与月令是两个中心论，此种说法只是权宜法，而不是根本法，无论是格局论还是流行的旺衰论，所有论命的中心还是要回到日主身上的。换言之，格局论论命组织核心确是在月令上，而格局论所研究的八字中心还是在日主身上。也就是说，格局论是日主之外的七字论命关系法，这七字的格局论全是要落实到日主一身之上的。严格的讲，八字命理研究不存在月令中心论为主的格局论与日主中心论为主的旺衰论，如果这样理解之，则是大错特错。八字不管什么论命法，永远只有一个日主中心论，格局论中以月令作议论中心只不过是局部之中心，这个月令归根到底是为日主服务的。

二、就是格局论主要是以十神语言，从社会性角度来讲述人事之命理。表面上，看起来，这个十神格局论很是完美，事实真是这样吗？我在2003年就感觉到，这个格局论固然很是严密，但也不说明其是100%完美无比，格局论这个论命理论体系也是有漏洞的，有不足的，这些不足与漏洞就会限制格局论的正确程度与准验程度。那么，这些十神语言格局论中的有哪些不足与漏洞呢？今后有空才谈吧。当然，这些不足与漏洞就导致了我提出了格物论。

在我这个人的脑子中，在2002、2003年全面重新发现格局论之时，在全面看到格局论之种种长处之时，也早就在研究格局论之不足与漏洞，这些反省与研究，就让我走向了格物论，也就有了格物论之种种研究了。

导论六、品格

有好多易友对格局理论的认知有着错误的看法，那就是以为格局说主要可以看大富大贵命，普通人的命是看不了的，以日干身旺身弱的理念来看普通人的命才可以，事实上，真的如此吗？当然不是了！

格局论包括了日主身强身弱论的所有内容，格局论也是要讲日主的旺衰的，所以，用身旺身弱的理论可以看出的人生命运，在格局论中也是完全可以做到的。

在我研究完善的格局论中，将格局分出三六九等，并不是无根无据可以自由心证的，这就是如何看格局的品质层次。格局的层次决定着八字的层次，也就决定着人的三六九等。格局论评论一个格局的高低，《真诠》提出了有力无力、有情无情的指标判断法，但其只是大体的思路，并没有具体的分法，而这种分法就是格局论研究者所要深化的东西。当然，格局论中，评价格局高低的指标绝不是仅有《真诠》这两个法，还有其他法则，比如神煞法、天星法、调候法、时地法等等。

在我的眼中，格局随其成败组合、喜忌、神煞、力量的不同，完全可以将人命分成：一、灾夭命；二、贫贱命；三、普通命；四、小康命；五、小富小贵命；六、中富中贵命；七、大富大贵命；八、巨富极贵命；九、天子命。此九等分法，基本可以囊括全部不同之命了。

研究格局论的层次，就是格局的品质，这就是品格之说了。

导论七、格局论能干什么？

一、格局论可以算所有八字，无论入格八字或不入格八字，格局论全可以来衡量计算，不存在格局论外行人所谓格局论不能算常人八字的无知见解。

二、格局论不仅仅于只是简单只能断人生层次，同样也可以计算人生大运与流年，不存在格局论外行人所谓的格局论只能算人生层次而不能断人生运气的无知见解。

三、格局论不但可以计算人生命运格局大象与大方向，同样也可以计算人生细节与局部，不存在格局论外行人所谓的格局论不能算人生细节的无知见解。

四、格局论在预测计算人生命运方面有着极高的准确性，这种高度的准确程度是任何其他命理研究流派所不能想象的，不存在格局论外行人所谓的格局论为什么算不对的无知见解。

五、格局论在命理研究方面表面上容易入门，事实上格局论内部非常复杂精密，完全有理可据、有法可依，不存在格局论外行人所谓的格局论存在玄乎的无知见解。

原 序

　　予自束发就传，即喜读子史诸集，暇则子平《渊海》、《大全》略为浏览，亦颇晓其意。然无师授，而于五行生克之理，终若有所未得者。后复购得《三命通会》、《星学大成》诸书，悉心参究，昼夜思维，乃恍然于命之不可不信，而知命之君子当有以顺受其正。

　　戊子岁，予由副贡充补官学教习，馆舍在阜城门右。得交同里章公君安，欢若生平，相得无间。每值馆课暇，即诣君安寓谈《三命》，彼此辩难，阐发无余蕴。已而三年期满，僦居宛平沈明府署，得山阴沈孝瞻先生所著子平手录三十九篇，不觉爽然自失，悔前次之揣摩未至。遂携其书示君安，君安慨然叹曰："此谈子平家真诠也！"

　　先生讳燡燔，乾隆己未进士，天资颖悟，学业渊邃，其于造化精微，固神而明之，变化从心者矣。观其论用神之成败得失，又用神之因成得败、因败得成，用神之必兼看于忌神，与用神先后生克之别，并用神之透与全、有情无情、有力无力之辨，疑似毫芒，至详且悉。是先生一生心血，全注于是，是安可以淹没哉！

　　君安爱谋付剞劂，为天下谈命者，立至当不易之准，而一切影响游移管窥蠡测之智，俱可以不惑，此亦谈命家之幸也；且不谈命家之幸，抑亦天下士君子之幸，何则？人能知命，则营竞之心可以息，非分之想可以屏，凡一切富贵穷通寿夭之遭，皆听之于天，而循循焉各安于义命，以共勉于圣贤之路，岂非士君子厚幸哉！

　　观于此而君安之不没人善，公诸同好，其功不亦多乎哉？爰乐序其缘起。

乾隆四十一年岁丙申初夏同里后学胡焜倬空甫谨识

第一，论十干十二支

　　天地之间，一气而已。惟有动静，遂分阴阳。有老少，遂分四象。老者极动静之时，是为太阳太阴；少者初动初静之际，是为少阴少阳。有是四象，而五行具于其中矣。水者，太阴也；火者，太阳也；木者，少阳也；金者，少阴也；土者，阴阳老少、木火金水冲气所结也。

　　徐伟刚注（以下简称"注"）：天者，生于动矣；地者，生于静矣。一动一静，天地生也。阴阳者，动静之名也。动静之机不一，则有大动、小动之别，大静、小静之分。动主进，小动进而成大动；动极生静，静主退，小静退久则大静出矣。静极复生动，如是一动一静进退不已，则自然机运行不息矣。五行者，阴阳、动静之行矣。天地动静往来不息者，是谓五行也。

　　关于动静说而产生天地者，此说渊源于邵子《皇极经世书》中。其说以为无极生太极，太极生二仪，二仪者实天地之象也。而太极化生二仪，实由动静而来。天由至动而来，所以，天道运行不息也；地由至静而生，故地道以安贞为德也。动静循环不已，而天地之道长存也。万物生于天地之后，受天地阴阳五行之气，所以万物也生生不息，时时不休，流行无穷。万物之流行，也就是五行之气流行也。

　　水者，太阴也；火者，太阳也；木者，少阳也；金者，少阴也；土者，阴阳老少、木火金水冲气所结也。实际上，考察五行之气，是表达大地受太阳光照之多少之指标而已，也就是受阳气之多少的表征。光照多，则地受阳气盛，阳气盛，则阴气自然弱也。光照少，则地受阳气弱，阴气自然旺盛也。所以，五行在一定程度上可以视作大地之"气温表"：木为少阳，温和之象，火为太阳，炎热之象；金为少阴，阴凉之象；水为太阴，寒冻之象也；土则是此"气温表"之中间变化过渡状态也。当然，此处所讲五行实指五行之气也。五行运行则万物发生，五行之气凝结则成形象物也。人在天地之中而生，受五行之气，禀五行之形，与天地万物同化而变化无穷者矣！

有是五行，何以又有十干十二支乎？盖有阴阳，因生五行，而五行之中，各有阴阳。即以木论，甲乙者，木之阴阳也。甲者，乙之气；乙者，甲之质。在天为生气，而流行于万物者，甲也；在地为万物，而承兹生气者，乙也。又细分之，生气之散布者，甲之甲，而生气之凝成者，甲之乙；万木之所以有枝叶者，乙之甲，而万木之枝枝叶叶者，乙之乙也。方其为甲，而乙之气已备；及其为乙，而甲之质乃坚。有是甲乙，而木之阴阳具矣。

　　注：按此处沈公所说，一以甲乙来分木之气质之说，以甲为木之气，以乙为木之质；一以甲乙来分木之生气流行与凝结者言之，以甲为木之生气流行者，以乙为生气凝结者；一以甲乙来分木之主次者言之，以甲为木之主干也，以乙为木之次者也，所谓乙为万木之枝枝叶叶者就是也。

　　究其理，有动静而有阴阳，动之成象在天者，干也；静之成形在地者，支也。天地成象成形不一，则十干、十二支出矣。干复分阴阳者，成象于天流行不一也。

　　何以复有寅卯者，又与甲乙分阴阳天地而言之者也。以甲乙而分阴阳，则甲为阳，乙为阴，木之行于天而为阴阳者也。以寅卯而阴阳，则寅为阳，卯为阴，木之存乎地而为阴阳者也。以甲乙寅卯而统分阴阳，则甲乙为阳寅卯为阴，木之在天成象而在地成形者也。甲乙行乎天，而寅卯受之；寅卯存乎也，而甲乙施焉。是故甲乙如官长，寅卯如该管地方。甲禄于寅，乙禄于卯，如府官之在郡，县官之在邑，而各司一月之令也。

　　注：木之行于天而为阴阳者也，是谓天干阴阳。木之存乎地而为阴阳者也，是谓地支阴阳。五行各为一太极，太极生二仪，是有干支之分别；二仪生四象，是有干支阴阳之区别也。天地为一大太极，五行各为一流行太极矣。天干运动于上，地支静待于下，一上一下，相互交感，则造化功成矣。

　　甲乙在天，故动而不居。建寅之月，岂必当甲？建卯之月，岂必当乙？寅卯在地，故止而不迁。甲虽递易，月必建寅；乙虽递易，月必建卯。以气而论，甲旺于乙；以质而论，乙坚于甲。而俗书谬论，以甲为大林，盛而宜斩，乙为微苗，脆而莫伤，可为不知阴阳之理者矣。以木类推，余者可知，惟土为木火金水冲气，故寄旺于四时，而阴阳气质之理，亦同此论。欲学命者，必须先知干支之说，然后可以入门。

注：天干者流行不已，地支者位之所在。天干静则化为地支，地支动则化为天干。是以，干根宿于支，支发用于干。干支本是一体一物，只是所处方所、动静、强弱不一，才有阴阳、干支之别。

第二，论阴阳生克

四时之运，相生而成，故木生火，火生土，土生金，金生水，水复生木，即相生之序，循环叠运，而时行不匮。然而有生又必有克，生而不克，则四时亦不成矣。克者，所以节而止之，使之收敛，以为发泄之机，故曰"天地节而四时成"。即以木论，木盛于夏，杀于秋，杀者，使发泄于外者藏收内，是杀正所以为生，大易以收敛为性情之实，以兑为万物所悦，至哉言乎！譬如人之养生，固以饮食为生，然使时时饮食，而不使稍饥以待将来，人寿其能久乎？是以四时之运，生与克同用，克与生同功。

注：天地大化，不过四时之运矣！春木行而夏火续，夏火退而秋金进，秋金前行而冬水收，是为天地大化一循环。春木夏火秋金冬水之进气司令一时，全是五行相生而连续，春木夏火秋金冬水退气而换班司令者，全是五行相克而禅让。生则进，克则退，四时五行方运行不息也。天地大化之中，万物与之生死而吉凶生矣！人命受气于天地之中，天地之气一往一来，功成者退，未来者进，则人命之荣枯得失也尽在天地运化之中矣！

然以五行而统论之，则水木相生，金木相克。以五行之阴阳而分配之，则生克之中，又有异同。此所以水同生木，而印有偏正；金同克木，而局有官煞也。印绶之中，偏正相似，生克之殊，可置勿论；而相克之内，一官一煞，淑慝判然，其理不可不细详也。

注：五行相生相克，其理一致。若以干支性情细言之，则生克不一，生克俱有正偏得失之区别也，命学中十神之别自是而生。生我者有正印、偏印；我生者有伤官、食神；克我者有正官、偏官（七煞）；我克者有正财、偏财；与我同类者有比肩、劫财、阳刃。按阴阳交感相应之理，则此十神中就有吉有凶之分别也。

正官、正印、偏印（命中无食）正财、偏财、食神为吉神也。

偏官（七煞）、枭印（倒食，命中克食）、伤官、阳刃、劫财、比肩为凶神也。

以上吉凶神之分别主要是针对日主而言的。其中官与煞、伤与食、比肩与阳刃之间虽是一体同胞，但两者性情大异，对日主起的作用大不相同，所以在论命议格时，特别要分别其格其局的不同性质来。

即以甲乙庚辛言之。甲者，阳木也，木之生气也；乙者，阴木也，木之形质也。庚者，阳金也，秋天肃杀之气也；辛者，阴金也，人间五金之质也。木之生气，寄于木而行于天，故逢秋天为官，而乙则反是，庚官而辛杀也。又以丙丁庚辛言之。丙者，阳火也，融和之气也；丁者，阴火也，薪传之火也。秋天肃杀之气，逢阳和而克去，而人间之金，不畏阳和，此庚以丙为杀，而辛以丙为官也。人间金铁之质，逢薪传之火而立化，而肃杀之气，不畏薪传之火。此所以辛以丁为杀，而庚以丁为官也。即此以推，而余者以相克可知矣。

注：将十天干按阴阳性质配于气质说，此是本书沈孝瞻先生的独创之见。五阳干就是流行之气（气），五阴干就是世间形器（质）。沈先生之说列于下：

甲者，阳木也，木之生气也；庚者，阳金也，秋天肃杀之气也；丙者，阳火也，融和之气也；乙者，阴木也，木之形质也。辛者，阴金也，人间五金之质也。丁者，阴火也，薪传之火也。

按沈先生之理可以推论出：戊土是五行四时冲和之气也，壬水是冬天之收藏之气，己土是万物生育之土，癸水则是山川洪流水泽也。

沈先生以上独家观点，虽有新意，但不免有点牵强。事实上，对于天干地支取象、性情的研究，古人早有深入研究结果。在格局论中，主要重视八字全局中的八个字的相互关系，不太重视此八个字的个体特性，所以，格局论只是重点研究八字全局的整体观命学理论。当然，如果要深入研究格局论，必然要研究八字中每一个天干地支的个体性质，将干支的个性规律与格局的整体特征规律相结合，从而探讨出更高级的命理来。当然，这种研究不是本书评注的方向与重点，这里只能点到为止了。

第三，论阴阳生死

　　五行干支之说，已详论于干支篇。干动而不息，支静而有常，以每干流行于十二支之月，而生旺墓绝系焉。

　　阳主聚，以进为进，故主顺；阴主散，以退为退，故主逆。此长生沐浴等项，所以有阳顺阴逆之殊也。四时之运，功成者去，待用者进，故每流行于十二支之月，而生旺墓绝，又有一定。阳之所生，即阴之所死，彼此互换，自然之运也。即以甲乙论，甲为木之阳，天之生气流行万木者，是故生于亥而死于午；乙为木之叶，木之枝枝叶叶，受天生气，是故生于午而死于亥。夫木当亥月，正枝叶剥落，而内之生气，已收藏饱足，可以为来春发泄之机，此其所以生于亥也。木当午月，正枝叶繁盛之候，而甲何以死？却不是外虽繁盛，而内之生气发泄已尽，此其所以死于午也。乙木反是，午月枝叶繁盛，即为之生，亥月枝叶剥落，即为之死。以质而论，自与气殊也。以甲乙为例，余可知矣。

　　注：关于阳干阴干生死之说，其是命学中一大研究之处。流行之观点就是：阳之所生就是阴之所死，阴之所生就是阳之所死。本处就是沈先生用天干气质之说来解释此一理论的。事实上，比较通融可信的角度上来看，阴阳干对照十二地支的生死循环理论确实在实际应用中应验不是很高。所以，真正可信的还是用五行长生十二诀来讲比较客观实用。当然，个中还是要有所

变通的。

  阳干长生生死十二诀基本可以全面运用，阴干的部分只是要变通用之。

甲木长生于亥、败于子、禄在寅、旺在卯、死在午、墓在未、绝在申。

乙木长生于午、败于子、禄在卯、库在未，绝在申。

丙火长生于寅、败于卯、禄在巳、旺在午、死在酉、墓在戌。绝在亥。

丁火长生于酉、败于卯、禄在午、库在戌、绝在亥。

戊土长生于寅申、败于酉、禄在巳、旺在午、墓在辰。

己土长生于酉、禄在午、库在辰。

庚金长生于巳、败在午、禄在申、旺在酉、墓在丑、绝在寅、

辛金长生于子、败在午、禄在酉、库在丑、绝在寅。

壬水长生于申、败在酉、禄在亥、旺在子、墓在辰、绝在巳。

癸水长生于卯、败在酉、禄在子、库在辰、绝在巳。

  以上阳干与阴干的长生、败、禄、旺、墓、库、绝有其共性也有其不同点，其中阴干无旺一说。

  这里要特别说明的是：阴干长生本质是"后天法"长生，阳干长生是"先天法"长生。八字断命中常用的就是阳干先天法长生，也时而兼用阴干的后天法长生。

  支有十二月，故每干长生至胎养，亦分十二位。气之由盛而衰，衰而复盛，逐节细分，遂成十二。而长生沐浴等名，则假借形容之词也。长生者，犹人之初生也。沐浴者，犹人既生之后，而沐浴以去垢；如果核既为苗，则前之青壳，洗而去之矣。冠带者，形气渐长，犹人之年长而冠带也。临官者，由长而壮，犹人之可以出仕也。帝旺者，壮盛之极，犹人之可以辅帝而大有为也。衰者，盛极而衰，物之初变也。病者，衰之甚也。死者，气之尽而无余也。墓者，造化收藏，犹人之埋于土者也。绝者，前之气已绝，后之气将续也。胎者，后之气续而结聚成胎也。养者，如人养母腹也。自是而后，长生循环无端矣。

  注：长生十二位只是代名词，用来描述形容天干的生死旺衰的变化过程

而已。在实际论命中，不必在意也不必教条化去用日干去对应月令来定出长生十二位中的具体宫位字眼。因为对于格局论而言，月令只是格局的定格所在，只是定出日主在八字全局中的基本发展方向。

人之日主，不必生逢禄旺，即月令休囚，而年日时中，得长生禄旺，便不为弱，就使逢库，亦为有根。时俗谓投库而必冲者，俗书之谬也。但阳长生有力，而阴长生不甚有力，然亦不弱。若是逢库，则阳为有根，而阴为无用。盖阳大阴小，阳得兼阴，阴不能兼阳，自然之理也。

注：长生十二位不必在意月令，而其实际运用价值只是在年、日、时支与日干的对比引用之中。同时，也可以同样运用于年干、月干、时干、运干、流年天干的旺衰判断之中。

论命先要看日主，日主先要定强弱。日主强与弱，只在三支中。

日主强者：长生、禄旺、三合六合处。

日主弱者：死败、空亡、绝地。

日主中和有气者：阴干之长生、阳干阴干之余气、墓库处。

长生十二位，是八字断命中"较量轻重"的一大计算法则。

第四，论十干配合性情

合化之义，以十干阴阳相配而成。河图之数，以一二三四五配六七八十，先天之道也。故始于太阴之水，而终于冲气之土，以气而语其生之序也。盖未有五行之先，必先有阴阳老少，而后冲气，故生以土。终之既有五行，则万物又生于土，而水火木金，亦寄质焉，故以土先之。是以甲己相合之始，则化为土；土则生金，故乙庚化金次之；金生水，故丙辛化水又次之；水生木，故丁壬化木又次之；木生火，故戊癸化火又次之，而五行遍焉。先之以土，相生之序，自然如此。此十干合化之义也。

注：合化之义，源自河图之数。事实上，按天干自然数去论更为直接有

理。

甲为一、乙为二、丙为三、丁为四、戊为五，此是先天生数。

己为六、庚为七、辛为八、壬为九、癸为十，此是后天成数。

先天生数合之后天成数，则天干合化之义自然出矣！甲己合化生土，乙庚合化生金，丙辛合化生水，丁壬合化生木，戊癸合化生火；自是土生金、金生水、水生木、木生火、火还生土而生化不已也。

这里要特别指出的是，古来命家，都是讲甲己化合成土、乙庚化合成金的。其意就是甲与己相合就有可能甲木化为土来论，也就是说甲会变化本身五行天性（木）去变成土。此一学说传了千百年，其实不然。我的理解是：甲与己、乙与庚、丙与辛、丁与壬、戊与癸此十干合，本质上是夫妇阴阳相合。夫妇阴阳相合，自然有生育之道矣，而夫妇本身性质是不会有大改变的。所以，夫妇相合，其结果仅只是生出子孙来而矣，只是继承之道，所以天干合化之本义就是生育之道。

甲与己合，甲为夫，己为妻，合化结果就是生产出子孙土来。

乙与庚合，乙为妻、庚为夫，合化结果就是生产出子孙金来。

丙与辛合，丙为夫，辛为妻，合化结果就是生产出子孙水来。

丁与壬合，丁为妻，壬为夫，合化结果就是生产出子孙木来。

戊与癸合，戊为夫，癸为妻，合化结果就是生产出子孙火来。

其性情何也？盖既有配合，必有向背。如甲用辛官，透丙作合，而官非其官；甲用癸印，透戊作合，而印非其印；甲用己财，己与别位之甲作合，而财非其财。如年己月甲，年上之财，被月合去，而日主之甲乙无分；年甲月己，月上之财，被年合去，而日主之甲乙不与是也。甲用丙食与辛作合，而非其食，此四喜神因合而无用者也。

注：五行十干相合，本是夫妻相合之义，其中自然就有夫妻好合、相近、相亲之性情。命中阳干见其相合之干，其情其意必向其妻而去；命中阴干见其相合之干，其情其意也必然向其夫而去。日主所用扶身之吉神、喜神，若逢其妻或其夫，其心必向于夫妻之情而去，则顾日主之心意必淡也。

比如甲用辛官来辅日主显贵，若命中出现丙火，丙是辛官之夫，则辛金官星之意必向于其夫也。则辛官扶甲之心必淡也，其力也薄矣，是以辛官"分神"不专心于我日主一身也。则此甲木官星辛金自然不真，情意淡薄无力，官非其官了。

甲用癸印扶我生气、长我精神、培我家业、养我根本，本是大吉之神，只要癸水正印一心一意专注于我日主甲木身上，日主自然得其恩泽。但若命中现出癸之夫星戊土，则癸水之情必向于其夫也，顾子之心（日主）自然分去了，则我所有之印福德自然大打折扣了，也就印非其印了。

甲用己财助身致富，若他位出现甲木比肩来夺爱，则此己财、己妻成众人之物矣。其命平生不特财不聚蓄，也主妻有外情也。

甲用丙食来养生享福，若见辛金合去其夫，则我日主福禄大损也。

综上所论，命中扶助日主之吉神总要一心一意助我日主，方才真是用神有情有力处。若用神情意不专，则效命之力自然不足，用神所赐之福也会不全了。

又如甲逢庚为煞，与乙作合，而煞不攻身；甲逢乙为劫财，甲逢丁为伤，与壬作合，而丁不为伤官；甲逢壬为枭，与丁作合，而壬不夺食。此四忌神因合化吉者也。

注：甲木日主，柱中有大凶神庚金七煞，两阳相敌必有恶战，庚克甲无情之至，极凶之象。此是若有乙木，则庚金必贪恋于乙妻，沉迷于乙干情色之中而胸无大志来克战甲木日主，则甲木自然高枕无忧煞不攻身了。再如甲见丁伤，喜壬来娶丁为妻，则丁为壬妻，再无心志来焚甲木日主而去克害辛官了。再如甲见壬枭，壬枭夺食，正是凶神，若见丁火出干迷壬水之心，则壬枭自然沉迷于与丁妻的"女儿情长"之中了，其害我日主之心就会无意多了。

综上所论，八字中妨害日主的凶神、忌神最喜其妻迷之，其夫制之，则凶神、忌神自然无意伤害日主了。

盖有所合则有所忌，逢吉不为吉，逢凶不为凶。即以六亲言之，如男以财为妻，而被别干合去，财妻岂能亲其夫乎？女以官为夫，而被他干合去，官夫岂能爱其妻乎？此谓配合之性情，因向背而殊也。

　　注：合化有吉有凶，义有二端：吉神逢其妻其夫，情分不专于日主，逢吉则少吉或不吉，是谓逢喜不喜。凶神若有其妻其夫相合，凶心少竭，杀气收敛无意害人，则逢凶不凶或少凶，是谓逢忧不忧也。夫妻为人伦之首，命中夫星妻星合于他人，则其夫其妻必背我而去，是谓无情。总之，吉神相我，宜一心向我，不可背我而从人而去；凶神害我，宜他处分散其意志，背我而去则我平安矣。若柱中无他神迷凶神，凶神一心注意于我身，向我而来，则我之灾祸难免了。

第五，论十干合而不合

　　十干化合之义，前篇既明之矣，然而亦有合而不合者，何也？盖隔于有所间也，譬如人彼此相好，而有人从中间之，则交必不能成。譬如甲与己合，而甲己中间，以庚间隔之，则甲岂能越克我之庚而合己？此制于势然也，合而不敢合也，有若无也。

　　注：天干合化，本是取象于夫妇好合之情。论于世间夫妇缘分，总在情投意合上做文章。若夫妇好合之中杂于第三者作梗，则夫妇之合则难也。夫合妇，妇合夫，要夫妇不受克制伤害得自由身，方才真正可以相合相配。若甲夫合己妻，中有庚煞制甲夫，甲伏于庚之下，岂得自由做主？自然不能与其妻己土相合哉？是以合而不敢合也，有若无也。

　　又有隔位太远，如甲在年干，己在时上，心虽相契，地则相远，如人天南地北，不能相合一般。然于有所制而不敢合者，亦稍有差，合而不能合也，半合也，其为祸福得十之二三而已。

　　注：夫妇好合，要有条件才能成合。若天南地北，虽有相合之意，也难

有相合之实，只能稍合一点点，是为半合，其力为正合十之二三而已。

又有合而无伤于合者，何也？如甲生寅卯，月时两透辛官，以年丙合月辛，是为合一留一，官星反轻。甲逢月刃，庚辛并透，丙与辛合，是为合官留煞，而煞刃依然成格，皆无伤于合也。

注：世间夫妇好合有百千般样，命中干与干合自然也是丰富多变化。日主吉神太重成双，秀气不一，喜合去繁琐吉神以取清。命中凶神吉神并存，也喜配合格局喜忌合去合来。

甲生寅卯月，月时两见辛官，吉神成双太重，喜年上丙合月辛，合一去一，留的时上一位辛官，日主也专心于此一官星之上，日主用神同心团结，自然神完气足，求富贵易如反掌。

甲生卯月是为刃格，喜见官煞相制，但用官煞制月刃，也不喜官煞力量太重或官煞竟然混合争斗。若干头辛官庚煞相混，再见丙食，丙合辛官，则辛无意与庚争制月刃，局中自然只有用庚煞来克制月刃，是谓刃格合官留煞也。

又有合而不以合论者，何也？本身之合也。盖五阳逢财，五阴遇官，俱是作合，惟是本身十干合之，不为合去。假如乙用庚官，日干之乙，与庚作合，是我之官，是我合之，何为合去？若庚在年上，乙在月上，则月上之乙，先去合庚，而日干反不能合，是为合去也。又如女以官为夫，丁日逢壬，是我之夫，是我合之，正如夫妻相亲，其情愈密。惟壬在月上，而年丁合之，日干之丁，反不能合，是以己之夫星，被姊妹合去，夫星透而不透矣。

注：日主本身作合者，其说有二：阳干日主见柱中有妻星出干与其相合，是谓合财。阴干日主见柱中有夫星出干与其相合，是谓合官。大概而言，阳干合财者，易重于情色与财利之中，易无大志，是谓以阳合阴，合小了。阴干合官者，易有进取之志，是谓以阴合阳，合大了。所以，日主一般不喜合，一合日主之意就专于此，合财者全在财色上，合官者全在官贵上，

局于一隅，格局难大。若日主偏弱，合神力重，则日主一生之意志全伏于合神之下，如何算得好处？好八字上等格局，全在日主之意向、志气之上。日主意向宏大、志气高远，向官要煞，向印或食，格局组织得当，必成大命。

阳干合妻星，不喜比肩出干合去妻星，是谓合去妻星，男命主一生不聚财，妻有外情于兄弟朋友之人。阴干合官星，同样不喜官星让比肩合去，女命主姐妹争夫，夫主不忠婚姻也。

然又有争合妒合之说，何也？如两辛合丙，两丁合壬之类，一夫不娶二妻，一女不配二夫，所以有争合妒合之说。然到底终有合意，但情不专耳。若以两合一而隔位，则全无争妒。如庚午、乙酉、甲子、乙亥，两乙合庚，甲日隔之，此高太尉命，仍作合煞留官，无减福也。

注：争合与妒合，乃是命中天干相合没有严格按"一夫一妻"制方式去进行相合，反而是出现一阳干合多个阴干（一男多妻）、一阴干合多个阳干（一女多夫）的混合形态。但是对于天干相合而言，其情意尚有，只是情不专一。比如甲木日主，时月两干全是己土，则一甲合此两己，就是一男合二女之象，对于甲木而言，对此两己都有情意，只不过甲之情分了两份，不专一了。对于这两个己土而言，就存在争合与妒合的情况了。月上己土必想是一人合甲，时上己土也是想一家合甲，此两己之间就会存在争斗与妒嫉的关系了。

另外天干化气一说，从来是有化真化假之说。在格局论中，基本不考虑化气的问题。格局论命体系，只以日主的正五行天性去分析命局，不必节外生枝去研究化气成否的问题。也就是说，无论八字中是否出现日干的合干，也无论合干与日主的相合关系状态如何，都不作化气格去研究的。

第六，论十干得时不旺失时不弱

书云，得时俱为旺论，失时便作衰看，虽是至理，亦死法也，然亦可活看。夫五行之气，流行四时，虽日干各有专令，而其实专令之中，亦有并存者在。假若春木司令，甲乙虽旺，而此时休囚之戊己，亦未尝绝于天地也。特时当退避，不能争先，而其实春土何尝不生万物，冬日何尝不照万国乎？

注：讲八字总是要讲八字中每一干每一支的力量强弱问题，干支力大者自然在格局中"发言权"大，对日主的影响也就大，干支力小者自然"发言权"小，对日主的影响程度也就会相应的小多了。八字论命有个基本原则，那就是"从重者论"。就是讲，在八字中左右日主命运的就是八字中各种力量、元素（十神、神煞）之间的"较量"，在各种力量的"较量"当中，先要重视最强大元素力量的作用功能，这是第一。其次，才可以考量其他力量较弱的因素对日主的作用。那么，如何研究确定八字中各种干支、十神、神煞的禀赋力量，就成为八字研究中的当务之急了。

我们知道，八字命学实质上是根于"天人合一"原理发明出来预测人一生的理论体系。一个八字本质上等同一个"个体人"，"个体人"本身就是一个"小天地"。所以，本质上可以这样讲，一个八字就是一个"小天地"，"小天地"的基本现象与规律当然等同于我们人类生活的大天地，那自然对八字这个"小天地"的分析与评判可以用自然界大天地的基本法则去推断了。

大天地一年之气变化，分为四季、十二月份、三百六十日、四千三百二十时。积时成日，积日成月，积月成年，由是一年造化功成。究一年造化功成，全是由月令推动五行流行之气轮回而成。所以，五行得令得时者自然为旺，五行失令失时者自然为弱。

八字中天干得时行令、当权行政，自然力量最大最强。八字中天干失时夫令，力量不足，自然退避不肯争先于当时。所以，一个八字中吉神吉煞，贵在当权得令，自然可以大作为贡献于日主。反过来，最为忌讳的是，八字中的凶神恶煞如果当时行令，自然有大力来作难于日主，日主的命就不会好了。总之，吉神要得时当权行令，凶神要失时失势，则吉神之力强于凶神之力，日主易成为好命。若八字中凶神当权压倒吉神之势，则日主难免多灾多难了。所以，八字大命，贵在日主所用之神得天时当权行令主事。

得时俱为旺论，失时便作衰看，这是论命中干支、十神、神煞先天力量的第一条基本方法，这也就是笔者拙著《子平正解》一书中确定干支旺衰的"时旺"说。

大天地五行之气轮流执政，当令者就是执政者，则失令者就是庶民。庶民得令就成为执政者，执政者失令也就成为庶民，这就是五行之气在一年四季中一断地互为君臣庶民。一般而言，得时成君以行权，自然禀力强大，失时则就是形单力薄的庶民小老百姓了。

况八字虽以月令为重，而旺相休囚，年月日时，亦有损益之权，故生月即不值令，而年时如值禄旺，岂便为衰？不可执一而论。犹如春木虽强，金太重而木亦危。干庚辛而支酉丑，无火制而不富，逢土生而必夭，是以得时而不旺也。秋木虽弱，木根深而木亦强。干甲乙而支寅卯，遇官透而能受，逢水生而太过，是失时不弱也。

注：八字中固然以得时行一月之气的月令为力量最强大者，但是八字当中，行一年之令者的年干支、行一日之令的日干支、行一时之令的时干支，也是各有其行当权之时。这些力量累积或叠加，也有可能转弱为强，这就是失时不弱了。比如秋木虽弱，木根深而木亦强。干甲乙而支寅卯，遇官透而能受，逢水生而太过，是失时不弱也。同样道理，如果八字中若月令只是"孤家寡人"，其他干支群起而攻之，则这样一个月令干支也是有可能转强为弱，这就是得时不强了。比如春木当令虽强，命中金太重而木亦危。干庚辛而支酉丑，无火制而不富，逢土生而必夭，是以得时而不旺也。

是故十干不论月令休囚，只要四柱有根，便能受财官食神而当伤官七煞。长生禄旺，根之重者也；墓库余气，根之轻者也。得一比肩，不如得支中一墓库，如甲逢未、丙逢戌之类。乙逢戌、丁逢丑、不作此论，以戌中无藏木，丑中无藏火也。得二比肩，不如得一余气，如乙逢辰、丁逢未之类。得三比肩，不如得一长生禄刃，如甲逢亥子寅卯之类。阴长生不作此论，如乙逢午、丁逢酉之类，然亦为有根，比得一余气。盖比劫如朋友之相扶，通

根如室家之可住，干多不如根重，理固然也。

注：这里讲的十干，显然指的是日干而言。大凡算命中对日主的要求就是要强健有力，为什么对日主要有这样的要求？这就因为在八字命学中，日主就是代表了"我"这个人的躯体，一个人的身体必要有力有气健康正常，才可以在社会上做事。所以，日主的强弱成为算命中先要研究的第一要务。

大概而言，对于日主来讲，只要日主在八字中得一根气，说明其人的身体与神智就是正常人的状态，这样一个心智正常肉体健康的人，才可以在社会上打拼做事，才有人生命运的成败起伏。

日主的强弱情况一般可以分为三种：一者是日主得强根，表示其人身体有力，精神过人，心智发达，多有雄心壮志。何谓强根？日主的长生禄旺地支在月时日支上见，或者八字中地支成日主的本局。比如甲木日主，日时月支见寅卯亥任何一支，就表示日主有了强根。当然，如果年月时日地支成亥卯未木局，日主甲木得本局在命中托根，也表示日主强健有力，可以挡财官用煞食了。二者日主得弱根，表示日主元气一般，心智正常，有正常人的人生奋斗目标，心气不高。何谓弱根？阳日主的库、余气、胎位地支，阴日主的长生、余气、墓、胎位就是也。比如乙木日主见地支辰、未、酉、午就是了。三者日主无根无力，表示日主精气神不足，无自信力，无人生奋斗目标。何谓无根？就是八字命中，日主在四个地支中没有见到一个根气的地支。

上文中讲日主强弱还谈及比肩的问题。事实上，正确的断日主强弱与否，不必考虑比肩帮身的问题。至于比肩多少与根重、根轻的比较，不必当真。

今人不知命理，见夏水冬火，不问有无通根，便为之弱。更有阳干逢库，如壬逢辰、丙坐戌之类，不以为水火通根身库，甚至求刑冲开之。此种谬论，必宜一切扫除也。

注：夏水冬火，一般自然衰弱，主要是天时失令缘故。若究天时之外再探地脉，夏水通根有源，冬火有根有托，也可以转弱为强。至于壬辰、丙戌自坐本家之库根，壬丙两干自然有气不弱了。

第七，论刑冲会合解法

刑者，三刑也，子卯巳申之类是也。冲者，六冲也，子午卯酉之类是也，会者，三会也，申子辰之类是也。合者，六合也，子与丑合之类是也。此皆以地支宫分而言，系对射之意也。三方为会，朋友之意也。并对为合，比邻之意也。至于三刑取义，姑且阙疑，虽不知其所以然，于命理亦无害也。

注：命学中的三刑是指子卯刑、巳申寅刑、丑戌未刑此三种刑法。六冲是指子午、丑未、寅申、卯酉、辰戌、巳亥六组地支的相冲。这里的三会实际上就是三合局：申子辰合成水局、寅午戌合成火局、亥卯未合成木局、巳酉丑合成金局。六合是指：子丑、午未、巳申、辰酉、寅亥、卯戌六组地支相合。这些十二地支的刑冲合化是中国术数学中的公共基础知识，学命者必须全面掌握。

八字支中，刑冲俱非美事，而三合六合，可以解之。假如甲生酉月，逢卯则冲，而或支中有戌，则卯与戌合而不冲；有辰，则酉与辰合而不冲；有亥与未，则卯与亥未会而不冲；有巳与丑，则酉与巳丑会而不冲。是会合可以解冲也。又如丙生子月，逢卯则刑，而或支中有戌，则与戌合而不刑；有丑，则子与丑合而不刑；有亥与未，则卯与亥未会而不刑；有申与辰，则子与申辰会而不刑。是会合可以解刑也。

注：一般而言，八字中出现地支之间三刑或六冲，都不是好的命局结构。这个时候，就要求解于地支的六合或三合来调节地支间的刑冲问题。

地支出现六冲，则须六冲之支中的任何一支可以让其六合支或三合支来相合而解去六冲地支之间的直接冲撞。假如甲生酉月，逢卯则六冲，这个时候命中有卯支的六合地支戌，则卯与戌合而不冲酉了；有辰支，则酉支与辰支合而不冲卯；若有地支亥与未，则卯与亥未三合而不冲；有巳与丑，则月支酉与巳丑会三合而不冲。是三合六合可以解地支六冲也。至于两个地支之间的相刑，也可以用相同的六合三合法来解之。

又有因解而反得刑冲者，何也？假如甲生子月，支逢二卯相并，二卯不刑一子，而支又逢戌，戌与卯合，本为解刑，而合去其一，则一合而一刑，是因解而反得刑冲也。

注：在三刑之中，子卯刑是属于最轻者。甲生子月，支逢二卯相并，二卯不刑一子，而支又逢戌，戌与卯合，本为解刑，而合去其一，则一合而一刑，是因解而反得刑冲也。

又有刑冲而会合不能解者，何也？假如子年午月，日坐丑位，丑与子合，可以解冲，而时逢巳酉，则丑与巳酉会，而子复冲午；子年卯月，日坐戌位，戌与卯合，可以解刑，而或时逢寅午，则戌与寅午会，而卯复刑子。是会合而不能解刑冲也。

注：刑冲会合有可解者，也有不可解者，全在命中字与字的排列组合之上。子年午月是子与午六冲，日坐丑位，丑与子合，可以解冲，而时逢巳酉，则丑与巳酉会，而子复冲午也。子年卯月，日坐戌位，戌与卯合，可以解刑，而或时逢寅午，则戌与寅午会，而卯复刑子。

更有刑冲而可以解刑者，何也？盖四柱之中，刑冲俱不为美，而刑冲用神，尤为破格，不如以另位之刑冲，解月令之刑冲矣。假如丙生子月，卯以刑子，而支又逢酉，则又与酉冲不刑月令之官。甲生酉月，卯日冲之，而时逢子立，则卯与子刑，而月令官星，冲之无力，虽于别宫刑冲，六亲不无刑克，而月官犹在，其格不破。是所谓以刑冲而解刑冲也。如此之类，在人之变化而已。

注：以刑冲来解刑冲说，过于牵强，不太合理，就是会合能否一定能解刑冲，这也是值得研究的。我的实践表明，地支的刑冲与会合的关系是可以同存于一命局中的，不太可能有真正的因为会合而可以解除地支间的刑冲关

37

系。换言之，午年子月丑日，不会真的出现因为子丑合了，从而真的解除了子与午的对冲，最大的可能情况就是，子与午冲，同时子与丑合、午与丑害的三种关系共存于命局中，同时此三组关系在起作用。

一般初学者对地支间的刑冲化合害关系特别重视，甚至有人直接将此作为断命的技术来研究。事实证明，地支间的刑冲化合害的吉凶作用结果，不是在此刑冲化合害的作用下发生的，地支间的刑冲化合害的最终吉凶结果是要依这些地支在格局配合中的作用喜忌来确定的。

同理，月令是一个八字格局所在，此月令不会因为其地支与其他地支发生了刑冲破合害了，就会导致其格的不成立或者直接是破格。换言之，月令地支一定，格局也就一定了，月令地支所受到刑冲化合害只会对其一定的格局产生喜忌层面上的损益作用，而绝不可能会去颠覆月令确立的基本格局性质的。

第八，论用神

八字用神，专求月令，以日干配月令地支，而生克不同，格局分焉。财官印食，此用神之善而顺用之者也；煞伤劫刃，用神之不善而逆用之者也。当顺而顺，当逆而逆，配合得宜，皆为贵格。

注：八字用神，专求月令。何谓月令？领君（太岁）之命行令主事一气者也。月中人元就是一月之内主事之神，掌纲纪生杀之权，命中谓之用事之神，是谓用神。以日主与月令所藏人元用神（主气天干）分配生克，则格局之性质就定下来了。

八字中的四吉神（财官印食）、四凶神（煞伤劫刃）是针对日主而定出来的。所谓四吉神，就是可以给日主带来利益、好处、福分的造化之神、命运之神。所谓四凶神，就是给日主带来损害、灾患、坏处的造化之神、命运之神。四吉神是命运吉祥之神，自然喜保护之生助之，大忌破坏之伤害之。四凶神是命运凶恶之神，自然喜克制之破坏之，不喜其神受到生助或还受到保护。事实上，八字中的十神就是主导日主一生吉凶的命运之神。研究八字，就是研究人生命运；研究人生命运，就是去研究八字中十种命运之神（十神）。

若月令中人元有财官印食主事行令，就是谓四吉神当权，四吉神成四吉格，吉神宜顺用之。何谓顺用之法？其法就是对吉神进行生之护之，也就是月令吉神要有其本身之印生助之，要有本身之伤食来保护之。若月令中有煞伤劫刃主事行令，就是谓四凶神当权，四凶神成四凶格，凶神宜逆用之。何谓逆用之法？其法就是对凶神进行制之化之，也就是月令四凶神必须要其本身的官煞来克制之，或者要有其本身子孙（伤食）来盗其元气。八字月令吉神顺用、凶神逆用则此八字成格，成格之命不贵即富；若八字月令吉神逆用、凶神顺用则此八字败格，败格之命不贫即贱。

是以善而顺用之，则财喜食神以相生，生官以护财；官喜透财以相生，生印以护官；印喜官煞以相生，劫才以护印；食喜身旺以相生，生财以护食。不善而逆用之，则七煞喜食神以制伏，忌财印以资扶；伤官喜佩印以制伏，生财以化伤；阳刃喜官煞以制伏，忌官煞之俱无；月劫喜透官以制伏，利用财而透食以化劫；此顺逆之大略也。

注：四吉神主事月令成四吉格：官格、财格、印格、食格，此四吉格同时有顺用、逆用之分别，顺用配合得当者是谓成格，逆用配合不当者是谓败格。

财格是吉格，顺用是成格之命，如何是财格顺用成格？财格喜食神相生，喜官星来护财，是谓财格成立。如何是财格逆用败格？财格中有比肩劫财来破坏之，有煞星来盗财气，是谓财格失败。

官格是吉格，顺用是成格之命，如何是正官格顺用成格？正官格喜财星生助、喜印星护官，是谓官格成立。如何是正官格逆用败格？正官格中有伤官食神克坏官星，有七煞星混杂之，是谓官格失败。

印格是吉格，顺用是成格之命，如何是印格顺用成格？印星喜官煞星生助，还喜劫财护印，是谓印格成立。如何是印格逆用败格？印格中见财星生旺来破坏之，是谓印格失败。

食格是吉格，顺用是成格之命，如何是食格顺用成格？食格喜身旺或比劫生之，喜财星出干护食，是谓食格成立。如何是食格逆用败格？食神格见正偏印星来制食坏食，或见官星透出合食，是谓食格失败。

月令四凶神主事就是四凶格，其格有：七煞格、伤官格、阳刃格、月劫格。此四凶格同样有顺用、逆用之分别，逆用配合得当者是谓成格，顺用配合不当者是谓败格。

七煞格是凶格，凶格要逆用才能成格，如何是煞格逆用？就是煞格喜食神制伏。如何是煞格顺用而败格，就是七煞得到柱中财星生助，或者还有印星保护了。

伤官格是凶格，如何是伤官格逆用成格？就是伤官格中见到印星来制服，或者格中有财星来泄伤官元气。如何是伤官格顺用败格？就是伤官格见官星相战，或见比劫来助伤官。

阳刃格是凶格，如何是阳刃格逆用成格？就是阳刃格中见官煞来制服之。如何是阳刃格顺用败格？就是阳刃一格中见有印星生护，或见伤官来护之。

月劫格是凶格，如何是月劫格逆用成格？就是月劫格中见有官煞克制，或者见财食相生。如何是月劫格顺用败格？就是月劫格见印星生助，或见伤官食神护之。

以上所论，就是四吉格、四凶格或顺用成格、或顺用败格、或逆用成格、或逆用败格的基本论格原则。下文中的所有论格法则细律，全是从此基本原则中进行深化推导变通出来的。

今人不知专主提纲，然后将四柱干支，字字统归月令，以观喜忌，甚至见正官佩印，则以为官印双全，与印绶用官者同论；见财透食神，不以为财逢食生，而以为食神生财，与食神生财同论；见偏印透食，不以为泄身之秀，而以为枭神夺食，宜用财制，与食神逢枭同论；见煞逢食制而露印者，不为去食护煞，而以为煞印相生，与印绶逢煞者同论；更有煞格逢刃，不以为刃可帮身制煞，而以为七煞制刃，与阳刃露煞者同论；此皆由不知月令而妄论之故也。

注：六格论算命的焦点就是在月令之上，据于月令在八字中的核心地位，古人遂谓之提纲。从古到今，流行俗法命理的一个方法就是将八字中每一个字都与月令对照，以观旺衰与喜忌。比如甲生申月丙寅时，俗法就会将甲日主对照申月令这个字，以为甲在申月处于"囚"位很凶，又会同时将时干丙火去对照申月令这个字，同样会认为丙火在申月处于"死"位无气极凶，至于时支寅木呢，俗法也会将它与申字比较，以为寅时是月破之字，在八字中是会很无力的，且寅是甲木的禄神，禄神冲破，自然一生食禄不足了。

如果不知道八字月令是论命的提纲，那么八字中种种命运之神交集的情况就会分不出一个标准与头绪来，就会对命运之神的交集状态的判断就会很混乱。比如一个八字中同样出官星、印星两个命运之神，如果不考虑月令提纲的主要核心作用，就会将所有的八字中官印星同时呈现的状态都叫之为官印双全，那么，官印双全就没有标准与主次了。所以，如果结合月令了，就可以定出官印之间的不同组合与性质。

下面可以全面列举出若干相应的命运之神组合条例来：

月令正官格，命中现印，是谓正官佩印；月令正印格，命中有官，是谓官印双全。两者不是同一回事，一个是官格用印，其意是用印来保护月令官星；一是印格用官，其意是用官星来生助月令印星；此两种情况表面上官印两星全出现了，但其实质关系是完全不一样的。

月令财格，命中有食，是谓财逢食生；月令食神格，命中有财，是谓食神生财。两者也不是同一回事，一个是财格见食，其意是用命中食神来生助月令财星；一个是食格见财，其意是用月令食神来转生命中财星；显然这两种食财星虽然同现，但彼此间的主次与逻辑关系是不一样的。

偏印格中见食神，是谓印格食神泄秀；食神格见偏印，是谓枭印夺食，是食神格破格大忌，宜见财星来制印救食。一个是偏印格见食泄秀是成格命，一个食格见偏印是枭神夺食，完全是破格之命。可见同样是偏印与食神同现于一个八字中，其两者之间完全不是一回事。

七煞格见食神制煞，同时还出现印星，这时候这种格局的实质关系是印星来制服食神保护七煞，而不能理解为印来泄煞之气来转生日主，从而误认为是煞印相生。正印格见七煞，才是真正的煞印相生，煞来生印，印是当令者，印来生日，如此辗转相生，方成煞印相生的好局。由此可见，同样是煞印同现，当中的情况是完全两样的。

七煞格中若出现阳刃，则是阳刃去合月令煞星而帮日主之身；若是月令是阳刃格，用七煞星则是日主用煞去制伏月令刃星而已。一个是煞格用刃，用刃的目的是去合煞助日主；一个是刃格用煞，用煞的目的是帮助日主去制服月上阳刃。如此两格之间煞刃配合的不同，显然是不同格局论格方法，自然不能混为一谈的。

由于论命专主提纲，所以一个八字中所有其他命运之神要想对日主产生影响，先必要与此命中的"主事之神"去"通气商量"，否则难于与日主发生任何直接的作用。月令是这个八字小天地中的主事之神，此一主事之神直接对日主"负责"。所以论日主吉凶，先要去看提纲月令这一主事之神，看了这一主事之神之后，再去看其他命运之神与此主事之神的关系如何配置，然后才能得出所有命运之神对日主的最终影响作用。

然亦有月令无用神者，将若之何？如木生寅卯，日与月同，本身不可为用，必看四柱有无财官煞食透干会支，另取用神；然终以月令为主，然后寻用，是建禄月劫之格，非用而即用神也。

注：月令没有任何主事之神，而是仅有与日主"一母同胞"的比劫或禄刃，则必去看占据八字中的"老大"位置的其他主事干支，以其作为日主间接非月令位置的特殊"主事之神"，以此为用神，进行八字全局的讨论。所以，建禄月劫之格，不是在月令中寻找到直接的"主事之神"，但也是与其他格局一样，看了日主再看月令，再从月令去找特殊"主事之用神"，如此思路，实质上与其他普通格局一个样，是按基本相类的论格模式去研究八字格局的。这也是上文中"建禄月劫之格，终以月令为主，然后寻用，是建禄

月劫之格，非用而即用神也"的意思。

第九，论用神成败救应

用神专寻月令，以四柱配之，必有成败。何谓成？如官逢财印，又无刑冲破害，官格成也。财生官旺，或财逢食生而身强带比，或财格透印而位置妥贴，两不相克，财格成也。印轻逢煞，或官印双全，或身印两旺而用食伤泄气，或印多逢财而财透根轻，印格成也。食神生财，或食带煞而无财，弃食就煞而透印，食格成也。身强七煞逢制，煞格成也。伤官生财，或伤官佩印而伤官旺，印有根，或伤官旺、身主弱而透煞印，或伤官带煞而无财，伤官格成也。阳刃透官煞而露财印，不见伤官，阳刃格成也。建禄月劫，透官而逢财印，透财而逢食伤，透煞而遇制伏，建禄月劫之格成也。

注：论命专论用神月令，然后用四柱年干支、月干、日支、时干支此六字与月令进行配合。按照月令四吉用神喜生之护之的成格原则，忌克之害之的败格原则，以及月令四凶用神要制之化之的成格原则，忌生之助之的败格原则，则日主与月令之外的六字必然会与月令喜忌产生种种关系，凡是此六字中符合成格原则的就是格局之成，此种字就是格局中的成格之字，也就是格局中的成神。凡是此六字中符合败格原则的就是格局之败，这种字就格局中的败格之字，也就是格局的败神。

以下所列就是六格局内诸格成格的一些主要成神、成格字眼。

正官格中，见财印、无刑冲破害就是成格八字。可见正官格中，以财或印是作为成格之字、成格之神看待的；以月令地支字的刑字、冲字、破害字是作为败格之字、败格之神的。

财格之成，有三种情况：一者是财格见官，官星护财，此时的官星可以作为财格的成格之字或成格之神看待。二者是财格见食神相生，同时日主要强带比的前提下，此一财格才能成立。这种成格要求比较严厉，就是财格要食神相生，食神要成为成格之字、成格之神，须日主身强且有若干比肩的前提下才可以成立。三者是财格透印也可以成格，但这种财格成立印星成为成格之字、成格之神，有个前提条件，那就是印的位置必须合适，不能与财星相近相接。换言之，财格配印成格就是财格配的远印才可以，与财星直接相接触的印星就不能作成格字看的。

印格之成，有四种情况：一者是印格中印轻逢煞，印轻自然喜其原神煞星生助之，这种印格情况中，煞星就是成格之字、成格之神。二者是印格中见官星与印并立，是谓官印双全，这种印格情况中，官星也就是成格之字、成格之神。三者是印格中身印双旺，有食伤泄秀，这种印格情况中，此格中的伤食星就是成格之字、成格之神。四者是印格中印星重重太旺太过，这个时候命中见有财星透而根轻，权用财星来损太过之印，这种印星太过的情况下，财星也就是成格之字、成格之神了。

食格之成，有三种情况：一者是食格见财，是谓食神生财，这个时候的财星就成为食格中的成格之字、成格之神。二者是食格见煞无财，食格当令见煞星，煞星自然伏于食神之下，且此情况下无有财星来搅局生煞泄食，则这种食格下的煞星也就是成格之字、成格之神了。三者是食格中印煞并见，则作弃食就煞印论。食神见印本是破格，也就是月令食神无法"主事"，而让印星"取而代之"，这个时候的印星再见煞星，则煞来生印，印来生身，形成了印格用煞的变化形态，这个时候的食格中的印煞也就成了成格之字、成格之神。这种弃食就煞印的变化，本质上就是将食格当作印格来讨论的。

七煞格见身强，且有食神有力制煞，是谓煞格成立，这时的食神就成为煞格中的成格之字、成格之神。

伤官格之成，有四种情况：一者是伤官生财，就是伤官格中出现财星，这时的财星也就成为成格之字。二者是伤官格中当令伤官成局或伤官叠叠，这时格局中出现有强根的印星，此种组合就是伤官佩印，这种格局中的印星也就是成格之神。三者就是伤官格中日主极弱，伤官极旺，煞印同时出现，形成伤制煞、煞生印、印生身制伤的连组合，这种情形下的煞印也就成为成格之神了。四是伤官格出现煞星，无财调和，伤煞俱旺身亦强，此种情况下煞星也成为成格之字、成格之神了。

阳刃格之成，命中出现官星或煞星，同时，官煞星有财印相助，柱中无有伤官或食神来制服官煞，在这种情形下，官煞星就成为格局中的成格之字、成格之神。

　　月令建禄或月劫格，成格有三种情况：一者是格局有官星透出，且官星有财星、印星相随，此时的官星就成为格局中的成格之字、成格之神了。二者是格局中出现财星，且有强根之伤官或食神出现，这种情况下，伤食生财也就成为格局中的成格之字、成格之神了。三者就是格局中出现煞星，同时，煞星也有制神降伏，这种条件下的煞星也就成为格局中的成格之字、成格之神了。

　　何谓败？官逢伤克刑冲，官格败也；财轻比重，财透七煞，财格败也；印轻逢财，或身强印重而透煞，印格败也；食神逢枭，或生财露煞，食神格败也；七煞逢财无制，七煞格败也；伤官非金水而见官，或生财生带煞，或佩印而伤轻身旺，伤官格败也；阳刃无官煞，刃格败也；建禄月劫，无财官，透煞印，建禄月劫之格败也。

　　注：按月令格局配置原则，有了成格之法，也就相对有了败格之法。

　　正官格逢伤官制克、地支六冲、三刑就是败格之象，伤克刑冲字就是败格之字、败格之神。

　　财格仅月令财星一位，财星力量不为太过，而见比劫克破，则此比劫就是财格中的败格之字、败格之神。财格或见煞星，煞星转财气来攻身，是以也是财格之败局，故此煞是也是财格的败格之字、败格之神。

　　印格仅月令印星一位，印星的力量不为太过，而见财星克破，则财星也会成为此印格中的败格之字、败格之神。印格若身强印重，再见煞星，煞星之气尽泄于印无力无意去克日主，日主身健无要印来生身，则此印格也是败格之象。在这种印格组合中，煞星就成为败格之字、败格之神了。

　　食格见偏印来克破，则此偏印就是食格中的败格之字、败格之神了。若食神格生财且还见煞，也就是食神格财煞并见，形成食生财、财生煞的连锁相生，则此食格中的财煞就是本格中的败格之字、败格之神。

七煞格见财星来生助，而且煞星没有制服，则此财星就是煞格中的败格之字、败格之神了。

　　伤官格非金水而见官星，则此官星就成为败格之字、败格之神了。伤官格生财，同时煞透泄财之气，形成伤生财、财生煞攻身而伤不制煞的局面，此种情形下，财煞也就成了败格之组合。伤官格中仅伤一位，力量中和，日主有气，而有强印来制伤助日，则此印星无用成为败格之字、败格之神了。

　　阳刃格内，没有官煞之星出干制服，其他十神出现，基本多是败格之字。

　　建禄月劫格内，没有财官，反而出现煞印，印化煞气生身，煞无力制月上禄劫，此时，煞印就成了八字内的败格组合了。

　　成中有败，必是带忌；败中有成，全凭救应。何谓带忌？如正官逢财而又逢伤；透官而又逢合；财旺生官而又逢伤逢合；印透食以泄气，而又遇财露；透煞以生印，而又透财，以去印存煞；食神带煞印而又逢财；七煞逢食制而又逢印；伤官生财而财又逢合；佩印而印又遭伤，透财而逢煞，是皆谓之带忌也。

　　注：八字格局中按照月令吉凶采取相应的评判原则，则柱中其他六字就会出现成格之字（或组合）或败格之字（或组合）的定性。这也就是讲，对于一个月令而言，柱中六字就会出现成格字与败格字的复杂组合。这种组合就是：成中有败，必是带忌；败中有成，全凭救应。

　　正官格见财谓之成格之字，而又逢伤官这个败格之字，则就是成中有败，此处的财星无法通关伤官与官星的对抗。也就是讲，正官格中若伤官出现且无有制伏，则此伤官必然会去制克官星破坏格局的。若正官格中官星透出，反见食神合去，则官星贪合忘主（日主），格局便坏了。

　　财格见官星透干，谓之官星卫财，所以，此时的官星就是成格之字。但是，此时财格中这个成格之字官星，同样也不可以见伤官来破坏之、食神来合之。若见之伤食两个字，则此伤食字克破了官星成格字，则此伤食字也就成为财格中财旺生官形式中的败格之字了，从而形成了财格生官先成，再见伤食破官后败的过程，这同样是一种成中有败的格局形态。这里要特别说明的是，对于财格而言，官星是成格字，这就是财旺生官的财格成格形态之一。同样，财格见伤食，伤食是可以生助财星财格的，这时伤食也就是成格字，这就是财逢伤食相生的财格成格形态之一。这里的情况是，就是财格中同时出现了官星与伤食之星，此官星与伤食之星不在同一命局中出现，各自单独与财格配合，都是财格的成格形态之一。但是，此两者一旦并存于同一财格中，就会形成财格生官、官受伤食克坏的成中有败的格局形式了。显然，对于财格而言，喜官星保护是第一位的，喜财星有源头相生是第二位的。其意也就是，无论财如何，先要保护住才是最要紧的，其次才可以讲财有无源头之事。若财无护卫，仅有源头是不够的。

　　印格见食神现，形成印生身、身生食泄秀的成格形态，也就是讲印格见食就是成格了。但是印格中有了食神字，这个时候八字中还同时出现财星之字，则此财星之字就会脱食之气来克月令印格，形成了财星破印的印格破格形态。像这种格局的实质是：印格中的同时出现食财，就成了印用食神泄秀，不料食神却去生财助财来破印的成中有败的形式，格局总是归于破败。

　　印格见煞，用煞来生印，本是成格之象，若格中再见财星，则财星破印去印助起煞星来攻身，形成败格之势。这就是印格见财煞同行的情况，印格先见煞，是谓成格，煞再见财，财破印生煞是谓败格，如此便形成印格见煞再见财的成中有败形式。

　　食神格见煞印，可以作弃食就煞印论，此本是成格之象。若煞印同见的情况下，再见财星出来，则财星转食生煞破印，成为大凶的败格之象了。

　　七煞格见食神制煞，本是成格的大吉格之一。若食神这个煞格中的成格字受到印星伤害，则此格局也是成中有败的形态。此格要说明的是：煞格用食，是煞格成格的一种形态，煞格用印，用印转煞气生身也是煞格成格的一种形态。但是对于煞格而言，食印不可同存并行于一个八字之中，若食印同行，则印必是护煞制食，则煞星凶神反而从本身有制又回到无制之中的状态之下，格局变的大坏了。要明白的是，印是煞之子，煞逢食制，食成煞之仇敌，子必救母，是以印星必去制食来救其母煞星了，这就是煞格见食、逢印夺食的破格命理之在。

伤官格生财，化伤之气来作财星之根源，本是成格之象，但化出之财星不宜逢合神，若财逢其合神或妻或夫，则财星随其夫或其妻而去，就会基本不再注重于伤官所生了，此时伤官格生财，财星贪合变质不化伤官，则此伤官生财、财逢合也同样成为成中有败的格局形态了。

伤官格身弱伤重，最要佩印来伏伤官，同时来生助日主之气，此是成格之路，若此同时出现印星之天敌财星，则财星破印，印星受制束手，难于起到制伤生日之功效，格局到此大坏，同样会形成伤官格佩印、印受财破的成中有败的格局组合形态了。

伤官格生财本是成格之吉象，若生财之后再见煞星，就成了煞星盗财气攻身的坏格之象，这种组合就是伤官格见财煞同行的成中有败的格局了。这里的"成"就是伤官生财，这里的"败"就是格中的财见煞盗气了，使先成的财字变化成无用之字或坏格之神了。

总结上文，所谓的成中有败、必是带忌之意就是这样的：格局中的任何成格之字受到了其他字的克制、伤害、合去，这些其他字就是败字、带忌字，就是这些坏字使成格之字的成格功用消失，使格局真正的成中有败，或者说是先成后败了。

何谓救应？如官逢伤而透印以解之，杂煞而合煞以清之，刑冲而会合以解之；财逢劫而透食以化之，生官以制之，逢煞而食神制煞以生财，或存财而合煞；印逢财而劫财以解之，或合财而存印；食逢枭而就煞以成格，或生财以护食；煞逢食制，印来护煞，而逢财以去印存食；伤官生财透煞而煞逢合；阳刃用官煞带伤食，而重印以护之；建禄月劫用官，遇伤而伤被合，用财带煞而煞被合，是谓之救应也。

注：月令格局明显出现破格之字、破格之神，则必要在命中去寻找克制、合去、伤害这些破格之字的其他字，这个就是格局内败中有成的救应过程。

正官格最忌伤官来破，伤官作为破格之字出现在命中，若命中刚好有印星透出制服伤官星，这就是官格见伤、佩印制伤的败中有成的救应过程。

正官格混煞也是破格之忌，若其他字来合去煞星，则此官格还作无煞混杂看，格局破而不破，也就是格局内败中有成有了救应。

正官格月令字在命中逢刑冲克害字，也算是破格之忌，若格局中有其他字来会合破格字，也就是解开了月令字所受到刑冲克害，则此官格也作败中有救应看。

财格至忌就是出现比劫来克破，这时就要对此破格之字比劫进行克制或转化：一者是用食神来盗比劫之气，使其破财之力减弱，反成为财源之源头。二者是用官星来克制比劫卫护财星，官星出现有力克制比劫，比劫受克就不能作为，不能作为就不能去破财星了，这样财星在月令上无伤害，则此吉格还是成立了，所以这就成为有救应的格局变化过程了。

财格也忌七煞出干盗窃财气，这时煞星成为财格中的败格字了，急须食伤来制煞生财，或用刃星来合煞存财，也就是将煞星克制使其不盗窃财气，这样财格保持不破，也就财格逢煞煞有制的败中有成有救应的论格过程。

印格破格字在于财星，若财星来破印，则此印格急要对此财星进行处理克制，若命中有比劫或合神将财星去之或合走，则财星受降无能为力不能去破印了，这样使印格破而不破，也就是印格见财破、财星却受制的救应过程。

食神格最怕的是偏印来破，若有偏印来破食神，则有两种救应方法：一者是出现煞星，作弃食就煞印论；二者是出现财星，用财星来克偏印来护食神，使食格破中有救。

七煞格用食神制，但出现偏印来克食护煞，此时偏印就是煞格用食成格中的破格之字，在这种情况下，就要对此破格之神偏印进行"打压"，若命中有财星出头，则财星就可以去克制偏印，偏印一旦受制，则食神就会"解放"而出，食神出现自由，自然还可以去制七煞之格了，格局还是最终成立。也就是说，七煞格用食神制，这是格局之成；不料格局成功之后，出现了偏印，偏印就会来克倒食神，则食神受制自然不能去克制七煞，则七煞格形成了见食先成、再见偏印克食后败的过程，偏印作恶，再去寻求财星来破印护食，则此七煞格局就经过先成（用食神制煞）、后败（有偏印制食、食受克无力去制煞了）、败后再有救（有财星制偏印护卫食神、食神最终还是可以来制月令七煞）的复杂逻辑推理过程了。

伤官格生财是成格之路，若再见煞星，则是伤官生财先成、财生煞后败的经过。换言之，伤官格生财见煞就是先成（生财）后败（见煞）的格局形态，则必要对此败格字七煞星进行克制或合去，则伤官生财见煞，煞最终有制有合，则此格局终还是有救应的成格之命。

月令阳刃，若有官煞来克制，是谓成格第一义。但此官煞若有食伤来克官煞之星，则官煞之力全失，月令阳刃依然无克无制，格局先成后败了。在此关头，则务要有印星出来护卫官煞克制食伤，让食伤无力制官煞星，官煞星因为有印星的"保驾护航"可以依然发挥功用来制刃，格局最终有救。这里的具体过程就是这样的：刃格见官煞是先成之象，官煞再见伤食克害，此是后败之象，再有印星来克伤食护卫官煞，这是败格之处的救应点，这样格局最终还是成立成功。

建禄月劫用官，本是成格之字，若此官星受到伤官克害，此成格之字受到了伤害，就要去找寻制伤官的印星或合神，若印星出现则伤官受克，官星无害，格局还是成功。

建禄月劫用财，财却去生煞，煞是大忌神了，若有伤食或合神来制合煞星，则煞星不窃财气，格局还是有了救应，最终作成格之命看。

八字妙用，全在成败救应，其中权轻权重，甚是活泼。学者从此留心，能于万变中融以一理，则于命之一道，其庶几乎！

注：八字论格当中，全在成败救应的辗转变化过程中，其中如何先成后败，如何先败后成有救应，都要作具体命局的仔细研究。

实际上，此一段落文字就是《子平真诠》论命的核心篇幅，也是六格论变化形式的总提纲，深刻体会此论中的精义要点，就可以掌握格局论的大体了。

第十，论用神变化

　　用神既主月令矣，然月令所藏不一，而用神遂有变化。如十二支中，除子午卯酉外，余皆有藏，不必四库也。即以寅论，甲为本主，如郡之有府，丙其长生，如郡之有同知，戊亦长生，如郡之有通判；假使寅月为提，不透甲而透丙，则如知府不临郡，而同知得以作主。此变化之由也。

　　注：论命的主要焦点就在于月令提纲之上，所以，对月令提纲的研究就是八字命学的主要研究对象。月令作为一个地支，对于其人元吉凶神的考虑与研究就是论格局的基本原则。那么，对于月令中所有的地支藏干也就是所谓的"人元"（用神）情况、月令地支的三合会局等种种情况也是必须要研究的，这也就是用神变化一章的由来。

　　十二地支充当月令，由于地支所藏天干人元不一，再加上天干的藏透，这就有了用神（不同人元主事当权）不同的变化情况。

　　寅作月令，支中所藏人元：甲木、丙火、戊土
　　卯作月令，支中所藏人元：乙木
　　辰作月令，支中所藏人元：戊土、癸水、乙木
　　巳作月令，支中所藏人元：丙火、戊土、庚金
　　午作月令，支中所藏人元：丁火、己土
　　未作月令，支中所藏人元：己土、丁火、乙木
　　申作月令，支中所藏人元：庚金、壬水
　　酉作月令，支中所藏人元：辛金
　　戌作月令，支中所藏人元：戊土、辛金、丁火
　　亥作月令，支中所藏人元：壬水、甲木
　　子作月令，支中所藏人元：癸水
　　丑作月令，支中所藏人元：己土、癸水、辛金

　　上述十二地支作月令，支中所有的人元少则仅一位天干，多的则有三个

天干。大概而言，这些天干分别由月内主气、寄宫的长生之气及作墓库余气组成。从上可以看出，子卯酉月令中所藏天干只有一位，那么就表示此月令中的用事人元也就是用神仅一位，则定格就相应以之为准了。

至于寅申巳亥与辰戌丑未此八支，支中所藏的人元有二或三位，所以，其情况就相对复杂了。再考虑到这些人元也就是所藏天干的透露的不同组合，也就有了所谓的"用神变化"。

比如以寅月而论，当中天干就有甲木、丙火、戊土此三个人元，此三者当中，甲为本气或者也就是主气，就是"如郡之有府"，其意就是讲寅月中真正当权作主者、司令者、主人翁、执政者就是此一甲木。那么丙火呢，丙火长生于寅月内，其相当于甲木的下属或同事，其也有一份权力，所以其就"如郡之有同知"，其意就是讲寅月中的丙火可以辅助主人翁甲木来行使做事。至于戊土则是寄长生于寅月内，其较之于甲木与丙火，其职事与权力更是处于第三位，其来佐使甲木或丙火了，所以其在寅月的功效就是"如郡之有通判"，其作用力是为最小。

了解到了寅中不同天干的地位与作用外，就要考虑到此三个天干在八字全局中的透露与隐藏的问题。原文讲："假使寅月为提，不透甲而透丙，则如知府不临郡，而同知得以作主。此变化之由也"，这句话我们要加以重点研究。因为，此句话是有问题的。沈公的意思是：寅月中如果甲木不透，而只是透露了丙火，那么相当于"知府不临郡"，也就是地方上主事官没有，那么只好用其他副职来代表行事。事实上，沈公此个打比方的说法是站不着脚的。这是因为，寅月中当权的主人翁就是甲木，寅就是甲木的地盘，不存在寅月中甲木不在或不光临的情况。按沈公此个打比方的说法，寅月中甲木不透露而露出丙火，那丙火就可以作寅月令的"主人翁"了，其说就是讲寅月中的甲木不露，那么就相当于寅月中没有甲木这个真正的主人翁，所以，丙火就可以取而代之作寅月的主人了。显然，沈公的这个比方说法是不对的，寅中不可能没有甲木，同样，寅月也不会因为甲木的不透就成为其他月令了。换言之，寅月必有寅月的司令气候，也就是讲寅中的甲木不论其藏或透，它是会永远起作用的，寅月在大自然、大天地中永远是起到正月的作用，而这正月的气候变化与万物状态就是由此寅月中的甲木主气来推动表现出来的。

所以，综上所论，月令中的主事人元是不会变化的，所谓的用神变化本质上是没有的。

故若丁生亥月，本为正官，支全卯未，则化为印。己生申月，本属伤官，藏庚透壬，则化为财。凡此之类皆用神之变化也。

注：了解上文的正义之后，这些用神的变化就可以有正确的认识了。丁生亥月，亥中有壬，必是正官格；支有了卯未，则亥卯未三合木局，对于日主而言，此三合局就成了印局。再如己生申月，本质上就是伤官格，藏庚透出壬水，若以壬水来看，则化成了财格。

请大家注意，沈公这种举例方式事实上与他后文的观点是自相矛盾的。这就是沈公这里讲的用神变化，其实质上就是后文讲的"相神"。

所以，对本文的正确理解应该是：丁生亥月，当为正官格；如见卯未来合局，则此木印就成为此正官格的相神印星了，而不能讲此格由正官格化为了正印格。同理，己生申月，当为伤官格，庚不露而干头见壬，则此壬财就成为此伤官格的相神财星了，而不是此一己生庚月的伤官格变质成了己生庚月透壬的正财格了。

现代一些学者，借此沈公这些文字来大谈变格问题，这是很错误的，也与沈公原意不合。事实上，沈公这些文字只是提出了变格的一些思路，仅此而已。就是沈孝瞻先生本人就其后文中的所有实例定格，没有一个是用变格来定格的，只要大家好好看看《子平真诠》中的原文所有命造例子，一律全是以月令中主气来定格的。所以，沈公在此提出的用神变化思路，只是一种理论而已。就是沈公本人在后文的实例中，沈公也没有采用自己的这种想法。所以，当我们发现沈公文中前后不一的时候，我们就当于沈公原文中的抓其主体思想，一些枝节我们可以不必太在意的。

变之而善，其格愈美；变之不善，其格遂坏，何谓变之而善？如辛生寅

月，逢丙而化财为官；壬生戌月逢辛而化煞为印，不专以煞论。此二者以透出而变化者也。癸生寅月，月令伤官秉令，藏甲透丙，会午会戌，则寅午戌三合，伤化为财；即使透官，亦作财旺生官论，不作伤官见官论也。乙生寅月，月劫秉令，会午会戌，则劫化为食伤。此二者因会合而变化者。因变化而忌化为喜，为变之善者。

注：辛生寅月，本是财格，透出丙官，是谓财旺生官，丙官是此财格的成格之神，也就是相神之一，而不是此财格变成了官格。壬生戌月逢辛，是谓煞格中透印相神，作成格论。

癸生寅月，不论甲伤透不透，格局就是一定之伤官格。至于透丙会午戌，则成伤官生财之局，此处财星就是伤格中的成格之神。如果伤官格中财官并透，伤官不与正官碰面，也作成格论，其原理可相当于财格生官的样式。

乙生寅月，本是月劫，若会午戌，则月劫之气化为食伤，此月劫一格因食伤之气而变化了。

事实上，沈公就是所谓的提出的"变格"思路，完全可以放到正格的变化样式中作讨论的。所以，变格一说实质上是多此一举了。沈公自己的实例说明，就是这种情况的最好自身证明。这是因为，沈公这里讲的用神变化实际已涉及到用神与其他十神之间的配合问题了。我想要说明的是：定格就是定格，只以月令中的主气来定的，涉及到两者以上的命运之神作用时，就可以放到具体的格局变化样式中去作研究就是了，不要将定格的问题与格局变化的问题扯到一起。换言之，定格就是定格，只用月令中的当权者作主就是了。至于月令中的天干是否透露、月令是否与其他地支三合、六合、六冲或空亡，完全可以放到格局中的具体变化样式中研究就是了。

这里要反复强调的就是：月令是月令中主气的地盘，月令的"产权"是属于月令中的主气，主气才是月令的"真主人"，其他的月令中的天干只能有"居住权"而是没有"产权"的。无论月令中的主气是否透露，此月令永远只能是属于主气的自家物，主气就是月令中的"主人翁"，只有它真正有权可以与日主确定明确的格局性质与关系。

何谓变之而不善？如丙生寅月，本为印绶，甲不透干而会午会戌，则化为劫。丙生申月，本属偏财，藏庚透壬，会子会辰，则化为煞。如此之类亦多，皆变之不善者也。

注：沈公正是有了上文的思路之后，就有了这儿文字的矛盾了。我们试用沈公的变格原意去谈，就会发现出这个问题了。

试以丙生寅月而言，当是印格吧。若以印格来说，见比劫当是成格之神，为什么？印格忌见财星破印，财是败格之神，则比劫自然就是成格神了。现在沈公在此处讲，丙生寅月，甲不透干而会午戌，则化为劫星了。若按变格来讲，从印格变成劫格自然不好了，可若按印格来讲，印格见劫是相神，当是成格之神，应当作吉论。这样一来，印格变劫格是不好的观点与印格用劫的成格为好的观点两者之间显然有了矛盾，那其中谁对呢？当然是印格用劫来成格的论点是正确的，所以反过来可知，印格化劫格变成不好的变格理论观点是不成立的。

再以丙生申月，当知是偏财格。偏财格中出现煞星，本是败格之象，确是大忌讳的。此处沈公以为丙生申月会子辰见壬之所以为凶，是因为将财格变成煞格的原因，事实上，这根本不是的，不要用这种多此一举的用神变化调调，财格见煞本是不好，又何必节外生枝多啰嗦呢？

又有变之而不失本格者。如辛生寅月，透丙化官，而又透甲，格成正财，正官乃其兼格也。乙生申月，透壬化印，而又透戊，则财能生官，印逢财而退位，虽通月令，格成正官，而印为兼格。癸生寅月，透丙化财，而又透甲，格成伤官，而戊官忌见。丙生寅月，午戌会劫，而又或透甲，或透壬，则仍为印而格不破。丙生申月，逢壬化煞，而又透戊，则食神能制煞生财，仍为财格，不失富贵。如此之类甚多，是皆变而不失本格者也。

注：沈公到此又回到了用月令主气定格的正道上来了，什么兼格则纯粹是多此一举的了。如辛生寅月，见丙甲齐透，本来就是财格中财旺生官的样式，又何必多此一举说成是财格兼了官格呢？？

再如乙生申月，壬戊财印并见，本身就是官格佩印带财的成格样式，又

55

何必来"乙生申月,透壬化印,而又透戊,则财能生官,印逢财而退位,虽通月令,格成正官,而印为兼格。"这样复杂多此一举的说法呢?

再如癸生寅月,见财本好,财官并透,则官与伤不可碰面,自然成格了。若伤与官见,则自然不论财现与不现,照样破格了。

再如丙生寅月,见壬煞、甲印、午戌劫局,本身就是成格的组合样式,又何必"丙生寅月,午戌会劫,而又或透甲,或透壬,则仍为印而格不破,"这样长篇大论的将论格局成败的问题,牵涉到用神变化也就是变格与定格的问题当中去了?

再如丙生申月,透壬透戊,组成了财格生煞,煞用食制的先败成后的格局样式中去了,又何必再来说用神变化而不失本格者也呢?

是故八字非用神不立,用神非变化不灵,善观命者,必于此细详之。

注:沈公这一篇的"论用神变化"与下一篇的"论用神纯杂",其本意就是为了以月令用神为中心来讨论格局的组合问题,而不是一定要为了如何定格与变格的问题。

所以,"八字非用神不立",就是讲格局如何定格的问题。"用神非变化不灵",则是讲格局组合的问题而不是说定格的问题了!

第十一,论用神纯杂

用神既有变化,则变化之中,遂分纯杂,纯者吉,杂者凶。

注:这里讲用神变化就是讲月令中人元天干之间相互作用的问题,不涉及到八字中其他柱干支的情况。纯者,就是月令中所藏不同天干组合符合成格的原则;杂者,就是月令中所藏不同天干组合符合了破格的原则了。当然,成格吉,破格凶。

何谓纯?互用而两相得者是也。如辛生寅月,甲丙并透,财与官相生,

两相得也。戊生申月，庚壬并透，财与食相生，两相得也。癸生未月，乙己并透，煞与食相克，相克而得其当，亦两相得也。如此之类，皆用神之纯者。

注：月令中的人元统称用神，四孟、四季月内中人元用神一般皆有三者，此三者用神也就是三个不同天干对应日主就成了不同的命运之神了，这些命运之神相互配合成格，就是互用两相得者是也。

比如辛生寅月，甲丙并透，财是吉神要生之护之，现有甲官护财，财旺生官，成格吉象。戊生申月，庚壬并透，食神生财，同样成格。癸生未月，乙己并透，己是煞要用食制，刚好有乙，是乙食来制己煞，是煞食相合相用而成格了。

何谓杂？互用而两不相谋者是也。如壬生未月，乙己并透，官与伤相克，两不相谋也。甲生辰月，戊壬并透，印与财相克，亦两不相谋也。如此之类，皆用之杂者也。

注：月令中用神不相配合协调者，是谓不吉。壬生未月，干头上出现乙木与己土，己官怕见乙伤，今偏偏相逢忌神，是用神两不相谋者也。甲生辰月，戊壬并透，一财一印，财印无相成之理，也是不吉组合者。

纯杂之理，不出变化，分而疏之，其理愈明，学命者不可不知也。

第十二，论用神格局高低

八字既有用神，必有格局，有格局必有高低，财官印食煞伤劫刃，何格无贵？何格无贱？由极贵而至极贱，万有不齐，其变千状，岂可言传？然其理之大纲，亦在有情无情、有力无力之间而已。

注：八字有用神必有格局，格局必有高低上下。六格之中，官印财食是吉格贵格，一旦破格，反贵为贱；煞伤劫刃是为下格凶格，或成格转凶为吉也有大贵者。是以格局之名仅是一名而已，格局或成或败才是命格根本者。

格局成败各有数等，极贵者命格必是大成，极贱者格局必是大败，如何定格局成败高低？理之大纲，在于格局中命运之神的有情无情、有力无力之上也。我们知道，一个八字本质是用八个字的命运之神之间的关系组合，所以，这里沈孝瞻先生讲的有情与无情，明显是指命运之神之间的有关系，至于有力无力，则显然是指命运之神的力量旺弱了。

换言之，沈公讲"有情无情"，就是讲命中字与字的配合关系如何，"有力无力"就是讲命中每个字的力量问题。这两个方面确是定格局成败与高低的重要指标，但我经过研究发现，八字中每一个字所处的位置、所带的神煞也是关系到格局成败与高低的重要因素。

如正官佩印，不如透财，而四柱带伤，反推佩印。故甲透酉官，透丁合壬，是谓合伤存官，遂成贵格，以其有情也。财忌比劫，而与煞作合，劫反为用。故甲生辰月，透戊成格，遇乙为劫，逢庚为煞，二者相合，皆得其用，遂成贵格，亦以其有情也。

注：正官格佩印之局，固然可以成格，以官星吉神得印星护卫，然印星虽然可以护官，然印也泄官星元气，是以官格见印，只能是做官平稳，却不得发达显贵，以官受泄力有所不足，是以难于发显贵，然印可护官星，所以，做官自然稳当。官星最爱财星助，则官气有力，只要身强有力可任，必然官运青云直上，一岁三迁者有之。所以，官格见财者较之官格见印者，自然格局强多了。若官格中有伤官破局，则官格见财不如官格见印了，为何？以印制伤神，则官星无忌无忧，格局破处有救，依然作成格讲，主官场风波中升迁。若官格见伤神大忌星，没有印星，只有财星，财星与伤官有父子之情，则财星作为伤官之子，自然没法来支配伤官人父之性，伤官必然会去克倒官星，破官格矣。甲透酉官，逢丁伤官会破酉中辛官，则最喜壬印透露去合丁伤，丁伤受制于壬印之情，则此一官格依然不破，谓之合伤存官，以丁壬有情意也。

财格最忌比劫，若见煞星透出，煞来制比劫，煞星凶神也因有克合而化煞为官，是谓一举两得也。甲生辰月，透出戊财成真财格，干头出现乙劫，则乙就成了破格之神，此时出现庚煞，则庚煞可以去克合乙劫，则劫星有制，戊财不坏了，财格还是成立。若甲生辰月出现戊财，没有乙劫，反而是庚煞出现，则是庚煞盗戊财之气来攻日主，也是败格之大忌，此时也反喜乙木来合庚煞化煞为官，以破格处有救而格依然成立。所以，财格见劫煞相合，是谓煞劫相合，两得其用，最是有情于日主，则格局自然洪大了。

此节主要强调了八字中相神与病神之间的有情无情之关系，格局中字与字越是有情，则八字的格局就大，若八字中字与字之间无情战斗，则此八字格局就小或不成格。

身强煞露而食神又旺，如乙生酉月，辛金透，丁火刚，秋木盛，三者皆备，极等之贵，以其有力也。官强财透，身逢禄刃，如丙生子月，癸水透，庚金露，而坐寅午，三者皆均，遂成大贵，亦以其有力也。

注：煞格成极等之贵，要有三个条件：一者煞纯清透，一位为真；二者身强自旺，日主力足可用煞；三者要食神清透有力制煞；此三者煞身食全极有力，则是一等优质煞格了。乙生酉月，辛煞清透，丁火食神若也通根午字或未字或戌字，则丁食也很有力，日主乙木自坐禄乡或命中成三合木局或半三合木局，则就是秋木失时不弱，秋木兴盛也，煞清食强日主旺，可成煞格极等之贵了，以其有力也。

再如官格，财强身有力，就可以成为官格中的极品贵格了。丙生子月，癸官当令透出，庚财有力，日主自坐寅或午字上，日主强，官星旺，财有根助官，三者有力且均衡，是以作正官格中的上品格局来看。

一般而言，格局要成上品，月令主气之用神一定要透出一位，谓之格正局清，只要相神辅助，日主生旺，格中无伤，自然命成上品。

此节文字，主要强调格局中用神、相神与日主在力量上的要求，要求用神、相神与日主都要有力，则此八字就能成为强势命格，格局就易成上品之大命。

又有有情而兼有力，有力而兼有情者。如甲用酉官，壬合丁以清官，而

壬水根深，是有情而兼有力者也。乙用酉煞，辛逢丁制，而辛之禄即丁之长生，同根月令，是有力而兼有情者也。是皆格之最高者也。

注： 沈公论格局高下有两个标准：一是有情，二是有力，若一个格局中的若干关键字与若干关键字之间不但有情且有力，那此格局必是上品。比如甲用酉官，格局见丁本是破格字，现见壬印出来合丁，且壬印护酉官之情必深矣。且壬印根深，则此壬印必然百般用力来制合丁伤，则丁伤无法作用于命局中，则官星自然无忌还是可以助日主成功名做官。乙用酉煞，辛逢丁制，而辛之禄就是丁火之长生位，两者同根于月令，乃是煞与食"同祖共宗，本是一家人"，则用此食来制此煞，此煞必会诚服于此食也，为何？此食对此煞是恩威并施，有情有义且有手法也。有情者，同根也；有手法者，食也有力矣。日主用此食来驱煞，煞为我用，格便极大。

如甲用酉官，透丁逢癸，癸克不如壬合，是有情而非情之至。乙逢酉逢煞，透丁以制，而或煞强而丁稍弱，丁旺而煞不昂，又或辛丁并旺而乙根不甚深，是有力而非力之全，格之高而次者也。

注： 论格高下，专看情意与力量，情真力足格就大，情假力弱格就小。甲用酉官逢丁伤，用壬印来克合丁伤，则丁感情意于壬，自然一心臣服于壬印，若无壬用癸水来直接强制丁伤，则丁伤虽然屈服于癸之力，但对癸无情也。若一旦癸受伤，则丁自然无所忌讳了，则其破格之害就不可胜言了。请注意：此处讲的有情而非情之至，是说用正印或偏印来克制丁伤而言的。用印制伤，对伤也要有情有意，让其死心踏地的服从于印星而不再有心去伤害官星，若只用强力手段来克制伤官，非是最高手段也。兵法云：攻城为下，攻心为上。甲用酉官逢丁，用壬印或癸印皆可制丁伤来护酉官，然用壬印者乃是攻心为上，用癸印者则是攻城为下，两者之不同，于此可别！

至如印用七煞，本为贵格，而身强印旺，透煞孤贫，盖身旺不劳印生，印旺何劳煞助？偏之又偏，以其无情也。伤官佩印，本秀而贵，而身主甚旺，伤官甚浅，印又太重，不贵不秀，盖欲助身则身强，制伤则伤浅，要此重印何用？是亦无情也。又如煞强食旺而身无根，身强比重而财无气，或夭或贫，以其无力也。是皆格之低而无用者也。

注：沈公以为格局品质高贵者主要是看有情与有力，那自然八字中就有无情与无力者，无情无力之八字必成下格之命。大概而言，八字中每一个字都会发挥一定的作用，无论是正面作用或负面作用皆是一字功效的体现，字若发生正面作用者就是好字，字若发生负面作用者就是坏字。所谓负面作用者就是无情无意，对格局的成功起到破格的反作用。

像印格用煞，本是贵格，为何？以煞来作印之根源也。若一个八字中身旺极，印也是极旺者，则一点煞星透出，则此命极凶，为何？煞星透出来克强健之日主本是好事，不料印星太旺实质上泄尽了煞星之元气，煞星成为有气无力的假神无法真正起到作用，有煞星之名而无煞星之实，则此煞不仅克不了日主，反而去依附印星去，去生助印星极旺之气，一个八字到此就成了身旺极、印重重、煞无力的偏颇之命了，也就是沈公此处所讲的"身旺不劳印生，印旺不要煞助，要此重印或煞星有何用之说"了。再如伤官格，若身强伤弱，则不需要印来，若印来则无所作为反而会起坏作用的，为什么？伤重身弱之格，最要印星一字来成格，印可以制伤官还可同时生助日主之气，则此印之功用就大了，其之有情有力于日主的价值就会很大，从而可以直接提升八字本身的格局层次。若伤官格中伤轻，则不要印来制；若伤官格中日主很旺，当然也不要印来相生，若这个时候出现印星，则此印星必然会起到反面作用，呈现无情之状态。一般而言，一个八字中出现无情之字，其人生活中此神所对应的六亲，就会在此人的人生命运中会起到负面作用和坏影响的。反之，一个八字中的有情之字，其对应的六亲就会在此八字的人生命运中起到正面作用的。

讲了无情，再来讲无力。煞格食旺若身弱，是谓日主无力不可任重，此命不贫则夭。若身强比重，而财神反弱，是谓财无力矣，此种命克妻克父，一生贫穷。

大概而言，八字中吉神凶神皆要或有情或有力效命于日主、格局，则此命运之神才会起到好作用，帮助其人命运亨通发达。若八字中的吉凶神或无情或无力，拖累日主、格局，则此命运之神就会起坏作用，导致其人命运的困苦艰难。

然其中高低之故，变化甚微，或一字而有千钧之力，或半字而败全局之美，随时观理，难以拟议，此特大略而已。

注：格局高低之别，千变成万化，或格局中因一字而成巨富大贵，或一字而致格局大败大坏，如何分别，当随时随地因不同的格局而进行研究分析。

第十三，论用神因成得败因败得成

八字之中，变化不一，遂分成败；而成败之中，又变化不测，遂有因成得败，因败得成之奇。

注：八字格局之成败，无非是相对于用神而言，八字中有成格字，也有败格字，此成格字与败格字相互交集，就有了因成而败，因败而成的格局组合了。

是故化伤为财，格之成也，然辛生亥月，透丁为用，卯未会财，乃以党煞，因成得败矣。印用七煞，格之成也，然癸生申月，秋金重重，略带财以损太过，逢煞则煞印忌财，因成得败也。如此之类，不可胜数，皆因成得败之例也。

注：化伤为财，是谓伤官格生财，格局成功，伤官生财之后再见煞，则是财来生煞党煞，格局先成后败也，也就是因成得败了。辛生亥月，见卯未化伤生财，是格局之成，然财忌煞星，今丁煞出，则由伤生化的财局反来作煞星之源，导致格局功败垂成。印用煞星，本是成格吉象，若见财星，则是财来破印反生煞气攻身，也是因成得败之象。

官印逢伤，格之败也，然辛生戊戌月，年丙时壬，壬不能越戊克丙，而反能泄身为秀，是因败得成矣。煞刃逢食，格之败也，然庚生酉月，年丙月丁，时上逢壬，则食神合官留煞，而官煞不杂，煞刃局清，是因败得成矣。如此之类，亦不可胜数，皆因败得成之例也。

注：印格逢官，本是成格之象，但就怕伤官出干（印星不露）破了官星，则印格见官让伤官破官，格局败也。然若印格印星出干来护官星，纵天干上见伤官也是无妨，为何？以印出干自可克制干上伤官矣。辛生戊戌月，年丙官，时壬伤，以月印戊出干完全可以控制时上壬伤，则年上丙官自然无伤可以助印成格了，壬伤受制只能泄身为秀，八字天干形成一气相生：年丙官生月戊印，月戊印生辛日主，辛日主生时壬伤，天气流通，格局似败而实是成格象。

刃格用煞，本是忌食，为何？刃是凶神，当用煞伏，此时之煞就不能见食来相制，若食一制煞，则煞就无能为力来制刃了，是以刃格用煞最怕见食了。然刃格中官煞混杂，则反喜见食了，为何？以食可以去合官取清，官不混煞，煞情力专，自然成格富贵了。庚生酉月，若单用丙煞，则大忌壬食出现来伏制丙煞；若命中见了丙煞还同时出现丁官，形成了丁官丙煞共攻身的局面，此时反要壬食出现，让壬食去合丁官，对丁官与丙煞混杂的局面进行取清，如此不成功处反成功，格局因败而成矣。

其间奇奇怪怪，变幻无穷，惟以理权衡之，随在观理，因时运化，由他奇奇怪怪，自有一种至当不易不论。观命者毋眩而无主、执而不化也。

注：格局变化无穷，只依理来权衡之。比如：官煞混杂要取清，日主身弱要印生，用神必要相神助，忌神定要有受制……如此无穷，自有一理。

第十四，论用神配气候得失

论命惟以月令用神为主，然亦须配气候而互参之。譬如英雄豪杰，生得其时，自然事半功倍；遭时不顺，虽有奇才，成功不易。

　　注：格局论固然是以月令用神为主，然讲究月令中人元用事之际，也要考虑到天地之间当时的大气候环境状态。天下万物，得时者贵，失时者贱，命理中用神、相神或日主同样如此。日主、用神、相神全得天时者，必然大富大贵，日主、用神、相神全失天时者，必然贫贱交加。然命中最要者却是用神与相神务要得天时，生得其时，自然事半功倍，不得其时，虽有奇才，成功不易。

　　是以印绶遇官，此谓官印双全，无人不贵。而冬木逢水，虽透官星，亦难必贵，盖金寒而水益冻，冻水不能生木，其理然也。身印两旺，透食则贵，凡印格皆然。而用之冬木，尤为秀气，以冬木逢火，不惟可以泄身，而即可以调候也。

　　注：印格见官，是谓官印双全，印有其主官星，官有其实掌印，官有印而成真官，印有官而成真印，官印相须，必成富贵。冬木正是水印当令，虽透官星，有官印之名，也难成大贵，缘何？以金寒水冷故也。实践表明，冬木见官，只要行西方之地，依然可以发大贵，为何？冬木是有寒气，但行运转入西地，官星庚辛金就不会再有寒气了。

　　冬天之天时，天寒地冻，木土金水全部冰封，全要一点火神来活跃生机，所以，冬生之命，最要命中有丙火出干，才有论上命之可能。冬木枯寒无丝毫生机，若逢火神来发荣，最为清贵，富贵荣华定然。

　　伤官见官，为祸百端，而金水见之，反为秀气。非官之不畏夫伤，而调候为急，权而用之也。伤官带煞，随时可用，而用之冬金，其秀百倍。

　　注：伤官见官，格之不美，世人所知。然冬金则不忌，最要见火神来调候暖局，则金寒水冷之凶格就化成金温水暖大吉格。所以，冬金见官或煞，总是以吉论，为何？以官或煞总是火神矣。冬金见火，无不富贵。

　　伤官佩印，随时可用，而用之夏木，其秀百倍，火济水，水济火也。

注：天时变化最大者，冬之寒冷，夏之酷热，皆非天地正气，杀万物者也。天地生气，总是气温适中，不冷不热，不燥不湿，气候清明中产生，万物得此生气方能生生不息。天地之杀气，不是酷暑炎火，就是严冬萧杀之气，两者皆主杀伐，生于此二月之命，全要命中有救神来节制天地之杀气，炎炽热烈者济之于水，萧杀严寒者温之于火，总要阴阳之气冲和，寒暖适中，方作得上命论。所以，夏木炎炽，大有火来焚木之势，木性枯焦，无一丝丝神气者，最要得天之恩泽（命中有壬癸亥子水）相济，夏木必然郁郁葱葱一片生机盎然之象，所谓"夏木逢润，其秀百倍"是也。

伤官用财，本为贵格，而用之冬水，即使小富，亦多不贵，冻水不能生木也。

注：此节接上文而言，金生冬天是伤官格，若格中见木为财神，格局样式成金水伤官生财，然冻水生木，生机不畅，纵有伤官生财之名却无伤官生财之实，若金水伤官格中，身强财星自旺，则主也能小富，终不能致贵，以寒气太重局中无生意也。

伤官用财，即为秀气，而用之夏木，贵而不甚秀，燥土不甚灵秀也。

注：同理，伤官生财在夏天也是同论。夏木本是伤官，若见财星戊己土透出，则格成伤官生财之式，格局虽是成功，也不作显贵论，以局中火炎土燥故也。夏木成格大命者，基本上全是依伤官佩印而论，若佩印再带官煞，官煞与印有情，尤秀尤为奇特，此格主由文秀而入显贵。

春木逢火，则为木火通明，而夏木不作此论；秋金遇水，则为金水相涵，而冬金不作此论。气有衰旺，取用不同也。春木逢火，木火通明，不利见官；而秋金遇水，金水相涵，见官无碍。假如庚生申月，而支中或子或辰，会成水局，天干透丁，以为官星，只要壬癸不透露干头，便为贵格，与食神伤官喜见官之说同论，亦调候之道也。

注：春木见火，不作比劫重重见伤食的贫贱下局看，以春木见火以发荣

65

茂，木火通明格，《三命通会》上讲是"木火交辉"，主其人聪明非常，极有口才与创造力，精通艺术，文才出众，富贵极品，但此格须走南方运才可以真正发达。秋金见水，其理与木火通明一格相防。至于秋金见水，不忌见火，也是缘本格金白水清要走北方之运，才算真正入格，秋冬气寒，见火则八字全局生动，自然富贵。

调候一说，最详须要研究《穷通宝鉴》一书，此书论气候、干支性情最有特色，诚是命学中的真经典。我的八字学说有二：一者格局论，二者穷通调候论，有时间的话，今后我也会作一个《穷通宝鉴》书的评注。

食神虽逢正印，亦谓夺食，而夏木火盛，轻用之亦秀而贵，与木火伤官喜见水同论，亦调候之谓也。

注：食格最忌偏印星来破格，虽是正印也是不佳，然甲生巳月、乙生午月真食神格，若食神多多来泄尽日主元气者，则也要少量印星来轻制食神，同时生扶日主之气，其目的终是为了调和气候，使八字全局和谐平衡而已。

此类甚多，不能悉述，在学者引申触类，神而明之而已。

第十五，论相神紧要

月令既得用神，则别位亦必有相，若君之有相，辅者是也。如官逢财生，则官为用，财为相；财旺生官，则财为用，官为相；煞逢食制，则煞为用，食为相。然此乃一定之法，非通变之妙。要而言之，凡全局之格，赖此一字而成者，均谓之相也。

注：沈公八字著作《子平真诠》之所以伟大，其因有二：一者其说明明白白地理清了古往今来所有八字经典书中的格局理论，从此格局论清晰条理，大白真相于天下，一扫历史上命家在格局理论上的模糊不清，后之学者依沈公所论，可以方便直接地掌握着格局论之本质。二者，沈公在清晰明白传统格局论之时，将传统格局论进行系统深化，其提出的成格与败格论命两

条路线，堪称经典。特别是沈公所提出的"相神"概念，更是将格局论引入了直接可以操作的技术层面，使论命有了一个根本性、方向性的基本思路。可以这样说，沈公之格局论，本质上就是"相神论"。所有的格局讨论变化理论，实质上全是对相神的各种情况进行研究。一个八字格局一定，也就是日主与用神关系一定，那就无可更改，而此中可以变化的就是成格的"相神"字了。相神成，格局就成；相神败，格局就败。一部格局论，就是一部"相神论"而已。

那么，相神到底是什么呢？沈公是如何定义此一"相神"概念的，我们可以来进行研究。沈孝瞻先生对相神的定义先是针对于月令用神来说的：月令用神为君，那相神就是"君之有相"，其意就是说用神为君主，那么相神就是辅助君主治理天下的"丞相"，相神之由来首先是根于月令用神来讲的。

用神为主，相神是为服务于用神的。官格逢财星，官星是用神，财可以生官，此财就是官格之相神；财格生官，则财是用神，官星护财成格，此官星就是本财格之相神；煞格用食，煞是用神，食可以制煞成格，则此食就是煞格内的相神。由此三个例子可以看出，相神就是辅助用神成格之字，此是相神的一般定义。

至于沈公在本文最后说道："要而言之，凡全局之格，赖此一字而成者，均谓之相也。"这句话则是相神的广义概念了。论命若能抓住这种广义上的相神，则八字全局的基本关系可以一锤定音了。广义的相神表现形式很多，下面的小节文字就是沈公通过举例说明来讲相神种类了。

伤用神甚于伤身，伤相甚于伤用。如甲用酉官，透丁逢壬，则合伤存官以成格者，全赖壬之相；戊用子财，透甲并己，则合煞存财以成格者，全赖己之相；乙用酉煞，年丁月癸，时上逢戊，则合去癸印以使丁得制煞者，全赖戊之相。

注：格局论分析八字全局，是从日主开始转移到月令用神上去，由用神再转到相神上去的，这个过程就是一级一级的转换。日主吉凶由用神负责，用神之吉凶定于相神如何，一级压一级，层层相应。所以，用神一伤，日主

必凶，相神一伤，用神必危，故沈公讲"伤用神甚于伤身，伤相甚于伤用"的逻辑就是这样来的。所以，归根结底，相神吉凶关乎到日主的最终吉凶，相神之成败就是格局之成败，相神之重要可想而知了。

　　甲生酉月，透丁伤官破格，有壬印合伤存官而成格，全赖壬印一字之力，是谓此壬印为本格中的相神。戊用子财，透甲煞破格，有己土出干合煞存财，则此己土就是成格的相神。乙用酉煞，透丁逢癸，时上有戊，戊可以去克合癸水，则丁食无伤可以去制煞成格，则此局中之所以成格，全在戊字之上，戊字就成了本命中的相神。由沈氏所举此三例来看，相神可以看作为格局中的"药神"，格局中何处有"病神"，只要此病得药相克治，全局因此而成格者，则此药神就可以当作相神看。

癸生亥月，透丙为财，财逢月劫，而卯未来会，则化水为木而转劫以生财者，全赖于卯未之相。庚生申月，透癸泄气，不通月令而金气不甚灵，子辰会局，则化金为水而成金水相涵者，全赖于子辰之相。如此之类，皆相神之紧要也。

　　注：癸生亥月，本是月劫主事，透丙为财，月劫会来夺财，若卯未来合亥，则化水为木，转劫化伤来生财，则月劫夺财之意大减，则此成格者全靠卯未字，此两字可以当作相神来看待了。再如庚生申月，用癸流通泄秀，因癸力弱，是以不甚灵秀，若命中有子辰来三合申月，则化金为水成金水相涵，此格成立也要归功于子辰之相了。由此沈公所举两例可以看出，相神还是指可以扭转全局成败的关键字，相神之字的出现，一定是格局的成功性标志之一。可以这样讲，一个成格的八字中的最关键字者，就是相神所在了。换言之，相神对于用神来说，是助用神成格的初级关系，对于八字全局而言，相神就是格局之所以成功的焦点之字了。

相神无破，贵格已成；相神相伤，立败其格。如甲用酉官，透丁逢癸印，制伤以护官矣，而又逢戊，癸合戊而不制丁，癸水之相伤矣；丁用酉财，透癸逢己，食制煞以生财矣，而又透甲，己合甲而不制癸，己土之相伤

矣。是皆有情而化无情，有用而成无用之格也。

注：八字中相神显然出现无伤无破，则贵格必成。若担任"纠偏治病"的全局相神受到伤害，则其格立败。甲用酉官，透丁格败，最要癸来克制，则此癸就是本格成立与否的最关键字面了。若癸无伤，则此癸相神之功成，八字就成格。若此时再出现一个戊字来合制癸，此癸受克，无法起到制丁护酉官的相神功能了，癸印相神一破，这一正官格局终落败无成矣。丁用酉财，透癸煞急要己食相制，则己食制煞存财，财星无破，财格还可以成立，此时的己食就是成格的相神。但若此相神受到甲木或乙木的克制破坏，则己食受伤再无力去制癸煞了，癸煞可以小人得志，肆意盗酉财之气来攻丁日主之身，日主必因财而致患难百出矣。

凡八字排定，必有一种议论，一种作用，一种弃取，随地换形，难以虚拟，学命者其可忽诸？

注：八字论格，必要观理随时变化，一格一格地去研究下来，事实上也不会太难，熟能生巧，格局论也就掌握住了。

第十六，论杂气如何取用

四墓者，杂气也，何以谓之杂气？以其所藏者多，用神不一，故谓之杂气也。如辰本藏戊，而又为水库，为乙余气，三者俱有，于何取用？然而甚易也，透干会支，取其清者用之，杂而不杂也。

注：人命生于辰戌丑未四个月，就是生在杂气月，何谓杂气月？沈公这里讲："以为其所藏者多，用神不一，故谓之杂气"，显然，这个沈公给杂气下的定义是信笔之言，此说不是太精确。因为若依之定义去看，寅申巳亥四个月支内也是用神不一，也可以当作杂气看了。显然，这里沈公对杂气的定义是不到位的。那么，杂气的定义到底是如何的？《渊海子评·论杂气》中对此作了最好的说明："杂气者，盖谓辰戌丑未之月也。辰中有乙癸戊

字，戌中有辛丁戊字，丑中有癸辛己字，未中有丁乙己字，此四者，天地不正之气也。且如甲则镇于寅位阳木之垣，乙专于卯，皆司春令而夺东方之气。辰为东南之隅，及春夏交接之地，受气不纯，禀命不一，故名杂气也。"又讲杂气是"此乃天地之杂气，不能纯一，故少力耳。"由这些论述可以看出，杂气之所以称为杂气，主要原因是其处于四个季节的交接中间带上，承前启后，迎新来之气，送往之旧气，成为天地之气流通中的过渡、蓄积地带。比如辰月，送走春天寅卯之气，迎来夏天巳午之气，同时还蓄积着水之余气，成为壬癸水之墓库，本身之气也同时藏蓄相寄于其中，这就是辰中的戊土。由于这些气之性质不一而混居一处，像大杂院似的，各自为政，力不能专一，故名杂气了。

杂气如何取用定格？沈公提出了"透干会支"之法，其法就是：一者看杂气中透出天干情况如何？二者就是以此杂气地支的三合局的力量趋势来看取。这里我透露一点，杂气定格还要加上一条，方法才能全备，这就是论命中的"从重者论"此一原则。这个原则就是可以去衡量"透干会支"法内种种不同情况下所取用定格的依据了。

何谓透干？如甲生辰月，透戊则用偏财，透癸则用正印，透乙则用月劫是也。何谓会支？如甲生辰月，逢申与子会局，则用水印是也。一透则一用，兼透则兼用，透而又会，则透与会并用。其合而有情者吉，其合而无情者则不吉。

注：透干者，就是讲杂气月令中所藏的天干透露出来的情况。比如甲生辰月，辰中有戊、癸、乙三干，透戊则作偏财格论，透癸则作印格论，透乙则作月劫格论。有的读者可能会问了，这里的杂气月定格要讲究天干的透露情况，那为什么其他寅申巳亥、子午卯酉月这八个月定格就不要考虑月中所藏天干在干头上的透露情况呢？这个问题问的好，事实上也是很简单的。因为寅申巳亥、子午卯酉此八个月内，都是一气（主气）当旺执政的局面，不存在月令中无主（无主人翁）的情况；而杂气月令当中，由于禀气不一，各气各自为政，这样就导致这个杂气月令中没有一个真正的主气可以来主事司

令一时，正是因为这种月令中无主气真正当权者，则就要看其中的杂气谁来出头或谁的力量最大了，出头（干）者"抛头露面"自然可以代表此月一时之气，同样，谁的力量大，谁就有"发言权"了，就可以总代表此杂气月令中的不同之气了。所以，杂气定格第一法，就是先看透干者，谁透就依谁为主来定格。比如，甲生辰月，透壬就可以作印格讲了。

会支者，就是指杂气三合成局也。辰会子申则成水局，水最旺可以用来定格；戌会寅戌则成火局，火最旺可以用来定格；丑会酉巳则成金局，金最旺可以用来定格，未会卯亥则成木局，木最旺可以用来定格。

透干会支的组合情形不一：有单透者无会支者，则以单透者来定格，此是最简单的；有二三天干全部透露者，则比较着用，看何干在柱中最旺，则以之来定格；若透干与会支同时存在，则同样比较透干与三合局的力量谁最大，以力重者作为主事之神而来定格。

透干会支单独出现的情况不是很多，往往是透干者很多，同时还有会支成三合局或半三合局者，这种情况下，就要求这些透干者与会支者之间要相互配合有情成格，忌讳透干者与会支者们相互对立无情，不成配合而坏格。这些透干者与会支者之间的关系，同样也可以用前文中的"用神纯与杂"一节中的论格人元相互配合的要求。

何谓有情？顺而相成者是也。如甲生辰月，透癸为印，而又会子会申以成局，印绶之格，清而不杂，是透干与会支，合而有情也。又如丙生辰月，透癸为官，而又逢乙以为印，官与印相生，而印又能去辰中暗土以清官，是两干并透，合而情也。又如甲生丑月，辛透为官，或巳酉会成金局，而又透己财以生官，是两干并透，与会支合而有情也。

注：透干者与会支者相互协调配合成格者，就是有情之表现。甲生辰月透癸作印格，会子申水局作癸水之根，是会局者与透干者一气相应，是谓合而有情了。丙生辰月，透癸水为杂气正官格也，若同时透出乙干者，则乙为丙之印，印可以护官，无论格作正官格还是正印格，此癸官与乙印都是相辅相成的，都是成格的好组合了。若成杂气正官格而讲，乙印还可以去制辰中

71

的戊土，不让戊土在暗地里伤癸官，所以，此乙印对于癸官来讲，真的是有情有义辅助其成格。甲生丑月，辛透为官，暗会巳酉成金局，则是禄元三会，大吉大利，辛官与会支之气本是一家，会支者不仅没有来伤透干的辛官，反是来巩固辛官之根气，此会支者巳酉对辛官是何等的有情啊？此时局中还有己财出来，己财可以生辛官，是此一透干者己财对另一透干者辛官有相生相助之情，己财对辛官也是有情意，如此两干并透与会支，皆相互配合而有情，格之美矣！

何谓无情？逆而相背者是也。如壬生未月，透己为官，而地支会亥卯以成伤官之局，是透官与会支，合而无情者也。又如甲生辰月，透戊为财，又或透壬癸以为印，透癸则戊癸作合，财印两失，透壬则财印两伤，又以贪财坏印，是两干并透，合而无情也。又如甲生戌月，透辛为官，而又透丁以伤官，月支又会寅会午以成伤官之局，是两干并透，与会支合而无情也。

注：透干者与会支者相互对立，不成格（违背吉格顺用、凶格逆用原则）者，是谓之无情。比如壬生未月透出己土作正官，本是吉象，若地支成木局作伤官局，则此伤官局正是己官之大忌，此透干者与会支者相互对抗，是配合之中无情无义不成格也。甲生辰月，透戊财本是好格，或同时透出壬癸水印来，则戊财与壬癸印相战，如何也不能调和戊财与壬癸印之间的关系，单出癸印，戊财癸印相合，财印合成夫妻而忘辅助日主之功，是以财印会两失；若单出壬印，壬印被戊财破坏，是谓贪财坏印，成格局是最坏者也；所以杂气中透出财印交战者，终不是美格，以财印配合无情也。甲生戌月，透辛作官本是好事，不料戌中丁火伤神也透出干头上来，则丁伤正好克破辛官，若此时再会火局来作丁伤官之根，则丁伤官更加有力，完全可以克尽辛官这一点日主甲木的吉气了，这种双透干者与会支者相互破坏不能协调特无情者，最为格局中的下乘者。

又有有情而卒成无情者，何也？如甲生辰月，逢壬为印，而又逢丙，印绶本喜泄身为秀，似成格矣，而火能生土，似又助辰中之戊，印格不清，是必壬干透而支又会申会子，则透丙亦无所碍。又有甲生辰月，透壬为印，虽不露丙而支逢戌位，戌与辰冲，二者为月冲而土动，干头之壬难通月令，印格不成，是皆有情而卒无情，富而不贵者也。

注：无情与有情，全是八字中命运之神如何配合的关系问题。无情者可以转化成有情者，有情者同样可能转化成无情者，全在命中字与字之间的配合。甲生辰月透壬为印，见丙食出现，可以视为印格用食伤泄秀的成格形式看。但是，丙火食神可以生助辰中暗戊财神，使戊财可以暗中破坏干头壬印，究其原因，全是丙食作俑而来，这个时候格局中反要会水局来克尽丙食，则丙食受克无力去生助戊财了，则壬印无伤格局终于成功。再如甲生辰月透壬印，若地支见戌来冲辰，辰戌一冲则土动矣，土一动则壬必受伤，是以印格不成，只能用辰中暗戊作财格，从有情变化成无情，富而不贵也。

有情而卒无情者，须看地位配置如何。如甲生辰月，而为丙年壬辰月，则丙火为壬水所制，不能泄甲木之秀。若为甲日丙寅时，与辰土相隔，则丙火泄秀而不生辰土也。会申会子，则印格清，而能否用丙泄秀，仍须看地位，非可一例言也。盖壬透自辰，水浮露，不能为用，是为印格之成而不成，谓富而不贵者，以其浊而不清，非不用印即可以富格视之也。

注：有情无情，不只是字与字之间的生克制化关系如何，同时，与其字所处的位置也是很有关系的。同样的字与字，可能因为处于不同的位置，就会导致其各种关系间的根本变化，这种情况更要加以特别重视进行研究。甲生辰月，年上丙食，月上壬印，照理说印格见食可以作印格用食神泄秀气，是可以成格的。但此甲生辰月，年丙月壬，因为年丙被近身之壬印相破了，就不能来泄甲之秀气了，格局实不成也。如月壬时上丙食，则格局就成了，为何？以壬印生日主甲木，甲木生时上丙食泄秀，一气流通了。由此可见，论命字与字之间的关系是很为复杂的。

又有无情而终有情者，何也？如癸生辰月，透戊为官，又有会申会子而成水局，透干与会支相克矣；然相克者乃是劫财，譬如月劫用官，何伤之有？又如丙生辰月，透戊为食，而又透壬为煞，是两干并透而相克也；然相克者乃是偏官，譬如食神带煞，煞逢食制，二者皆是美格，其局愈贵，是皆无情而终为有情也。

　　注：此节文字，讲有情与无情，只是立足于生克来讲的。其意就是说，透干者与会支者，两者性质若相克就是无情象，若此相克符合成格原则，则此无情可以看作化为有情者也。癸生辰月，透戊作官，会支水局，水局与戊官相克是无情，然水局如成劫格者，最要官星来制伏，是以依相克无情终成有情之格局矣。丙生辰月，透戊为食，又透壬为煞，煞食相见，是谓格局成功，虽然壬丙相克，以其相克相有益有情，是谓美格。此例丙生辰月用壬煞戊食相配合者，与"论用神纯杂"中的"论纯"之意一样，以月令中两透干者相克者成格，所以作好的配合看。

　　如此之类，不可胜数，即此为例，旁悟而已。

第十七，论墓库刑冲之说

　　辰戌丑未，最喜刑冲，财官入库不冲不发——此说虽俗书盛称之，然子平先生造命，无是说也。夫杂气透干会支，岂不甚美？又何劳刑冲乎？假如甲生辰月，戊土透岂非偏财？申子会岂非印绶？若戊土不透，即辰戌相冲，财格犹不甚清也。至于透壬为印，辰戌相冲，将以累印，谓之冲开印库可乎？

　　注：古命书中，无不强调辰戌丑未此四个墓库要造福于日主，一定要刑冲破害来开之，这是因为以为财官印食之气藏于此四墓库中，没有刑冲则墓库中的吉气无由而出，不能作用神来致役于日主了。沈公以为这种传统说法是站不住脚的，只要此四杂气月（也就是墓库月）中的用神杂气透干会支出来，完全就可以取来作用神来服役于日主的，不必节外生枝来找刑冲法来开之了。实践证明，沈公之论完全正确，杂气月令中只要符合透干会支的用神

组合成格，也都是成功之命。

甲生辰月，透出戊财，就是财格，透出壬水，就是印格，这是显而易的事。至于子申来全辰成水局，则格成印绶，也是一定之理。若辰见戌来冲，则透出之戊土财星也因地支相冲而根基不稳，财格波动，自然格局不会太高。若透出壬印逢辰戌冲，土气冲动于支下，支上所见壬印也必然会让地支中旺盛的暗土财星破坏，如此壬印暗中受伤牵累，格局高而不高矣。

况四库之中，虽五行俱有，而终以土为主。土冲则灵，金木水火，岂取胜以四库之冲而动乎？故财官属土，冲则库启，如甲用戊财而辰戌冲，壬用己官而丑未冲之类是也。然终以戊己干头为清用，干既透，即不冲而亦得也。至于财官为水，冲则反累，如己生辰月，壬透为财，戌冲则劫动，何益之有？丁生辰月，透壬为官，戌冲则伤官，岂能无害？其可谓之逢冲而壬水之财库官库开乎？

注：四库当中，本气还是土神，所以，若地支辰戌丑未相互六冲，则土气冲动生旺起来，自然会殃及其他杂气之神，以致其他杂气用神就是出干也不能作主用事服役于日主了。四库中干头透出取用是第一位的，特别是戊己干出头者更要以之为主。其他财官食煞之气出于库中者，最怕地支库相冲了，谓之根基受伤，用神不清，格局自然不高。己生辰月，壬透为财，如有戌来冲，则地支中实际上多了一重暗劫财戊土了，戊土虽不明见于干头来伤壬财，但其终是壬财的忌神，就是隐于支中，也是不美之事。丁生辰月透壬用官，本忌辰中暗戊伤官，或见戌来冲辰，又加一重暗戊伤官于支中，壬官岂能不畏惧乎？以上为逢冲之说，当然不能当作冲开财库或官库来讲了。

今人不知此理，甚有以出库为投库。如丁生辰月，壬官透干，不以为库内之壬，干头透出，而反为干头之壬，逢辰入库，求戌以冲土，不顾其官之伤。更有可笑者，月令本非四墓，别有用神，年月日时中一带四墓，便求刑冲；日临四库不以为身坐库根，而以为身主入库，求冲以解。种种谬论，令人掩耳。

注：正是因为不了解杂气与库的基本性质，所以，古命书就有出库或投库说。实际上，只要干上明显出现库中之物，就可以讲作为出库了，就可以直接从干上取用。比如壬辰一柱，壬就是坐库之物，壬已从辰库中出干，则此壬干自然可以在柱中发挥作用了，绝对不能看见壬坐在辰字之上，反而说是壬去投库了，如此大谬，不驳自明！月令杂气与库神中的天干，皆以透出者或会支者来用。同理，年支或日支、时支见辰戌丑未字者，也是以透者或会支者取用来配合格局。比如壬辰日生人，就是壬日主自坐库旺之地，作身强有气论，绝对不能视作为日主入库要求刑冲解之，这些谬论，概要一律扫除。

然亦有逢冲而发者，何也？如官最忌冲，而癸生辰月，透戊为官，与戌相冲，不见破格，四库喜冲，不为不足。却不知子午卯酉之类，二者相仇，乃冲克之冲，而四墓土自为冲，乃冲动之冲，非冲克之冲也。然既以土为官，何害于事乎？

注：四库逢冲而发者，极少，沈公此原文也是无理之说，不足为凭。癸生辰月，透戊为官，见戌来冲，戊字不伤，自然格局无破，不过是官根深重而已，格局不坏，当然可以发越成功。大约而言，辰戌丑未之六冲是所有地支六冲的最轻的，其作用不是很大的，而寅申、子午冲之类，不仅五行性质相克而且方位针对，是谓六冲中的最激烈者。

是故四墓不忌刑冲，刑冲未必成格。其理甚明，人自不察耳。

第十八，论四吉神能破格

财官印食，四吉神也，然用之不当，亦能破格。

注：四吉神、四凶神全是八字中主宰人生命运的命运之神，这些命运之神由于身处位置不同，就会发生不同之效果。这里讲的四吉神与四凶神概

念，其是对于日主这一原点来讲的，此只是原则。如果放到格局中去，四吉神就不一定就因为是吉神名而有吉的作用，四凶神也不一定因为其是凶神名，就一定会起到凶的坏作用的。这是因为，这个时候的四吉神或四吉神，它们所对的原点不再是日主，而是月令用神此一原点了。四吉神、四凶神之吉凶分法仅对日主此一原点说才能成立，此是死法。四吉神或四凶神对于以月令为主为原点的格局说来，它们的作用就会发生变化了。

如食神带煞，透财为害，财能破格也；春木火旺，见官则忌，官能破格也；煞逢食制，透印无功，印能破格也；财旺生官，露食则杂，食能破格也。

注：食神格中，用煞是成格象，这个时候出现财星，则财生煞盗食之气，则此财大忌，财作为四吉神之一，在这种情况下就起了破格的坏作用了。春木火旺，见官星则忌，为何？以春木见火可以作通明论，木火通明最要日主强健，今有官星来制日主生印来灭火，是以官星大忌了。煞格用食，透出印星来夺食，则印之为患也是很可怕的了！财格生官，由富致贵，本是格局提升档次的好局，若现食神来克合去官星，将由富致贵的官星破了，格局反坏了，是以食神也起到了坏格的作用。

本节所要说明的是：四吉神之所以不吉，主要是针对于格局中的月令用神来说的，不是对于日主来讲的。格局的原点在于月令用神字上，四吉神破格就是指此四吉神与月令用神字之间的关系来讲的。四吉神辅助用神成格，则四吉神才是真正大吉。为何？此四吉神对于日主来说，当然是吉神了，在格局此一层面中，四吉神还起到了成格的好作用，这样四吉神是谓名副其实的大吉了。反之，在日主层面的四吉神到底吉不吉？归根到底要看其四吉神在格局中起的作用。如果四吉神不配合月令用神来成格，反是来破格的话，则此四吉神在格局范围中起到了坏作用，对于日主来说，此四吉神就名不副实了，有四吉之名而无四吉之实，反而是有四吉带来的坏格的负面作用了。对于四吉神能破格的正确理解，就应该这样去认识才对。

是故官用食破，印用财破。譬之用药，参苓芪术，本属良材，用之失宜，亦能害人。官忌食伤，财畏比劫，印惧财破，食畏印夺，参合错综，各极其妙。弱者以生扶为喜，强者因生扶而反害；衰者以裁抑为忌，太旺者反以裁抑而得益。吉凶喜忌，全在是否合于需要，不因名称而有分别也。

注：官格忌食，印格怕财，财格忌比，食格畏印，此四吉格中见四吉神而犯破格之忌者。论命大要，不外乎是弱者喜见生扶，强者则要克泄，是谓吉论；若衰者反有裁抑，强者更有帮助者，是不及者、太过者更加偏颇，是谓最凶。八字中命运之神，其吉凶喜忌，总在是否适于有用需要处，名称只是大概，紧要还要配合。

第十九，论四凶神能成格

煞伤枭刃，四凶神也，然施之得宜，亦能成格。如印绶根轻，透煞为助，煞能成格也。财逢比劫，伤官可解，伤能成格也。食神带煞，灵枭得用，枭能成格也。财逢七煞，刃可解厄，刃能成格也。

注：四凶神之命名，全是源于日主生克而来的，是否一定大凶还要结合格局来定。印格当中，印弱则喜煞来生，是煞星凶神作吉成格也；财逢比劫，见伤转劫气生财，是伤官凶神作为而成格也；食神格得煞，见偏印星伏制食神，则煞星得势偏印来成煞印格，是偏印凶神于食格中成格作吉；财格逢煞，大破格，见刃来合煞，煞伏护财，全是刃之功劳，可见刃此一凶神在此也是相助成格。四凶神成格者，也是全是据于格局所需要者也。

是故财不忌伤，官不忌枭，煞不忌刃，如治国长抢大戟，本非美具，而施之得宜，可以戡乱。

注：财格不怕伤，以伤官可以生财旺财也；官格也喜偏印，以其也能护官也；煞格最要阳刃者，以刃煞相合化煞为官也。所以，四凶神只要配合月令用神或八字全局，也是可以起好作用成格的。

四吉神与四凶神，八字论命中基本纲要。四吉成格，其福极大；四凶成格，辛苦发达；四吉破格，纵凶不至于太凶；四凶破格，才是真正大凶。大概而言，四吉神造福于人往往是大福，为祸也不会太烈；四凶神成格，发达成功中充满风险困苦，殊为不易，四凶神坏格，大灾大难。

第二十，论生克先后分吉凶

月令用神，配以四柱，固有每字之生克以分吉凶，然有同此生克，而先后之间，遂分吉凶者，尤谈命之奥也。

注：年月日时此四柱，本身就是不同的位置与次序，不同的命运之神处于此八个不同位置之上，其组合形式就大不相同，当中的生克制化顺序也就会移步换形，有先生后克者，也有先克后生者，生克先后之间，吉凶之不同就出来了。

如正官同是财伤并透，而先后有殊。假如甲用酉官，丁先戊后，后则以财为解伤，即不能贵，后运必有结局。若戊先而丁后时，则为官遇财生，而后因伤破，即使上运稍顺，终无结局，子嗣亦难矣。

注：官格见财生是成格字，见伤是破格字了，此两字同时出现于命局中，要看此两字的位置来定最终吉凶。甲生酉月正官格，丁伤在年上，时上见戊财，则此酉官先受年上丁伤相害，主官场有灾；但时上有戊财又可以生起受伤之酉官，则官星"再生"，后运可以。若戊财先而后丁伤，为官逢财生，终于伤官破格，则此官格最终失败，下场必惨。且男命以官煞为子星，时上主晚年，时柱有丁伤官克子星，是以其命必克子息矣。

印格同是贪财坏印，而先后有殊。如甲用子印，己先癸后，即使不富，稍顺晚境；若癸先而己在时，晚景亦悴矣。

注：印格所忌者，财神来破月令之印星；然财之出现的位置不同，其破

格的情况也就不同了。大概而言，财神在年上，印格虽破不是大忌，只要时上有救，晚境也会稍好；若财星居于时上，则主破格在晚年，自然老来运气极差了。甲生子月用癸印，忌神就是己土正财星，此己土若在年上，破格之凶不是太为厉害，然若生于己巳时，则财神破尽月中癸印，败格就在晚年，老景自然难免凄凉愁苦了。

食神同是财枭并透，而先后有殊。如壬用甲食，庚先丙后，晚运必亨，格亦富而望贵。若丙先而庚在时，晚运必淡，富贵两空矣。

注：食神格见财是成格之相神，见枭印就是败格之忌神，财枭并见于命中，其不同位置直接关系于格局的最终成败与否。壬用甲食，庚先丙后，则格局先败后有救，终于可作成格说。为何？以时上丙财可以制年上的庚枭而来护食，全局形成食格见枭有财救护的成格局面，所以格局可以富贵双全。若破格字庚枭处于时上，则食格最后破坏，晚运必淡，富贵两空矣。

七煞同是财食并透，而先后大殊。如己生卯月，癸先辛后，则为财以助用，而后煞用食制，不失大贵。若辛先而癸在时，则煞逢食制，而财转食党煞，非特不贵，后运萧索，兼难永寿矣。

注：煞格见财是破格字，见食是成格字，财食并透，一成一败，格局到底如何定成败吉凶，就要看财食的位置了。己生卯月，癸先辛后，则先是年财生助月上煞星，然后得时上辛食制煞，不失大贵。若辛食居年，癸财居时，则煞逢食制，而后财转食党煞生煞，煞来攻身，非特不贵，还恐有灾，且寿命不长矣。

以上四例说明，一个八字的成格或败格字关键在于时上。一个八字的成格字在时柱上，此格最终成格，晚运也好；一个八字的败格字在时柱上，纵年月格局组合如何精妙，其格局最终作败格论，晚运困塞。

他如此类，可以例推。然犹吉凶易者也，至丙生甲寅月，年癸时戊，官能生印，而不怕戊合；戊能泄身为秀，而不得越甲以合癸，大贵之格也。假使年月戊癸而时甲，或年甲而月癸时戊，则戊无所隔而合全癸，格大破矣。

注：沈公以为，年月日时四柱上的天干，中间是有生克前后的关系，并不是任何一字不受限制地可以任意生克其他字面的。换言之，四个天干字的生克跟相邻的字最有关系，其要生克其他字面，必须本身不能受到限制。比如丙生甲寅月，年癸正官，时上戊食，按干支生合来讲，时上戊食可以去合年上癸官，癸官一合去，则印格就没有官星相辅了，则格局就不算成功。可是，在此格中，由于月上甲寅印当权，且甲印透出，甲可以去伏戊食，戊食受制就难于真正做到克合去年个癸官的。换言之，癸官并没有受到戊食的克合，癸官还是可以去助甲印的，本局就是官印双全的成格好命了。如果癸官与戊食相近相邻，则癸官被戊食夺合而去，则印无官生，用神无相神辅助，格局大坏矣。

丙生辛酉，年癸时己，伤因财间，伤之无力，间有小贵。假如癸己产并而中无辛隔，格尽破矣。

注：丙生辛酉财格，年上癸官，时上己伤，虽然己伤可以克制年上癸官，毕竟中间月柱上有辛财间隔之，伤官不能全力去克尽年上癸官，所以，这种格局组合虽然不算完美，然可以作小贵论。如果癸官与己伤相近，则癸官受伤官克害，格局尽破，大凶之象了。

辛生申月，年壬月戊，时上丙官，不愁隔戊之壬，格亦许贵。假使年丙月壬而时戊，或年戊月丙而时壬，则壬能克丙，无望其贵矣。

注：辛生申月，时上丙官，格局成功，然年上壬伤正是破官之物，本是大忌，而月上有戊印，则戊印可以制壬伤护起丙官，丙官无害，格局还是作贵命论。若丙官与时壬相近，壬来克丙，戊印无制，则格局大破，无望其贵矣。

如此之类，不可胜数，其中吉凶似难猝喻。然细思其故，理甚显然，特难为浅者道耳。

注：格局论成败，成字与败字叠叠出现于命中，要特别注意其间相生相克的位置及其产生的先后之生克关系。成格字喜护格字相近，败格字要护格字相制克，或者护格字要隔开成格字与败格字，不让其两者相近相邻。若成格字被败格字克破，则格局变成大坏，最是忌讳。

第二十一，论星辰无关格局

八字格局，专以月令配四柱，至于星辰好歹，既不能为生克之用，又何以操成败之权？况于局有碍，即财官美物，尚不能济，何论吉星？于局有用，即七煞伤官，何谓凶神乎？是以格局既成，即使满盘孤辰入煞，何损其贵？格局既破，即使满盘天德贵人，何以为功？今人不知轻重，见是吉星，遂致抛却用神，不管四柱，妄论贵贱，谬谈祸福，甚可笑也。

注：沈公研究格局论，诚是命家之真经典，然沈公之格局论，终是理论家的手法，理论固然精密，观点难免有所意气，这节文字中沈公对神煞的观点就有失中允了。

八字论命，固然是以格局论当作主轴，这是一条正道，然神煞天星论命，古来有之，其一直是中国禄命法中的一重要研究方法。格局论命与神煞天星论命，本是并行的路线，两者之间不存在大是大非之问题。只要了解到此两法在论命时的主次、轻重，则运用此两法就可以得乎其妙了。大概而言，八字论命中，以格局论为主，以神煞天星论为辅，一主一次，相得益彰，最是合理。沈公这里的观点则完全将神煞天星法与格局论作对立起来看了，这就太偏执了，不太合乎情理。

对于格局论与神煞天星论在研究评价八字时的正确关系，应该有如下的理解：

一、格局论以为好命者，若神煞论不佳，大体上此命还是作好命、上命看。

二、格局论以为好命者，若神煞论也好，大体上此命必是上品之好命、高命；以格局论得出的好命，还有神煞天星来对格局进行锦上添花，则命自然比一般好命者要高出好多了。

三、神煞论以为好命者，若格局论不好，大体上此命不作好命看，纵然神煞再妙，也难改变此一八字的根本不足。

四、神煞论以为凶命者，若格局论同时以为不佳，则此格此命必然大坏，下品之劣命无疑。

所以，论命只讲格局论完全摒弃神煞天星论，不免机械单调，自以为是，不懂得禄命法兼参之妙义；若论命只讲神煞天星，根本不提格局论，则完全是本末倒置，不知主次轻重，舍本逐末也。所以，论命在提倡格局论此一宗法的基础之上，傍参神煞天星评价法，不失为君子论命兼视则明、兼听则聪的中庸之道。

况书中所云禄贵，往往指正官而言，不是禄堂贵人。如正财得伤贵为奇，伤贵也，伤官乃生财之具，正财得之，所以为奇，若指贵人，则伤贵为何物乎？又若因得禄而避位，得禄者，得官也，运得官乡，宜乎进爵，然如财用伤官食神，运透官则格杂，正官运又遇官则重，凡此之类，只可避位也。若作禄堂，不独无是理，抑且得禄避位，文法上下相顾，古人作书，何至不通若是！

注：沈公对神煞天星论命是基本抵触的，所以，其立论总是以驳斥的方式来论神煞天星可能所有的作用。一般而言，神煞天星法中的基本名称、概念与一些理论是与子平术的一些名词或理论有可能重合或相仿，所以研究者在研究比较此两法时，一些基本概念的说词一定要首先整明白的。

神煞天星法中所讲的"禄贵"，其本意就是指的禄马与贵人。何为禄马？就是指天干之禄，比如甲见寅为禄、乙见卯为禄、申子辰局马在寅、亥卯未局马在巳之类。何为贵人？就是讲的天干的天乙贵人，比如甲戊庚牛羊之类就是。徐子平在发明八字命法之时，也将禄马的名词引到八字的命运之神中去进行描述，徐子平以官星为禄，以财星为马，将财官作为命运之神中最重要的"禄马"，显然，徐子平所讲的"财官之禄马"与神煞天星法中的"禄马"完全是两回事，不能相提并论的。所以，沈公依名词来指责神煞天星法是很肤浅的，其说没有多大理由。

比如沈公这里讲的"如正财得伤贵为奇，伤贵也，伤官乃生财之具，正财得之，所以为奇，若指贵人，则伤贵为何物乎"，说什么正财得"伤贵"为奇。说实话，我研究命学近20年了，没有看那本古命书上说过"伤贵"这一说法的，真不知沈先生从什么命书上看来的？至于沈公这里讲"又若因得禄而避位，得禄者，得官也，运得官乡，宜乎进爵，然如财用伤官食神，运透官则格杂，正官运又遇官则重，凡此之类，只可避位也。若作禄堂，不独无是理，抑且得禄避位，文法上下相顾，古人作书，何至不通若是"，的的确确将神煞中的"禄"概念与徐子平变换过来的"官禄"概念混在一起了，这文中的"得禄避位"中所讲的"禄"，确实应当是指正官星而不是神煞法内的旺禄神了，此处讲的"官禄"是放在格局与运气的研究中进行讨论的，所以，只要理顺了"官禄"此一名谓，就不会来指责古人作书行文的不通，只能怪自己理解不到位。沈公虽然伟大，但在《子平真诠》中的若干观点也是不成熟或是不成立的，像对神煞天星法的偏激，就是沈公的不是了。作为研究格局论的后人，我们的确是很佩服沈公对格局论研究作出的伟大贡献，但沈公的伟大不代表沈公所有命学观点必然全部成立或者是绝对永远正确的，沈公是个格局研究的集大成者，这一点其功卓著，我们学习格局论，就要永远感谢沈孝瞻先生的丰功伟绩。但是，我爱我师，我更爱真理；沈公虽然伟大，我们却不能迷信沈公的一切，有理有节者学习之接受之宣传之，失中允者则辩证之，如此这般，才是做学问的真方法。

又若女命，有云"贵众则舞裙歌扇"；贵众者，官众也，女以官为夫，正夫岂可迭出乎？一女众夫，舞裙歌扇，理固然也。若作贵人，乃是天星，并非夫主，何碍于众，而必为娼妓乎？

注：沈公这里所指责的"贵众则舞裙歌扇"者，以为这儿的"贵众"当作"官众"，以为女命官星多了才会舞裙歌扇，其意就是女人夫星多了才会淫乱。事实上，我们要仔细推敲这句话中的"舞裙歌扇"这四个字，古代社

会的女性"舞裙歌扇"者一般不会是良家女子，只是一些青楼女子才会学的，显然"贵众则舞裙歌扇"这句话说的是妓女命的情况，而不是讲的女子夫星多多的情况，所以，这里的"贵众"不是沈公以为的"官众"，其本意的确只能是指女命中天乙贵人太多了。古代青楼女子或歌伎者都是贵人们（王公大臣）的玩物，她们的职业工作就是"舞裙歌扇"来取悦贵人的。所以，女命八字中只要贵人多多，就易成为取悦贵人的尤物。现代社会中，有以色谋权利者，或者夜总会的高级小姐们，命中都是贵人很多，就易周旋于贵人们身边，成为近贵中的"另类"一族。

　　然星辰命书，亦有谈及，不善看书者执之也。如"贵人头上带财官，门充驰马"，盖财官如人美貌，贵人如人衣服，貌之美者，衣服美则现。其实财官成格，即非贵人头上，怕不门充驰马！又如论女命云"无煞带二德，受二国之封"。盖言妇命无凶煞，格局清贵，又带二德，必受荣封。若专主二德，则何不竟云带二德受两国之封，而必先曰无煞乎？若云：命逢险格，柱有二德，逢凶有救，可免于危，则亦有之，然终无关于格局之贵贱也。

　　注：沈公这节文字中对神煞的看法则是比较中和了，命格高贵，有神煞相助，格局提升档次。贵人与财官相合，则此财官较之一般财官显然有利多了，比如乙用申官，此申官还是乙木之天乙贵人，较之甲见酉官就强多了，为何？以同样是正官星，乙有天乙贵而甲无贵人临官之故。女命成格，财官印绶备于局中，更加天月二德，必受荣封。若女命不成贵格，纵有二德，也只能是平常之命。命逢险格，柱有二德来救灾解难免危，则二德之功也可谓大哉！是以平心而论，神煞天星法又岂能真轻忽乎？

第二十二，论外格用舍

　　八字用神既专主月令，何以又有外格乎？外格者，盖因月令无用，权而用之，故曰外格也。

注：八字用神乃是月令中当权之人元，所主天时，一月气候由其"导演"，所主人命，可定日主之吉凶。若月令是日主本家之气，月令发泄于日主本身，则日主在月令中无任何可用之神，则不得不弃之于月令而找求于年日时其他三柱之上。月上用神定格者，谓之正格，年日时上定格者，谓之外格。

如春木冬水、土生四季之类，日与月同，难以作用，类象、属象、冲财、会禄、刑合、遥迎、井栏、朝阳诸格，皆可用也。若月令自有用神，岂可另寻外格？又或春木冬水，干头已有财官七煞，而弃之以就外格，亦太谬矣。是故干头有财，何用冲财？干头有官，何用合禄？书云"提纲有用提纲重"，又曰"有官莫寻格局"，不易之论也。

注：日主与月令同属一气，则为建禄、月劫、阳刃诸格，若全局还是比劫重叠或印绶很多，可以用类象、属象、冲财、会禄诸格断之。时上有吉神，则可以用刑合、遥迎、井栏、朝阳等格取之。

若日主与月令一气者，时年干支上透出财官煞食，则必在此等字面上取用论格，此时不可以再用遥迎、井栏、朝阳等外格论之了。特别是官煞出现，一定要依官煞来论其命。提纲有用提纲重，这是论命之基本原则。"有官莫寻格局"中所讲的"格局"，则是指的外格，所有的外格有个共同特征，那就是八字中年日时皆没有一点点官煞之气的。

然所谓月令无用者，原是月令本无用神，而今人不知，往往以财被劫官被伤之类。用神已破，皆以为月令无取，而弃之以就外格，则谬之又谬矣。

注：只要月令中有财官印食伤煞，必入于正格作论。至于月令用神受克制，也正是正格内部的成格或破格之层次的故事了，不涉及到命局到底是正格或外格之说。大概而言，八字中以月令正格所论的命局，占所有八字类型有95%~98%之多，外格只占全部八字的2%~5%左右。换言之，格局论中的主体是正格论，外格论只是少数。研究格局论，主要就是来研究正格论的。

第二十三，论宫分用神配六亲

人有六亲，配之八字，亦存于命。

其由宫分配之者，则年月日时，自上而下，祖父妻子，亦自上而下。以地相配，适得其宜，不易之位也。

注：六亲者，存之于人命当中，祖宗长辈，少年父母，中年夫妻，老来子女，皆是人生最亲爱者，血肉相联，休戚相关。八字中论六亲者，皆适于人生变化过程而来设定。年柱最尊，是以祖父母、父母配之，月柱则主兄弟同辈，日柱则为自身与配偶，时柱则为子女之宫，四柱之分实为六亲之宫，确实而不可移易者也。论六亲凶吉，当以宫位之象来断之。

其由用神配之者，则正印为母，身所自出，取其生我也。若偏财受我克制，何反为父？偏财者，母之正夫也，正印为母，则偏才为父矣。正财为妻，受我克制，夫为妻纲，妻则从夫。若官煞则克制乎我，何以反为子女也？官煞者，财所生也，财为妻妾，则官煞为子女矣。至于比肩为兄弟，又理之显然者。

注：这里讲的用神非是月令中的人元用事之神，只是十神之别称而已。生我身者，正印也，是以正印为母。夫为妻纲，则克印者偏财是为父也。我克者为正财，我之妻矣。财所生者，官煞也，是以官煞为男命之子女。比肩为兄弟，与我日主同胞一气，理之显然也。

其间有无得力，或吉或凶，则以四柱所存或年月或日时财官伤刃，系是何物，然后以六亲配之用神。局中作何喜忌，参而配之，可以了然矣。

注：六亲得力与无力，全在柱中六亲星之天然力量如何；至于六亲于我吉凶如何，则看六亲星在格局中的"有情无情"、"有力无力"来说之。凡六亲星利于成格者，必是对我有利之亲人；六亲星于格局中破格者，必是生

活中对我不利者之亲人。六亲缘分与日主之如何，全在于格局中断之。

第二十四，论妻子

大凡命中吉凶，于人愈近，其验益灵。富贵贫贱，本身之事，无论矣，至于六亲，妻以配身，子为后嗣，亦是切身之事。故看命者，妻财子禄，四事并论。自此之外，惟父母身所自出，亦自有验，所以提纲得力，或年干有用，皆主父母双全得力。至于祖宗兄弟，不甚验矣。

注：六亲者，人之最近者。大概而言，幼儿少年时与祖辈父母最有相关，青年中年则与夫妻配偶、兄弟姐妹亲人最有关系，到了老年，则与子女最有关系，是以推算六亲，当以少中老来分而析之。沈公以为，论命中六亲，以父母、妻子、子女最为得验，至于祖宗兄弟不太验也。

以妻论之，坐下财官，妻当贤贵；然亦有坐财官而妻不利，逢伤刃而妻反吉者，何也？此盖月令用神，配成喜忌。如妻宫坐财，吉也，而印格逢之，反为不美。妻宫坐官，吉也，而伤官逢之，岂能顺意？妻坐伤官，凶也，而财格逢之，可以生财，煞格逢之，可以制煞，反主妻能内助。妻坐阳刃凶也，而或财官煞伤等格，四柱已成格局，而日主无气，全凭日刃帮身，则妻必能相夫；其理不可执一。

注：论妻妾之情况，当以日干坐支妻宫定之吉凶。若仅依四吉神、四凶神来言，则坐下财食印食，自当妻妾贤惠和顺，坐下煞伤劫刃格，则妻妾刑克难免也。这种以日主为原点的四吉神、四凶神断妻宫法，只是死法，不可作为典要。具体妻宫之凶吉，还是要依格局来定之，妻宫适合于格局者，妻妾得力；妻宫妨害于格局者，妻妾累身必矣。

妻宫坐财，财是四吉之一，若逢印格，则此妻宫内的财星正是忌神，必主因妻生灾，妻母不和，有亏孝义。妻宫有正气官星，本是吉象，若生于伤官月令，则是伤官见官，必主妻凶悍，不守礼义。妻宫坐伤官本是四凶神，若生于财格之中，则妻宫之伤官可以生财，可以成格，必主因妻致富，得妻内助之力。煞格见妻宫伤官，必主妻子能干，旺夫成事。财官煞诸格成立，若身主无气，有坐下妻宫阳刃扶之，日干因此强健而可以任福，必主妻妾相夫，得大荣耀也。

所以，妻宫得四吉神，妻妾未必一定吉利，妻宫得四凶神，妻妾未必一定刑克，全在格局中配置如何而定之凶吉。

既看妻宫，又看妻星。妻星者，干头之财也。妻透而成局，若官格透财、印多逢财、食伤透财为用之类，即坐下无用，亦主内助。妻透而破格，若印轻财露、食神伤官、透煞逢财之类，即坐下有用，亦防刑克。又有妻透成格，或妻宫有用而坐下刑冲，未免得美妻而难偕老。又若妻星两透，偏正杂出，何一夫而多妻？亦防刑克之道也。

注：男命以妻宫来配合格局以分出妻妾吉凶情况，然而财星也代表妻子，所以，同样可以用财星来配合格局，观之财星在格局中的成败作用以言妻子情况，财于格局中作成格者、相神者，必得贤贵之妻相助成事，财于格局中起到破格、坏格者，必因妻子致灾患而来，不可免也。官格见财，印格印多见财，食伤格见财，以财星在此数格中皆能起到成格的好作用，所以都主得妻内助之力。若印格印轻见财，食伤官见煞逢财，此两格中财星皆起了破格的坏作用，必主妻妾不和，刑克难免。

若妻宫与财星在以格局成败衡量时出现吉凶不一的情况下，那该如何作出判断呢？这就要分清妻宫与财星的不同作用功能了。一般而言，日主代表己身，此一己身是主一生的，那么，妻宫作为日主一生的"配偶"，其所代表的意象就是一辈子的妻子信息，而财星则代表人生阶段性的女性对象。所以，妻宫吉，财星吉，则一生得妻内助，妻缘好。妻宫吉，财星凶，妻不利于事业，只利于生活上有助丈夫。妻宫凶，财星吉，妻事业上可以旺夫，生活上不利；妻宫凶、财星凶，必然妻害夫矣。所以，一个人看妻子的好坏，最关键的是妻宫如何，而不是财星。妻宫吉于格局者，婚姻大体作吉论，妻宫凶于格局者，婚姻大体上不好。

至于子息，其看宫分与星所透喜忌，理与论妻略同。但看子息，长生沐浴之歌，亦当熟读，如"长生四子中旬半，沐浴一双保吉祥，冠带临官三子位，旺中五子自成行，衰中二子病中一，死中至老没儿郎，除非养取他之子，入墓之时命夭亡，受气为绝一个子，胎中头产;养姑娘，养中三子只留一，男子宫中子细详"是也。

　　注：看子孙之法，一看时柱子女宫，且以时支为主；二看官煞星如何；其喜忌论法与论妻法一个道理来推算的。子女宫与官煞是否有利于格局，这是断子女好坏的根本原则。

　　然长生论法，用阳而不用阴。如甲乙日只用庚金长生，巳酉丑顺数之局，而不用辛金逆数之子申辰。虽书有官为女煞为男之说，然终不可以甲用庚男而用阳局，乙用辛男而阴局。盖木为日主，不问甲乙，总以庚为男辛为女，其理为然，拘于官煞，其能验乎。

　　注：在断子息男与女、孩子有多少的问题上，主要是用官煞星引到时支上看的。阳干之官煞为男，阴干之官煞星为女，此是一定之法。官煞星引到时支上看长生十二诀，此长生诀只能用五行长生诀，不用阳生阴死、阴生阳死的十干长生诀的。

　　所以八字到手，要看子息，先看时支。如甲乙生日，其时果系庚金何宫？或生旺，或死绝，其多寡已有定数，然后以时干子星配之。如财格而时干透食，官格而时干透财之类，皆谓时干有用，即使时逢死绝，亦主子贵，但不甚繁耳。若又逢生旺，则麟儿绕膝，岂可量乎？若时干不好，子透破局，即逢生旺，难为子息。若又死绝，无所望矣。此论妻子之大略也。

　　注：男命看子孙好坏有及多少，有定法可讲：凡时支为官煞星之长生、禄旺之时，主子多，且多富贵者；凡时支为官煞星之死绝处，主子少，且子多灾。换言之，时支为日主官煞时，旺子；时支为食伤时，克子。再以时柱宫上的十神放在整体格局中去推算以分出吉凶来，时柱成格者，子贵；时柱败格者，克子；再结合官煞星，自然可以了解其人的子孙缘了。

第二十五，论行运

论运与看命无二法也。看命以四柱干支，配月令之喜忌，而取运则又以运之干，配八字之喜忌。故运中每运行一字，即必以此一字，配命中干支而统观之，为喜为忌，吉凶判然矣。

注：八字整体研究以格局论为主，格局论则以月令用神为主，这样论命才具系统与条理。那么，大运如何看呢？沈公这里提出的就是，论运与看命无二法也。其意就是讲，八字格局的研究原理是可以同步引用到大运的判断当中去的。换言之，对大运的判断也是可以按照格局论中的成格、败格法则去作研究的。一步大运过来，就以此大运干支两字配合格局来讲，符合成格者的大运干支字，就是好运，破坏格局的大运干支字就是凶运，此就是论运的基本法则。古命书很多理论是对八字原局作出的研究特性，在引述流年、大运时，最常用的语句就是"岁运同"。其意就是讲，一个八字原局中的喜忌成败与配合，是可以同步运用到流年、大运的判断中去的。换言之，一个八字原局中的喜忌，也就是大运中的喜忌。八字原局所喜的字在大运中碰到，就是好运；八字原局中所忌的字在大运中碰到，就是坏运。流年好坏的判断也是由这个原理一脉相承来的。

何为喜？命中所喜之神，我得而助之者是也。如官用印以制伤，而运助印；财生官而身轻，而运助身；印带财以为忌，而运劫财；食带煞以成格，身轻而运逢印，煞重而运助食；伤官佩印，而运行官煞；阳刃用官，而运助财乡；月劫用财，而运行伤食。如此之类，皆美运也。

注：大运要成吉运，全是要合乎原格局的需要来定之。命中所喜之神，运中碰到或运来助之，命中所忌之神，大运来制之；如是之运，必是人生好运。

官格中用印制伤，运来旺印或生印，是谓好运。

财生官而身弱，大运来助身，让身可任财官之厚福，是谓好运。

印格见财为破格忌神，大运走劫财来克制命中破格之忌神，是谓好运。

食格见煞，身弱者走印运，印可以制食泄煞平衡全局，是谓好运；煞重于食者，则运喜助食或直接走旺食运，扶起食来制煞，是谓好运。

伤官格佩印，运走官煞生助起印星，是谓好运。

阳刃用官，运行财地来助起官星元气，是谓好运。

月劫用财，财劫有相战之嫌，运走食伤之地来泄劫之气转生财神，避免战局之产生，当然谓之好运。

何谓忌？命中所忌，我逆而施之者是也。如正官无印，而运行伤；财不透食，而运行煞；印绶用官，而运合官；食神带煞，而运行财；七煞食制，而运逢枭；伤官佩印，而运行财；阳刃用煞，而运逢食；建禄用官，而运逢伤。如此之类，皆败运也。

注：大运成为命格的败运，主要是或运干支直接来作格局的败格字，或者运干支来生助命局的破格字，或者运干支字来克制破坏八字原局的成格字，如是种种运程，当然是人生大恶运大败运了。

正官格无印，走伤官运，伤官本是正官格之败格字，现在运走此伤官败格字来破原局之正官格，当然是凶运了。

财不透食而运煞，财格见煞本是败格字，现运中碰到煞星来盗原局财神败原局财格，也当然是败运了。

印绶格用正官，是谓官印双全，印赖官生，印得官星相助，元气充足，自是官星对于印格来说是成格的大吉神了，现大运来走合官之字，将命中的大吉神合去，则命局本来有的大吉神失去，则就会败坏原格局了，如是这等运气，必是大败运了。

食神带煞，以食伏煞本是成格吉象，如运走财地，以财来生煞，以财来泄食之气，使食不制煞导致原局破格，是以谓之败运。

七煞用食制，本是成格之配合，若运走偏印之枭运，则大运上的枭字来夺原命局中的食神字，食神受伤则原局的七煞马上无制，格局尽破，是以此一枭印字就成为煞格用食制样式中的大败之运了。

伤官格中原局佩印，用印来制伤身，一举两得，格局由此而成，全是印星相神之功。若运走财地，运上的财星来破原局中的印绶，则原局所依赖的一举两得的印星功能全部消失殆尽，则原局大坏，此运就是败运了。

阳刃用煞，煞来伏刃，此煞就是刃格中的相神、成格字，大运走食神，食神必破原局中的煞星，原局中的相神、成神字遭到运干支字的破坏，则原局的成格形态就成了败格形态了，则可想而知，此运支干字的食神必是人生歹运了。

建禄格用官星，本是贵重之格，然若运走伤官字，则此伤官字就会克破命中的正气官星，官星一倒，贵气全消，是以因运而破格，则此运定是恶运了。

由此数例中可以看出，大运走用神的破格字，或者大运走克制原局相神的字，全是人生败运了。

其有似喜而实忌者，何也？如官逢印运，而本命有合，印逢官运，而本命用煞之类是也。

注：大运走似喜而实忌者，是指大运走相神字、成格字反与原局的成格字了、相神字有冲突，导致格局反而混乱破裂了。官格逢印运，以印运来护官，可原局中有字可以来合大运之印星，是以印之好处全被原局合神字去掉，则所谓的好运就成了画饼充饥了，表面是好运实质上是一般般而已。印格走官运，是谓印逢官生，命局与组成官印双全之好样式，当然应该谓之好运了。但是，若印局当中本来有煞来生印了，则不再喜有运上之官星来生命中之印了，为何？就怕原局中的煞星与大运上的官星相混，形成印格官煞混杂的败格样式，所以，印格有煞走官运，印格有官走煞运，全是似喜实忌的坏运了。

有似忌而实喜者，何也？如官逢伤运，而命透印，财行煞运，而命透食之类是也。

注：大运走似忌实喜者，实际是指大运虽走败格字，但原局中却有克制此败格字的相神字、成格字，则大运之败格字因受制于原局而不能发生功用，则此表面的败运反而变成为真正的佳运了。官格逢伤运，本是极败之运，原局有印星护官，则走伤官运原局官星因为有原局的印星保护而"百毒不侵"了，忌神字受制自然变坏运成好运了。财格行煞运，本是凶运，喜原局有食神来制煞存原局财格，则煞运反是好运了。

又有行干而不行支者，何也？如丙生子月亥年，逢丙丁则帮身，逢巳午则相冲是也。

注：沈公提出的干支行运不同说，实是至理。同样是木运，有行天者，甲乙运也；有行地者，寅卯运，干支之不同，实天地行气之不同也。天干主生克制化，地支主刑冲化合害，运中逢干支，自然当以干支的不同特性来讲其作用，大运中逢之，自当辩证分别。

行干者不行支者，无非是干论生克，支论冲刑而已。丙生子月亥年者，行丙丁者则帮身，运巳午支虽是日主生根，实质上是巳午与子亥六冲也，巳午受冲，实难作日主之根基也。

又有行支而不行干者，何也？如甲生酉月，辛金透而官犹弱，逢申酉则官植根，逢庚辛则混煞重官之类是也。

注：行支不行干者，支不受伤可以作干之根气，干不受伤则可以行生克制化之功。甲生酉月，辛金透而弱者逢申酉字则作官星之根，根重则干旺，此自然之理也。逢庚辛来混辛官，则是官煞混杂或重官之类是也。所以，用神、相神力轻者喜行地支根气之地，不喜天干比劫之来也。

又有干同一类而不两行者，何也？如丁生亥月，而年透壬官，逢丙则帮身，逢丁则合官之类是也。

注：天干全是火，然要分阳干与阴干之区别，此同一火而性质之不同也。丁生亥月，年透壬官，走丙字则帮身，逢丁则合官，就是阴阳之干的不

同之处。

又有支同一类而不两行者，何也？如戊生卯月，丑年，逢申则自坐长生，逢酉则会丑以伤官之类是也。

注：地支同类然也有区别，比如申酉全是金，可申子辰合化成水局，而酉合巳丑则成金局，两者完全不是同一回事，是以地支之合化性质更要加以重点研究。戊生卯月丑年，逢申则戊土长生，逢酉则是会丑以成伤官之局。

又有同是相冲而分缓急者，何也？冲年月则急，冲日时则缓也。

注：运支与年月日时地支相冲者，沈公以为同时相冲要分缓急，以为运支冲年月则急，冲时日则缓。我的实践经验表明，地支逢冲不一定就是坏事了，关键要看逢冲者在格局中的喜忌如何，如忌神受冲冲去者，则作好运看；如喜神字逢冲冲坏者，则是凶运了。另外，年月日时四支，成格的地支字不能受冲破，败格的字受冲则会成为好事。所以，八字中的地支受到六冲，关健是要看年支、日支、时支对着月令地支用神所配合成的格局情况来定。

又有同是相冲而分轻重者，何也？运本美而逢冲则轻，运既忌面又冲则重也。

注：相冲分轻重者，吉神受冲吉利程度打折，凶神受冲，则凶神受伤则少凶。不过，对于阳刃、七煞此两个凶神而言，逢冲则是大灾的典型标志信息之一。

又有逢冲而不冲，何也？如甲用酉官，行卯则冲，而本命巳酉相会，则冲无力；年支亥未，则卯逢年会而不冲月官之类是也。

注：逢冲不冲者，无非是地支与地支之间在六冲的同时，还出现了三合局、半三合或六合的作用关系，在一定程度上的确可以缓解六冲之间强烈的冲撞。

四柱真经

又有一冲而得两冲者，何也？如乙用申官，两申并而不冲一寅，运又逢寅，则运与本命，合成二寅，以冲二申之类是也。

注：一冲者一个支冲另外一个地支，至于两冲一或一冲两者，也是可以六冲成立的。要明白的是，地支六冲的关键不在于六冲这个形式，而是在于对冲的两个地支性质在格局中各起的作用。

此皆取运之要法，其备细则于各格取运章详之。

第二十六，论行运成格变格

命之格局，成于八字，然配之以运，亦有成格变格之权。其成格变格，较之喜忌祸福尤重。

注：一个八字的格局，本来主要是定于月令用神者也，然月令用神不一，月令地支的三合、六合情况也不一样，所以会导致格局的变化与转移。换言之，一个八字中的月令用神的"透干会支"的情况不仅会在原命局中出现，同时也会出现在大运中的。由于论命据于"从重者论"的根本原则，所以，月令中的天干的出现与透露情况较之其他柱的支干来的更为重要，所以，原局中的月令内的天干如果透露于大运中，则此大运必是特别，因其成全了原来的格局。所以，沈公这里讲的行运层面上的"成格"，实际上就是讲月令地支内的藏干透于运干上的问题，沈公这里讲的行运层面的"变格"，无非也就是讲月令地支逢到大运地支与其三合六合导致的变化问题。

何为成格？本命用神，成而未全，从而就之者是也。如丁生辰月，透壬为官，而运逢申子以会之；乙生辰月，或申或子会印成局，而运逢壬癸以透之。如此之类，皆成格也。

注：沈公这里讲的"成格"，实际上是讲原局中一些用神（力轻）所定的格局不是太典型，得到大运同气的支持，则用神有力，则使八字的整体力量趋势于格正局清，所有八字中的字就必须一定要以之为中心（格局）来论

配合喜忌的。丁生辰月，透壬为官，是谓杂气正官，但由于辰中有暗戊作用，实际上此一杂气正官（壬官不能完全主导八字全局）并不很是典型有力的正官格，而大运逢申子来加强壬官之力，则至时壬官才是最为有力，可以让八字全局成为以壬官为主的真正正官格了。

乙生辰月，会子会申是成水局，水局也就成为印格，然印星天干没有在八字中透露出来的，此一印格实际上只能是暗印格而已，只有运到壬癸透露出来，则暗印之局发用于明干壬癸印，是以到此时才真正的格正局清，整体八字的喜忌必要以之为中心来论命。显然，沈先生这里讲的"成格"之义，根本不是讲格局配合成功意义上的"成格"，而则是讲的用神完整有力格正局清的问题。

一个八字的格局要格正局清，那就要月令用神主气一定要透露出来，就谓之格正局清，如月令用神主气没有透露出来，只能是暗格而也。比如甲生酉月，辛官透出就是格正局清的正官格，辛官不透也还是正官格，不过其是暗官格。换言之，甲生酉月，无论辛官透不透，全是正官格，辛官透则是格正局清的明官格，辛不透则是暗官格，两者论格局的原则是一样的，只不过此两种情况下成格的层次稍不一样，格正局清的明官格层次要比暗官格高，这是辛官透不透的区别。

何为变格？如丁生辰月，透壬为官，而运逢戊，透出辰中伤官；壬生戌月，丁己并透，而支又会寅会午，作财旺生官矣，而运逢戊土，透出戌中七煞；壬生亥月，透己为用，作建禄用官矣，而运逢卯未，会亥成木，又化建禄为伤。如此之类，皆变格也。

注：变格者，无非就是杂气月令中的透干与会支者的原情况，由于逢到大运运干或运支三合的问题，导致原月令中的人元天干重新分配组合的问题。丁生辰月，透壬为官，运透出戊伤，则壬与戊这两个月令中的天干要作新的配合，此两干不相为谋，壬官怕戊伤，是以此一变格是不好的。实际上，这里沈先生所讲的变格概念，完全可以直接用格局理念引申到大运中看就行了，不必节外生枝的再说出个变格的新理论了。

壬生戌月，丁己并透，而支又会寅会午，作财旺生官矣，而运逢戊土透出戌中七煞，则此命原局己官与运干戊煞相混，用神不纯，是以此一运所致的"变格"是不好之运。

壬生亥月，透己为用，作建禄用官矣，而运逢卯未，会亥成木，又化建禄为伤，此一变化也是己官与木局之间配合不纯，作凶论。

然亦有逢成格而不喜者，何也？如壬生午月，运透己官，而本命有甲乙之类是也。

注： 沈公这里成格的意思，的确就是讲的格正局清的问题，这儿沈公自己提出壬生午月的例子最能说明这个问题。壬生午月，如命中有己官出现，那就是标准的格正局清的己土正官格，现原局未透己官轮到大运时才透出己官，好像是格正局清了，事实上不妙，为何？以原局中有甲乙伤食之类，此甲乙伤食与运透出来的己官是"冤家"，两相不能配合和谐，则此成了所谓的格正局清又有何什么意义呢？这运反而变化成坏运了。

又有逢变格而不忌者，何也？如丁生辰月，透壬用官，逢戊而命有甲；壬生亥月，透己用官，运逢卯未，而命有庚辛之类是也。

注： 沈公这里的成格、变格意就是月令中的藏干透于运干上后与原局透干发生的关系问题。丁生辰月透壬官，运透戊伤，戊伤正是壬官之"天敌"，此运透戊本是大忌，妙在原局有甲印制运干之戊，则原壬官不伤，格依然成立，是似乎忌运而实好运也。

成格变格，关系甚大，取运者其细详之。

注： 沈公这里讲的成格与变格，实际上就是格局与大运之间在透干藏支、支三合局之间的交综关系而已，不是真正意义的将本来原八字中的格局进行性质完全的颠覆。实际上，这节文章所要宣讲的配合问题，完全可以用前文中"论用神的纯杂"一节内的思想方法来运用之，读者前后对比着看，就可以掌握此节的意义。事实上，沈公这里讲的成格与变格，实际上是对大运变化作的一种格局思路的探索而已，它实质上就是讲大运与格局的配合，

没有多少新意的。

第二十七，论喜忌干支有别

命中喜忌，虽支干俱有，而干主天，动而有为，支主地，静以待用，且干主一而支藏多，为福为祸，安不得殊？

注：命中喜忌，支干俱有，而干支之性质不同，自然同样的命运之神加在支干上，其表现出来的吉凶象自然也就会不一样了。干为天，主男主动主外，支为女主静主内，其他干支区别的特性也是很多，所以，论命必要一干一支地来讲其克应如何。

譬如甲用酉官，逢庚辛则官煞杂，而申酉不作此例，申亦辛之旺地，辛坐申酉，如府官又掌道印也。逢二辛则官犯重，而二酉不作此例。辛坐二酉，如一府而摄二郡也，透丁则伤官，而逢午不作此例，丁动而午静，且丁己并藏，安知其为财也？

注：地支多作天干之根，天干多为地支之发用。支为干体，干为支用。一般而言，干之吉凶祸福应的快速而明显，支之吉凶福应的慢而不明，这就是支干之基本分别。甲用酉官，逢庚辛是为官煞混杂，逢申酉则是官煞有根，不过，此处的申酉地支，也是可以看作官煞混杂的，只是因其伏于支中官煞没有引出，所以其不算是太严重的，然若运干透出，则是大忌了。所以，此节沈公的观点是有待商榷的。

我的观点以为，甲见酉官一位，是谓暗官一位，甲见庚辛是谓之官煞混杂，甲见申酉是地支中官煞混杂，暂时不凶，一旦岁运引出，必然大凶。甲见辛再见申，只能是明辛官暗庚煞，庚煞不透，申可以作辛官之根。甲见二辛是重官，甲见二酉则是暗地重官，吉凶没有明见二辛官来的明显。甲见辛有两酉，是官根太重。辛官见午支无伤，辛官必要见丁干才会真正受伤，同样，酉见丁不伤，酉见午字则破了。丁动午静，只是原理，不是丁火才能动作，午支虽静，其照样会起作用的，午可以与子冲，可以破酉，可以合未，可以害丑，可以会寅戌，所以，午支虽静，作用不小。

然亦有支而能作祸福者，何也？如甲用酉官，逢午本未能伤，而又遇寅遇戌，不隔二位，二者合而火动，亦能伤矣。即此反观，如甲生申月，午不制煞，会寅会戌，二者清局而火动，亦能制煞矣，然必会而有动，是正与干有别也。即此一端，余者可知。

注：此节沈公观点是有问题的，不是太对头。甲用酉官，逢午必伤，以午破酉也。不必寅戌合，就单个午与酉相近，则酉字必伤，格局有病了，若再寅戌会午成火局，则酉官尽破，格局不成。同理，甲生申月，逢午也伤，不过午中丁火制不尽申中庚金阳金，则申字稍稍有病，若午会寅戌成局来克申金，则庚金寡不敌众必然受克制而无力矣。沈公这里讲三合局有合动一说，则纯粹是其一家之说了。

第二十八，论支中喜忌逢运透清

支中喜忌，固与干有别矣，而运逢透清，则静而待用者，正得其用，而喜忌之验，于此乃见。何谓透清？如甲用酉官，逢辰未即为财，而运透戊，逢午未即为伤，而运透丁之类是也。

注：支中喜忌，当然与天干不同，原局中年支、时支、日支中所藏的天干在大运中透出，其吉凶喜忌则由此表现出来。至于其吉凶喜忌还是要按原局标准来定，合于成格者透清则吉应，败格者透清则凶应，这就是基本法则。甲用酉官，原八字中逢辰未为同财，运透戊财生官，成格字在运中透出，一般就作吉论。原八字中逢午未为伤官，大运透出丁火伤官，这是败格字，一般就作凶论了。

一般而言，断八字无非就是干与支，原局的天干逢运支通根，则其当权必有作为而有吉凶，原局的地支作用有二者，一是透清之干出来作用原八字格局，二是与运支会三合六合或六冲，影响天干根气的旺衰。

若命与运二支会局，亦作清论。如甲用酉官，本命有午，而运逢寅戌之类。然在年则重，在日次之，至于时生于午，而运逢寅戌会局，则缓而不急矣。虽格之成败高低，八字已有定论，与命中原有者不同，而此五年中，亦能为其祸福。若月令之物，而运中透清，则与命中原有者，不甚相悬，即前篇所谓行运成格变格是也。

注：命中地支与运支三合六合，最关乎天干的旺衰变化，所以最要细加关注。特别是地支三合局或半三合局，力量巨大，所以对八字全局的影响自然最大，那么相应的这种大运为吉为凶的效果也是最为显著的。沈公这里提出的命支与运支成三合局者，以命中的年支为重，以为时支日支会局的作用力相对会小点，认为命支是地支中的力量最重者。沈公的这种观点基本是成立的，年柱为终身之柱，年支就是八字之根，其所占分量的确是在八字全局中是最要紧的。

月令中天干在原局没透，透到运干之时，必要与原局的人元较量关系，因其从月令中出来，其力尤重，不得轻忽也。

读者们要明白的是，八字不是搞"平均主义"的，以为八个字的重要性是一样的，这种观点是错误的。八字中每一个字的分量是不一样的，有重要字、有次要字、有可有没有之字，等等不一。实质上，一个好命，不一定是八字中每一个字个个都起好作用或大作用了，真正的好命，只要命中在关键处出现一两个好字，则此命就会成上品的大命了。同理，一个坏命，只要命中在关键点上出现一两个坏字，就会将八字全局全面破坏，坏了整个八字，这样坏命就产生了。实际上，甚至有些在字面上相同的八字之命，由于字与字占的位置不一样，就会导致人生的命运有巨大的落差。

故凡一八字到手，必须逐干逐支，上下统看。支为干之生地，干为支之发用。如命中有一甲字，则统观四支，有寅亥卯未等字否，有一字，皆甲木之根也。有一亥字，则统观四支，有壬甲二字否。有壬，则亥为壬禄，以壬

水用；用甲，则亥为甲长生，以甲木用；用壬甲俱全，则一以禄为根，一以长生为根，二者并用。取运亦用此术，将本命八字，逐干支配之而已。

注：一个八字到手，必要干与支之间看其互动感召之关系。干无支不立，支无干不应，只有干通于支气，支发用于干，干支同心一气，则吉凶方能毕现。

天干必要找地支之根，其气方能确实管用任事，支根以禄、长生、三合局方是真根，力重才能主事。地支要所藏天干发用，其体方得出现。地支所藏天干不一，透干不一，其用就有高低轻重之别。亥支中有壬甲，壬出干，则亥为壬禄之用也，甲出干，则亥为甲之长生之用也，自然亥作壬禄之用其功大于亥作甲木之长生用也。若壬甲俱现干头之上，则亥支功能至此才是真正全现。若壬甲没有一干透出，则亥伏于地支之中，只能参予地支的刑冲化合害的关系网络中去了。

大运干支同样如此看，运干是否通气于命中四支，运支要看其藏天干是否透露于原局中的天干之上，命与运相互感召，支干交互往来，组成种种格式以定命运之吉凶。

第二十九，论时说拘泥格局

八字用神专凭月令，月无用神，始寻格局。月令，本也；外格，末也；今人不知轻重，拘泥格局，执假失真。

注：论八字命运当以格局论最有系统，只有格局论才是论命的真法，其他全是旁门左道，有些枝节上的"小道理"，在整体理念方面，没有一个是正论，只有格局论才是中国传统命学中的正统大法。格局论的核心就是以月令为主的系统论命法，在日主以外，一切都要围绕月令来作配合研究，重月令是格局论的一个主要特色。

格局论主要包括正格论与外格论两部分，正格论也就是六格论，以月令为中心的论格理论，外格论就是在年时日柱取用作格的论命法。

沈先生在这里讲的："月无用神，如寻格局。"这话中的"格局"就是指的是外格，"月有用神"说的就是正格，论格当然要以正格为主，外格为辅了，只要月令有财官印食煞伤用神，就必要入于正格来断，不能因为年时日上有外格特征就放弃月令正格来当外格来看，这样就会大错特错了。以下沈先生所有的举例说明，全是不究正格要求，徒以外格形式特征来将正格八字当作外格八字论的种种错误情况。

故戊生甲寅之月，时上庚申，不以为明煞有制，而以为专食之格，逢甲减福。

注：只要明确了正格与外格的区别，自然看一个八字是以正格论或以外格论就会一清二楚了。戊生甲寅月，时上庚申，按时格看，确是专食之外格，按月上看当是偏官格，以时格看，则此格大破，以正格看，则是明煞有制的成格样式了。当然，这里以外格看当然是错误的，月上有煞主事，自然是七煞司令的煞格了。

丙生子月，时逢巳禄，不以为正官之格，归禄帮身，而以为日禄归时，逢官破局。

注：丙生子月，当然是正官格，时上有禄，也不能归入日禄得时的外格中去。

辛日透丙，时遇戊子，不以为辛日得官逢印，而以为朝阳之格，因丙无成。

注：辛日见丙，自是正官，时见戊子，不得当作六阴朝阳格看，还是要作正格讲。

财逢时煞，不以为生煞攻身，而以为时上偏官。

注：财格见时煞，不能作时上偏官论，时上偏官格，一般只有月令是禄劫之时才能成立的。财格见时煞，就是月上旺财来助生时上煞星攻身，格成

103

大凶。

癸生巳月，时遇甲寅，不以为暗官受破，而以为刑合成格。

注：癸生巳月，是谓财贵格，以巳为癸水之财，且巳是癸水之天乙贵人，总合之，名谓财贵格。时上见甲寅，不作外格刑合格讲，只以甲寅来配合月令巳火来讲的，甲寅时上伤神生助巳中丙财，克破巳中戊土暗官，所以，这个时辰是一个旺财不发贵的命局。

癸生冬月，酉日亥时，透戊坐戌，不以为月劫建禄，用官通根，而以为拱戌之格，填实不利。辛日坐丑，寅年，亥月，卯时，不以为正财之格，而以为填实拱贵。

注：癸酉日癸亥拱戌字，若天干明透戊戌字，则不能以拱格来讲，只能以官格来论。辛丑日卯时见寅年，不能以为寅填实了丑日与卯时相拱的贵人，当以亥月的伤官格生财来讲。

乙逢寅月，时遇丙子，不以为木火通明，而以为格成鼠贵。

注：乙生寅月，时上丙子，春木最喜见火，见火就是相神，命中贵气所在，其他一切勿论，作鼠贵论自然有误了。

如此谬论，百无一是，此皆由不知命理，妄为评断。

第三十，论时说以讹传讹

八字本有定理，理之不明，遂生导端，妄言妄听，牢不可破。如论干支，则不知阴阳之理，而以俗书体象歌诀为确论；论格局，则不知专寻月令，而以拘泥外格为活变；论生克，则不察喜忌，而以伤旺扶弱为定法；论行运，则不问同中有异，而以干支相类为一例。

注：真理只有一条，歪理可以无穷，守一真理而可知百家歪理之胡说，

千寻百回，了解此真命理，实是不易，习者当以之为宝，不可一看而过也。

论干支先要知其阴阳之理，其次当然也要了解其体象、性情，不解阴阳妙理而去死执体象歌诀，则不知变通之法，何能学好学精？

论格局不知正格为主，只知外格而以书本上的教条主义为准，也不能得命理真窍也。

论生克不论喜忌，只依扶弱抑强为定法，何能了解格局变化组合之义？

论行运，只讲五行大体之喜忌，而不知分同一火有干支四象，四象中更有变化，何能以一火而可概论丙丁巳午此四火的不同？

理之变化多端，全在一心而明之。明白者洞若观火，不明者终身糊涂，全在胸中有无明镜一块。

究其缘由，一则书中用字轻重，不知其意，而谬生偏见；一则以俗书无知妄作，误会其说，而深入迷途；一则论命取运，偶然凑合，而遂以己见为不易，一则以古人命式，亦有误收，即收之不误，又以己意入外格，尤为害人不浅。如壬申、癸丑、己丑、甲戌，本杂气财旺生官也，而以为乙亥时，作时上偏官论，岂知旺财生煞，将救死之不暇，于何取贵？此类甚多，皆误收格局也。如己未、壬申、戊子、庚申，本食神生财也，而欲弃月令，以为戊日庚申合禄之格，岂知本身自有财食，岂不甚美？又何劳以庚合乙，求局外之官乎，此类甚多，皆硬入外格也。

注：沈先生在这里给我们提出了学命有可能误人的谬论歧途，其主要有此四者：一者不了解古书中的"用"字真正含义而偏见百出，徐乐吾先生作此《子平真诠评注》一书就犯了如此错误，对沈先生所谓的"用神"格局理论全没有正确理解，曲解沈公本意，真是可怜可叹啊！二者以为俗书无知妄作，误会其说而深入迷途，现在的命书无穷，胡说八道者真是不计其数；三者论命取运偶然凑合者，就以个人有限之一点点经验，臆想出种种歪理新发明者在当世也是屡见不鲜；四者作书者随意抄书，误收误编古人命案，人云亦云，然后参于己意对照事实附会，全不得半点真理，害人尤深也。当代命书，犯此四者不在少数，沈公真是先哲，所讲不仅切于时弊，而且也通于后

世一切研命者之通病，我等作书者真要自鉴啊！

如壬申、癸丑、己丑、甲戌，本杂气财旺生官也，而以为乙亥时，作时上偏官论，岂知旺财生煞，将救死之不暇，于何取贵？这个命案是以杂气财格来讲，时上官星则是杂气财旺生官，时上煞则是杂气财生煞星，前者是贵格，后者是凶格，此类甚多，皆误收格局，误解格局者也。

如己未、壬申、戊子、庚申，本食神生财也，而欲弃月令，以为戊日庚申合禄之格，岂知本身自有财食，岂不甚美？又何劳以庚合乙，求局外之官乎，此类甚多，皆硬入外格也。沈公此论，说的明白透彻，命中有财官印食，不必远寻外找，只以命中用神明白处入手，自然格局明朗，断命无差无误矣！

人苟中无定见，察理不精，睹此谬论，岂能无惑？何况近日贵格不可解者，亦往往有之乎？岂知行术之人，必以贵命为指归，或将风闻为实据，或探其生日，而即以己意加之生时，谬造贵格，其人之八字，时多未确，即彼本身，亦不自知。若看命者不究其本，而徒以彼既富贵迁就其说以相从，无惑乎终身无解日矣！

注：学命不掌握真理，自然心中没有定见，张三说如何，便以为张三有理，李四又如何讲，便以为李四也有理，百家歪理学个遍，也断不对命，总是察理不精学入误区也。

学命者最津津乐道者，就是好究前代显贵或当代大人物之命，以之来张扬其"学术见识"，而大人物、名人之命者，就是当事者也有可能不了解确切生时，而这些研命者就会参之于个人臆见，杜撰出一个时辰来给名人、大人物论命，给其富贵人生来找出理论来附会之证明之，真是可叹者也。民国镇江袁树珊者作《命谱》就是此类的代表者，现代不少命书也好此道，收名人、明星、政治人物的八字来进行哗众取宠式的"研究"，实质上这些人的八字一点都不靠谱，依不实的八字岂能探讨出真命理来？是知这样做命学研究最是无理无据者也！

第三十一，论正官及取运

官以克身，虽与七煞有别，终受彼制，何以切忌刑冲破害，尊之若是乎？岂知人生天地间，必无矫焉自尊之理，虽贵极天子，亦有天祖临之。正官者分所当尊，如在国有君，在家有亲，刑冲破害，以下犯上，乌乎可乎？

注：八字是一个小天地，取象于天人合一，所以，八字大可以等同于大天地，国家社会全在其中，小可以像一个人之小天地，其大无外，其小无内，真得太极之妙用也。

一个国家当中，正官是国家管理体系、法律、行政、执政者之总象，自然贵重，应当保护。正官代表一国之君，一家之主，循君、父、夫之阳道，天地正气也。所以，一个八字当中，年干之位透出正官者，其实是父亲之正象；为何？年干是君位，正官有君象，古人讲：父有严君之谓，所以，年干官星代表父亲最是有理矣。正官者，遵天理人情而行规范者也，一家一主，一国一王，以其有主而家国秩序行矣，是以女命者当以正官为夫，夫星（一家之主）立规距准绳也。女命者，妾妇之道，以顺为正，顺从夫星之官也。

正官者，以上治下，合乎天理人情，是为天地之正气，故为六格之首，命中最先论述者也。

沈公论命，全以月令用神作主而定格局，论正官者，实际上就是讲月令正官格，其他所有论十神者，就是论其神之格局，此是通例，以下所有章节不再作说明。

以刑冲破害为忌，则以生之护之为喜矣；存其喜而去其忌则贵，而贵之中又有高低者，何也？以财印并透者论之，两不相碍，其贵也大。如薛相公命，甲申、壬申、乙巳、戊寅，壬印戊财，以乙隔之，水与土不相碍，故为大贵。若壬戌、丁未、戊申、乙卯，杂气正官，透干会支，最为贵格，而壬财丁印，二者相合，仍以孤官无辅论，所以不上七品。

注： 正官为贵重之物，所以月令上的正官星，必依破坏者伤官、七煞、地支冲刑者为忌神、败格字，依生助者财星、护卫者印者为相神、成格字，格局中有相神、成格字而无忌神、败格字者自然格局显贵。正官格中，财可以生官，官之所喜；印可以护官，官之所喜；是以正官格中见财与印两类相神者必是贵命，然贵中又有高低大小之分，其中有何原因呢？全在此二类相神之间的位置与配合之上了。

正官格见财或印出现一者，就可以作成格论，若财印同时出现于命局中，当然要比一财或一印单独出现于局中的格局高多了。财印同现于局中，要财印分开（两者不打架，财印会相克）辅佐官星为上。比如薛相公命：**甲申、壬申、乙巳、戊寅**，乙木日主生于申月，申内有庚官，是以标准的正官格，月干壬印可以护官，时上戊财可以生官，现壬印与戊财中间有乙木日主隔开，则壬水之印与戊土之财不相战克，各自用心去辅助月上官星，日主乙木引旺于时支寅也有根气，壬印自坐长生，戊财禄旺于日支巳地，对于乙日主来讲，庚官是天乙贵人，壬印是长生之印，戊财是禄旺之财，自身乙木日主也是有根气，全局贵官、长生印、禄旺财，身有气，官财印身俱各有力，且力量相当，所以是为大贵命了。

正官格中财印同出，若财印相战，财印辅助官星之力就会锐减，则格局档次就会大大降低了。要知道的是，正官格之显贵，全在于有财印相辅才能格局上档次，若财印辅佐之神没有出现，或仅出现一者，或出现者无力，或财印全出现而财印又"打架"者，则官星因辅佐之神的无力就会导致格局一般化了。如：**壬戌、丁未、戊申、乙卯**，此是杂气正官格，为什么说是杂气正官格叫呢？这是因为戊生未月是杂气，现未中透出乙干官星、丁火印星来了，乙官与丁印之中，因未支与时支卯支半三合木局，乙官力量大于丁印，按从重者论的原则来定格，则本命就成了杂气乙木正官格了。正官格必要财印相随，今本命中出现年上壬财与月上丁印，似乎本命官格也有了财印同辅的好处，则格局也就大了。事实不然，主要是此年上壬财与月上丁印相临而相合丁壬合，则丁印与壬财相互牵合，丁印与壬财之心意全在合配作"夫妻"了，两者辅佐乙官之情意就会淡很多了，其辅助之力也就小多了，导致乙官成了一个无人相助的孤官，乙木孤官作用服务于日主，其声势就很小了，则格局自然就不会太大，所以，此命竟然不上七品，真是小芝麻官一个。

现代实例

乾造：壬辰　辛亥　丁卯　甲辰

大运：壬子　癸丑　甲寅　乙卯　丙辰　丁巳　戊午
　　　 7　 17　 27　 37　 47　 57　 67

丁生亥月透出壬官，格正局清，干头上见辛财甲印，正是官格财印相随之局，贵命无疑，成都军区文官，团级，从事军队物资贸易。惜命中印星太旺，财星太弱，官星被泄太过，行运又不见财运来生官，一路又是印运，是以官运不济，只能平顺，不能高升。2006年找我预测运气，指出官运到现在基本止步，只能守成，自己也可做生意，但不能脱离军队，如此才有一些财运。

现代实例

乾造：己未　癸酉　甲辰　乙亥

大运：壬申　辛未　庚午　己巳　戊辰　丁卯　丙寅
　　　 9　 19　 29　 39　 49　 59　 69

甲木日主生在酉月，干头透出癸印、己财，是为官格带财佩印，但此财印在年月两干上相临相克，所以导致格局美中不足了。命中重财克印，是以父母必不和，导致离异，母亲一生受罪不轻的。

幸时上乙亥可制年上己未财，此一格局还是有成的，所以此命主虽出生甘肃农村，还是靠读书出来做了老师，命运为之有了改观。

大凡甲木生在酉月作正气官星，是古命书中讲正官格喜忌时是要常举的例子。但我发现，甲木用酉中辛金正官，大多只是小官小贵，不能大显，这有可能与其这一格（甲木用辛官）所主的性情过于谨慎正派古板有关吧！甲木要出人头地，似乎确是用庚金好像会发迹的更厉害一点。

若财印不以两用，则单用印不若单用财，以印能护官，亦能泄官，而财生官也。若化官为印而透财，则又为甚秀，大贵之格也。如金状元命，乙卯、丁亥、丁未、庚戌，此并用财印，无伤官而不杂煞，所谓去其忌而存其喜者也。

注：官格固喜财相神与印相神同时出现命局中来同时辅佐用神，然这样的情况毕竟不多，最多的情况就是官格只有一个相神出现，或财星或印星单独一个出来助官格，那么，在命中单独出现的印星相神与财星相神在助官格的功能上也是有区别的。官格见印相神可以成格，缘印能护官；官格见财相神也可以成格，缘财能生官；然印相神辅官之功能一般不如财相神，为何？以印虽然护官但也同时泄了官星的元气，使官星之力弱化，用神无力则格局自然不会洪大了。而财星辅官者，可以生起官星之力，用神增力，则日主用之行事，自然易有大局面了。

官格用财印中，若官印有情再见财星者，则其格越秀，何谓官印有情者？以官来三合成印局之母也。如金状元命：**乙卯、丁亥、丁未、庚戌**，丁日主用亥中壬官，八字透出乙印庚财，乙印与庚财一在年上，一在时上，两相分开助官星，然此印与官却有不同寻常之关系，那就是官印三合有情，亥官支会卯未支成木局，木局就是命中印局，月令亥官就成了印局之母，此官印因三合而使此官印的母子之情较之一般官印之母子情会来的更深更有情意，则此官格用印助较之一般官格用印的档次自然就高多了。金状元命的正官格中有财有印，且官化印尤其有情，格中没有忌神伤官或七煞，命中有成格字（有其喜者）而无败格字（去其忌者），是以格局成而富贵双全了。

现代实例

乾造：甲辰　丙寅　己酉　丙寅

大运：丁卯　戊辰　己巳　庚午　辛未　壬申　癸酉
　　　2　　12　　22　　32　　42　　52　　62

己生寅月，透出甲官丙印，重官有重印，官星佩印，官得禄，印长生，格正局清，行运至南方印禄之地，官印相等，大发富贵。此命是河南南阳人，学业出众，毕业后分在工行，一路提升，现任某市某银行行长一职，清官。其弟是某郊区某银行行长，2006年我到郑州，其弟就求测了一家人，这就是其长兄命造也让我看了。

现代实例

乾造：**庚子　甲申　乙酉　戊寅**

大运：乙酉　丙戌　丁亥　戊子　己丑　庚寅　辛卯
　　　 5　 　15　　25　　35　　45　　55　　65

乙生申月，官贵之格，透出庚官带戊财，坐下酉煞，寅中丙合去之，只用年上庚官，日主有气，命成中贵。35岁运财印之地，一路提职，己丑运旺财生官，功名发达，现任浙江某市市级官员。

然而遇伤在于佩印，混煞贵乎取清。如宣参国命，己卯、辛未、壬寅、辛亥，未中己官透干用清，支会木局，两辛解之，是遇伤而佩印也。李参政命，庚寅、乙酉、甲子、戊辰，甲用酉官，庚金混杂，乙以合之，合煞留官，是杂煞而取清也。

注：正官格之破格者，主要有二者：一者伤官，二者七煞；伤官可以克倒官星，七煞可以来混官与官争妒克日主，是以此二者在格局出现就会破格。正官格出现破格字，当然要去找寻救应之神。所谓的救应之神，就是可以克制伤官的印星，或者是可以制煞、合煞、去煞而留官的食伤、比劫之星了。换言之，官格逢伤官与七煞的破格情况是不一样的，其对应的救治手段也就不一样的了。伤官来破正官格，就要找印星来对治伏制伤官；七煞混到官格中来现身，就要用食伤、比劫星来克制煞星，使官格依然取清纯粹。这里要特别注意的是：一般官格是不喜食神或伤官的，以食神会合官、伤官会克官，从而使官格克破；但是若官格中混了煞星了，这个时候的官格就不忌食神、伤官了，反而要用伤食星（也可以是用比劫星）来克制煞星让官星清纯。

如宣参国命：**己卯、辛未、壬寅、辛亥**，此命是杂气己土正官格，地支会成木之伤官局，喜天干两辛印护官清局，就是运干上出乙木伤官也不惧怕，以辛印在原局可以克制运程上之乙伤，则乙伤官克不着命中己官，己官

111

不伤格局不破，自是贵命了。

李参政命：庚寅、乙酉、甲子、戊辰，甲用酉中辛官，年上透庚煞，是正官格混煞也，煞混要取清，取清者伤食与比劫也，今伤食不现而出现乙劫，以乙去合庚煞则庚煞去而不作用，格局中还是仅有月令中的酉官来起作用，杂煞取清，格局还是成立的。

现代实例

乾造：辛丑　乙未　戊午　丙辰

大运：甲午　癸巳　壬辰　辛卯　庚寅　己丑　戊子
　　　 6 　 16 　 26 　 36 　 46 　 56 　 66

戊生未月透出乙官，作杂气官格讲，年上辛丑伤官破官，大凶，好在时上丙印合伤护官，格局败中有成，河北武安人。26岁走壬辰运，财星破印，以致伤官制官，故年少时吃喝嫖赌，无所不为。一到辛卯运，丙印合去辛伤，正官得禄，性情大变，到安徽创业，大发财禄，户口也迁移过去，扎根安徽，当选为安徽省全国人大代表。同一人，前为小人，后为君子，呜呼，命也，运也！

现代实例

乾造：壬戌　丙午　庚申　丙子

大运：丁未　戊申　己酉　庚戌　辛亥　壬子　癸丑　甲寅
　　　 6 　 16 　 26 　 36 　 46 　 56 　 66 　 76

庚生午月正官格，透二丙混煞，喜年上壬食清透有力，制煞存官，全在此字之功上。一生行西北之运，助起壬食之气，官至副部长级别，平生功成名就。76岁后运甲寅，火煞太旺，多病多灾，得老年痴呆症。

现代实例

乾造：癸巳　己未　壬午　戊申

大运：戊午　丁巳　丙辰　乙卯　甲寅　癸丑　壬子　辛亥
　　　 8 　 18 　 28 　 38 　 48 　 58 　 68 　 78

壬生未月透己官，格正局清，时上透出岁支巳内戊煞，官煞全部得禄有力混杂，喜年上癸劫来合煞清官，日主长生于时，是以格局大成。甘肃天水人，28岁开始创业，一路艰辛，38岁行乙卯运，助癸水制官煞之杂，开始做矿产资源生意，白手起家。现行甲寅运大发，集团公司现年产值有数百亿，大老板命。

至于官格透伤用印者，又忌见财，以财能去印，未能生官，而适以护伤故也。然亦有逢财而反大贵者，如范太傅命，丁丑、壬寅、己巳、丙寅，支具巳丑，会金伤官，丙丁解之，透壬岂非破格？却不知丙丁并透，用一而足，以丁合壬而财去，以丙制伤而官清，无情而愈有情。此正造化之妙，变幻无穷，焉得不贵？

注：官格见伤，格中大忌，急要有印星来制服伤官来护起官星，至此，印星绝对不能再见财星，以财星可以来破印，印一破，谁来制伤官？伤官一旦无制，必来克破月令正气官星，则官格就会大破了。若印星重重者，虽见财星也不太忌，以一点财星破不尽多重印星也。范大傅命：**丁丑、壬寅、己巳、丙寅**，就是这样的例证，范命中己土日主用寅官，寅官怕金局之伤官，现地支中巳丑暗会伤官局，则要印星制伤护官，好在命中出现丙丁两印，在出现丙丁两印之时，天干上出现了壬财，照理来讲，用印制伤护官是最怕财星出来的，此局为什么壬财出干了不忌呢？不过就是壬财合了丁印，却制不了丙印。也就是说，此命中的壬财制不尽命中的丙丁两印，印没有制尽，则印自然有余力来制伤护官了，格局到此不破，命主自然可以贵显。

请注意，沈公的例子当中讲格局的成格字或败格字、或相神字、或救应之神，是基本上不分天干地支的，地支有忌神也要制，天干有败格字更要制伏的。同理，相神字是地支字也是可以的，救应之神是地支字也是可以起作用的。换言之，一个八字中除了日主与月令地支字之外的其余六个字：年干、年支、月干、日支、时干、时支此六个字，其吉凶喜忌全是依月令用神定出来的。现于干者就是明字，现于支者就是暗字，不论明字暗字，喜者要护，忌者要制，乃是一定之理。下文中沈公的好多命例，皆是干支来同论的，习者当要明白。

现代实例

乾造：甲午　乙亥　丁丑　戊申

大运：丙子　丁丑　戊寅　己卯　庚辰　辛巳　壬午　癸未
　　　　7　　17　　27　　37　　47　　57　　67　　77

丁生亥月，官贵之格，时上透戊伤，全在年月甲乙两印救护壬官，出身山区，学业很好，戊寅运进入南方某省政府部门工作，己卯运印星有力，官职连升，到副省级。到庚辰大运，财星破印，伤官无制，格局大破，因情妇受贿上千万，被判死缓。

　　至若地支刑冲，会合可解，已见前篇，不必再述，而以后诸格，亦不谈及矣。

　　注：正官格的要求至严，月令官星也是不喜刑冲害的，地支犯此病端，就要有三合或六合来解之。其理在前文中已谈及，此处就不再重说了，后边各种格局相应的这种情形也就不再提了。

　　取运之道，一八字则有一八字这论，其理甚精，其法甚活，只可大略言之。变化在人，不可泥也。

　　注：取运之道，不外乎格局配合上的成败，日主、用神、相神、病神、救神、喜神、忌神等命运之神力量上的轻重与均衡问题，一种格局就要有一种配合上的要求，千变万化，一理权衡；运用之妙，存乎其人。

　　如正官取运，即以正官所统之格分而配之。正官而用财印，身稍轻则取助身，官稍轻则助官。若官露而不可逢合，不可杂煞，不可重官，与地支刑冲，不问所就何局，皆不利也。

　　注：正官格论运，当然要依正官格内各类格分样式的情况去一一研究的。

　　正官格财印相随，格局已成者，那就要看日主与格局力量是否均衡：身主强官星更强者，要行身旺之运；官旺身更旺者，要走官旺运。正官格原局官星透出去，运不可再见此官星以成重官，也不见食神来合官星，更不可以煞星来混官，以上所忌者运上见之，皆主不吉。重官者身不任者，必是能力不足，失职降级或上司劝退。食神合官者，必寻欢作乐无心工作而失职。煞混官者，官场中与黑社会交往出事而去职犯事。

正官用财，运喜印绶身旺之地，切忌食伤；若身旺而财轻官弱，即仍取财官运可也。

注：正官格单用财星者，一般财官之力都会胜过日主之气，运就喜身旺之乡或直接就是印运，以印运最是吉利，为何？正官格原局有财辅官，运印也就是相神运，此相神运可以护官，当然是官格之喜运，且印可以生身，则此印一可以护官作相神运，二可以生身平衡身格之间的力量均衡，如此一举两得，岂不是大吉之好运？官格单用财星成格者，最忌走伤官食神运，以原官星无护卫，是以深忌破格字在运中见到，一旦相逢，其人必会在官场上出事，轻则罢职，重则牢狱。当然，如果是杂气官星见财星相助，日主成合局根气明显强于财官者，则运自然还是要走财官旺运为上。

正官佩印，运喜财乡，伤食反吉；若官重身轻而佩印，则身旺为宜，不必财运也。

注：正官格单用印星作成格者，则喜财星运，以财星也是官格之相神运也。官最喜财印相辅，原局有财，则运喜印；原局有印，则运喜财，总是要财印跟随官星于左右来侍服也。官格佩印反喜食伤之运，以运上食伤受制于原局中的印星，主风险当中反而进职升官。官格佩印中，若官极重于日主者，则身格平衡是最重要者，则喜身之旺运为好，此时不再急着要走财星相神运了，以官星已旺了，不太急着一定要财运来助官了。

正官带伤食而用印制，运喜官旺印旺之乡，财运切忌；若印绶迭出，财运亦无害矣。

注：正官格中原局中形成印星制伤食护官的样式，则大运要走印之旺乡

或官煞之运来生印助印，此时所走的官煞运不作原官格的重官或煞来混官论，此运上的官煞则是印星之根源。用印护官制伤食的官格样式，最忌走财运了，依运上之财可以破原局之印。原局正印护官，大忌正财运，偏财稍忌；原局偏印护官，大忌偏财运，正财运稍忌。若原局印星成局者，则不太忌财运了，以一点财运很难破尽原格中的成局之旺印了。

正官而带煞，伤食反为不碍。其命中用劫合煞，则财运可行，伤食可行，身旺、印绶亦可行，只不过复露七煞。若命用伤官合煞，则伤食与财俱可行，而不宜逢印矣。

注： 正官格中混煞，原局就要取清，没有取清者，则就要运走食神或伤官运。若原局中的煞星不是用食伤制伏的，而是用劫星来合煞的，则可以行食伤运来助劫伏煞，身旺运也可以，印运也可以，总是以提高日主根气来抗衡官格混煞之攻身为义，但最怕还行煞运，官格混煞还行煞运，日主必然不敌，不是身体上有大病大灾，就必是官场中有牢狱之事。若官格中混煞是用食伤取清伏煞的，则运可以走身旺、财官运都可以，只要不伤及食神伤官此类取清之神，所以，食伤取清煞星混官格者，是最忌印星运的了。

这里要特别说明的是，官格没有煞星混，是最忌食神或伤官的，此时最要有印星来护官的。可是，一旦官格混了煞星，此时最要的就是食神或伤官来克服煞星，这时最忌的就是印星了，这是因为印星这时会克破起取清功能的食神伤官了。所以，官格有时忌食伤，有时喜食伤，有时喜印星、有时忌印星，全在原局中组合形式上决定的。

此皆大略言之，其八字各有议论。运中每遇一字，各有研究，随时取用，不可言形。凡格皆然，不独正官也。

注： 要明白论运的要点，一定要先要明白格局的配合喜忌，然后将此原理同步推到大运中去看。论运事实上不是太难，只是格局要求的延续而已。研究者一定要下苦功夫，一旦熟练了格局论，则论运自然不是难事，也是很简单的了。

第三十二，论财及取运

财为我克，使用之物也，以能生官，所以为美。为财帛，为妻妾，为才能，为驿马，皆财类也。

注：财者，天下之公器也，人人有份，人人追求。财为养命之源，无财不成命。八字中以财官印为三奇，财者，金钱利益，官者，权力地位，印者，知识名誉，三者之故事可以构成人类一部历史。自古以来中国人的人生目标很简单，只有四个字：升官发财，此一人生目标古今中外都适用，就是未来几千年，只要是人，都要追求此四个字。一般人做不了官，那只有追求发财。所以，财对世人的重要性可想而知。流行语讲，钱不是万能的，但是没有钱是万万不能的。正是据于现实人生的需要，命学将"财"纳入了与"官"同样档次的地位来作研究。一部八字命学，实际上只有两个字为中心，那就是"财官"，财官论是八字命学中永远的主题思想。

就男命而言，财官就是论男命的核心，对于女命来说，夫子就是论女命的全部。所以，八字命学所有的研究就是财官论与夫子论，掌握了此两者，就可以把握着命学的大体了。

八字命学中，财者，为我所克者，由我作主者，我为财之主也。财可以生官，官可以护财，所以，财官是为最美。男命中以正财为妻，妻者，我私有财产也，当由我作主也。夫为妻主，我为财主，是妻与财同类也。

财格分为正财格与偏财格两类，正财者，我的名分之财，偏财者，众人之财也，两财之性情、所应之事象、人物虽然不同，但两财所成格局的成败喜忌大体是一样的，所以，古人不详分正财格与偏财格来作细论，沈公在此，也是如斯，学者当明。

财喜根深，不宜太露，然透一位以清用，格所最喜，不为之露。即非月令用神，若寅透乙、卯透甲之类，一亦不为过，太多则露矣。然而财旺生

官，露亦不忌，盖露以防劫，生官则劫退，譬如府库钱粮，有官守护，即使露白，谁敢劫之？如葛参政命，壬申、壬子、戊午、乙卯，岂非财露？惟其生官，所以不忌也。

财格之贵局不一，有财旺生官者，身强而不透伤官，不混七煞，贵格也。

注：财星在八字中最好不要重叠出现，只以一位为佳，其他十神也是如此，物依稀为贵，用神如此、相神也如此。一般用神在月令格局以清透最好，是谓格正局清，惟财星不喜透出，财要藏才实，为何？依财露出，易为人侧目，易让人夺。然而财透出者，只要有官守护也不惧，以官制劫财自安矣。换言之，财格最忌见比肩、劫财来破格，原局中见之则原局财格就破，原局中不见，大运上见之，同则运来破格局，是以比劫就是财格中的忌神、败格字。逢此败格字，自然要找成格中的救应之神，这就是官煞之星可以护财，官星护财最吉最是稳当，煞星护财要日主高强才可以，官与煞护财基本功能一样，是财格中制比劫的第一药神。按此推理下去，财格见比劫破格，最要有官煞来制比劫护财，此时官煞的功能不再是来克日主，而是来制比劫的，那么，这个时候财格中最忌出现的就是食神伤官了，以食伤可以克倒官煞，官煞受制，则比劫无制，比劫无制自然会来夺财格中的用神财星，月令财星被劫，日主无财可用，自然是财格不成，就会成穷命、贫贱命了。

如葛参政命：**壬申、壬子、戊午、乙卯**，戊生子月，申子会局，干头两壬透出，是以财星叠叠屡现，最忌比劫出来破格，今原局中尚无比劫，但是大运中必有比劫星来出现，所以，原局中的财神是最要官星来护卫，现命中时上乙卯正官星出干正是可以用来护财，就是运上见比劫也不怕了，所以，财格见官星守护，格局最是稳当。

财格若日主刚强，且成格者，只是富格而已，难以显贵。若财格要想致贵，必要财旺来生官，财格作官星之元气，官由财星支助，必由富得贵。然财格生官者，官作为成格之相神，也就不能将这一致贵的官星来破坏掉，是以财格生官者，最怕见食神来合官、伤官来制官、七煞来混官，以上三种情况，皆会使财格生官的样式"功败垂成"。就是讲，财格是生官了，可生出来的官星还是因受伤而无用，等于财格没生过官星一个样，所以财格生官中的官星此一相神，是不能受伤受制的，一旦此官受伤，财格生成出来的官星就是"形同虚设了"。当然，我们可以深入研究下去，财格生官见伤食了那如何救应呢？当然是要找印星了，以印星来制伤食来护这个财格生出来的官星。同理，财格生官逢煞来混了，如何办？当然反过来要找食伤来取清制伏煞星，此时的伤食又忌印星了。换言之，财格生出的这一官星喜忌，是完全可以套用官格的成败、护卫、救应、配合的思路来进行研究。

现代实例

乾造：乙酉　辛巳　壬辰　己酉

大运：　庚辰　己卯　戊寅　丁丑　丙子　乙亥　甲戌
　　　　 6　　 16　　26　　36　　46　　56　　66

壬生巳月，透出己官，作财格生官论，年出乙伤破官，格局由成而败，喜辛印出干极有力制乙伤护己官，败中有救，格局大贵，官任某省重要官员，伯父（辛印之象）是中顾委重要人员，因伯父大力提拔，所以官运亨通。

现代实例

乾造：丙午　庚寅　辛酉　壬辰

大运：　辛卯　壬辰　癸巳　甲午　乙未　丙申　丁酉
　　　　 1　　 11　　21　　31　　41　　51　　61

辛生寅月见丙官，年月双贵，陕西人。出身贫寒，学习很好，考入北京大学，惜时上壬辰伤官破格，晚景不妙。毕业后在北京自开科技公司，一路顺利，到壬午年，官讼不断，生意一落千丈。到丙戌年生意稍有起色，但其后运不佳也，离婚，一子妻养，自己有情人，不结婚，只同居。

有财用食生者，身强而不露官，略带一位比劫，益觉有情，如壬寅、壬寅、庚辰、辛巳，杨侍郎之命是也。透官身弱，则格坏矣。

注：财格之成格，不外乎是生之护之者，生之者有伤食，护之者就是官煞，此是财格成立的基本配置要求。当然，对于日主层面上讲，也是有要求

的，那就是一定要身强有气，可以担任财星之负荷。可以讲，日主与格局的关系，所有的格局就是"宏伟的大厦"，此"大厦"必要按一定的要求（合格）才能壮观，而日主就是此"大厦"的"地基"，只有"地基"坚实，才能支撑起这宏伟壮观的"大厦"，这样地基与大厦才能构成一道壮丽的风景。"大厦"不合格自然不能够给人于壮观，"地基"不踏实，自然负载不了"大厦"，"大厦"也会倒塌，则壮观何从谈起？格局与日主平衡之理，就是如此这般的。

财格见食相生且身强者，就可以成格的。但财格见食相生者，有数者之忌，一怕印来夺食，二怕官星来合食，食神与官星两两相合贪恋"夫妻"之情欲，不顾财星用神，就会导致财格生官不成、有食相生也不成的两难局面；三怕日主身弱不能任此旺财旺食。

财格用食相生，当然要求食神要有根气要坚强有力，做到日主、财星当旺、食神都有强根恃旺，自然命成大富大贵。这里沈公以为，若财格见食相生，食无强根者，则要比劫来转生，这时之比劫对食神说就会特别有情。沈公之说，我不认同。财格最忌比劫，比劫之性是见财必夺，不可能因为有了食神就不会劫财，所以，此说是不太成立的。至于沈公讲的杨侍郎命：**壬寅、壬寅、庚辰、辛巳**，确是寅财格逢两壬食，沈公以为壬食不是太有力，命中有了时上辛金，此辛可以来助生壬食，所以感觉特别有情了，以之就可以取贵。我对此命的看法，本命之所以取贵，主要原因就在于日主自坐印地之上，而不是以辛劫生壬食有情之故。

关于这个杨侍郎命：**壬寅、壬寅、庚辰、辛巳**，《三命通会·总论诸神煞》中就谈及过，原文云："纳音三位金，同长生于时，是聚敛精神，故贵"，其意就是说，这个八字当中，壬寅是纳音金铂金，庚辰、辛巳是白腊金，四柱全是纳音金，今此四金全聚在时支一位巳上作长生，是谓精神聚敛，英气团结致一，所以大贵了。从上可以看出，一个八字可以从多个角度来看取的：格局论是主要是干支十神层面上的八字整体研究，而纳音论则就是从取象纳音的角度来看八字，虽然入手角度不同，但可以相互参考着来看。所以，我们不能学了一个格局论后就可以目空一切，以为命理就此为真，我们要可以从不同角度来研究同一八字，神煞天星法、纳音法等等全是好法子，我们都要学，这样格局论结合其他论命法，就会对一个八字看的越来越透彻，这样算命也就会越算准了。

现代实例

乾造：己卯　戊辰　甲戌　丙寅

大运：丁卯　丙寅　乙丑　甲子　癸亥　壬戌　辛酉　庚申
　　　 1　　 11　　21　　31　　41　　51　　61　　71

甲生辰月透戊财，杂气财格，时上透丙食生财，身强，丙食有气，命中龙吟虎啸，命成大贵。31岁后行运印地，声名卓著。此公长期担任国家某总局一把手，在国内外很有名气。此命是其妹妹求教于我的学生郑大姐，郑大姐转告诉我的。

现代实例

乾造：丙辰　戊戌　乙卯　丁亥

大运：己亥　庚子　辛丑　壬寅　癸卯　甲辰　乙巳　丙午
　　　 2　　 12　　22　　32　　42　　52　　62　　72

乙卯日主自旺身强，生于戊戌月杂气正财，喜年时透丙食丁伤生助财星，格局成功。辛丑运伤食制煞护财，开始做美容生意发达。后行东方运生起食伤星，财运反复中前进。

有财格佩印者，盖孤财不贵，佩印帮身，即印取贵。如乙未、甲申、丙申、庚寅，曾参政之命是也，然财印宜相并，如乙未、己卯、庚寅、辛巳，乙与己两不相能，即有好处，小富而已。

注：财格取贵，以佩印最为得当，为何要取印？主要是月令旺财之月，正是日主死囚之月，日主如不能自旺者，那只有求助于印星，以印来生身补气以敌财神，印是清高之物，财是浊气之物，财格佩印，格局由浊转清，是以取贵。大概而言，财格生官者，以富翁身份出来做官，财格佩印者，以富翁身份博得荣誉知识而有地位权力者也。

财格佩印者，毕竟财与印有战克，所以，财格佩印的格局当中，财与印

121

全透露者，宜隔开不要相临，相临者恐有财印相战之嫌疑，印受当令之财相克，则生身之力就小了。若财印一藏一透者最是有情也。如曾参政命：**乙未、甲申、丙申、庚寅**，丙生申月透出庚财，日主用月上甲印通于时支寅禄生身敌财，甲印与庚财被日主相隔开，则甲印自然无伤来生助日主，日主得印助而根气固，则财神自听命于我了。再如此命：**乙未、己卯、庚寅、辛巳**，庚生卯月透乙财，格正局清，庚日主长生于时支巳中，力量较之财神还是不足，这样就要佩印来补气，现月干己印通禄根于未中本较有力，可惜的是己印坐在卯支之上，乙财贴身制己印，己印生身之气大减，则此财格佩印之功就小，佩印之功小，富贵程度就低了，故此命仅是小富而已。

现代实例

乾造：戊戌　乙卯　庚子　己卯

大运：丙辰　丁巳　戊午　己未　庚申　辛酉　壬戌　癸亥

　　　4　　14　　24　　34　　44　　54　　64　　74

庚生卯月身弱，喜透出戊己两印生身，甘肃天水人，儒商，有文化教养，人品佳，人缘好。34岁行己未贵人印旺之运，做矿产资源生意发家，身价数亿，庚申运禄马同行，财富更上一层楼。2008年找我算命，因极准而佩服，后家中孩子全来找我看过，大小事全部问我，与我成好友。

有用食而兼用印者，食与印两不相碍，或有暗官而去食护官，皆贵格也。如吴榜眼命，庚戌、戊子、戊子、丙辰，庚与丙隔两戊而不相克，是食与印不相碍也。如平江伯命，壬辰、乙巳、癸巳、辛酉，虽食印相克，而欲存巳戊官，是去食护官也，反是则减福矣。

注：财格用食而兼用印者，旨在用食生财，用印来生身，财与日主各得其助，自然格局洪大。如财格生官见食克，则印来制食护官，可成贵格。如吴榜眼命：**庚戌、戊子、戊子、丙辰**，戊生子月正财格，年上庚食生助子财，时上丙印生身，庚食与丙印相隔而不相碍，是以身主与用神俱得相神辅佐，全局和谐均衡，所以大贵。

如平江伯命：**壬辰、乙巳、癸巳、辛酉**，癸用巳中丙财，巳中同时有戊土暗官,所以乙食可以生丙财克戊官,当然戊官最是重要,则要辛印来克乙食存戊暗官,不再取义于乙食生财、辛印生身之印食并用兼得之象了。

现代实例

乾造：丙辰　乙未　癸酉　丁巳

大运：丙申　丁酉　戊戌　己亥　庚子　辛丑　壬寅
　　　7　　17　　27　　37　　47　　57　　67

癸生未月透丙丁财,作杂气财格讲,月上透乙食生财,癸日坐酉佩印生身,行运又走西方金地,是以在上海做房地产生意大发其财。一丙一丁,双妻命,丁亥闹离婚,情人找我算命,未成。

现代实例

乾造：辛巳　壬辰　己丑　丙寅

大运：辛卯　庚寅　己丑　戊子　丁亥　丙戌　乙酉　甲申
　　　2　　12　　22　　32　　42　　52　　62　　72

己生于辰月,透出壬财作杂气财格看,年上辛食生助壬财,时上丙印生助己土自旺日主,食印两不相碍,巨富之格,某集团董事长之命。某集团在其掌管的十多年中,到2004年资产发展到七千亿。

有财用伤官者,财不甚旺而比强,略露一位伤官以化之,如甲子、辛未、辛酉、壬辰,甲透未库,逢辛为劫,壬以化劫生财,汪学士命是也,财旺无劫而透伤,反为不利,盖伤官本非美物,财轻透劫,不得已而用之；旺而露伤,何苦用彼？徒使财遇伤而死生官之具,安望富贵乎？

注：财格用食神相生或伤官生助,从原理上讲是基本一样的,不过,就是由于食神与伤官的吉凶禀性不同,导致了格局学家对其运用的不同看法。沈公以为,财格情愿要用食来生助,也尽量不要用伤官,为何？以伤官固然可以生财助财,然其是官星之天敌,财格用了伤官,再绝无可能再有财来生官显贵的机会了,一旦财生了官星,伤官必破之,财再旺不能生官,命格只能富而不贵,任你大富巨富,终不入于贵人门中去了。

沈公这里讲到用财格用伤之时,附了一个条件,那就是财格中财不太强而比劫太强，则取伤官来化之，以为财与劫之间作个调和，此一论调与前文中财格用食见比劫尤为有情一说，基本是一个思路的。我的观点是，财格见比劫来现于局中，当然第一要取官煞来克制此败格字，若实在没有官煞星，那就不得已再来用食伤来转比劫气生助财星，但这是下法，没法子的法子，比劫本是破财的大凶神，想让食伤来转化此凶气，无异于"与虎谋食"，效果肯定是不好的。事实上，此财格中见比劫星再有伤食转化的命局，其大破财的人生情况还终是免不了的。

像本文中的汪学士命：**甲子、辛未、辛酉、壬辰**，辛用杂气甲财，月上辛劫星破甲财，命中又无丙丁火官煞出来制辛劫，不得已找到时上壬辰伤官来生助甲财，甲财是"要先灾后再有救"，格局纵成，也是下下者也。

有财带七煞者，或合煞存财，或制煞生财，皆贵格也，如毛状元命，乙酉、庚辰、甲午、戊辰，合煞存财也；李御史命，庚辰、戊子、戊寅、甲寅，制煞生财也。

有财用煞印者，党煞为忌，印以化之，格成富局，若冬土逢之亦贵格。如赵待郎命，乙丑、丁亥、己亥、乙亥，化煞而即以解冻，又不露财以杂其印，所以贵也。若财用煞印而印独，财煞并透，非特不贵，亦不富也。

注：财格见煞则是败格，为何？以财之四吉化为煞星，煞盗财气，财被煞泄，财竟成为煞星攻身之源头，是以财格见煞乃是财格至凶者。财格逢此煞星败格字，急要考虑救应之法，这就是如何来惩治此一财格中的煞星？治煞之法有三：一者用劫来合煞星；二者用伤食来制煞存财；三者就是用印来化煞气，此三法各有宜忌，当要细究。

用劫合煞者，如毛状元命：**乙酉、庚辰、甲午、戊辰**，甲生辰月透出戊财，是谓标准的偏财格，不料干上透出了庚煞，此一庚煞盗尽全局财气来攻身，则此庚煞为凶也是极可怕的了，为何？全局戊财之气全来生助庚金煞星，则庚煞之"恶势力"是何等的猖狂啊，庚煞近身虎视日主，甲木日主的境地是何等的危险万分啊？在此危急情形下，将煞整治就是当务之急了，好在年上透出乙劫可以来合庚煞，甲日主用乙妹妻庚，则庚贪合忘克了，甲木日主可以转危为安，此煞反有情于甲木日主了，甲木化煞为官反可以用此庚煞来服事我日主，这就是君子借小人势力而成威权矣！

用伤食制煞者，如李御史命：**庚辰、戊子、戊寅、甲寅**，戊日生于子月，时上透出甲寅煞星，煞星自旺且恃月财生助，其势不可形容，日主危矣！妙在年上庚食透出，庚食制甲煞"救主"，其功极大也！甲木日主用此庚食虎将来敌甲煞，一将当关，万夫莫开，正是此庚食之之功矣！庚食在局中可以制煞救主，可以护财存财，保护起日主之财产，格局之成功，全在此一庚字上扭转乾坤了。

财格生煞，局中无劫来合煞，也没有食伤来制煞，那只有去找印星来化煞，印星化煞之关健有三者：一是印星透出必须有力，且不能受克；二者印星须与煞星有情；三者印星要近日主身边，与日主也要有情；后两者要求印星与煞、日主都要有情者，就是要印星在煞与日主两边都能"说的上话"，这样才能真正化煞为印，化敌为友，此一局形式成功与否，全在印星位置与力量之上了。如赵待郎命：**乙丑、丁亥、己亥、乙亥**，己生亥月财格，透出乙煞攻身，命中无庚辛金来制乙煞，无可奈何之下来找印，好在丁印处于年乙煞与日主中间，位置恰好，正可以化乙煞之气来生己日主，是丁印位置最好与煞、日主之间起到了调和之功，惜此丁印不是太有力，只有等运南方补起火气，则格局才能起色。财格用煞借印化，印最惧的就是财了，财若透出破印，则煞用印化就不成立，格局也就破掉了。

最后，要说明的是，财格见煞有喜忌者，财格见比劫来破格者，则要见煞来救应，这时之煞星大忌伤食来制伏，此就是财格喜煞的情况。若财格无比劫来破格，则忌煞星来格局出现，谓之煞盗财气攻身，是谓败格至凶者，此时财格急要伤食来克煞制煞以护财救主，这就是财格忌煞的情况。所以，财格与煞的喜忌关系，当以格局的不同情况来分别对待之。

现代实例
乾造：己酉　丁卯　辛丑　甲午
大运：丙寅　乙丑　甲子　癸亥　壬戌　辛酉　庚申
　　　　8　　18　　28　　38　　48　　58　　68

辛生卯月财格，透出丁煞败格，年上己印无情远隔，又被甲财合去，全局财旺生煞，败格之象。出生于海南省农村，兄弟姐妹多，穷困之极，学业不高，年少时混入地方黑社会成小混混。喜行运甲子，食神制煞，弃恶从善，结识贵人，为贵人追讨法院所判合法债务，好武艺，学易，看风水，习太极拳十多年。中年行水运，发财小康，有十五年好运。2007年跟我学八字、六壬，进步极快，现一边上班，一边给人看风水算命，风生水起，财运旺盛。

现代实例

乾造：己酉　丁卯　辛丑　辛卯

大运：丙寅　乙丑　甲子　癸亥　壬戌　辛酉　庚申
　　　 8　 18　 28　 38　 48　 58　 68

与上造同年月日生，时辰不同，命格喜忌也大不同也。辛生卯月偏财格，时上透出辛金比劫破格，喜月上丁煞制辛比肩护财，格局败中有成，开小店面职业算命为生。不料行运到癸亥大运，丁亥年壬子月，大运癸水流月壬水制合去了丁煞，煞受制则辛金比肩必夺财也，竟然上当让友人骗去40多万，命乎？运乎？

现代实例

乾造：丙戌　庚寅　庚戌　庚辰

大运：辛卯　壬辰　癸巳　甲午　乙未　丙申　丁酉
　　　 10　 20　 30　 40　 50　 60　 70

庚生寅月财格，二庚比肩透出破格，喜年上丙煞透干制比肩护财格，40岁后行运甲午助起煞气，小贵，为成都市某中学教导主任。乙未运助煞，当选过两届成都市人大代表。克妻，生有二女，全在国外工作，一博士，一硕士，子女发达。

现代实例

乾造：己亥　丙寅　庚辰　己卯

大运：乙丑　甲子　癸亥　壬戌　辛酉　庚申　己未
　　　 8　 18　 28　 38　 48　 58　 68

庚生寅月透出丙煞，喜时年有己财，正是财格用煞印之象，行北方伤食运大发，在上海做生意，有资产数亿。丙戌年找我算命，其年官讼不断，生一子。

至于壬生午月，癸生巳月，单透财而亦贵，又月令有暗官也。如丙寅、癸巳、癸未、壬戌，林尚书命是也。又壬生巳月，单透财而亦贵，以其透丙藏戊，弃煞就财，美者存在憎者弃也。如丙辰、癸巳、壬戌、壬寅，王太仆命是也。

注：壬生午月、癸生巳月透出财就是财格，透官就是财旺生官格。一般而言，壬癸水生巳午月者，只要成格成局，就能富贵双全；为何？以巳午月支中所藏丙丁、戊己四个天干同根共宗于一宫中，且同禄旺，相互辅佐有情而配合成局者也。如林尚书命：**丙寅、癸巳、癸未、壬戌**，癸生巳月，财官贵人格，格局因天乙贵人而特殊，巳中丙财、戊官、庚印一宫之内相互有情配合成格，财旺生官佩印，真可谓财官双美禄马同行了。

壬生巳月，《三命通会》谓之三偏奇格，其意就是壬水见巳中丙偏财、戊偏官、庚偏印，命中见正财、正官、正印者，我们都知道是三奇，而此偏财官印者，故可称呼为偏三奇者也。这里沈公所讲的王太仆命：**丙辰、癸巳、壬戌、壬寅**，沈公以为其因透丙藏煞，就作喜者存而憎者弃也，此说太过于勉强。此命巳支月令中之戊煞不是不作用，只是其作用在暗处而已，月令之物，安能真的可以弃之乎？一月主气司令有三十日，有何日干支可以逃脱出司令之主宰？无有其事。此王太仆命之所以贵显，全在是丙财生命中重重戊煞，局中就依支中寅木来制旺财所生之煞，格局由此而成，并不能用喜者存忌者去来曲解，可知沈公之观点也是值得商榷。

现代实例
坤造：辛巳　癸巳　癸亥　丙辰
大运：甲午　乙未　丙申　丁酉　戊戌　己亥　庚子
　　　 8　 18　 28　 38　 48　 58　 68

癸生巳月，正财格，月令贵人，年支又是，双贵年月，格正局清。透出辛金佩印，行酉运开始发家，资产 20 多亿，两届全国人大代表。

　　至于劫刃太重，弃财就煞，如一尚书命，丙辰、丙申、丙午、壬辰，此变之又变者也。

　　注：这一节沈公所谓的"劫刃太重，弃财就煞"一说，本质上就是财格逢劫破，用煞来救护的样式，至于为什么沈公要说"就煞"呢？其因不外乎是煞是大凶神，一般日主当然不喜欢，现在日主不得不委身曲就于煞者，无非就是想借煞之力来制众多之比劫者，其法不过是以毒攻毒，以小人制小人而已，最终目的还是要想用煞护财来求富贵也。如此一尚书命：**丙辰、丙申、丙午、壬辰**，丙生申月是为财格，现命中重重丙火出干来劫申财，申财危急，当寻保护之神，妙在时上壬辰煞星透出，一煞可以压百劫，则日主亲于壬煞而申财可保矣，自此格局方得成立，命成大贵。

　　财格取运，即以财格所就之局，分而配之。其财旺生官者，运喜身旺印绶，不利七煞伤官；若生官而后透印，伤官之地，不甚有害。至于生官而带食破局，则运喜印绶，而逢煞反吉矣。

　　注：财格生官者，就以日主及官星为主来论运之喜忌：身之气弱于格局者要走身旺运，身之气强于格局者，要走财官旺运，身与格局均衡者，喜走印运，以印可以护财格之官星也。财旺生官，最忌走煞运来混官、伤官来破官之运。财格生官佩印者，走伤官运，也作好运断。

　　财格生官中，原局就食神破局，运喜印来救助，自作好运看，若走煞运，食神反得其用，破格字因运而成救应之神，凶运当反断为大吉之运。唉，败格字因运会成喜神，成格字因运也会成忌神，格局真是千变万化啊！

　　财用食生，财食重而身轻，则喜助身；财食轻而身重，则仍行财食。煞运不忌，官印反晦矣。

　　注：财格用食生，要与身主较量轻重：财食重身轻，则运喜助身；财食轻而身重，要行财食旺地。财格食生，走煞运以食制煞护财，格局破不了，

当是大吉之运。财格用食，行运当以食神为中心，行破食神字的官印运，自是晦气运了。

财格佩印，运喜官乡，身弱逢之，最喜印旺。

注：财格佩印之本意，都是财格身弱的情况下才要求佩印的，其就是要印来生日之气，若印星也力不足，当然要走印星旺地为好，若不走旺地，行官运也可以，为何？官为印之父母，官可以生助弱印也，且官星也是财格之相神，走此相神运又助印星，一举两得，必是大吉了。

财用食印，财轻则喜财食，身轻则喜比印，官运有碍，煞反不忌也。

注：财格兼用食印者，就是要在财食一党与身印一党之间搞平衡活动：财食轻则喜财食旺运，身轻则喜比印之运，行官运生印破食，不好，行煞运由食制煞，反是吉运了。

财带伤官，财运则亨，煞运不利，运行官印，未见其美矣。

注：财有伤官生助者，都是身强过于格局，所以，当以旺财运最好，食伤运亦佳；行煞运伤官相合，财无生身更强，凶运；运官星者，伤官见官，运印者破伤，财星去伤神相神，身强财越弱，不作好运看。

财带七煞。不论合煞制煞，运喜食伤身旺之方。

注：财带煞攻身，身再强也难敌煞星，所以，运必以身强或制煞为上，以财官煞运为忌。

财用煞印，印旺最宜，逢财必忌；伤食之方，亦任意矣。

注：财用煞印，关键就是在于印星来转煞气生日主，所以最喜印运也，财运大忌讳，伤食之方以受制印局，无关于印星，是以也作好运论。财用煞印，总依旺印生印为吉运，以克印破印运为凶运。

129

第三十三，论印绶及取运

印绶喜其生身，正偏同为美格，故财与印不分偏正，同为一格而论之。

注：印绶者有正印与偏印之分，其皆有生身之功能，固当以吉神来看。然正印与偏印毕竟一正一偏，正者，亲母也；偏者，庶母也，故一般正印为吉者多多，偏印为凶者较多。然正印也有妨害于己身者，偏印也有可亲者，当随各类格局之详情而变通视之。特别要说明的是，一般书上将偏印视之为枭印，于形容其凶恶。事实不然，较之煞伤劫刃者，偏印之凶就小多了。偏印真正之凶，只有在格局中当食神用来制煞之时，偏印来破食神者，此时之偏印才真谓之枭印，名之枭印夺食；在其他情况之下，偏印也一般作吉神论。

正印、偏印在论格局时，其理大致相同，古人往往将它们放到一起来讲，沈公如此，我作为阐释者，当然也按此惯例，同样将正偏印格放在一起讲。

印绶之格局亦不一，有印而透官者，正官不独取其生印，而即可以为用，与用煞者不同；故身旺印强，不愁太过，只要官星清纯，如丙寅、戊戌、辛酉、戊子，张参政之命是也。

注：印绶格成格第一相神，无疑当为正气官星，以官可以生印，印之根气源远流长，自是大吉。古人云：有官无印，即非真官；有印有官，方成厚福。格中只要官星自旺清纯有用，一官一印一日主，二生一克而有情，印生身而官克身，官印又自相生，谓之官印双全，格局最佳者莫过于此。如张参政命：**丙寅、戊戌、辛酉、戊子**，辛日主生于戊戌月，正印格中最标准的格正局清，喜年上丙官自坐长生地透出，官星有气可以独立作用，形成官生印、印生身、官克身，身有气的完美组合，是以格局大贵。

现代实例

乾造：丙午　戊戌　辛丑　己亥

大运：己亥　庚子　辛丑　壬寅　癸卯　甲辰　乙巳
　　　10　　20　　30　　40　　50　　60　　70

辛生戊戌正印格，年上丙午官星清纯有力，成格，政府官员。2005年找我算命，其当时是河北某县建委主任职务，因其任职已三年，以其走辛丑伏吟大运，所以官位没动。升迁之心极炽，还想生一儿子，故特地从河北到北京找我算命，我一一为其指点，其很感动。

现代实例

乾造：戊午　庚申　癸丑　丁巳

大运：辛酉　壬戌　癸亥　甲子　乙丑　丙寅　丁卯
　　　7　　17　　27　　37　　47　　57　　67

癸生申月，年透戊官星，时上丁财助官，格正局清，从小学业出众，四川大学老师，有职务。2006年因婚姻问题来电付费预测，当场指出其是大学老师，令其很服，晚婚。

然亦有带伤食而贵者，则如朱尚书命，丙戌、戊戌、辛未、壬辰，壬为戊制，不伤官也。又如临淮侯命，乙亥、己卯、丁酉、壬寅，己为乙制，己不碍官也。

注：印格用官星作相神，则官星当然怕伤官或食神出来破官，在这种情况下，一定要印格中的印星透出干头上来护官制食伤，如是则官星无后顾之忧了。换言之，印格用官作相神以成格，必要印星透出格正局清，则此官星再无受克之可能了，以印可以挡伤食也。如朱尚书命：**丙戌、戊戌、辛未、壬辰**，辛生戌月用年上丙官，时上见壬伤，壬伤可以破丙官，丙官虽透出却有受克之忧，好在月上戊印从令中清透出来，依戊印自然可以管制壬伤而护官星也，则格局不破，自当显贵。又如临淮侯命，**乙亥、己卯、丁酉、壬寅**，丁生卯月透乙是格正局清的偏印格，时上壬官通禄根于年支，官星清纯有力大吉，自是官星可以主事，不料月干上透出己食来妨壬官，喜年上乙印

当头制己食，则壬官无忧无惧也，是印格用神护相神官星也，格局成而贵。这个命要特别注意的是：乙印破己食，正是俗传的"枭印夺食"，这个组合事实上是不凶的，以食在本格中起了败格字的作用，而就是依靠了此乙印压制了这个己食，则乙印就起到了正面作用，是以当然视之乙印夺己食就是好的组合局面了。

有印而用伤食者，身强印旺，恐其太过，泄身以为秀气。如戊戌、乙卯、丙午、乙亥，李状元命也，若印浅身轻，而用层层伤食，则寒贫之局矣。

注：印格之八字，有个与众不同的地方，那就是对日主是否身强不是太在意的。事实上，印格八字成大命者，最要日主衰弱为妙，其故何在？只有日主弱了，印格之价值才能最大程度地突现出来了，若日主刚强，则月令强印有何用呢？是以深于命理者，必要细究命运之神之价值如何。印格八字一旦身极强，就会形成印旺身强的太过局面，在这种格局情况下，纠偏日主与印星在力量上的偏颇就是当务之急，这是若有伤食透出，则格就形成了印生身、身生伤食进行泄秀的流通过程，如是一气生成得天地之流通，命必入于上格之中了。如李状元命：**戊戌、乙卯、丙午、乙亥**，丙午日主是自旺之火，又得乙印格成局相生，印旺身强太过也，喜年是戊食透出晦火，一气生成，正是印格身强用强有力之伤食泄秀之组合，是以格局成而显贵。印格成格者，大多是文贵，学而优则仕，基本是全是印格之人。

印格用伤食流通泄秀气者，全要在身强印旺之前提，若身弱印浅，再见重重伤食者，必是多灾多难的贫贱之局矣。

现代实例

坤造：庚申　甲申　癸丑　乙卯

大运：癸未　壬午　辛巳　庚辰　己卯　戊寅　丁丑
　　　　1　　11　　21　　31　　41　　51　　61

癸生申月正印格，印重身强，用时上乙卯食神泄秀，辛巳运硕士毕业，现在北京电子工程院工作。

现代实例
乾造：甲寅　壬申　癸未　乙卯
大运：癸酉　甲戌　乙亥　丙子　丁丑　戊寅　己卯
　　　10　　20　　30　　40　　50　　60　　70

癸生申月正印格，身弱而见叠叠伤食，成贫贱之局，大学毕业后一事无成，打工不就，自己做生意又屡次失败，婚姻又不成，全依靠父母接济。2006年夏天与父母一起从天津到北京来求测，指出上述人生命运事实，父母感到全是天命，希望儿子有大成就的期望少了很多。有两个哥哥，一个做生意发财，一个在国外读书，都有成就，惟他这个小儿子没出息，东不成西不就，老母亲白发苍苍，令人心酸。

　　有用偏官者，偏官本非美物，借其生印，不得已而用之。故必身重印轻，或身轻印重，有所不足，始为有情。如茅状元命，己巳、癸酉、癸未、庚申，此身轻印重也。马参政命，壬寅、戊申、壬辰、壬寅，此身重印轻也。若身印并重而用七煞，非孤则贫矣。
　　有用煞而兼带伤食者，则用煞而有制，生身而有泄，不论身旺印重，皆为贵格。
　　注：印格喜顺用，就是要生之护之也。官与煞皆是生印之物，为何印格仅喜官生而不太喜煞者？主要煞毕竟是大凶神，用之生印固喜，然生印之时也会克身，日主必忌也。那么，在什么情况下可以要煞来生印呢？那就是要煞与印、煞与日、印与日之间形成良好之有情配合格局。印格当中，印星强旺而身弱见煞，则煞必克日主，而印始会全力生身而泄煞气，是煞来逼印生身之义也。印格当中，若身强印弱者，则极要煞星来也；为何？以煞来生不足之印，克过旺之日主也，此煞一举两得有情于日主与印星也。
　　如茅状元命：己巳、癸酉、癸未、庚申，癸生酉月偏印格，局中庚申印透出，印星重重，癸水坐未无丝毫根气，日主弱极矣，喜年上己煞攻身，则逼印来生身，是煞于日主有情也。如马参政命：壬寅、戊申、壬辰、壬寅，壬生申月长生偏印格，比劫重重泄尽申中庚印之气，日主高强，印虽当令实弱极矣，则极要戊土煞星来生印补气，克太过之日主与比劫，均衡全局，则煞之功劳可谓极大，是此煞星有情于格局也。

印格用煞乃是不得已之法，其因全在煞星之凶恶之上，若印格中的煞星得伤食同行来伏煞，则格局左右逢源，堪称完美了，为何？用煞而煞制化官有情于日主，用印而有伤食可以泄秀，日主左右得意，是以定成贵重格局。不过此格用神、相神、救应之神关系复杂多端，主其人心机深而事业繁，一生劳神不得安闲也。

现代实例

乾造：丁未　己酉　癸卯　辛酉

大运：戊申　丁未　丙午　乙巳　甲辰　癸卯　壬寅
　　　10　　20　　30　　40　　50　　60　　70

北京人，癸生酉月，财生煞，煞生印，印重煞轻，中年行财星生煞破印，是以做生意发达，也有数千万家产。然命中财印相战，至今未婚，女友不断，好色，迷西藏密宗。

现代实例

乾造：丙申　庚子　甲戌　丁卯

大运：辛丑　壬寅　癸卯　甲辰　乙巳　丙午　丁未
　　　2　　12　　22　　32　　42　　52　　62

甲生子月印格，透出庚煞，得时年上丙食丁伤相制，格局成功，北京人，南四环外做回收废钢铁再加工的生意，也有上千万的资产，出身农村，好术数，聪明，好色。

有印多而用财者，印重身强，透财以抑太过，权而用之，只要根深，无防财破。如辛酉、丙申、壬申、辛亥，汪侍郎命是也。若印轻财重，又无劫财以救，则为贪财破印，贫贱之局也

注：印格之破格者，全在财星字上，印格见财，谓之贪财坏印，贫贱之局。但是，印格不能一见财星，就谓之坏局，要看印之轻重来两言之：一者，若印格中只有一、二点印星，日主身弱，则见财星大忌，就是真正的贪

财坏印之破格命,一生贫贱交加,无妻无财无识,且寿元不永。贪财坏印之命,全要有比肩或劫财来救应去财存印,命中无比劫,则必要运来救,始可以转凶为吉,破格有救了。二者,若印格中身强,印星成局叠叠,则反喜财星来抑印星,以防印星太过了,此就是谓之弃印就财命。如汪侍郎命:**辛酉、丙申、壬申、辛亥**,此命壬生申月,格局中印星重重太过了,就要取财星破印抑印,今月上丙财一点透轻全两辛印,就是以丙财来抑太过之辛印,不过本命中丙财太轻无气,要到南方运补起才可以真正抑印了。

印格中的弃印就财论,实质上与印格中伤食泄秀是同样的原理,命中有财就弃印就财,命中无财有食伤,日主就亲食伤而泄秀也,弃印就财之命,都是富命者极多,弃印用伤食者,文秀者多。至于格局中财食并现该如何办?这就是沈公下文所要论述的内容了。

现代实例

乾造:壬寅　丙午　戊戌　丙辰

大运:丁未　戊申　己酉　庚戌　辛亥　壬子　癸丑　甲寅
　　　3　　13　　23　　33　　43　　53　　63　　73

戊生午月,透出丙火成印局,火炎土燥,必要财来破印,喜年上壬财一点通气于辰库,43岁后运西北地,金水财食生旺破太过之印,是谓弃印就财,做石油生意大发横财。

现代实例

乾造:庚申　己卯　丙戌　戊戌

大运:庚辰　辛巳　壬午　癸未　甲申　乙酉　丙戌
　　　8　　18　　28　　38　　48　　58　　68

丙生卯月正印格,时上食神生年上财星破格,格局无成,是以出生一般家庭,出门在广州打工。丙戌丁亥两年破财护印,在一好工厂打工,任一小主管,财运稍好点。壬午运天干煞生印,支午去财星,是一生中最好之运,中年后又运甲申、乙酉财星破印运,如何发达?是此一平常命矣。

即或印重财轻而兼露伤食,财与食相生,轻而不轻,即可就富,亦不贵

矣。然亦有带食而贵者，何也？如庚寅、乙酉、癸亥、丙辰，此牛监薄命，乙合庚而不生癸，所以为贵，若合财存食，又可类推矣。如己未、甲戌、辛未、癸巳，此合财存食之贵也。

注：印格用神太重的情况下，可以用财或食伤来共同对待之，以食生财，以财抑印，格局以得平和，然印是清高之物，受制于财，则食自然可以制官煞星，官煞与印俱受制，命不免就财食而成富格。如牛监薄命：**庚寅、乙酉、癸亥、丙辰**，癸生酉月偏印格，透庚正印，有丙财、乙食出干，乙庚印食相合，则时上丙财戊官得用，乙合庚而无力制官，是以格局也可以取贵。再如此命：**己未、甲戌、辛未、癸巳**，此命印星太重，透甲合己印而用癸食泄秀，甲合己印而食得用，实成印格用食泄秀之文贵格也。

又有印而兼透官煞者，或合煞，或有制，皆为贵格。如辛亥、庚子、甲辰、乙亥，此合煞留官也；壬子、癸卯、丙子、己亥，此官煞有制也。

注：印格见官煞混杂，此时格局之焦点不在于官与煞如何来生印的问题，而是官与煞相争攻身的问题，如此格局，当以官煞混杂取清伏官煞为急务，或合煞合官、或制煞制官，总是依克制住官煞之混为第一要紧事。如：**辛亥、庚子、甲辰、乙亥**，甲生子月，年月透出庚煞辛官，是印格之官煞混杂也，则必要取清不让官煞混也，依官煞一正一邪毕竟不是"一路人"，官与煞总不能"和平共处"于一命中，日主也不可能同时臣服于或官或煞也，是必要取清让日主一心于官或煞之选择中去。今命中时上透出乙劫来全庚煞，庚煞之意全在乙妹身上了，自然不会再与辛官争斗而对甲日主再有攻击之心，自是甲木一心就于辛官，辛官配合子月而成官印双全，是以作贵命断。再如：**壬子、癸卯、丙子、己亥**，丙生卯月正印格，局中透出壬煞癸官齐攻身，日主危矣，喜时上己伤透出作救神以护主，是以此为本命最关键者，真神得用平生贵是也。惜己伤无根，所以平生必然多灾多难，只有运到南方地己伤才可以恃运发挥功用，是以此命要想发达，必要借运而起。

现代实例

乾造：癸丑　甲寅　丁亥　壬寅

大运：癸丑　壬子　辛亥　庚戌　己酉　戊申　丁未
　　　　6　　16　　26　　36　　46　　56　　66

丁生寅月正印格，年时透出壬官癸煞，出身军人家庭，学业一帆风顺，军校毕业后分配于国防科工委工作，辛亥运官至团级。戊子年换运庚戌，转业到北京城建局上班。大运庚财星破甲印，流年戊伤官克壬官，3月份因经济问题被关押，5月份放回，官非一场，名誉搞臭。

至于化印为劫；弃之以就财官，如赵知府命，丙午、庚寅、丙午、癸巳，则变之又变者矣。

注：印格成格字有官星生助之神，也有比劫护卫之神，后者这一相神是用来防止财星破印格的。但是印格中出现太多比劫之星，泄尽印星之气了，则此比劫之星虽为相神实为忌神了，此时就要有官星来制比劫星生印星了，官星出必要财星辅，是以此格中须财官同行，才可以算得上成格。沈公这里讲"化印为劫，弃之以就财官"一说，其意就是印格因比劫星太多泄了印气，要用官星来制比劫星的成格要义，是与月令劫财格用官星克制之原理是一个样的。这是因为月令劫格，是要官星来制服的，官星则要财星来跟随才可以得力，这一用格理论是不是与我注释的用印格中用官制太多劫星一个样，所以只要真正理解了格局论，一切命式变化全在我一心掌握之中了。像此如赵知府命：**丙午、庚寅、丙午、癸巳**，丙生寅月，比劫太多，寅中甲印之气几乎全部化为比劫之气，印之吉神受此严重盗气，则必要命中马上要有官星来惩治此比劫之星，官星更要有财星助以有气有力，是要财官同行，以官为主，本命中癸官无力，全靠一点长生之庚财来助官气，运又走南方，是以格局不大也。

更有印透七煞，而劫财以存煞印，亦有贵格，如庚戌、戊子、甲戌、乙亥是也。然此格毕竟难看，宜细详之。

注：印格用煞，本是不得已之法，前文中已曾经谈及过，那就是印格用煞须带伤食，现这里所讲的还是治煞的问题。我们知道，阳干之煞星可以用

食伤制服，也可以劫财合之。比如甲日主见庚煞，此庚煞可以用丙丁伤食来制化，也可以用甲日主的劫星乙木合煞化官，这是阳干治煞的基本法子。至于阴干对治阴煞，主要是用食神来制煞，用伤官合煞，并无劫星合煞之法。比如乙木日主见辛煞，则可用丁食来制此辛煞，也可以用丙伤官来克合辛煞，这就是阴干治煞的法子。印透七煞，而劫财以存煞印者，无非就是用劫财来合煞也。如**庚戌、戊子、甲戌、乙亥**，甲日生于子月印格当令，年上庚煞透出，无丙丁伤食可以制庚煞，好在乙亥是六甲趋天门时，用乙劫星可以来合庚煞星，是以庚煞成为甲日主的"大舅子"，甲之天敌庚煞反成了"亲家"，则甲木有此煞印服事而功名可以大成了。

印格取运，即以印格所成之局，分而配之。其印绶用官者，官露印重，财运反吉，伤食之方，亦为最利。

注：印格行运，依其所成之局，分而论之。印格用官，官透印重，官轻者喜财运，伤食运者，以格局本是印星司令透出者，所以表面是忌运实则是好运了。印格用官，也不喜煞运也。

若用官而带伤食，运喜官旺印绶之乡，伤食为害，逢煞不忌矣。

注：印格用官带伤食者，运必喜制伤食者，制伤食者，印运也；官运也喜者，以官能生印也。伤食为害，行运可以用之为吉，那就是走煞运，煞来混官伤食反得其用，是谓好运了。

印绶而用伤食，财运反吉，伤食亦利，若行官运，反见其灾，煞运则反能为福矣。

注：印格用伤食，本是身强印旺太过，自然喜财运来抑印，伤食运加强原局伤食气，也是好运。用伤食作相神，则不要官星运，以伤食与官星打架矣。见煞无畏，伤食克煞而煞生印，一物两用，反是福运。

印用七煞，运喜伤食，身旺之方，亦为美地，一见财乡，其凶立至。

注：印用煞作相神，以煞是凶神，纵是相神也要制化，所以行伤食之地美运也。身旺之乡，以敌煞气，也作好运断之。印用煞星，大忌财运，财来破印格生煞星，日主必危，大凶运。印用煞，行官运也忌讳，官来混煞克日主与煞来混官一个理，都是凶运。

若用煞而兼带伤食，运喜身旺印绶之方，伤食亦美，逢官遇财，皆不吉也。

注：印格用煞见伤食，运身旺，印运自然是吉运了，伤食助原局之伤食气，作吉论。行官运不忌，见财运大凶。

印绶遇财，运喜劫地，官印亦亨，财乡则忌。

注：印格被财星破格，当然喜走劫地来破财星护起印星来，此是最吉之运。若运官星，以官生印泄财之气，也作好运论。至于走印地旺乡，只是补起原局受伤之印气，虽好也不会大好。印格见财破格，更见财地，大败之运必定。

印格而官煞竞透，运喜食神伤官，印旺身旺，行之亦利。若再透官煞，行财运，立见其灾矣。

注：印格官煞混，运喜食神伤官来制官煞之混，印旺运泄官煞气也可，身旺以身抗官煞，不失好运断。若透官煞再行官煞旺运，或者更行财运来破印生起官煞之气，凶不可言。

大凡论运，总是格局之理在运干支上的推衍，只要了解格中所成局面的样式自然可以对行运喜忌了如指掌了。像印格的成局形式不外乎如下数者：官印双全（印格用官）、印格用食伤泄秀、印格食与印并用、印格用煞（煞要用伤食制或劫合）、印格用财、印格财食并用、印格官煞混等，掌握了这些，看印格之运也就明白了。

第三十四，论食神及取运

　　食神本属泄气，以其能生正财，所以喜之。故食神生财，美格也。财要有根，不必偏正迭出，如身强食旺而财透，大贵之格。若丁未、癸卯、癸亥、癸丑，梁丞相之命是也；己未、壬申、戊子、庚申，谢阁老之命是也。

　　注：食神者，对于日主而言，其本是泄气，盗泄日主之精气神者也，本是不吉，为何其吉？以其能生财，可以为日主纳禄也；以其为子孙，可以传宗接代也，以其为福德，可以制煞护母也；是以其虽为盗日主之本气，实转展为日主而增福者也。所以，命中有食神者，都是厚福之人。女命一位食神生旺，大有福德，必然旺子，子女孝顺而老景悠悠。食神格者，都是福德之格，只要成格，无不安然有福。

　　食神格因其是吉神主事于月令，故以顺用为其基本论格纲要，生之者比劫，护之者财星，败之者印与官星也，印能夺食，官能合食矣。

　　食格成格第一相神者，莫过于财星，形成食格食神生财之局，食神生财之局，财星一位有力清透，日主同样刚强有气，食神此一用神、财星此一相神、日主此一本元，三者全有力于命中，则必成富贵大格。若食神、财星与日主，何者力所不足，则宜命中其他字或运来平衡之。如一食神而生出多重财神者，相神太多，日主难任者，当要求助于比劫来助日主，若食神生出一位财星者，则又不喜重重比劫星出干来夺财，反要财星找官星来护财，如是辩证，方得食格生财之妙用。

　　如梁丞相命：**丁未、癸卯、癸亥、癸丑**，癸生卯月正是食神贵格，喜年上透出丁财来，就成了食神生财之局面，惜月时两癸比肩出来有劫年上丁财之势，喜丁自坐未地有煞星随身护财，此财虽危而履险自如，是以格局破而不破，丁财相神自旺有力，且据太岁本命要位，月令又是贵人当权，是以贵至丞相，岂偶然哉？再如谢阁老命：**己未、壬申、戊子、庚申**，戊生申月，时上透出庚申食重重，生起壬财，地支合成水局，日主偏弱无根，不得已求

140

之于年上己未以栽根来平衡全局财食与身之间的关系，格局虽成而不清纯，不能大贵。

藏食露伤，主人性刚；如丁亥、癸卯、癸卯、甲寅，沈路分命是也。偏正迭出，富贵不巨，如甲午、丁卯、癸丑、丙辰，龚知县命是也。

注：食格用神不清透，而反出伤官星，格不正局不清，以食化伤，虽可以同样生财，但伤之气现，食之气隐，则必主人性刚傲气。如沈路分命：**丁亥、癸卯、癸卯、甲寅**，癸生卯月食格，时上甲寅伤官清透有力，自然性情大变，以伤官为其主象矣。食格生财，同时出现正财与偏财，财太多成浊物了，用神相神一位为贵，多则不值钱了，是以正偏财同透，反不作上品论。如龚知县命：**甲午、丁卯、癸丑、丙辰**，食格，财星太重太繁，不秀，是以小贵论。

现代实例

乾造： 丁未　壬子　辛酉　己丑
大运： 辛亥　庚戌　己酉　戊申　丁未　丙午　乙巳
　　　　5　　15　　25　　35　　45　　55　　65

辛生子月透出壬伤，正是化食为伤，为人性刚，年上丁煞透出，伤官合煞，时上印星夺食，广东人，做黑道生意，放六合彩生意。丙戌年生意大亏，跑到北京找我救助，指出行运不好，宜早退出；不然，身家性命都有问题。其大惊，以前就有过官非仇家要命，听我话后，决心退出江湖。

夏木用财，火炎土燥，贵多就武。如己未、己巳、甲寅、丙寅，黄都督之命是也。

注：夏木正是食神格，甲生巳月、乙生午月之类，夏木用财，就是甲乙日主用丙丁食生出戊己财神来，由于夏天火炎土燥，所以主多就武职。如黄都督命：**己未、己巳、甲寅、丙寅**，甲生巳月透丙食生年上己财，格成食神生财，由于格局气象不清不秀，只是"烽火连天"，所以，只是武职之命了。大概而言，武职之命在五行气象上有二者：一者就是丙丁火；二者是庚辛

141

金；前者之五行在天之主星为荧惑，后者之五行在天之主星为太白，二星俱主兵事，所以，此两星之化气五行在八字上就可以应为武职、武将之命了！

若不用财而就煞印，最为威权显赫。如辛卯、辛卯、癸酉、己未，常国公命是也。若无印绶而单露偏官，只要无财，亦为贵格，如戊戌、壬戌、丙子、戊戌，胡会元命是也。

注：食格以生财为第一成格要义，若食格无财可生，命中反有煞印并行，则就可以弃食而就煞印以成大命，何谓此弃食就煞印者？只是命中食神太重太多泄尽日主之气，不得已找印来制食生身，印弱则喜煞来护，煞来生印，印以制食而生日，是以日主亲于煞印而不就月令之食了。如常国公命：**辛卯、辛卯、癸酉、己未**，癸生卯年卯月，日主泄气太多了，当寻印来制从食生身，本命中妙在有两辛印透出，又得时上己未煞助印，煞印有情，印尤有情于日主，是以大贵。

弃食就煞印格，是以食太重伤日主之气了，所以，这时以救主为主，以抑用神之太过了。若食格当中仅见煞星，无财星混，以食敌煞，煞为我用，也可以成贵格，然此食煞对抗中，也要观食煞之力量如何：食重煞轻者，行运要财来助煞，或行煞旺运，或行印运来护煞；煞重食轻者，当行身旺运或比劫运来生食，或直接行食旺地；总是于平衡煞食之力气。如胡会元命：**戊戌、壬戌、丙子、戊戌**，格局成食格见煞，然食太多而煞太轻，命中无印护煞，格局不是太高，本命之所以贵显，全是运之功劳，行北方运补起壬煞之力，行东方印运制食护煞，发达全在此印运中。实际上，食格见煞与食格就煞印原理是一样的，都要有印来调节食与煞之间的较量，也要用印来调节食与日主之间的平衡问题。所以，单单是食格见煞之局，自然不如食格见煞印同行之局的命格高贵了。也就是说，这里的胡会元的命格是远远不如常国公的命来的高贵多了。

现代实例

坤造：丁未 癸丑 辛丑 辛卯

大运：甲寅　乙卯　丙辰　丁巳　戊午　己未　庚申
　　　　2　　22　　32　　42　　52　　62　　72

辛生丑月透癸，杂气食神格，见年上丁煞，是食格见煞之局，食重煞轻，女强人。中年走南运，在美国做饭店生意发财，到甲申年食旺，被人骗走200万美金，只好回国发展。现流年全是癸食当旺之时，回国后投资数千万与清华大学合作做科技开发，生意进程艰难。

若金水食神而用煞，贵而且秀；如丁亥、壬子、辛巳、丁酉，舒尚书命是也。至于食神忌印，夏火太炎而木焦，透印不碍，如丙午、癸巳、甲子、丙寅，钱参政命是也。食神忌官，金水不忌，即金水伤官可见官之谓。

注：金水食神与木火食神，前者是指庚生亥月、辛生子月，后者是指甲生巳月、乙生午月，金水食神寒气重，故要丙丁火官煞来暖局；木火食神火炎木焦，则要壬癸水印星来润局，此两者全是调候之意，不必在意食神忌印破或让官合的情况。如舒尚书命：**丁亥、壬子、辛巳、丁酉**，辛生子月食神司令，喜两丁煞透出，日支巳火调候，是食格用煞且调候，一举两得，格成富贵。再如钱参政命：**丙午、癸巳、甲子、丙寅**，甲生巳月透丙食，丙食会局来焦甲木日主，急在癸水印星透出润木济火，不作印星夺食论，只作水火即济论。

现代实例

乾造：癸丑　甲子　辛丑　己亥

大运：癸亥　壬戌　辛酉　庚申　己未　戊午　丁巳
　　　　9　　19　　29　　39　　49　　59　　69

辛生子月，金水食神透甲财星，无火温暖，金寒水冷，命成凶格，北京人，失业多年，吃父母，一事无成。找我算命，指出其坏运至少还有十五年，令其灰心不已，大事做不来，小事又不做，如何在这世上生存？又不善于与人沟通，与父亲矛盾重重。

现代实例

乾造：乙未　丁亥　庚子　丙戌

大运：丙戌　乙酉　甲申　癸未　壬午　辛巳　庚辰
　　　10　　20　　30　　40　　50　　60　　60

庚生亥月正是金水食神格，喜干上透出丁官丙煞，年上乙财助官煞，青岛人，当兵出身，做海鲜生意发家，数千万家产，离婚，老婆外遇。

至若单用食神，作食神有气，有财运则富，无财运则贫。

注：食神格单用用神来服事日主，则必要走财运则富，无财则作背禄断。

更有印来夺食，透财以解，亦有富贵，须就其全局之势而断之。至于食神而官煞竟出，亦可成局，但不甚贵耳。

注：食格破格字，当推偏印为最凶，正印为凶稍轻；食格逢印败格，急要财星来救，命中有财最好，命中无财必要走财运才可能化凶为吉。

食神格见官煞混杂，依食神来清官煞，格局可成，终是不太贵也。

现代实例

乾造：乙巳　甲申　戊申　乙卯

大运：癸未　壬午　辛巳　庚辰　己卯　戊寅　丁丑
　　　5　　15　　25　　35　　45　　55　　65

戊生申月，坐下申支，食神格重，年月时干上透出甲煞乙官，正是食格见官煞混杂，东北人，出身贫寒，警校毕业，做公安数年，官煞之象，后下海开物流公司（食神制官煞太过，所以弃公职而就生意），发财数千万。2007年找我算运气，指出今后运程，丁亥年驿马驮印星发动，下半年妻与二个儿子移民加拿大，自己在国内还做生意。

更有食神合煞存财，最为贵格。

注：食神格生财见煞，本是大忌，为何？以食生财，成格也；财又生煞，败格也；是食格生财见煞，乃是先成后败之局，如比劫星出干合起煞星，煞不盗财气攻身，化煞为官，则成食神生财不破，煞星得用而护财，财

有生有护者，自是最为贵格，理所当然。

至若食神透煞，本忌见财，而财先煞后，食以间之，而财不能党煞，亦可就贵。如刘提台命，癸酉、辛酉、己卯、乙亥是也。其余变化，不能尽述，类而推之可也。

注：食神见煞，最怕见财，以财可以转食之气而生煞也，煞无制日主必危。但是，财食煞的位置妥当，也是可以的，那就是财前煞后，中间有食隔开，则煞星最终受制于食也，如此组合格局还是可以当作成功者的。如刘提台命：癸酉、辛酉、己卯、乙亥，时上乙煞，年上癸财，中有提纲辛食，癸财助煞之力小，辛食制乙煞之力大，时上煞星受伤，总作贵论。

食神取运，即以食神所成之局，分而配之。食神生财，财重食轻，则行财食，财食重则喜帮身。官煞之方，俱为不美。

注：食神生财，格局强于身主者，行运要走身强之地；身旺过于格局者，行运要走财食旺地，总是要身主与食财均衡中和为好。行官运合食，行煞运盗财气，皆是食格生财之忌讳者。

食用煞印，运喜印旺，切忌财乡。身旺，食伤亦为福运，行官行煞，亦为吉也。

注：弃食就煞印者，以印来生日主制食为主，是以运当然要走印旺乡最好了，运财地破印星大忌。身旺者，行食伤运不忌，以原局有印制伏不得伤煞神矣，行官行煞，以身强本是食格而作吉运论。

食伤带煞，喜行印绶，身旺，食伤亦为美运，财则最忌。若食太重而煞轻，印运最利，逢财反吉矣。

注：食带煞，由于食当令，一般就会煞星弱，所以行印运可以护煞，大吉；行财运生煞也是好运。格局中身旺者，食伤运不妨原局，也作好运看，行财最忌，以财生煞，食不能制煞，是以大凶论。

食神太旺而带印，运最利财，食伤亦吉，印则最忌，官煞皆不吉也。

注：食神大旺必以生财为第一义，有印来破则与食战，印反伤矣，是以忌之。行财运流通食气，作吉论。行官煞则与食合或战，不作吉论。

若食神带印，透财以解，运喜财旺，食伤亦吉，印与官煞皆忌也。

注：一点食神见印破格，透财有解，运喜财旺地来破印救食，或自行食伤旺乡，也是吉论，行印地助原局败格字印星，行官煞地来生助原局之印星，皆是忌讳之事。

格局论中论运，有大吉运，有次吉运，也有平运、还有凶运或大忌运，总以合合乎格局需要者为准，格中有病运来去之，大吉之运。格中所忌之字，运来生助或行自旺之地，则是大凶之运。吉凶运气的程度，完全是以格局中的爱憎喜忌字的作用程度来定的。

第三十五，论偏官及取运

煞以攻身，似非美物，而大贵之格，多存七煞，盖控制得宜，煞为我用，如大英雄大豪杰，似难驾驭，而处之有方，则惊天动地之功，忽焉而就；此王侯将相所以多存七煞也。

注：七煞是八字命学中第一大凶神，以其无情克战于日主而著称。然而，七煞作为大凶神，其为祸固然极大，但一旦制化弃恶从善来服役于日主，则日主依赖此七煞凶猛之悍将，必然能建立丰功伟绩，是以大富大贵者命中多存七煞矣！实践证明，八字成上品大贵者，皆是用煞来成就惊天动地之显赫功名，八字命成巨富者，也一般全是用煞来护财而成富可敌国者。是故，深于命理者必能深刻地体认到七煞在命学中的巨大功效。《三命通会》作者万民英先生也认识到："今世达官多用煞，故煞胜官"，以为煞是八字成大格成大命的第一用神。这里沈公也以为："大贵之格，多存七煞"，此确是宝贵经验，学命者必要深思之。

了解到了七煞的巨大功能，那到如何来制化之呢？沈公以为：煞星若能"控制得宜，煞为我用，如大英雄大豪杰，似难驾驭，而处之有方，则惊天动地之功，忽焉而就；此王侯将相所以多存七煞也"，要求对七煞能够控制得宜，为我所用，比如大英雄大豪杰处之有方，则日主驾驭用之，则惊天动地之功也要成就了。这句话中的要点就是：煞是英雄豪杰，一般是不好驾驭的，但是只有要有法子来控制七煞，煞必能效忠于日主而成就大功，这里的关键点就是如何对煞星来"控制得宜""处之有方"，这就是我们要讲的如何制化七煞此一凶神的种种方法了。

七煞是四凶神之首，其格当然要按"逆用"原则来讨论之，那就是七煞要制化：要用食来制之、或用印绶化之、或用刃星挡之、或是用阳干劫星来合之、阴干日主伤官来合之；如是之法，皆是制煞良法。若七煞顺用之：七煞有官来混之，或是重煞、或是财星来生煞、或是印星来护煞，如是之法，皆是旺煞之法，必然大凶。

七煞之格局亦不一：煞用食制者，上也，煞旺食强而身健，极为贵格。如乙亥、乙酉、乙卯、丁丑，极等之贵也。

注：七煞格以煞为大凶神，力大无穷，所以喜食神来制之，一物克一物，则煞必服于我日主，则大贵之格成就焉。煞格用食制，此是煞格成局第一义者。煞根要用食神此一相神来配合，则要求煞、食、日主三者全要有力，方能大贵。若煞食日主力量不均者，急要运来补足才算成格。如：**乙亥、乙酉、乙卯、丁丑**，此命乙生酉月，辛煞当旺，乙木日主坐卯禄自旺，身煞俱各有力，若按沈公观点，时上丁食透出长生于月令与煞同根，是命中食神也是很有气的，食煞身三者皆旺，是以成大贵。事实上，此命中虽有丁食出干来制煞，毕竟丁食无强根，全是依靠年上乙比来生助的，要大运走南方地之后，丁食得运得地才真正有气有力，特别是行壬午运，丁得运禄，以丁制辛，以午破酉，干支天地一气来以食制煞，则此运中功名才能大就矣！

现代实例
坤造：庚寅　丙戌　庚辰　壬午

大运：乙酉　甲申　癸未　壬午　辛巳　庚辰　己卯
　　　　　 1　　 11　　21　　31　　41　　51　　61

　　庚生戌月，支成火局，丙煞透出正是煞格之象，时上壬食可以制丙煞，是成贵格，北京某局主要负责人。31运壬午开始当官，41岁后走辛巳运刃合煞，一跃成为局级干部，实权在握。51后现走庚辰运，平平，只想等退休了。

　　煞用食制，不要露财透印，以财能转食生煞，而印能去食护煞也。然而财先食后，财生煞而食以制之，或印先食后，食太旺而印制，则格成大贵。如脱脱丞相命，壬辰、甲辰、丙戌、戊戌，辰中暗煞，壬以透之，戊坐四支，食太重而透甲印，以损太过，岂非贵格？若煞强食泄而印露，则破局矣。

　　注：煞格用食制服，当然是要忌讳印星与财星，为何？以印星可以去食护煞，以财星可以泄食生煞，这两种情况下，煞得护助，制神无力，煞星无制当然日主大凶了，格局大坏了。当然，煞用食制也不是一定忌财与印星，煞格见食制能否露财透印，关键是要看煞食之间的力量比较。如果煞格食制而食轻，则是大忌见财见印；或煞格食神成局大旺，制煞太过，煞星受制太过也是无力成事，这就是尽法无民，在这种情况下，反要抑太过之食，以印来护煞，以财来生煞醒煞，煞始可重现生机服事日主了。如脱脱丞相命：**壬辰、甲辰、丙戌、戊戌**，丙生辰月，透出壬煞，是谓杂气煞格，而时上戊食通根于年月时日四支根中，戊食之强不可思议，一壬煞被戊食制服太甚，壬煞全无力，日主何能用之建功立业乎？是以此时命中当要救煞、生煞为主，让煞重现生气活力，好在甲印透出，一甲可以挡食护起煞星来，则壬水煞星赖甲印星而可以作用，是以本命之大贵全在于此一甲木偏印之上了，以印护煞制太过之食，就是本命论格之理由。

　　煞格见食制，若煞重食轻，力不足以制煞者，此是大忌就是印星了，这就是著名的"食神制煞若逢枭，不贫则夭"之说了。

现代实例

乾造：癸卯　戊午　辛丑　乙未

大运：丁巳　丙辰　乙卯　甲寅　癸丑　壬子　辛亥
　　　　7　　 17　　 27　　 37　　 47　　 57　　 67

辛生午月，正是七煞凶格，年上癸食透出本可以制煞，不料却让戊印来夺食护煞，正是"食神制煞若逢枭，不贫则夭"之说，格局大凶，卯运（与命中年支卯财伏吟，泄癸食之气生月支午煞）得尿毒证，甲运制戊印救癸水，癸水为肾，做换肾手术，苟全于性命于世上，寅字运拱煞局，凶危难过。

有七煞用印者，印能护煞，本非所宜，而印有情，便为贵格。如何参政命，丙寅、戊戌、壬戌、辛丑，戊与辛同通月令，是煞印有情也。

注：七煞与印本是一家人，有母子之情，母生子，子护母，天性使然也，是以印一般情况下，必然护煞。古命书上讲，制煞不如化煞高，其意就是讲用食神制煞的格局层次是不如用印来化煞的高。事实上，这种传统观点是错误的，煞是凶神，本性是小人，与小人讲仁义道德是行不通的，只有用之于武力，才能使小人心悦诚服地来归顺，也只有在强大的力量前面，再讲讲仁义道德才有点功能。所以，八字中治煞之法，也是必要依强大的食神作为第一手段，才能来讲印星的教化，是以化煞不如制煞高，才是制化七煞中的真理。

但是七煞格若没有食神，那只有求助于印星了，以印星毕竟是日主之母，借印与煞的母子关系来转化煞与日的天敌关系，这个时候关键就是印与煞的关系如何了？印是日主之母，母对子必有关爱之情，或印能够与煞有情关系好，则印当然能够化煞为印来生日主了。煞印如何有情？那就是同祖共宗出身一处也。如何参政命：**丙寅、戊戌、壬戌、辛丑**，月上戊煞透出作杂气煞格，戊煞极有力，命中甲食不透且让丙财泄气转生煞星，是寅中甲食之无情无义也。妙在干头出现辛印，此辛印自坐库地，自是辛印有力也。在戊煞克日主的情况下，辛印偏偏来要生日主，这一辛印是不是与戊煞刚好在唱

"反调"呢？那辛印是不是会激怒戊煞之志呢？事实上是不会的，反而是辛印会来转戊煞来全力生助日主的，其故安在？那就是辛印与戊煞有同一个"出身"，是"同宗共祖"的，是一个"家族中人"，他们两者之间有"血缘"关系与"亲情"的，辛印的确是为戊煞的亲生之子，现辛印志在生日主，当然戊煞会顺辛印之意而来转生日主，则煞印有情于日主，日主通过辛印成功化解了戊煞攻身之苦，戊煞反成为我日主生气辛印之渊源了，则煞为我用，自然功名大振了。

现代实例

乾造：戊戌　甲寅　戊寅　癸丑

大运：乙卯　丙辰　丁巳　戊午　己未　庚申　辛酉
　　　 1　　11　　21　　31　　41　　51　　61

戊生甲寅月，支会寅戌暗成火局作印局，是煞印有情同一局中，行南方运戊午，任地方广电局局长，壬午年调入国家广电总局任职，厅级干部。

现代实例

乾造：丁未　壬寅　戊申　丙辰

大运：辛丑　庚子　己亥　戊戌　丁酉　丙申　乙未
　　　 3　　13　　23　　33　　43　　53　　63

戊生寅月七煞当权，年时透出丙丁二印，煞印相生有情，虽壬财透出破印颇忌，妙在丁印合壬财，则丙印无伤，32岁行运戊戌，戊劫去财，支拱火局，是以做某集团董事长的秘书，一跟就有近10之久。2006年董事长退休，此命出任该集团下属银行总行副行长一职。

此君请我看了办公室风水，并且针对其命运作了人生规划，结果到了2007年，一年工作下来，在该集团内部评比中，此君被评为银行中的最杰出员工。本命42岁行运丁酉，还可以升迁，可惜本命是走逆用，丙印不得地，不能大用。

亦有煞重身轻，用食则身不能当，不若转而就印，虽不通根月令，亦为无情而有情；格亦许贵，但不大耳。

注：煞格用食，必要身强，才能用食，为何？食从何来？就是日主自家生出来的，日主强有余气，自然可以生出食神这等子女来护母，然若身主休囚，如何生得出食神子女来？若真欲想生出食神来，恐食未生而身先死矣。所以，煞格身轻者，不能用食，若食与煞战，日主无力不能为主，两"权臣"之间争战必难为其主，日主必凶。煞格身轻，当然要救助于印星：一者身弱者必亲于其母求生，天性也；二者印可以泄煞之气也；以印化煞来助日主一举两得，成格之功全在印星也。然印若与煞有通根于一支的特别亲情，则格局必大；若印与煞不"同根共祖"仅是一种相生关系，是有情之中无情，情意不深，格局虽贵，但不大耳。

现代实例

坤造：己酉　辛未　癸丑　癸亥
大运：壬申　癸酉　甲戌　乙亥　丙子　丁丑　戊寅
　　　1　　11　　21　　31　　41　　51　　61

癸生未月透出己煞，煞清有力，命中无食相制，转之求印，妙辛印透出年支禄位，煞印相生，有情中而无情，女强人，成功人士，原在银行上班，不甘寂寞，辞职到某公司做高管。2004年甲申年，被新加坡某早报网聘任为中国地区广告公司总经理一职，负责该早报网中国大陆的所有广告代理业务，由此年到北京发展，一发如雷。丙戌年由我学生介绍与我认识，求测事业与婚缘，断其三婚，果然已离异二次了，还有婚缘，尚在后运中。

有煞而用财者，财以党煞，本非所喜，而或食被制，不能伏煞，而财以去印存食，便为贵格。如周丞相命，戊戌、甲子、丁未、庚戌，戊被制不能伏煞，时透庚财，即以清食者，生不足之煞。生煞即以制煞，两得其用，尤为大贵。

注：煞格之用有二法：一者用食，二者用印，中间有分别有财食印全在命中同时出现的交集情况，如何取法进行分析？全在于煞之轻重制化上作文章的：煞神重、制化之神轻，要格局中以生助、救护制化之神、抑制煞神为中心来展开命运之神的关系讨论；煞神轻，制化之神重，要格局中以生助、

救护煞星、抑制制化之神为中心来展开命运之神的关系讨论。

煞格用财，本是忌讳之事，然而不忌财而喜财，又是何因？这就是格局中成中有败，败中有救的层层逻辑推理关系。煞格用食，煞食力均，本是成格，不料有重印来制食，食受克则无力去伏煞，此时就要财星来破印护食，食脱离印之束缚，才可以真正能够做到制煞之功效，如是情况下，用财破印护食制煞才成立。如周丞相命：**戊戌、甲子、丁未、庚戌**，丁用子中癸煞，年上出现戊伤（与食一理）可以制煞，不料月上甲印出干克戊伤，是甲印之坏局凶矣，好在年上庚财透出，庚财可以来制甲印，则戊伤临危不惧无伤，照样还是可制煞，格局经过一番成中有败、败中有救，还是终于成格，是以大贵命了。不过，像这样的命，一辈子人生起伏太多，吃苦不少，历经风波才能跻身于高位，实在不易。

又有身重煞轻，煞又化印，用神不清，而借财以清格，亦为贵格。如甲申、乙亥、丙戌、庚寅，刘运使命是也。

注：煞格用印，若煞印有情成三合局，煞之气全泄于印身之上，则煞也会无力无势，自然不能运动为日主服务，此时反要财来破印生煞，让煞威重振旗鼓，是也可以成为贵格。如刘运使命：**甲申、乙亥、丙戌、庚寅**，丙生亥月壬煞当令，不料命中甲乙印透出通根于时支寅木禄位，一煞三印，煞势消灭，好在时上庚财透出通气于年支申禄，以庚煞破过旺之印，生不足之煞，煞威重生，日主赖之成格，是以大贵。

更有杂气七煞，干头不透财以清用，亦可取贵

注：杂气七煞，往往力微，就要财星生，印星制食护，也可取贵。

有煞而杂官者，或去官，或去煞，取清则贵。如岳统制命，癸卯、丁巳、庚寅、庚辰，去官留煞也。夫官为贵气，去官何如去煞？岂知月令偏官，煞为用而官非用，各从其重。若官格杂煞而去官留煞，不能如是之清矣。如沈郎中命，丙子、甲午、辛亥、辛卯，子冲午而克煞，是去煞留官也。

注：煞格混有官星，破格大凶，此时必要有食或伤来取清：或去官留煞，或去煞留官，全在命中看食伤之意向如何。如岳统制命：**癸卯、丁巳、庚寅、庚辰**，庚生巳月，透出丁官，喜干上有癸伤来克去丁官，仅有丙煞作用，日主用之，自成武贵。再如沈郎中命：**丙子、甲午、辛亥、辛卯**，辛生午月，丁煞格，透出丙官，年支子冲午字，则午字受伤丁煞无力，是煞去而丙官作用，是以作去煞留官论，煞去而不就武职，丙官作用而任文官。

现代实例

乾造：**壬戌　丙午　辛酉　戊子**

大运：　丁未　戊申　己酉　庚戌　辛亥　壬子　癸丑
　　　　　10　　20　　30　　40　　50　　60　　70

辛生午月，煞贵格，透丙混官，喜年上壬伤克去官星存煞星，支成煞局，时上戊印泄煞生身，六阴朝阳，戊印得子水润，生辛特别有情，所以出生于巨富之家，家产有数亿，留学英国，多次遇险，平时常有精神压力。

有煞无食制而用刃当者，如戊辰、甲寅、戊寅、戊午、赵员外命是也。

注：煞格无食无印者，也可以用刃来挡之，此只有五阳干有之。实质上，煞用刃挡就是五阳日主用劫合煞的过程而已。如赵员外命：**戊辰、甲寅、戊寅、戊午**，此命戊日主见甲寅七煞，用时上戊午刃来挡，其实际上是煞印会局，以煞化印的组合，表面上是以刃挡煞，实际上不是的。研究者对这种特殊情况当要明白。

至书有制煞不可太过之说，虽亦有理，然运行财印，亦能发福，不可执一也。乃若弃命从煞，则于外格详之。

注：制煞太过一说，实际上看命中是很多的，其实是伤食太重了，所以煞受克太多，尽法无民，所以要运行财印，用财来滋生煞星，以印来制伤食来护起煞星，其理总是要煞星有力可以任事服役日主矣。

弃命从煞，不入于正格当中，入于外格内详之。

偏官取运，即以偏官所成之局分而配之。煞用食制，煞重食轻则助食，煞轻食重则助煞，煞食均而日主根轻则助身。忌正官之混杂，畏印绶之夺食。

注：煞格用食制，行运就是看煞与食的轻重上看取：煞重食轻，要走生食旺食之地；食重煞轻，运要走财地煞乡为上，印地也可以。煞食均而日主轻，则运要助身主之气。煞格用食，煞食力均，忌正官来混合，忌印星来夺食，此是理之自然也。

煞用印绶，不利财乡，伤官为美，印绶身旺，俱为福地。

注：煞用印绶，本是身弱，全要走印地或身有气之运，才始为福，伤官可以，合煞也可，只怕行财，以财破印，印不能化煞气，最为凶恶。

七煞用财，其以财而去印存食者，不利劫财，伤食皆吉，喜财怕印，透煞亦顺。

注：七煞用财破印护食者，不利劫财，喜运助伤食补气，财地旺财气也吉，怕印地补印之气。煞运不怕，以其本受制于伤食也。

其以财而助煞不及者，财已足，则喜食印与帮身；财未足，则喜财旺而露煞。

注：煞格受制太过者，要有财来生煞，财煞气已足，则要食印与帮身，旨在平衡财煞之气，与加强日主根基。财不足，煞无力者，当然要行旺财运来生煞助煞矣。

煞带正官，不论去官留煞，去煞留官，身轻则喜助身，食轻则喜助食。莫去取清之物，无伤制煞之神。

注：煞格混官，取运极易，就在去官煞之物与日主旺衰弱取。身弱者必有运身旺之地，伤食轻必要运来相助，大忌印运来破取清之物，大忌财来助起官煞。

煞无食制而用刃当煞，煞轻刃重则喜助煞，刃轻煞重，则宜制伏，无食可夺，印运何伤？七煞既纯，杂官不利。

注：煞用刃者，煞重者要运加强刃力，刃重者要加强煞气；印运平平，怕官运来混。

第三十六，论伤官及取运

伤官虽非吉神，实为秀气，故文人学士，多于伤官格内得之。而夏木见水，冬金见火，则又为秀之尤秀者也。其中格局比他格多，变化尤多，在查其气候，量其强弱，审其喜忌，观其纯杂，微之又微，不可执也。

注：伤官一神，本是日主精英所化生，是为秀气。不过，伤官其为正官之克星，所以，一般总是作凶神看的。伤官之意象刚好与正官相反，所以，伤官是反社会秩序的一种典型之象。伤官一星的最大特点就是恃才傲物，常以天下之人不如己，其高傲不可一世，看不起任何人，以为天下没有人可以比得上自己，所以，君子小人皆害怕与之交往。文人多清高，一旦伤官成格成局，故多文人学士之命。

伤官格为四凶格之一，所以，其格研究的基本原则就是"逆用"，对此伤官要进行化之制之，化之者财星，制之者印星是也，伤官格研究分析的基本思路就是由此两者展开的。伤官格不可顺用，也就是月令伤官一般不能生之，如果伤官格中出现重重比劫，那就是有名的"背禄逐马"之局，背禄者，伤官令也，逐马者，比劫众也；伤官主贱，比劫主穷；这种格局的男命身无半文，无妻无子，若有者必然克妻害子。女命则主克夫再嫁，贫穷不堪。

伤格中有非常著名的木火伤官与金水伤官组合，木火伤官就是"夏木逢润，其秀百倍"之说，金水伤官就是"金水伤官要见官"之说，这两格在现实是非常多见，成格者都是才德双全的富贵人士。当然，此两个著名的伤官格形式也是符合一般伤官格的基本规律的，只有详细了解掌握伤官格成格或败格的种种形式，那么，对此两格也会了如指掌的。

沈公认为伤官格在格局论中最为变化多端特别复杂的，研究伤官格必须要从"气候""强弱""喜忌""纯杂"这四个方面来看，所以研究命一定要用心来学习。不过，按我的认识，伤官格也不是太难，只要精研这一章节，举一反三会变通，则掌握伤官格也是比较容易的。

故有伤官用财者，盖伤不利于官，所以为凶，伤官生财，则以伤官为生官之具，转凶为吉，故最利。只要身强而有根，便为贵格，如壬午、己酉、戊午、庚申，史春芳命也。

注：伤官之所以为凶，最大的问题就是其可以克官，所以，化之不让其克官就是第一义。伤官格生财，财可以生官，伤官格一生财就有机会财可以来转生官星，让伤官格可以有希望转辗来成为生官之本源，所以，伤格生财也就成了好格局。此节之理事实上要与下文"化伤为财见官，作财旺生官"一节要相联系起来看，才能完整。因为本节之理仅是伤格生财而已，下文中的则是伤官格生财、财又生官之理，是本节内容在命理上的深化延伸，本节就是下文伤官生财、财旺生官命理的基础前提，这里我们只谈伤官格生财这一简单的成格形式。

伤官格生财，只要伤官旺、财有力，日主刚强，便为贵格。如史春芳命：**壬午、己酉、戊午、庚申**，戊生酉月透出庚申，伤格见食透，总是泄气之神，妙在年上壬财透出，则泄气之神反来生财成财源，戊午日主又身强，壬财长生于时支申中，伤财身俱有气，格局成功。

伤官格生财之后，大忌比劫出来破去财星，则格局先成后败，救此先成后败之局，又要有官煞来制劫，然用官来救者，又怕伤官与官星干头上碰面，只要伤与官星隔开，就作先成后败、败中有救论；行运同论。

现代实例

坤造： 己酉　癸酉　戊子　辛酉

大运： 甲戌　乙亥　丙子　丁丑　戊寅　己卯　庚辰
　　　　9　　19　　19　　29　　39　　49　　59

戊生酉月，透出辛伤癸财，格成伤官生财，可戊日极弱，秋土气寒，丙子运有火印，小吉，毕业后分配在北京某医院，普通医生，极累。

至于化伤为财，大为秀气，如罗状元命，甲子、乙亥、辛未、戊子，干头之甲，通根于亥，然又会未成局，化水为木，化之生财，尤为有情，所以伤官生财，冬金不贵，以冻水不能生木；若乃化木，不待于生，安得不为殿元乎？

注：伤官格生财之形式中，还有伤官月令刚好是财星之长生位，则伤官月令会与财支合成财局，如此就是化伤为财，伤于财尤其有情者，是为伤格生财中最为秀气者。如罗状元命：**甲子、乙亥、辛未、戊子**，此命辛生亥月正是壬伤当令，年月透出甲乙两财神，不料局中亥与未支会合成半三合木局作甲乙财神之根，是伤支与财支成局，是伤生财者中最为有情矣，是以大贵秀气。若以冻水不能生木者，不知亥水与未支已合成木局，已经化木，则不生木之说不就根本不成立了吗？所以，这里沈公以为：伤官生财，冬金不贵，以冻水不能生木；若乃化木，不待于生，安得不为殿元乎？实在是有理之极了。

至于财伤有情，与化伤为财者，其秀气不相上下，如秦龙图命，己卯、丁丑、丙寅、庚寅，己与庚同根月令是也

注：此节文字不过是上节命理进一步延伸，上节是伤支月令与财星地支之根成三合局，是谓化伤为财。本节不过指伤官格中透出的财星与伤官月令同一支，也就是讲财星之根就在月令中，与伤官月令是"同根共宗"者也，此谓之财伤有情，也是伤官格生财中的好形式。如秦龙图命：**己卯、丁丑、丙寅、庚寅**，丙生丑月透出己伤，正是杂气伤官格，时上庚财通根于丑支之中，是财星与伤官同一根也，是财伤有情者也，所以作好格论。

由上可以看出，伤官格生财分为三种形式：一者就是伤官月令与透出财星仅是最简单的伤官相生财星的五行关系。二者就是伤官格中伤官月令与财星通根之支恰是三合局，就谓之化伤为财；其形式有：辛生亥月会木局、癸

157

生寅月会火局、已生申月会水局此三个月份，学者务必牢记。三者就是伤官格生财中，财通根于月令中，就谓之财伤有情，也是伤官生财格中的好局。比如甲生午月透丁己伤财、乙生巳月透戊财、丁生戌月透辛财之类皆是也，学者若能举一反三，自然能够学会学好。

现代实例

乾造：庚子　己丑　丙午　庚寅

大运：庚寅　辛卯　壬辰　癸巳　甲午　乙未　丙申
　　　 7 　　17 　　27 　　37 　　47 　　57 　　67

丙生己丑月透出庚财，正是伤官生财格，伤官与财同一根，伤财有情，身不弱，是以格局成功，从军之人。军中从事文职，卯运开始出人头地，壬辰名气大振，可身体不好。一到癸巳运，伤官见官，因身体不好，官运受阻，财运还好。巳运离婚。现还在军队呆着，闲职，高待遇，好易，无锡人。2007年到北京跟我学八字，对其命进行了详细分析，完全指出了其主要人生发展过程，非常正确。

有伤官佩印者，印能制伤，所以为贵，反要伤官旺，身稍弱，始为秀气。如字罗平章命：壬申、丙午、甲午、壬申，伤官旺，印根深，身又弱，又是夏木逢润，其秀百倍，所以一品之贵。然印旺根深，不必多见，偏正迭出，反为不秀，故伤轻身重而印绶多见，贫穷之格也。

注：伤官格可以用生财来化之，也可以用印星来制之，这就是著名的伤官佩印说。伤官格佩印之要求就是：一者伤要旺相，二者要日主弱，三者要印有强根；如是身弱伤旺印有根，则成佳局。若伤官弱身强佩印反成下格，以所佩之印不能大用也。伤官格生财与佩印有不同处，那就是对日主有不同的要求：身强者以生财为好格，以佩印为下格；身弱者以佩印者为上格，以生财者为下局。

伤官格佩印要求是伤重了才可以要印来破，若伤轻印重，伤官受制太过也不能服事日主，也是尽法无民，此是急要有财星来破重印为救，命中无财要行运见财，才可以化凶为吉了。当然，伤官格伤重印轻者，则是大忌见财的，此又理之自然也。

如字罗平章命：**壬申、丙午、甲午、壬申**，本命甲木日主见一丙伤官通两午来焚，情势极其危急，好在年时上两壬印透出制着伤官生起甲木日主，甲日主起死回生，谓之夏木逢润，其秀百倍者也，是以一品之贵显。

现代实例

乾造：乙亥　己丑　丙午　戊戌
大运：戊子　丁亥　丙戌　乙酉　甲申　癸未　壬午
　　　6　　16　　26　　36　　46　　56　　66

丙生丑月，透出戊己伤食重重，喜年上有乙印，正是伤官佩印之象，老干部，一生从事文职工作，身体不好，爱文化，壬午运官煞生印，退休，辛巳运寿尽。

有伤官兼用财印者，财印相克，本不并用，只要干头两清而不相碍；又必生财者，财太旺而带印，佩印者印太重而带财，调停中和，遂为贵格。如**丁酉、己酉、戊子、壬子**，财太重而带印，而丁与壬隔以戊己，两不相碍，且金水多而觉寒，得火融和，都统制命也。又如**壬戌、己酉、戊午、丁巳**，印太重而隔戊己，而丁与壬不相碍，一丞相命也；反是则财印不并用而不秀矣。

注：伤格见财印同时出现者，要财印分开不相妨者为是，这样财印可以分开各自起作用，同时看日主之强弱来分而论之。日主强佩印者，则格局中以财星作相神来破印转生伤官气；日主弱者，则格局中以印星为相神，以来生助日主而可以担任财伤之气。如果身弱用印，印旁有财破，则印坏而格局不就；至于身强而印重者，则要印星边上有财星来破印，这样才能算得上是好命了。

如一都统制命：**丁酉、己酉、戊子、壬子**，戊生酉月，透出重重壬财星，日主身弱，又是秋天太寒，喜年上丁印透出来生日制伤温暖全局，运走南方补起丁火，是以大贵了。再如一丞相命：**壬戌、己酉、戊午、丁巳**，伤官格透出丁印三重火，此印制伤太过了，反要财星来破旺印，年上壬财当头一立，全局因之而生动，八字因之而成格，是以作上品命论之。

现代实例

乾造： 庚辰　己丑　丙子　甲午

大运： 庚寅　辛卯　壬辰　癸巳　甲午　乙未　丙申　丁酉
　　　　 2　　 12　　 22　　 32　　 42　　 52　　 62　　 72

丙生己丑月，杂气伤官格，年上透庚财，时上透甲印，正是伤格兼用财印之形式，身弱伤食财强，当以印星为相神，伤官佩印，文贵格，主艺术成名，其是当代奇门遁甲开创人，乙未运己卯年出奇门专著，闻名海内外。

有伤官用煞印者，伤多身弱，赖煞生印以帮身而制伤，如己未、丙子、庚子、丙子，蔡贵妃也。煞因伤而有制，两得其宜，只要无财，便为贵格，如：壬寅、丁未、丙寅、壬辰，夏阁老命是也。

注： 伤官格用印者，乃是取决于伤官旺身弱的前提下才能成立。但是若这个前提成立了，身极弱伤官极旺此时出现的印星也是很弱，那该如何办呢？这就很简单，就是求救于煞星来生印，印一有生助自然可以抖擞精神来生日制伤了，为什么不取官星来生印呢，不就是怕伤官与官星"见面打架"嘛？所以，伤官佩印或印弱，则主要命中有煞来助印，此时的煞不会来攻身，而是煞生印，印生身克伤之关系了。

如蔡贵妃命：**己未、丙子、庚子、丙子**，庚生子月伤官格，命中三子伤官太重，庚日主软弱，急要佩印，年上己未印星强根，更喜两丙煞生印暖局，是以大贵。再如夏阁老命：**壬寅、丁未、丙寅、壬辰**，丙生未月火土伤官，喜佩印以生身，年日支寅作印，夏木枯焦，妙在有两壬煞生印润印，是以全局生机全在此两壬煞之上了。

现代实例

乾造： 庚戌　戊寅　癸酉　乙卯

大运： 己卯　庚辰　辛巳　壬午　癸未　甲申　乙酉
　　　　 4　　 14　　 24　　 34　　 44　　 54　　 64

癸生寅月伤官格，时上透出旺乙食神，喜年上透庚印，坐下见酉印，作伤官佩印讲，月上官星生印，是以本命严格的讲为伤官格佩印见官生印，自由人士，好易。24岁后运行辛巳，财印双行，操作股票发财，现居新西兰。

有伤官用官者，他格不用，金水独宜，然要财印为辅，不可伤官并透。如戊申、甲子、庚午、丁丑，藏癸露丁，戊甲为辅，官又得禄，所以为丞相之格。若孤官无辅，或官伤并透，则发福不大矣。

注：伤官用官格，只有金水伤官才能用之，无非是调候之意。庚生子月、辛生亥月为主，其中尤于庚生子月者为主。庚生子月者，喜见丁官，丁官出又必要财印相随之，是以庚生子月现丁官者，必要戊己印来护官或甲乙财来生官，如是用官方能大贵。然其中用丁官者，癸伤也不能清透于柱中，以癸水能灭丁官也。如丁官无财印相助，孤官无辅，格局就不大。用丁官见癸伤者，也就发福不大了。如一丞相命：**戊申、甲子、庚午、丁丑**，庚生子月真伤官格，时上透出丁官，丁官有戊印甲财相拥，癸水伤官不透，日主休而不囚，是以大贵命论。

现代实例
乾造：丙辰　庚子　庚戌　丙子
大运：辛丑　壬寅　癸卯　甲辰　乙巳　丙午　丁未
　　　　4　　14　　24　　34　　44　　54　　64

此命庚生子月，正是金水伤官之时，无官透煞，其理相同，今丙煞透出无财印相随，地支又是水火冲战，是以作金水伤官孤煞不贵，仅为一家电卖场的空调部经理，不过丙煞透出坐下印星生身，父亲是闻名国内外的农艺师，从小深得父亲宠爱，妻宫有丁官，娶妻精明能干，时上丙煞为子，其人一生得父、妻、子福，全是丙煞午官之功。

若冬金用官，而又化伤为财，则尤为极秀极贵。如：丙申、己亥、辛未、己亥，郑丞相命是也。

注：冬金用官主要是指庚生子月与辛生亥月，辛生亥月者可以化伤为财，如果在化伤为财的基础上再出现官星，则是格局尤秀尤奇，必是大命。

如郑丞相命：**丙申、己亥、辛未、己亥**，辛生亥月，地支见未会成财局，天干透出年上丙官，格局化伤为财，财可以生官，官又来温暖全局，是以格局秀气、贵气双重，命成大贵。

然亦有非金水而见官，何也？化伤为财，伤非其伤，作财旺生官而不作伤官见官，如：甲子、壬申、己亥、辛未，章丞相命也。

注： 本节内容宜与第一节伤官生财联系起来看，伤官格化伤为财，天干出现财官字，伤官不透者，就作伤官格中化伤为财、财旺生官之局。如章丞相命：**甲子、壬申、己亥、辛未**，己生申月会水局，正是化伤为财的有情组合，透出壬财甲官，财旺生官，是以大贵。像这种化伤为财又生官的格局，表面上原局是成了大贵命的组合，实质是这样的命中是有"隐患"的，那就是格局月令中的伤官星，一旦运上透出伤官，就会对原局中的官星造成大的伤害，格局到此就会大破。所以，冬金用官或非金水而可以见官者，全要格局中的天干头上透出印星来才可以真正的成格了，如是配合，命才能确保富贵永远。

至于伤官而官煞并透，只要干头取清，金水得之亦清，不然则空结构而已。

注： 伤官格见官煞并透者，就是要干头上来取清才可以，不然干上见官煞混杂，支中伤官虽然当权也不济事，不能取清混杂之官煞，日主受克，必然贫贱交加。

伤官取运，即以伤官所成之局，分而配之。伤官用财，财旺身轻，则利印比；身强财浅，则喜财运，伤官亦宜。

注： 伤官成各种局，行运当以各种局之喜忌来进行分析。伤官用财成格者当与日主本元比较力量是否均衡：格局旺者，要行身旺或印星之地；身旺者，要行财伤之运补足财伤之气。

伤官佩印，运行官煞为宜，印运亦吉，伤食不碍，财地则凶。

注：伤官用印，喜官煞运来生印，或者就是印之旺地，伤食运平平，大忌财运破印。

伤官而兼用财印，其财多而带印者，运喜助印，印多而带财者，运喜助财。

注：伤官兼用财印，财多宜印运或身旺运，印多者则喜财运破印，或食伤运来助财，此是格之自然也。

伤官而用煞印，印运最利，伤食亦亨，杂官非吉，逢财即危。

注：伤官用煞印，全是印弱之故，所以行旺印运可以，行煞运可以，伤食运可以，杂官运一般，大忌财星运生煞破印，全局尽破，必是大凶之运。大概而言，伤官用印，印或兼煞或兼财者，基本上以印为相神作主于命中，是以一般皆忌财运的。

伤官带煞，喜印忌财，然伤重煞轻，运喜印而财亦吉。惟七煞根重，则运喜伤食，印绶身旺亦吉，而逢财为凶矣。

注：伤官用煞，这一节原文中没有条例进行展开讨论，我怀疑原文中本来是有，有可能是在抄录过程中丢失了相关文字。不过，伤官带煞的成格原理与食格带煞的原理是相同的，我们可以去进行触类旁通的研究与认识。

伤官用煞，以伤克煞，喜印伤而就煞印，忌财者转伤生煞攻身。然伤重煞轻，当然喜印制伤护煞，运财来生煞。若煞重，则喜伤食旺运或身旺运，见财运为凶，见印运也凶。原文中见印为吉者，不成立的。

伤官格带煞行运喜忌，总是在伤官与煞的力量比较中进行的。

现代实例

乾造：戊申　辛酉　戊戌　甲寅

大运：壬戌　癸亥　甲子　乙丑　丙寅　丁卯　戊辰
　　　4　　14　　24　　34　　44　　54　　64

戊生辛酉月，时上甲寅伤官，正是伤官带煞之局，身强伤纯煞清，多才艺，有本事，高傲，小贵，现为山东省某市邮电局局长助理。可惜行北方运财来生煞，主上司打压。

伤官用官，运喜财印，不利食伤，若局中官露而财印两旺，则比劫伤官，未给非吉矣。

注：伤官用官，官作相神，相神也要护之生之，就是讲官星总以生之护之为第一要点，运行财印全是吉象，无印护官运伤食不吉。或局中官星有财印并行，则无运可忌，东南西北皆可行运了。

第三十七，论阳刃及取运

阳刃者，劫我正财之神，乃正财之七煞也。禄后一位，惟五阳有之，故为阳刃。不曰劫而曰刃，劫之甚也。刃宜伏制，官煞皆宜，财印相随，尤为贵显。夫正官而财印相随美矣，七煞得之，夫乃甚乎？岂知他格以煞能伤身，故喜制伏，忌财印；阳刃用之，则赖以制刃，不怕伤身，故反喜财印，忌制伏也。

注：阳刃者，劫我正财之神，是正财之七煞，禄后一位，惟五阳有之：甲生卯月、丙戊生午月、庚生酉月、壬生子月，此五者就是阳刃。要特别说明的是，阴干是没有刃的，就是古命书上的讲的阴刃，也是主要立足于神煞角度来讲的。现代研究者不知是出于什么心理，好多人一定要搞个阴干也有什么阳刃的，好像不搞阴干之刃心理就会不平衡似的，真是有"病"啊。古命书中讲，阳刃就是只有阳干有，阴干没有，就这样简单直接明白，后人何必多饶舌呢？另外，戊生午月一般都作阳刃格讲，古人讲过以为戊生午月命中透出丙丁火就可以作印格讲，事实证明此说不成立，戊生午月就是阳刃格。

阳刃者，本质上就是劫财，不过其是拿着大刀来明火执仗地抢劫，所以,其劫财的危害性最大最凶。对于这样厉害的劫财抢钱之神,也就是阳刃,当然要来制伏,制伏者,官煞也,是以刃格成局,首要取官煞来制刃。用官煞制刃,官星必要财印相随,如此制刃方能得力而无惧。至于用煞,则是以毒攻毒之手法,煞用制刃,故此时煞也不可太弱或受伤,煞弱或受伤则根本制不了当令之刃,所以,制刃之煞最好也是要生之护之。换言之,制煞之刃也是要财印跟随,以财生之,以印护之。当然,制刃之煞特别要注意力量问题,煞力不能太大于刃星,一旦煞势过旺,则又依制煞为要事。用煞制刃固然可以成大格,但其安全性肯定不如用官来制刃来的高,是以对于刃格来讲,到底用煞或用官来制,要看具体命中需要来定的。

阳刃用官,透刃不虑;阳刃露煞,透刃无成。盖官能制刃,透而不为害;刃能合煞,则有何功?如丙生午月,透壬制刃,而又露丁,丁与壬合,则七煞有贪合忘克之意,如何制刃?故无功也。

注:刃格用官,透出刃星(实际上就是劫星)没有关系,但是对于煞星为来讲就不行了,为何?以劫星可以去合煞星,煞星一贪合则就会忘了去克月令的刃星了,则格局的刃虽有若无,这不格局就破了吗?比如丙生午月,用壬煞来制此一午刃,不料透出了丁火劫财星,丁壬一合,则壬不再制午刃了,格局成而不成,是以用煞制刃者当忌煞星被合。

现代实例
乾造:辛亥 甲午 戊子 己未
大运:癸巳 壬辰 辛卯 庚寅 己丑 戊子 丁亥
　　　　 8　　18　　28　　38　　48　　58　　68

戊生午月,透出甲煞通根于年支亥中长生之地,大喜,不料年上辛伤克甲,时上己劫合甲,甲煞之力大打折扣,好在行运壬辰,财星生煞,到辛卯运支成木局制己劫旺甲木,格局大成。大连人,25岁做生意就挣500万,行卯运在天津开厂,大发财富,现有资产四千万。2007年底到北京找银行贷款,请我为其预测未来人生命运,指出上述人生主要命运过程,且讲38岁后行运庚寅更是大吉,完全可以放手一搏,令其信心百倍。

然同是官煞制刃，而格亦有高低，如官煞露而根深，其贵也大；官煞藏而不露，或露而根浅，其贵也小。若己酉、丙子、壬寅、丙午，官透有力，旺财生之，丞相命也。又辛酉、甲午、丙申、壬辰，透煞根浅，财印助之，亦丞相命也。

　　注：官煞制刃，格局有高有低，其分别又在何处呢？此处沈公提出一个鉴别方法，那就是看官煞之相神：其一官或煞是透不透，透高格局高，藏者格局低；其二是官煞之根深根浅，有禄位长生者，谓之根深；有余气库旺者，谓之根浅。官煞透且根深者，格局就大；官煞隐而根浅者，格局就小。

　　如一丞相命：**己酉、丙子、壬寅、丙午**，壬生子月，用年上己官来制之，己官自己通根于时上午火禄支中，是谓根深者，且有两丙旺财生之，是以格局大贵。再如一丞相命：**辛酉、甲午、丙申、壬辰**，丙生午月，用时上壬煞，壬煞自坐于辰地本库之中，不算太有力，喜命中辛酉财、申财生之，壬煞转旺，又喜甲印护之，壬煞左右得辛财甲印拥护，气宇轩昂，格局不凡。

　　现代实例
　　乾造：辛丑　庚子　壬寅　戊申
　　大运：己亥　戊戌　丁酉　丙申　乙未　甲午　癸巳
　　　　　9　　19　　29　　39　　49　　59　　69

　　壬生子月刃格，用时上戊煞作相神，此戊煞佩庚辛两印，妻宫寅食成忌神，妙在时支申印冲寅食护戊煞，是以成一贵命，山西大同人，某县卫生局局长。2005年专程来北京找我预测官运，断其40岁坐上局长位置，妻缘恶劣，一子一女，出身贫寒，明年2006年丙戌可以升迁。后丙戌年左云县发生5·18全国特大矿难瞒报事件，震惊全国，县委书记、县长全部就地免职，其命当时在新任书记的领导下负责现场搞活救治工作，坚守现场二个多月，感动了新书记，在2006年底的全县干部大调整当中，此命升任为山西某县建委主任一职。

然亦有官煞制刃带伤食而贵者，何也？或是印护，或是煞太重而裁损之，官煞轻而取清之，如穆同知命，甲午、癸酉、庚寅、戊寅，癸水伤寅午之官，而戊以合之，所谓印护也，如贾平章命，甲寅、庚午、戊申、甲寅，煞两透而根太重，食以制之，所谓裁损也。如丙戌、丁酉、庚申、壬午，官煞竞出，而壬合丁官，煞纯而不杂。况阳刃之格，利于留煞，所谓取清也。

注：官煞制刃，当然要忌伤食了，以伤食可以来克服官煞之星，然刃格用官煞而同时也有伤食者，其格为什么还有成为贵格者？必是格局中伤食之星有了一定的出处，伤食若作反作用者，必是命中有印星制伏伤食星而护起了官煞星，另外就是官煞制刃太过或官煞相混杂者，必要伤食来剥削太过之官煞，如此两者，格局还是可以成功的。

如穆同知命：**甲午、癸酉、庚寅、戊寅**，庚生酉月，用支中暗火官星来制刃，不料癸伤透出，必会害官，好在时上戊印来合之，则癸伤受制合始无意再来有害官之心了。再如贾平章命：**甲寅、庚午、戊申、甲寅**，戊生午月，透出两甲煞来制午刃，且此两煞又各自自旺于禄地，煞力极是强大，也就是讲煞力太强会导致制刃太过，这时候反要庚食来裁抑甲煞以护刃也。这里要说明的是：刃、煞、伤此凶神在月令上当权主事，就是要制伏也不能太过的，这就是尽法无民了，什么叫尽法无民呢？就是执法太过，老百姓就没法子活了，就不能做事了。命中的刃、煞、伤若制服太过了，则生机活力全没了，就不能为日主做事了，那日主无所依赖，何来富贵功名呢？这就是尽法无民的意思。再如这样一命：**丙戌、丁酉、庚申、壬午**，庚生酉月正是刃格，刃格要官煞制服，不料本命中丙煞、丁官双透出，官煞混杂就必会制刃太过，则又要壬食来合丁官去之，制丙煞不为太过，以求煞刃之力均，是以格成大贵。一般而言，以官制刃者全是文职高官，以煞制刃者则是武将居多。至于官煞得财相助者，主官场中得上人推荐而就高位，又主得父亲荫护或妻子内助，官煞得印护者，主有贵人保护而官场不倒。

现代实例

乾造：戊辰　甲子　壬子　壬寅

大运：乙丑　丙寅　丁卯　戊辰　己巳　庚午　辛未
　　　4　　14　　24　　34　　44　　54　　64

　　壬生子月，年上透戊煞，用甲食制煞，格局大成。原局中食重煞轻，2006年丙戌生助起命中戊煞，大发虎威，一鸣惊人，成为浙江省义乌市文科高考状元，考入北京大学。

　　其于丙生午月，内藏己土，可以克水，尤宜带财佩印，若戊生午月，干透丙火，支会火局，则化刃为印，或官或煞，透则去刃存印，其格愈清。倘或财煞并透露，则犯去印存煞之忌，不作生煞制刃之例，富贵两空矣。

　　注：丙生午月之中，午中有己土伤官，正是用壬癸官煞之忌神，是以丙生午月者，务必要有甲乙印星来克制月令中的己土伤官，从而来护起官煞之星来。夏天水涸，丙生午月壬癸水，又急要金作财星来为水之发源也。所以，丙生午月，用壬癸官煞星最好带上庚辛财，佩上甲乙印，以成格局之要求。戊生午月，支成火局，则格成刃印同局，此时若现甲煞乙官，则此官煞可以去刃存印，格局成印格用官煞之组合，格局清贵。若透出壬癸财、甲煞，则壬癸财就会克去丙丁火印局生起甲木煞星来，格局大凶矣！

现代实例
乾造：壬子　丙午　丙戌　丁酉
大运：丁未　戊申　己酉　庚戌　辛亥　壬子　癸丑
　　　4　　14　　24　　34　　44　　54　　64

　　丙生午月刃格，年上透出壬煞本是吉格，喜见财印，命中全无，反被时上丁劫来合壬煞了，壬煞之力大减，戊申运在申字运上，流年癸酉，癸合戊，壬得长生，大学毕业后分配到北京某部工作。到己酉运戊寅年辞职不干，下海做生意，缘己伤克壬煞，运气不顺，酉字运上与原局午戌相破，乙酉年又重犯，离婚。现行庚字运，运气稍转好，在北京一房产公司做副总。

　　更若阳刃用财，格所不喜，然财根深而用伤食，以转刃生财，虽不比建禄月劫，可以取贵，亦可就富。不然，则刃与财相搏，不成局矣。

注：阳刃用财，乃是不得已之事；以刃与财易成战局矣！若退而求之，则可以用伤食来泄刃气生财气，搞"变通"之法，此格主富，不过也是会在财富上是反复成败之命了。

现代实例

乾造：戊申　戊午　戊申　癸亥
大运：己未　庚申　辛酉　壬戌　癸亥　甲子　乙丑
　　　10　 20　 30　 40　 50　 60　 70

戊生午月，刃格无官煞，自然不贵，退而求次找财星，喜时上癸亥财星透出，癸财出必要找伤食，年支日支两申食转劫刃之气生财，格成富局，一生财运大进大出。此命我是学生郑大姐亲弟，加拿大籍华人，在中国做生意，财运反复，女人不断。

阳刃用官，则运喜助官，然命中官星根深，则印绶比劫之方，反为美运，但不喜伤食合官耳。

注：阳刃用官，官弱运喜财或官旺地；官星强，则喜身旺或印旺之地。不论官弱官强，皆不喜伤食克破官星。刃格用官，原官被伤食破者，运要走印地来救护官星，作吉运断。

阳刃用煞，煞不甚旺，则运喜助煞；煞若太重，则运喜身旺印绶，伤食亦不为忌。

注：刃格用煞，其行运之理与用官之理一样：煞强刃弱，运要助刃或以伤食来抑煞为上；刃强煞弱，运以扶煞旺煞、克制刃星为上。

阳刃而官煞并出，不论去官去煞，运喜制伏，身旺亦利，财地官乡反为不吉也。

注：阳刃格官煞混杂，总是喜运来取清官煞之混，身旺之地亦可以；财官煞运，总是大忌！

另附：阳刃用财，运总是要助财为上，或伤食可以。或财与刃战，则运又喜官煞来制刃以护财矣！阳刃用财，大忌再行比劫地，以受伤之财再逢劫地，克妻破财或牢狱者，其凶难免。

第三十八，论建禄月劫及取运

建禄者，月建逢禄堂也，禄即是劫。或以禄堂透出，即可依以用者，非也。故建禄与月劫，可同一格，不必加分，皆以透干支，别取财官煞食为用。

注：建禄者，月令地支是为日干之禄位也，月令也就是月建，以禄在月令"建候"，故谓之建禄也。比如，甲生寅月、庚生申月之类。这里要特别说明的是，戊生巳月不管干头是否透出丙火总是作建禄格，都不作印格讲，戊生辰戌月也可以用建禄格的原理来看。己生午月也不管天干上是否透出丁火，也皆作建禄格看，己生丑未月也可以用建禄格的原理来研究。月劫者，月令主气乃是日干之劫财星也。比如乙生寅月、辛生申月之类是也。

建禄格与月劫格的成格原理一个样，皆是月令中是日主本家之气，日主无用神可取，只得在年日时干支上按照"透干会支"的方法来别取官煞财食来作用神，以定八字全局基本方向。一般而言，建禄、月劫都是日主本家的劫财之神，其是凶神，故要制伏或转化，所以此两者的基本论命思路就是，或是要官煞来制伏，或是用伤食来转化为财星，此两法中又有不同之细论法则，下文就是这些法则的展开研究。

禄格用官，干头透出为奇，又要财印相随，不可孤官无辅。有用官而印护者，如庚戌、戊子、癸酉、癸亥，金丞相命是也。有用官而财助者，如丁酉、丙午、丁巳、壬寅，李知府命是也。

注：禄格用官星，以天干上出现为最好，若不现天干上，则是暗官，其用有限。官星出必要财印随，或官星佩印，或官星带财，总是不可孤官无

辅，这就是八字中用官的基本规律。禄格用官也是如此，或官星用印护者，如金丞相命：**庚戌、戊子、癸酉、癸亥**，癸生子月正是建禄格，透出戊官，戊官边上有庚印透来护官，日主健，官印旺，是以作大贵命论。要特别说明的是，在这种以格局论的正统命理中，印星的很多功能主要是来作护官制伤用的，而不是以身强身弱的流行俗说中，一见印星便以为就是用来生日主之气的。像这个金丞相的命中，这个庚印主要就是通过挡甲乙食伤星从而来保护起这个戊官的，而不是用来生癸日主的。

禄格当中用官星，也有用财星来生助官星者，也作成格八字断。如李知府命：**丁酉、丙午、丁巳、壬寅**，丁生午月用时上壬官，壬官无气求助于财星，天干财星无，不得已求助于地支暗财，那就是支中酉巳会金财局以生官。实际上，沈公举这个例子过于牵强附会了，壬官过于无气，支中财星又有众多比劫星破尽，财因如何生得了弱官，是以用此命举入禄格用官，官用财星生助的命理举证中，是不够贴切到位的。但是，我们不必过于苛刻古人，只要真正明白了此处沈公的命学理念，也就可以了，只要在实践中会懂的运用变通，也就掌握了这个理论。

现代实例

乾造：壬寅　癸卯　乙巳　庚辰

大运：甲辰　乙巳　丙午　丁未　戊申　己酉　庚戌
　　　　9　　19　　29　　39　　49　　59　　69

乙生卯月，透出庚官，庚官佩壬癸印，行运到戊申，官星得禄，财旺生官，升任某省广电局一把手，厅级干部。

现代实例

乾造：戊申　甲寅　乙卯　庚辰

大运：乙卯　丙辰　丁巳　戊午　己未　庚申　辛酉
　　　　6　　16　　26　　36　　46　　56　　66

乙生寅月，月劫之格，喜庚官透出，带年上戊财生官，惜财官相隔，戊财劫于甲寅，是以官星无力，不入公职，自做生意，财运反复，中富之命，离婚。

有官而兼带财印者，所谓身强值三奇，尤为贵气。三奇者，财官印也，只要以官隔之，使财印两不相伤，其格便大，如庚午、戊子、癸卯、丁巳，王少师命是也。

　　注：禄格用官星，以财印相随是最佳组合者，如是，就是所谓的"三奇真贵"之大格。所谓三奇者，就是指财官印三者同时出现在命中，当中财印分开、或偏印、正财、或正印、偏财分开，中间隔着官星，日主身强、印星贴身，地支无重大刑冲者，必是极品富贵上命。如王少师之命：**庚午、戊子、癸卯、丁巳**，癸生子月日主建禄，透出戊官得禄于时支巳中，官得禄谓之天福贵人，命之奇也，透出丁财禄于年支午中，是财官俱禄，命之贵也，透出庚印高居岁柱长生于巳时支，是印逢长生，命之秀也，综此三者，命岂能不大富大贵哉？命中逢财官印三奇者，主学识、功名、富贵、地位、权力全有了，人命如此，岂不美满乎？

　　以上两小节内容，就是讨论了禄格用官成格的理论与例子，比较简单通俗易懂，研究者花点心思就可以掌握。

　　若夫用官而孤官无辅，格局便小，难于取贵，若透伤食便为破格。然亦有官伤并透而贵者，何也？如己酉、乙亥、壬戌、庚子，庚合乙而去伤存官，王总兵命也。

　　注：此节与下节文字在徐乐吾编著的《子平真诠评注》本是处于本章倒数第三、第四节位置，我看了此二节文字内容就是讨论了禄格用官中的败格问题，不应该单独放在后边，所以我移易这两节文字到前边来，放在禄格用官中成格的小节后面，以求禄格用官成败的完整组合，而且有利于方便读者阅读研究。

　　禄格用官，官要财印辅助，这是成格之要求，然正官若没有一点财印协助，则就是孤官无辅，格局就小。禄格用官，大忌伤食出来破官合官，官星合去克去，格局虽成犹败，若禄格用官见伤食，必要有印星来制伤食而护官也，如是格局先成后败、败中有救，禄格见官是格局之成，官星见伤食是相神受伤是成中之败了，伤食受制印星是败中有救，如是格局作最终成功者也。比如王总兵命：**己酉、乙亥、壬戌、庚子**，壬生亥月，年上透出己官，不料大忌乙伤透出克官星，妙在时上有庚印来合乙伤，如此庚印全合住乙伤，乙伤再无意来克害官星了，己土官星由此得到了印星之护卫，如是格局成功。像这种命格对应的官运就是：做官过程中有小人阻碍，导致宦海风波，不过终得有贵人救护，官职不倒，照享富贵。当然，做什么官？做到什么地位的官？有什么样的小人相害？什么时候出现这样的小人？因何事而官场起风浪？因何人而相助？皆可以从八字与大运中看出。当然，这些较高深的命理人生对应事实，只在学习班上讲。

现代实例

乾造：**庚寅　戊寅　乙未　丙戌**

大运：己卯　庚辰　辛巳　壬午　癸未　甲申　乙酉　丙戌

　　　1　　11　　21　　31　　41　　51　　41　　51

此是某地级市前官员的八字。乙生寅月，年上透出庚官，庚官挟正月未退之腊气，其力不弱，更喜戊财透出生官，官由无力而成有气，是月劫用官，官星带财助生之格，可叹的是，时上丙伤透出直克年上正官，晚年官场定有大灾。少运庚辰，做老师出身，至辛巳运伤官合煞，官星长生，进入政坛，壬午、癸未运两印护官制丙煞，由一般官员直升（辛巳）地级市重要职务，2006年丙戌年响应命中时柱原病神，直接与年中庚官运中官禄支见面，伤官破官，因经济问题，被中纪委双规。2008年2月，因受贿罪判处无期徒刑。

倘或两官竞出，亦须制伏，所谓争正官不可无伤也。

注：禄格中两官全部透出，按沈公的意见也是必须要制服的，制服者那就伤官与食神了，这里的问题就出来了。一个是官煞混杂要制伏，同样要用伤食，那两官竞出者用伤食制伏者与官煞混要伤食制伏者之间有什么不一样的呢？二者是两官用伤食制克，实质上会形成伤食与重官间的战局，战局构成的命局一般都不会太好，所以，两官透出者是不是有更好的办法来处理之呢？我的研究发现表明，对于两官或两煞或官煞混杂的重官、重煞或三官、

三煞之类，不是可以用简单的制化就可以处理好的，其中是有窍门的，那就是要对重官、三官的每一个官星进行分而处理对待之。

禄劫用煞，必须制伏，如娄参政命，丁巳、壬子、癸卯、己未，壬合丁财以去其党煞，卯未会局以制伏是也。

注：由此四节在徐乐吾版本的评注当中，其内容原是放在禄格用财的后边，这里我也作了章节上的调整，就是将禄格用煞的内容提升到前面来，全部放到禄格用官的后边，以求得内容上的整齐。

禄格第一要用官来制，若命中无官而有煞，则就用煞来制禄制劫，不过，煞是凶神，要用煞来制禄劫，先要将煞制伏，制煞者：伤食也，合劫星也。如娄参政命：**丁巳、壬子、癸卯、己未**，癸生子月，命中无官，只有时上己煞透出，则用己煞为相神，己煞要用甲乙木伤食来制，现干上无明透之甲伤乙食，则求于地支中的卯未木局暗食，以暗食制明煞与明食制明煞，其作用大同小异，也是可以的。

现代实例

乾造：甲申　甲戌　戊申　壬戌

大运：乙亥　丙子　丁丑　戊寅　庚辰　辛巳　壬午
　　　9　　19　　29　　39　　49　　59　　69

戊生戌月可当作禄格看，年月透出两甲煞，支中两申制煞太过，喜时上壬财生煞，老牌大学生，一辈子公安，食神太重煞星太轻，工作责任心不重，49后食伤运，官运不济。

至用煞而又财，本为不美，然能去煞存财，又成贵格。戊辰、癸亥、壬午、丙午，合煞存财，袁内阁命是也。

注：禄格用煞见财，本是不吉，为何？以财助煞制劫禄且攻日主也。然而，八字中有劫星去合煞星者，则煞星不泄财气，是谓去煞存财，化煞护财者也，命成贵格。如袁内阁命：**戊辰、癸亥、壬午、丙午**，壬生亥月，年时透出戊煞、丙财，大有财生旺煞之势，妙在癸水透出与戊煞合，化煞为权制

禄神存财星，煞极有情矣，是以大贵。像这种命，年煞月劫，必是寒门出身，煞星制合化煞为权，一到青年时代就可以出人头地成权威官员，到中年财星主事，主得妻内助而升官飞速，一到时柱所主大运，旺财生煞煞有制，主贵人推荐而成极品之贵，同时可以富可敌国，此种命平生经历大风大浪者多矣，可以做成伟大功业，名闻天下，功盖当代。

更有禄劫而官煞竞出，必取清方为贵格。如一平章命，辛丑、庚寅、甲辰、乙亥，合煞留官也；如辛亥、庚寅、甲申、丙寅，制煞留官也。

注：禄劫格用官煞制是最要紧的，但是若命中官煞同现，那当然就是要以制清官煞为要务，命中必要取清之物出现，格局方成。如一平章命：**辛丑、庚寅、甲辰、乙亥**，此命甲生辰月，干上出现了辛官庚煞，当然要取清，命中有乙劫来合庚煞，是乙劫为命中取清之物也。再如一命：**辛亥、庚寅、甲申、丙寅**，甲生寅月，命中现庚煞辛官，喜时上透丙食来制庚煞合去辛官，庚煞有情可用，本命取清之物就是丙食了，此命成功全在此一丙食字上，若无此字，这一八字就是夭折之命了。

现代实例

乾造：辛亥　庚寅　甲子　戊辰

大运：己丑　戊子　丁亥　丙戌　乙酉　甲申　癸未
　　　 1　　11　　21　　31　　41　　51　　61

甲生寅月，透出辛官庚煞，时上戊财助官煞，北京人，出身一般，原在海南航空公司地产总公司工作。现行丙戌运制服官煞之混，大吉之运，在工作期间与苏州的一个亿万富婆认识，跟原配离异后与富婆结婚，现在苏州搞房地产开发。2007年生一子，由我选的出生日子剖腹产，丁亥、丁未、庚戌、甲申，此择吉造命八字是一富贵双全之命。

用官煞重而无制伏，运行制伏，亦可发财，但不可官煞太重，致令身危也。

注：禄劫用官煞混，命中无制伏，当然也要运伤食运来取清，格局因运

而可一时成功。若禄劫格中官煞混而重，而命中运中也无伤食来制官煞，这样原局就会成官煞与众比劫的战局，如是战局，一生多病多灾多难，且寿元不高必矣。

禄劫用财，须带食伤，盖月令为劫而以财作用，二者相克，必以伤食化之，始可转劫生财，如甲子、丙子、癸丑、壬辰，张都统命是也。

注：禄劫格中无官煞气，可以找财神来作相神以成就格局之用。但是，财神本与禄劫星是对立面，必要有伤食之气来化禄劫生助财星，调和两者战局之气。如张都统命：**甲子、丙子、癸丑、壬辰**，癸生子月用丙财，丙财与时上壬劫星相战，最好求助于年上甲伤以来生丙财泄壬劫之气，是谓成格；但是，这种命一生克父，克妻重重，不聚财，六亲缘浅，虽事业小有所成，也多是为人造福，自己占不了多大的份，也不算多好的命，晚年还是穷命者居多。

现代实例

乾造：丙申　戊戌　戊辰　壬子

大运：己亥　庚子　辛丑　壬寅　癸卯　甲辰　乙巳
　　　3　　13　　23　　33　　43　　53　　63

戊生戌月可作月令禄格看，命中无官煞星，不能取贵论。时上透出壬子财星，年支申食会局，食神转劫生财，格成中富之命。深圳名医，食神主才艺，祖上中医世家，此命学祖上医术，名闻一方，都给省部级高官看病，家有上千万资产。2006年找我预测，要想投资，让我劝止，后其搬家、儿子结婚等大事的日子全是我所选的。

现代实例

乾造：丙子　庚子　癸酉　甲寅

大运：辛丑　壬寅　癸卯　甲辰　乙巳　丙午　丁未　戊申
　　　6　　16　　26　　36　　46　　56　　66　　76

癸生子月，用年上丙财，喜时上甲寅有力，可以转禄之气生财气，邵伟华先生之命，晚年大发，名闻天下。

至于化劫为财，与化劫为生，尤为秀气。如己未、己巳、丁未、辛丑，丑与巳会，即以劫财之火为金局之财，安得不为大贵？所谓化劫为财也。如高尚书命，庚子、甲申、庚子、甲申，即以劫财之金，化为生财之水，所谓化劫为生也。

　　注：月令劫星当权，若此劫星与其他支合成财局，是谓化劫为财，最为有情。若劫星与其他支合成伤食之局（也就是生财之局），是谓化劫为生，也是有情。此两者情况之所以值得赞许，主要原因就是将劫星与财星之间的无情战局变成了有情之和谐之局，当然命就好了。比如一命：**己未、己巳、丁未、辛丑**，丁生巳月，月劫主事，妙巳酉丑合成财局，正是化劫为财的好局，主白手成家，富甲一方。再如高尚书命：**庚子、甲申、庚子、甲申**，庚生申月，申子会局成食神局，以水局来生天干甲财，是以命格有情，然甲财无力，须得运补才能踏实，方可一时成功。实际上，此命作金白水清来论，更是合情合理，更有说服力。然而，沈公是命学理论家，其不在意真的去如何实战，其不过是想欲构建一个论命的逻辑体系而已，如何将此论命体系进行实战来断命断事，那是各位研究者自己要深化的东西了。不过想要在实战实务中给人断命算得很对很准，或者可以技惊四座者，其前提还是先要有一个正确的理论体系来指导你来实战，有了一个正确的理论体系在脑中生根，才能讲提高算命的准确水平之可能性，若命中无一个正确之命学理论，绝无可能谈提高实战算命的水平如何。换言之，想要提高算命实战之水平，必先要提高正确的命学理论水平，这是一条必经之路。沈公的《子平真诠》这一书稿本子，就是中国最正宗、最正统、最正确、最完整的命学理论体系，研究者一定要重视万分。这是因为，在一定程度上可以这样讲，没有一个很高的实际算命断命水平，本质上就是对正确的命学理论体系还没有真正的掌握吃透。

　　用财而不透伤食，便难于发端，然干头透一位而不杂，地支根多，亦可取富，但不贵耳。

　　注：禄劫格用财，若没有伤食，则财与月令成战局，财有强根，可以成

富格，不过易成财富上反复成败不一之命。

现代实例

乾造：庚戌　辛巳　丙申　辛卯

大运：　壬午　癸未　甲申　乙酉　丙戌　丁亥　戊子
　　　　 7　　17　　27　　37　　47　　57　　67

丙生巳月禄格，庚辛财星叠叠根深，正是禄格用财不透伤食而地支根多之象，年时合成火局，也就是火长夏天金叠叠的巨富之格，浙江义乌人，做拉链起家，年产值七个亿，产品销往全世界。

其禄劫之格，无财官而用伤食，泄其太过，亦为秀气。惟春木秋金，用之则贵，盖木逢火则明，金生水则灵。如张状元命，甲子、丙寅、甲子、丙寅，木火通明也；又癸卯、庚申、庚子、庚辰，金水相涵也。

注：禄劫之格，无财官煞而用伤食者，只有春木见火、秋金见水才能成立；前者是谓木火通明格，后者是谓金白水清格。不过要指出的是，木火通明格中，木气要极其坚固，一两点火星出干，行南方运才能大发。如张状元命：**甲子、丙寅、甲子、丙寅**，命中当令四木，二丙火出干燃木，行南方木火交辉，正是光明清贵之造。金白水清格中，则是要水气极要旺盛，这样才能流通金性，化刚为柔，行北方运才能大发。如一命：**癸卯、庚申、庚子、庚辰**，命中四金，地支汇成长生发源水局，干上透出癸水流通，是以金水相涵，秀气流行而成文贵。

现代实例

乾造：丙午　庚寅　甲子　甲子

大运：　辛卯　壬辰　癸巳　甲午　乙未　丙申　丁酉
　　　　 1　　11　　21　　31　　41　　51　　61

甲生寅月，木重重透丙火，正是木火通明之象，煞为忌，出身贫困，学业不就。行南方运到深圳创业，人极聪明，做珠宝开发生意，2000年成立珠宝公司，一路高歌，到2006年产值已有六个亿，声名大振。2006年其夫人到北京专程找我，询问公司上市一事，对其事我用大六壬作了预测，现正在操作中了。2007年公司请某著名女星作形象代言人，公司更是闻名海内外。

禄劫取运，即以禄劫所成之局，分而配之。禄劫用官，印护者喜财，怕官星之逢合，畏七煞之相乘；伤食不能为害，劫比未即为凶。

注：禄劫格用官行运之法，与官格行运法事实上一个理的。禄劫用官，命中有印喜财，怕食合官，忌煞来混，行伤食运因有印护而大吉，劫比行运则平平。

财生喜印，宜官星之植根，畏伤食之相侮，逢财愈见其功，杂煞岂能无碍？

注：禄劫用官有财生助者，最喜财运，也喜官运以来旺官。大忌伤食，更怕七煞来混攻身，运若逢斯，定见凶恶。

禄劫用财而带伤食，财食重则喜印绶，而不忌比肩；财食轻则宜助财，而不喜印比；逢煞无伤，遇官非福。

注：禄劫格用财食，与财格逢食行运之理一个样。财食重行帮身运、印运、比劫运也可；财食轻行伤食运、三合财运大吉。见煞大发，见官大凶。

禄劫用煞食制，食重煞轻，则运宜助煞；食轻煞重，则运喜助食。

注：禄劫用煞，煞用食制，行运全在煞食之间的平衡中作文章：煞重食弱，运以补食为上，以旺煞制食为忌；煞轻食旺，运以补煞扶煞护煞为上，以生食旺食护食为下。

若用煞而带财，命中合煞存财，则伤食为宜，财运不忌，透官无虑，身旺亦亨。若命中合财存煞，而用食制，煞轻则助煞，食轻则助食则已。

注：用煞见财，以劫星合煞者，财运不怕，伤食最佳来制煞，官运来不忌，以原取清也。命中合财存煞用食制者，煞轻助煞，食轻助食，如是而

179

已。

禄劫而用伤食，财运最宜，煞亦不忌，行印非吉，透官不美。若命中伤食太重，则财运固利，而印亦不忌矣。

注：禄劫格用伤食，行财运大吉，行煞运最吉，行印大凶，透官成战局最凶。若伤食太过，反要印与身旺运，财运平平。

禄劫而官煞并出，不论合煞留官，存官制煞，运喜伤食，比肩亦宜，印绶未为良图，财官亦非福运。

注：禄劫格见官煞混，行运皆以制煞制官取清为好运，只要不伤取清之物，皆可以行运。若见印星来护官煞，大凶，见财官来生旺混杂之官煞，也是大凶。

第三十九，论杂格

杂格者，月令无用，以外格而用之，其格甚多，故谓之杂。大约要干头无官无煞，方成格，如有官煞，则自有官煞为用，列外格矣。若透财尚可取格，然财根深，或财透两位，则亦以财为重，不取外格也。

注：杂格者，也就是外格也。外格者，以月令用神之外别寻用神来论命者也。外格标准者，终是以命中干头上不见财官煞物方可以入于外格思量。若年时月干上有官煞财此三神，当以此三神作用神而来论，不可以取外格也。命运之神可以入于外格者，惟印星、食伤星、比劫星可以入也，煞官财此三神易有争战，全局不能平静，就难于入外格论了。

试以诸格论之，有取五行一方秀气者，取甲乙全亥卯未、寅卯辰，又生春月之类，本是一派劫财，以五行各得其全体，所以成格，喜印露而体纯。如癸亥、乙卯、乙未、壬午，吴相公命是也。运亦喜印绶比劫之乡，财食亦

吉，官煞则忌矣。

注：五行成一方秀气者，就是指甲乙木日主得寅卯辰或亥卯未木局，古命书谓之曲直格，其他还有炎上、从革、润下、稼穑。这五个局成格按《三命通会》的要求，须要：一者生在当令之月；二者命中必要有印星透出；三者行运大忌官煞。《神峰通考》的观点是，此五格当中，只有曲直仁寿格、稼穑格应验最高，而炎上格只有略验，至于从革、润下局则基本不验矣。

沈公这时里以为，这些五行日主命中"本是一派劫财，以五行各得其全体，所以成格"，这一观点与万民英先生在《三命通会》中的"象成一家，不执贵气"说是一个原理，万公的原意是这样的："人命八字中无财官等件贵气，有突然奋发富贵者，其故在何？盖以相生之气，生意滔滔有不尽之情，高远坚实。如此本象配本，如甲乙丙丁之类；化象配化，如戊癸丁壬之类；木火成象、火土成象、土金成象、金水成象、水木成象；及有三象成序者同此不法，如火土金象之类；又有四象和协生育者，亦然，如水木火土之类。"万公这里提出的观点令人深思，命格中无有财官煞等贵气，也有奋发富贵者，其中的原因就是八字中有相生之气，生意滔滔不尽之情。其意也就是说八字中不一定必要有财官煞等物才可以发功名富贵，只要八字中的字与字连续相生就可以生意无穷奋发富贵了，这种情形有这几种：一者就是五行成本体之象；二者就是化合之象；三者就是二神成象；四者就是三象成序；五者就是四神和协；只要符合上述一条的八字，不一定命中定要有财官煞物，也是可以富贵的。

如吴相公命：**癸亥、乙卯、乙未、壬午**，乙生卯月，局全亥卯未支，天干透出壬癸印，以水印生当旺之乙木局，命中生意滔滔，旺气成象，是以仁寿曲直格，大贵之命。

有从化取格者，要化出之物，得时乘令，四支局全。如丁壬化木，地支全亥卯未、寅卯辰，而又生于春月，方为大贵。否则，亥未之月亦是木地，次等之贵，如甲戌、丁卯、壬寅、甲辰，一品贵格命也。运喜所化之物，与所化之印绶，财伤亦可，不利官煞。

注：化格一说，古来有之。按其说要点如下：一者日主要弱，弱才能得化，若日主强就化不了；二者化神要旺，旺神要依月支及时支为准。如化木格定要生在寅卯月或寅卯时，才能化神算旺；三者化神不得行官煞运，破格必凶。

事实上，真正的化格是极少的，日主只要有一点根气，就很难化合成格。阳干尤难化，阴干化合相对易一点的。

如：**甲戌、丁卯、壬寅、甲辰**，此命壬日主无气，见丁财与妻星相合，化出自家子孙木局，以母顺子，故成化局。

有倒冲成格者，以四柱无财官而对面以冲之，要支中字多，方冲得动。譬如以弱主邀强官，主不众则宾不从。如**戊午、戊午、戊午、戊午**，是冲子财也；**甲寅、庚午、丙午、甲午**，是冲子官也。运忌填实，余俱可行。

注：倒冲成格者，其理就是用支中一字，此字须三个之上，用其字来对冲对面之支，以求对面支中之物而为日主财官贵气。《渊海子评》中就有飞天禄马格、倒冲禄马格之类，如前蔡贵妃命：**己未、丙子、庚子、丙子**，沈公将其列入伤官格用煞印小节中议论的，而在《渊海子评》中也有此八字，是放在飞天禄马格中讲的，其意就是说，这个命中有三子，此三子可以去对冲对面的午字来，午字就有庚日主的丁官己印而成此命的贵气，此命还妙在出生在己未年，未就可以暗合午字，谓之合住了贵气，是以此女大贵，成为贵妃。对于蔡贵妃同一命，沈公的说法明显不同于《渊海子评》的说法，我以为还是当依沈公的说法来得确实一点，这种倒冲、飞天的命理还是过于牵强，不太合乎实情。沈公这里还是曲从俗说，将四戊午当作关公之命来作附会曲说，不靠谱也。

有朝阳成格者，戊去朝丙，辛日得官，以丙戊同禄于巳，即以引汲之意。要干头无木火，方成其格，盖有火则无待于朝，有木财触戊之怒，而不为我朝。如**戊辰、辛酉、辛酉、戊子**，张知县命是也。运喜土金水，木运平平，火则忌矣。

注：六阴朝阳格，是指六辛日生于戊子时，以子去动巳，而来求得丙官。此说太过于支离，不合于正理。我的实践经验是，辛日戊子时，戊下有子水，则此戊印润泽大有生意，戊印生辛日主之情无穷，大得印绶之利也。所以，辛日戊子时反宜命中官煞旺，则戊子之时方得其用，命主才能得富贵。换言之，辛日戊子时，还是要按五行之理去推断更为合理点。

这里沈公提出的张知县命：**戊辰、辛酉、辛酉、戊子**，此命作金白水清来论之更为合理，辛生酉月，局有子辰会水流通，两戊印为浊物，喜行**甲子、乙丑、丙寅、丁卯**运中的财星来破印以木去土，水得清流行，是以成富贵。

有合禄成格者，命无官星，借干支以合之。戊日庚申，以庚合乙，因其主而得其偶。如己未、戊辰、戊辰、庚申，蜀王命是也。癸日庚申，以申合巳，因其主而得其朋，如己酉、癸未、癸未、庚申，赵丞相命是也。运亦忌填实，不利官煞，理会不宜以火克金，使彼受制而不能合，余则吉矣。

注：合禄格者，依戊癸日生逢庚申时。戊日者，古命书以为庚合乙，戊日得官星也；癸日者，古命书以为申合巳，巳中丙戊庚为有财官印，癸日得官也。此种旧说，不得拘泥，当依五行十神来论之，方为合情理。

戊日庚申时，土生金脱胎换骨，以时上食神论，喜年月煞星或财星当令者，大富大贵，其他破格不成。如蜀王命：**己未、戊辰、戊辰、庚申**，此命不必节外生枝用合禄外格之理去附会，用正格理论之更通。戊生辰用，申辰会水局，庚申透出泄众戊己劫财之气生财气，年支贵人未作官库，是以大贵。

癸日庚申时，以时上正印论，喜年月官煞星当令者，大贵。如赵丞相命：**己酉、癸未、癸未、庚申**，时上庚申，年月己煞清透有力，日主弱而依庚印，煞印相生而成贵格，也不必节外生枝去讲什么合禄之理了。

有弃命保财者，四柱皆财而身无气，舍而从之，格成大贵。若透印则身赖印生而不从，有官煞则亦无从财兼从煞之理，其格不成。如庚申、乙酉、

183

丙申、乙丑，王十万命造也，运喜伤食财乡，不宜身旺。有弃命从煞者，四柱皆煞，而日主无根，舍而从之，格成大贵。若有伤食，则煞受制而不从，有印则印以化煞而不从。如乙酉、乙酉、乙酉、甲申，李侍郎命是也；运喜财官，不宜身旺，食伤则尤忌矣。

注：弃命从财或从煞者，日主放弃"人主"之尊而就用神臣妾、子息之心，故谓"弃为人作主之君命"而从财或煞星此等用神，然日主只要一有根气，则万无从财或从煞之理。此日主之所以能从财或从煞者，也是从于日主自家亲人，故有弃命放手相从之理。财者，吾身之妻也；煞者，吾身之子也；日元者，本是为妻子作主者也，今放权弃命放手从平生亲爱者，也无不可之理。

从财格，日主要无一丝长生或禄旺根气，全局皆是财食之气，可谓妻妾成群已成气候，日主从之，依人富贵，行运大忌比劫，其他不忌。如王十万命：**庚申、乙酉、丙申、乙丑**，丙生酉月财贵格，日主死于此月，秀而不实，命中财星重重，又见财库，乙印无力，只得弃命从财，以求富贵。

从煞格中，日主无根气，全局尽是财煞之气，煞星当权，财星助煞，日主可以相从，若命中有一点点透干之伤食，必难入格，若有一点点印星透干，要看印星根如何，根有深者，当依煞印格论；印无根者，可以从煞，此印作护煞者论。从煞之格，大忌伤食或身主得禄之运，必是大凶，喜行财官煞旺地，一发如雷。如李侍郎命：**乙酉、乙酉、乙酉、甲申**，乙生酉月，命中三酉一申，比劫无气，弃命从煞，格成极品。此命在《三命通会》中的纳音部份也论及过，万民英先生以为甲申、三乙酉此四柱纳音水归聚于时上作自长生，是谓精神聚秀，所以大发富贵。

现代实例

乾造：壬寅　癸卯　辛亥　辛卯

大运：甲辰　乙巳　丙午　丁未　戊申　己酉　庚戌
　　　 7　　17　　27　　37　　47　　57　　67

辛生卯月，命中财食重叠，日主无根，不得已弃命从之。出身贫寒，学业不就，人极聪明，27岁开始官商合作做生意发家，37岁丁未，制去命中时上辛金比肩，支成财局，更是大发。目前是北京通州一度假村股东，资产上亿，双妻命，一子二女。

现代实例

乾造：丁亥　壬寅　己卯　乙亥

大运：辛丑　庚子　己亥　戊戌　丁酉　丙申　乙未
　　　 8　　18　　28　　38　　48　　58　　68

己生寅月，命中全是官煞木局，日主无一点根气，弃命从煞，正月有寒气，煞星虽旺不得天时，43岁行戌字运开始起家，丁酉运发展顺利，一到丙申运更是横发，为何？以丙字来暖所从七煞之木局，寒木得火生机方现，是以从财或从煞格，不一定必然富贵，要日主所从之财或煞本身要有生气活力，则从格才能大发。本命原局固然从煞成立，正月寒木旺而无生气精神，必要到丙字运上寒木得阳和之气鼓动，才尽发旺木之生气，日主从之生旺之煞，自然大富大贵。此命是河北武安人，钢铁集团老总，丙字运大发，2007丁亥年受到国家领导人的接见。

此命从煞之理很深，一般人看不出来，放在我的博客上也没有人理解，为什么此命会发在丁酉、丙申运上？此运支伤食不正是从煞之大忌，不知从格中日主所从煞星或财星必要精神抖擞者，日主从之才能大发富贵了。本命行丁酉、丙申者发达有二原因：一者丙丁火可以暖局使煞星有生发之气，二者从煞格行此丙丁印星护煞，当然可以行申酉伤食运了。若能了解此命从煞玄机，命理功夫必能更上一层楼矣。不过由此例也可知，命理艰深，非一般浅根人所能轻易学也！

有井拦成格者，庚金生三七月，方用此格。以申子辰冲寅午戌，财官印绶，合而冲之，若透丙丁，有巳午，以现有财官而无待于冲，乃非井拦之格矣。如戊子、庚申、庚申、庚申，郭统制命也。运喜财，不利填实，余亦吉也。

注：井栏成格者，无非是古人一定要从命中找出日主之财官禄马等贵气，以来曲从其命之所以富贵者。此也是歧说，不如直接用金白水清、二神

成象之理来讲更是有理的多。如郭统制命：**戊子、庚申、庚申、庚申**，庚生申月，申会年支子水成局，行北方运流通庚申金性，是以富贵；不必用申子辰冲火局以就财官富贵之说了。

有刑合成格者，癸日甲寅时，寅刑巳而得财官，格与合禄相似，但合禄则喜以合之，而刑合则硬以致之也。命有庚申，则木被冲克而不能刑；有戊己字，则现透官煞而无待于刑，非此格矣。如乙未、癸卯、癸卯、甲寅，十二节度使命是也；运忌填实，不利金乡，余则吉矣。

注：癸日甲寅时，古人谓之刑合格，不必如此曲论，其实就是时上伤官，此伤官清纯特别有力，命中逢此，其甲寅两字之功就会特别巨大，只要年月有火或日主有气，可以作伤官生财、合煞、水木清华讲，一旦成其中一格，必是富贵中人。这里沈公所举的十二节度命：乙未、癸卯、癸卯、甲寅，只能作两气成象中的水木清华讲，其他所论全不是太在理，一笑置之。

有遥合成格者，巳与丑会，本同一局，丑多则会巳而辛丑得官，亦合禄之意也。如辛丑、辛丑、辛丑、庚寅，章统制命是也。若命是有子字，则丑与子合而不遥，有丙丁戊己，则辛癸之官煞已透，而无待于遥，另有取用，非此格矣。至于甲子遥巳，转辗求合，似觉无情，此格可废，因罗御史命，聊复存之。为甲申、甲戌、甲子、甲子，罗御史命是也。

注：遥合格就是讲辛丑日、癸丑日此两日，命中丑多，就可以用丑来合会巳支，以巳中的丙火作辛日官星，用巳中的戊土来作癸日的官星，如是之理而已，辗转附会，理由牵强。至于甲子日甲子时，用子动巳，用巳来合酉，如此甲日主才可以得辛官，如此头绪，不驳可知其谬矣。

此三种格，只依正格论之，自然得理。如章统制命：**辛丑、辛丑、辛丑、庚寅**，辛生丑月，天气太寒，当用寅中三阳丙火，此真火得运而透发，是以大贵。再如罗御史命：**甲申、甲戌、甲子、甲子**，秋木森森，当用煞星降劫，时日两支子印，煞印相生，功名显达。

若夫拱禄、拱贵、趋乾、归禄、夹戌、鼠贵、骑龙、日贵、日德、富禄、魁罡、食神时墓、两干不杂、干支一气、五行具足之类，一切无理之格，既置勿取。即古人格内，亦有成式，总之意为牵就，硬填入格，百无一是，徒误后学而已。乃若天地双飞，虽富贵亦有自有格，不全赖此；而亦能增重其格，即用神不甚有用，偶有依以为用，亦成美格；然而有用神不吉，即以为凶，不可执也。

注：本节中沈公以为这些外格全是无理之说，不可执泥。按我之理解当中：趋乾、归禄、鼠贵、骑龙、日贵、日德、魁罡、五行具足等这些外格之说词，不一定要依教条主义来当作完整的外格体系来作研究，其一些命理特点是完全可以运用变通到正格当中的研究。比如日贵说、骑龙说只要与正格的特性结合起来，完全可以丰富完善正格论的内容的。这就是沈公这里说的，论命当以用神格局为主，这些外格可以"增重其格"，一些成格的正格八字因为有了这些外格因素与显象，自然可以提升正格的品质与格局档次了。

至于伤官伤尽，谓是伤尽，不宜一见官，必尽力以伤之，使之无地容身，现行伤运，便能富贵，不知官有何罪，而恶之如此？况见官而伤，则以官非美物，而伤以制之，又何伤官之谓凶神，而见官之为祸百端乎？予用是术以历试，但有贫贱，并无富贵，未轻信也，近亦见有大贵者，不知何故。然要之极贱者多，不得不观其人物以衡之。

注：这段文字从内容上看似乎与本章节是不搭界的，不知是不是沈公之原文？也不知是不是后人在编辑此书时误传误抄录进去的？本小节本是论述外格的，偏偏最后来了段讲伤官见官的疑问，这种疑问不应该出现在这里，而应该出现在论伤官格中比较合乎情理的，所以对此篇文字出现在本书稿的最后，真是让人很是迷惑的！

伤官见官，为祸百端，此是句命理名言，人人皆知，但是其故何在呢？我之理解（也就是《三命通会》一书中的观点）就是：伤官格本身身弱，再见官星，身弱又见克星，是克泄交加，日主必危；且官星与伤官是天敌，两者相见必有"恶战",也就是成为战局,依伤官来克官星,必然两败俱伤,而最终败阵者必是伤官之星,以个人之力来对抗政府,下场必惨,是以伤官见官作大凶论。一般而言,伤官见官损了官星贵气,当然主贫贱之命了。其中,伤官见官还要分轻重来说,重者犯刑牢狱,轻者官非疾病,人生之灾,不一而足。伤官见官或官见伤官,也有大富大贵者,必是命局中或运中制化、化解了伤官与官星之间的战斗,不然绝对不可能会成极品大贵者。总之,伤官见官,为祸百端,是大有深理在其中的。

中　编

万公论命诗诀解

选自《三命通会》

原著：万民英　评注：徐伟刚

一、论甲乙

春木

甲乙春生寅卯月，喜逢金火是荣名；

莫将水土推为用，曲直趋乾又一评。

甲乙生正二月，其木专旺。遇金用金，是木要成材定见金也；遇火用火，是木火通明之象也；水土此二月休死难为用神。若成趋乾、曲直、类象等格，虽无金火，亦可功名。用金不宜见火，用火不宜见金水；用金者尚宜水印，用火最嫌水金相战。

且如甲木遇申庚，柱有巳酉丑辛字扶其金旺皆吉，如金既轻遇火而行火地难以金为用。若辛字虚立，干支别无金位，只是常人。

甲日丙透不遇枭煞，更得寅辰二字多，兼以身旺行火地皆主富贵，柱不忌丁，惟怕壬，如有去配之神，亦不执定。

四柱无官专用食伤，身旺行火土亦主名利。如水火金互相攻战，更无去配乃下命也。独步云：甲乙生春月，庚辛干上逢；离宫推富贵，坎地却为门是也。

注：这里的用金用火之义，就是使用金来削木成材，用火来通明木材之象。至于水土休囚死绝难为用神，是指水土无气，难以发挥功用之义。

论命中最讲究的是"去留舒配"和"轻重较量"。《渊海子评》对"去留舒配"的解释是："去者，去而不用；留者，留而用之；舒者，屈而伸之；配者，合而成对。"比如八字中庚辛金为凶，有丙丁火旺相克制，使庚辛金受制无法发挥作用处于抑制状态，是为"去者"之象。比如八字中壬癸水旺相又无土克制，自然可以存在命局中发挥功用，是为"留而用之"。比如八字中庚辛金受丙丁火抑制而屈伏，得壬癸水克制丙丁火去之，使庚辛金重现"生机"活力发挥功用，是为"屈而伸之"。比如八字中丁火透出会合壬水，则丁壬合成一家，丁壬两字相互牵制无可作用，是为"配者，合而成对"。大凡柱中吉神要留而用之、曲而伸之，凶神要去之不用、配之成对则成格作吉论；若凶神留之伸之、吉神去之配之，则败格作凶论了。

比如甲乙生寅卯月，柱中有庚辛金通强根申巳酉丑位作用神，不料其他位透出丙丁火来克制金星用神，这时务要壬癸水来去丙丁火食伤以护卫官杀，则局中庚辛金依然可以发挥作用，但格局已不纯粹了；绝对不如局中庚辛金清秀，而柱中无火神侵扰来得品格高级。

甲乙木生于寅卯月，按万公所论，成富贵之命有三条路线：一者于时令而言，木已旺盛，格成建禄、刃劫，要见庚辛官煞，且要有金局作官煞之根，则官煞落实才能主事。当然官煞作用，自然喜戊己土财与壬癸水印来助格，自然功成名就。若用庚辛官煞，官煞无根无力，还见丙丁火神来克制官煞，则成败格之象也。二者春木旺相，不见官煞，可以见火，则成木火通明之象，也是成功之格。大概而言，木火通明一格，要柱中木气极旺，一二点火神透出，运走南方，无一不发富贵，然此富贵名气大多发于文章、艺术、科技之命，少见官贵之命也。春木见火，大忌柱中见火结局，则春木易让火焚，虽有名利也是华而不实，再运走午地，寿元有损，且死于精神病或心脑血管病之类。木火通明成格之人，长相华丽，口才出众，少年得志，发达极速，以木火之气易于焕发也。三者木生春天，要成富贵功名，还可以生成趋乾、曲直、类象等外格，也可以成格为好命。趋乾者，甲生乙亥时，曲直者局中寅卯辰三会，甲乙并透成局，类象者三合亥卯局，甲乙元神透出，自然成格成局。然而趋乾、曲直、类象此三个外格要成立，总是要局中有火，方可成格，不然，纵然命中木神森森，也是无用于世道也。大凡而言，用官煞者自然忌伤食，用伤食者自然忌印星，这就是所谓的"用金不宜见火""用火不宜金水"之义，用官煞者也就是用金者，自然可以见水印，用丙丁伤食者则大忌见水印，春木本寒，一点阳和之气让春寒破尽，岂不成患？

甲木生于寅卯两月，柱中用庚，必要庚得地强根，则此官煞才能真正得力用事，若庚煞无力，或辛官虚透无根，运行又去食伤之地，用神无力，只能常人之命了。总之，甲木生春，想要显贵，无庚辛不成，若庚辛有气有

191

根，自然也可以发功名富贵，然庚辛毕竟失时，想要大贵也不容易。若庚辛官煞立于年干，地支清纯，再有贵人禄马併临，德秀之气萃聚，自然也可以成就大贵了。乙木论官煞，与甲木同理。

甲日生于春月，透丙，谓之向阳花木，功名显达，然此向阳之木务要运行于南方之地，才能枝繁叶茂生机无限。若柱中丙壬同透，向阳花木见雨淋漓，反主夭折贫寒，极凶之格。此时务要见戊来去壬或丁来合壬，则丙光无伤，再行南方，也可贫寒中发迹，但其人心术多不正也。乙木用丙，同论此理。

总而言之，甲乙生于寅卯之月，用官煞庚辛不可见丙丁食伤，用丙丁食伤不可见庚辛官煞壬癸水印混杂，火神与金水无并用之理，若柱中丙丁与庚辛混战不清无去配，总是战局，无情之下格矣。

  木生春旺弟嫌兄，谁道无情反有情；
  或火或金成一用，不逢金火格多评。

木春本旺，财官俱绝，更遇比肩无情；如遇一金或一火为用，反赖比肩之功可以论福，无金火平常。

如甲得庚辛申巳酉丑亥一用宜水。

又如丙丁火无金水破，比肩旺食反吉。

趋乾格亦宜比肩，又是一用。

如生三月别有取用，亦赖比肩。

又乙日遇金局无丙透，又是一用。遇丙丁身旺无水，又是一用。类象一格，亦宜比肩兄弟；成则贵，冲拆不论此格。

木生三月，亦有金土之用，其甲乙得庚辛官虚露，比肩分夺合；又无别金亦无别情，不吉。

 如：丙午 癸巳 乙亥 丙子是丐者。

 辛巳 庚子 乙丑 丁卯是平人，丁酉运跌死。

 壬戌 辛亥 乙亥 丙子嫌辛字，卯运不如，甲寅丙合辛贵，由贡而擢御吏，无子。

古歌曰：乙木逢阳遇子多，名为聚贵福重巍；局中最怕南离地，官煞来冲无奈何。

注：木生春天，正是禄劫之格，财官绝于月令，仅得日主身旺而已，多主出身贫寒，若再见比劫出干，极凶之象。若用一庚或一辛作官煞有力于柱中，再加财印佐官煞，自然也可以贫寒中发达。若无官煞急找火神，以火来发荣春木，春光明媚，生意无穷，异路功名。春木无火多贫，春木无金多贱，若不见官煞见水印，多灾多难；若无伤食见土财，一生贫困不已。

甲木生寅卯月用庚辛，地支见金局，则官煞得力，再配合壬癸水印来护官煞，运行西北之乡，生于南方者大贵，功名如意；生于北方者，功名稍有，且多艰难。

春木用火，比劫多多益善，万紫千红，定主声名大振。

木生辰月，水墓之月，水虽有气也是还魂，不得当权，还是月中土气为重，可取杂气财格论之。财格之用，喜见官，忌见煞，吉喜见印，忌见劫，是为一般成格要求。财格生官是贵格，财格生煞喜制煞，同样成格，这就是甲乙生春三月，土金之用的实质。若此辰月，虽见庚辛官煞却无强根坐实，官煞虚露，且柱中比劫多多来分财星，财星受制，也不能生助官煞，则官煞无力，财神不实，也作不吉论。

另外，本处所谓的"如丙午之类……到官煞来冲无奈何"一些释文，好像与本诗诀不是太搭界，当应是论述冬天乙木之性的，所以这里就不作详解了。

甲乙春逢金火期，分行南北名利宜；
火宜南地金宜北，反此而行两不时。

甲乙生正二月，金为用神，无火战，宜行北地主名利。火为用神，无水金重战，宜行南地则可名利。如原火局行南方，木被火焚。故用金见火入火方，用火见水入水地，乃平常之命。

注：甲乙生正二月，用金官煞主事，忌见火，更忌运行南方之地，必主破格凶灾多难。若格局中见火，有水印去之，且行北方水乡，也可功名显

达。若用火神，春木最喜南奔，自然名利双收。或春木不重，局中火气太炎，再运南地，一木不敌众火，多灾寿夭，此时反喜见水，运行北方，稍有福寿。若春木见火，数点丙丁，则大忌见水印破火，大凶，若再运行北方水地，极贫之格。总而言之，春木见火论水印运行北方水乡之喜忌，要分火之轻重来言之，春木火过炎，则要见水，春木火不旺，则大忌见水。

春木用金见火入火方，官煞受制格破也。用火见水入水地，春木过于阴寒，无生机自然是常人之命。

甲生春季夏间来，丙火干头作寿胎；
戊本是财壬是印，运临酉地风雨摧。

甲生三月与夏间，以丙戊壬为用神，行酉地向禄本吉，岂知是壬丙戊败死之地；有此为用运行其中，皆不作吉论。如辛亥 丁酉 甲辰 丙寅是贵命也。

注：甲生于辰月，可以用戊财，也可以用壬印，以戊财壬印有气于时令也，也可以用丙食，以丙食于辰月进气矣，此三者作用神皆可以致日主于富贵功名之乡，然此三位用神纵有气毕竟力量不是过于强盛，大运皆喜生旺之地，才可发福。若运行酉地，财食印神俱是败死之乡，用神无力，日主无倚，虽向官禄辛地而实贫困也。如甲生巳月用丙食，也不喜至酉地，食神死地，富贵安在？

这里释文所说的"如辛亥、丁酉、甲辰、丙寅是贵命也。"这一句，于本诗诀没有关系，估计原书有编撰时可能有误，按其内容当是论秋木之中的内容。现将此句举例文字同步移到后面的论秋木"甲生八月禄当时"一歌诀当中去了，其解释也会在后文中详明。

甲寅庚透春夏生，煞浅身强最有情；
羊刃如逢时月下，却将高贵反常评。

甲寅日生春夏，柱遇庚金，煞浅身强本吉，缘春夏庚金力轻，遇乙刃与煞暗合，自旺无倚，不作吉论。若庚金有根或别有庚字不在此论。

注：本首诗诀与下面二首论命诗诀皆是论述甲木日主结合不同坐支与不同出生月令、时辰取用庚煞的一些原理，精研这些，就能充分掌握甲用庚煞的论命规则了。

甲寅日生人，日主专禄自旺，寅中怀抱丙火之食，自然不忌任何煞神攻击。甲寅日生于春夏，柱中透出庚煞，庚煞于春夏之时失令，自然不强，逢此弱煞，若受丙丁食制或与乙刃受合，用神庚金七煞无力，日主自旺无倚，定是贫困之人。若柱中庚金多透，或者庚金逢地支金局强根，煞势猖狂，则必要乙刃来合庚，甲以乙妹嫁于庚之义，则庚煞反为甲主之"大舅子"，化敌为亲，则庚煞有情于日主，如此有力之用神庚煞侍候于甲主，甲主求功名富贵易如反掌也。

  甲申春月喜重庚，壬乙相逢入帝庭，
  无乙只宜名利浅，丙丁沾破作常评。

甲日春生庚金多，遇有乙壬亥取贵，无乙则减。若遇丙丁重战，金力轻不胜火克，乃不足之命，须有印去配方可。

注：甲日生在春天，若是甲申日逢庚七煞作用，煞有强根或煞众，则宜化煞或制煞，化煞者用乙刃合煞，用壬亥印化煞作煞印相生之局，则煞星投诚于我日主，自然功名不凡。若无乙刃或无印，煞星无制，煞重身轻，或身恃时旺与煞战争，凶多吉少。若煞星仅仅一位，柱中无刃合印化，反见重重丙丁火来制煞，金无力不敌火克，制煞太过，煞无权威不任大用，命成不足，下格是也。总而言之，用煞者须身强，煞也必要力，身煞两旺则成贵格，或身旺煞有力但是煞受制于丙丁伤食，须要有壬癸水印来去丙丁之火，则煞星苏醒发威，日主有依，自然发达。

  甲日如逢乙亥时，庚金透出喜乙妻；
  丙丁若也无相混，岁运申庚名利齐。

甲日逢乙亥时趋乾格，喜柱有庚合乙；故忌见丙丁害庚及泄主之气，岁运遇申庚主功名，忌行主死用败火焚之地。

注：甲日生在乙亥时，本是六甲趋乾之格，日主长生于天门，乙刃逢于时干，刃是凶神，极喜见煞，煞是凶星，极喜见刃，煞刃两见分外欢，甲木得乙刃庚煞相合，两得其用，日主自然发福。甲木用庚煞逢刃相合，则不再喜丙丁出现来克害庚煞，怕制煞太过也，且丙丁会泄日主之气，是为格中大忌也。甲生乙亥时，柱中有申，喜运庚地，柱中有庚，喜行申地，总要庚申七煞有力，方主功名有望。甲日逢乙亥时逢庚，最忌行午地，午地为甲日主死地，庚煞败地，正是火焚之乡，日主用神全逢于死败之地，岂不大凶乎？

　　六甲趋乾格本是外格之一，位于十八格论之内，然此处释文也讲用甲木取庚煞之理，可知外格正格本无绝对界限，命理运用之妙，存乎其人矣。

　　实际上，甲木用庚煞确是子平命学格局正论之一，其理与穷通论中对于甲木日主力推崇用庚煞之理，其用意基本一样，不过两者在制煞化煞运用上稍有不同。格局论中甲木用庚煞，重在乙刃合或印化，穷通论中甲取用庚煞，重在丁伤锻庚，也就是用伤官来制煞之义，两者立意不同，各有理致，其中细微之间，要学者用心深究矣。

　　　　乙生春月见金强，酉丑亥逢大吉昌；
　　　　错节盘根喜琢削，如行南地反为殃。

　　乙木春正旺，错节盘根非金强不成器，故宜琢削。如柱有庚辛巳酉丑为官煞混，宜丁火制煞，岁运见酉亥丑为吉。如生巳月，逆行辰卯寅亦吉，若行火木旺地，伤去其官不吉。

　　注：按格局论之原理，乙木春生取用之理与甲木大致类同，从本诗诀中可以充分看出其理所在。释文云："乙木春正旺，错节盘根非金强不成器，故宜琢削。"此句就是说明了乙木生于春天用庚辛官煞之命理所在。乙木作为花木之类，错节盘根，春天正是花木生长旺盛之时，欲其秀丽多姿可观，必要琢削方成风采，琢削者必用庚辛之器也。然乙木毕竟为花木娇艳之质，只宜精工细琢，不宜大刀阔斧，所以，乙木用庚官或辛煞，只宜一位，不宜混杂，若庚辛混杂，则必要丁火来制煞存官，以庚官调理乙木花质，自然富贵功名。若乙木春生，局中见官或见煞一位清纯，运行官煞旺地，花木修理

成奇花异草，功名不可胜言。若柱中乙木重重，庚辛无力，还运行火木旺地，伤去刀斧，则漫天乙木成荒原野花野草，徒然生旺无边，也是不名一文，命成贫格无疑。

　　　　乙生卯月见金功，运行水金去火通；
　　　　申子酉中应许贵，火临相聚格还空。
　　　　庚辰辛巳时中遇，乙巳逢牛总一同；
　　　　水金运底成功业，木火相逢反落空。

乙生卯月，用金不宜见丙火在干，引领支中之火及木相会，皆坏格局，宜行金水之地去火木则吉。

　　注：若死执《穷通宝鉴》的教条，乙木在春三月，绝无用官杀配印成局的贵格，其说之偏执可见一斑。事实上，春令乙木旺相，也可配金水官印或杀印局来取贵论的。当然，也有取食伤泄乙之秀气来作贵论的。

　　乙生卯月，正是禄旺之时，见庚煞辛印配于壬癸水印，成为官印、煞印成格之局，运行西北官印之地，必然显贵。乙生卯月用庚辛官煞，不见水印，反见柱中天干丙丁之火引出地支之火来克害官煞，且运行南方火地，官煞无力受伤重，格局大败。

　　另外，乙木生于春天，若逢庚辰时、辛巳时，或局中成巳酉丑金局，总是柱中官煞主事，必取官煞作用，官煞当然忌伤食之地，用官煞自然不离印星，所以诗诀云"水金运底成功业，木火相逢反落空"也。

　　　　乙日春冬时遇辰，再逢辛巳一般论；
　　　　如行印地分荣贵，只怕丙丁损用神。

乙日春冬，遇庚辰、辛巳时只是一用，遇壬癸子辰之印，可言富贵；混则富。若见火多损用，乃小人也。

　　注：乙日春生则身旺，宜用官煞；乙日冬生则印旺，则喜官煞。若乙日生于此两季节，且时逢庚辰或辛巳时，正是时上正官或时上一位偏官格，时

上官煞与年月日官煞一样，同样喜印，所以命中若逢壬癸子辰之印，必成富贵组合。若官煞混杂见印化克生身，格局不清，虽然不贵，但也可以致富。若庚辰辛巳时生，柱中重重火神，破坏正气官星，制伏煞星太过，其人必是小人，其命必是不良。

  乙日春生用丙丁，水金不遇妙南行；
  不宜西北兼归墓，身旺无枭水地平。

  乙木春生身旺，以丙丁为用，柱无金水行南地发福；怕逢水金及会木入墓。若身用旺行北不妨，透土不忌水。

  注：乙木春生固然最喜官煞来去除枝蔓，若柱中无庚辛之金，则喜丙丁之火阳和之气来发荣乙木，此时只要乙木重重，根深蒂固，运行南方之地必然发福，此一理实质上也是木火通明光辉之义。乙木用火，当然忌壬癸水印来破火，也忌官煞庚辛金来克日主生印星也。乙木用火，柱中有水伤害，只要透土去水护火，格局破中有成，也作富贵论。换言之，乙木用火，最喜透土财来护火，就是运行北方，以局有土财，也不忌北方水印之地，乙木照样富贵显达。

  大凡乙木用丙丁之光，花木向阳，秀色可餐，最忌行西北之地，日月无光，火神晦迹，乙木受阴寒之气，败叶枯枝，生机全无，香消玉殒，下命无疑。

  乙逢辰巳午未时，就里藏真未易知；
  若得土金皆有用，只恐旺处更无依。

  乙木不拘提纲，得辰巳午未时，行入金地或火土便为有用。若入亥卯未地，柱原有一二字，会成木局全不吉。

  注：乙木生在庚辰时、辛巳时、壬午时、癸未时，皆是官煞印星之时，不论生于何月，总以时上官煞印星为主来配合提纲，喜行官印之地，自然发达。乙木生于春天，时上庚辰辛巳，建禄之格用官煞，自然喜运西北官印之地，格局大成；时上逢壬午、癸未时，印在时上，运走西方金地，官煞来生

印，也是富贵功名之象。乙木生于夏天，逢此辰巳午未之时，最要金水官印滋养，自然秀美无比，大运同理。乙木生于秋天，再时逢官煞印星，秋天本是官煞之月，运喜印地，官印相生，命成上格。乙木生于冬天，正是月令印绶之格，喜见时上官煞，成格之象；时上透印，则月令印星格正局清，吉利异常。然此乙木用时上官煞煞印之格，本来时上用神力轻，故大运忌入三合木地，日主强旺无比，时上官煞印星用神无力，日主仅落得一个身强而无有力用神侍候，旺处无依，自然贫苦一生。

夏木

甲乙夏生四五月，庚辛带水却为宜；
土神未月连金用，不透伤官贵可知。

甲乙夏生乃食伤与财为用，如火土不露只是金水，运行金水得宜。如甲用庚壬有根，行东则吉。若丙丁庚辛互露，行西不吉。专用丙丁不遇金水，柱有比肩，行东大发。如戊己透干，更无水佐，行西虽云向禄，以不吉论。

乙见壬庚两露干头行西富贵；或是火透行东发，遇火无水反焚其主。

故甲乙二日在夏宜用比肩。用火土不宜见金水，用金水不宜见火土。

如庚申、壬午、乙卯、戊寅；庚辰、壬午、乙未、壬午两命用金水。

丙辰、乙未、甲申、己巳；丙寅、乙未、甲申、乙丑二命用火土，皆吉命也。

注：夏木用金水乃是官印或杀印局，以柱中水去月令之火，运行西方官杀得位，大富贵，此理也即《穷通宝鉴》夏木见水伤官佩印之论。甲生巳午月内，天干透出庚壬，地支有煞印之根，喜行东方木地，怕甲木日主身弱也；若印有强根，运行西方也可小吉。乙木生于巳午两月，壬庚两露，正官正印，喜运西方向禄临官之地，功名必发。

夏木不见金水，露出火土当令之神，便作伤官生财论，喜逆行东方身旺之乡以任财，也作富贵论。甲乙生于夏天，柱中透出丙丁火戊己土，伤官生财格成，惟甲乙在夏身弱无疑，柱中要见比劫，行东方，日主得地，则身强可挡旺财，富命必成；若是运行西方，官煞泄财之气攻身，多灾多难。甲乙生在夏月者，最忌柱中成三合火局，大火焚木，若无水救，再行西方，必是夭命。

夏木见金水火土互露，互相攻战无去配者，必作下命议论；如有去配，也作吉论，但格局不纯粹也。所以，甲乙生在夏天，用火土伤官生财者，喜比劫，喜东方运，格局成功；不喜见金水来混，不喜运西方，若运之，格局成而运程恶，命运平常。甲乙生于夏天，用金水官印煞印者，喜身有根，喜西北官印之地，格局成功；大忌格局中有火土来混，又行东南方旺木生火之地，官印虽然在命中出现，却全部受克伤害，大运又入于东南官煞印星死绝之地，必然格局破坏，命运平平。以上所注，也就是原来释文夏木"用火土不宜见金水，用金水不宜见火土"之本义也。

大概而言，夏木用伤官生财之格，富命多；用官印煞印之格，贵命多。

如庚申、壬午、乙卯、戊寅一命，乙生午月，食神不透，则用年月庚官壬印，运西北，官印得地，功名发达。再如庚辰、壬午、乙未、壬午，也是用庚官壬印，大运扶起官印，命成贵格。此两命确实全用金水官印，大运扶助官印，也可成格富贵。

再如丙辰、乙未、甲申、己巳一命，甲木生于未月透出火土，真伤官生财之格，喜命中比劫相助，但运走西北，富贵不巨。丙寅、乙未、甲申、乙丑，此命也是伤官生财，喜柱中比劫多逢，身主不弱，格局小成，但运走西北，不是太好，格局好而运气平，虽有富贵也不会大，且多灾患矣。

甲乙生炎火土敷，西行营利贵难图；

行东遇劫成家业，值水西通甲怕枯。

甲乙夏生，遇火土露本为用神，行西见金乃舍去火土用金，金遇原火交战，亦不能用，乃来而不来、去而不去，只是营利之辈，莫言见贵禄便拟富贵；若行东则吉。原有壬癸水生不足破用，如甲日遇火土重，遇水生行南与西俱不为吉。乙日遇官印虚露，西地吉。

注：甲乙生于夏月，遇火土露出本为用神，也就是成伤食生财之格，此

格喜身强，行东方，则主名利双收。若行西方，则官星在运，日主贪之欲求贵禄，乃去财就官，不料运上官星逢原局火神交战，官星不能得志也。所谓"来而不来"者就是指运上官禄也，来者，运来官星，不来者，运上官星逢原火克制不能得用，是谓遇而不遇也。所谓"去而不去"者，乃指原局中火土财食，大运见官，欲去财就官，不料官受火克，禄不得享，不得于还是要委身于原局财食，是谓"营利之辈"也。此种命格者，大多是贫贱出身，智慧过人，混迹于市井而发家致富，后想进入官场，终不能得志，不得已退出就其财食，终是一商贾之命而已。

大概而言，甲乙生于巳午之月，喜见水印者，是用水来济火润泽甲乙之木，见水印者必要见金官煞，以通水源，则夏月之水方得渊源，不会干涸也。若水印透出，但是局中同时还出现土神戊己透干，则水受土制不能济火，则此甲乙夏月之木难以用金水局来论富贵，行西方运南方运，徒然火金交战、水土相克，是为不吉。

乙日生于夏天，透出庚壬官印有根，行西方之地填实官印之力，必发富贵功名。

夏生乙木遇壬庚，运向西方禄自荣；
乙丙若无局内见，读书应许有功名。

乙生夏月，遇庚壬二字，行西方拟贵；若见丙丁主平常。如庚壬有根，行旺金岁运，是读书秀才必中。如坐巳丑日得壬癸印亦吉，酉日不堪。

注：乙日生于夏月，柱中火土之神不透于局中，天干反见庚壬官印之字，只要柱中庚壬有气，行西方运官印得地，用神相神用力侍候日主，是谓以读书必取功名，大有前程。若庚壬并透，但局中有丙丁透出，一壬不能去尽当令之火，则庚官受伤，只主平常，读书固然优秀，功名却不能大就，以格局有破绽矣。乙巳、乙丑日日主坐下官煞之根，逢壬癸印，运化西方，官印进气，自然功名。乙酉日见庚壬透干，再运西方，柱中官煞混杂再见官煞旺地，惟恐日主身弱，不胜厚福，必主富贵中生灾，寿元不永。

木生夏月节枝横，此地财伤要劫生；

　　畅茂繁华根未盛，劫多用重两宜情。

　木在夏生火土之时，若干头再见火土，最要劫多生火，火生土为财；以此比肩多能任，莫言比肩多反分其财也。古歌云：木逢壬癸水飘流，日主无根枉度秋；岁运若行财旺地，反凶为吉佐王侯。

　如甲寅、庚午、乙卯、戊寅；乙未、壬午、甲子、丙寅二命比肩为吉。

　注：木生夏天，干头透出火土真神，则是伤食与财相生之格，喜局中出现比劫多多，以劫多生伤食，以劫多比多可以胜任旺财也。也就是说，木生夏天，用火土财食，不忌比劫，行东大吉，必然发福也。大概而言，这种命格之义，是共人发财之象，一生富贵常要借力于外人矣。

　如甲寅、庚午、乙卯、戊寅一命，日主强健，比劫多重，寅午化火生时上戊财，格成富命。再如乙未、壬午、甲子、丙寅，也是用寅午化火生土财之义，日主不弱，作小富命论也。

　至于这里的古歌，与本诀意义没有关系，观其内容，当是论的冬木水盛，用土财破印止流之义。

秋木

　　甲乙秋生两样言，乙多金贵甲单尊；

　　两干飞临无射月，内有财官要印存。

　甲木秋生不宜金多，见印则吉；不宜水多，多则流。乙不忌金多，得印则贵；俱忌火土伤官坏印。

　如甲生八月正官，忌丁卯火局，运顺行不妨贵。柱有壬癸子辰之水，虽有火行南亦吉。如用土兼官入墓，名利难进。

　甲生九月，宜比肩及亥卯未佐之；或得一金一火入格无破，皆为吉论。若亥申庚巳酉丑类，不遇丙丁戊己别是一用；或趋乾、胞胎、煞印皆可言吉。柱戊己透，要身旺行旺方可，不宜再露火金。用金不宜见火土，用火土不宜见金。如只用金，辛虚露别无地支之金，只是平常。

乙日九月，戌中原有戊辛丁，得遇巳酉丑庚辛申辰，须见壬癸亥子之印方妙，丁火配制无妨。

如专用戊内无破，只以富断。

若金火互相攻战，及两干只是火局，又行火地，乃驱驰不足之命。

如丙申、戊戌、甲午、乙亥状元尚书，是甲趋乾，又地天交泰。

己亥、甲戌、乙亥、癸未官给事，巳运死。

注：甲乙生于秋月，全是官煞立格，其中喜忌之大原则有所不同：甲木于秋月，以本身为阳干，官煞为其对手，故不喜官煞混杂多多，要见印；若官煞一位，又忌印重，泄官之气，水多而流，不作吉论。乙木生于秋月，以其为阴干，官煞为其夫星，不忌多，只要有印化官煞之气，反得官煞之利也。此处甲乙喜忌官煞之不同，皆缘于甲乙阴阳天性之不同也。甲乙生于秋天，月令正是金神当权，官煞立格，官煞皆喜印，是为成格之象。官格见印，谓之印星护官，煞格见印，谓之印星化煞，皆是成格之好命。甲乙生于秋月以官印煞印论，按格局一般之理，当然忌火土伤官财神，以火可以伤官，以土财可以坏印矣。换言之，甲乙生于秋月，只喜局中有金水之官印透干藏支，则格局可成，不喜见火土伤官坏印之神出现来损害格局配置。

甲生酉月，正气官星，忌丁火伤官，忌卯刃来冲官星，若柱中有丁伤出现，运北方水印之乡可以去丁伤，格局得运相救，依然作贵格论。若柱中原有壬癸亥子印，没有丁伤，大运运走南方火地伤官之乡也不怕，也原局中就有重印可以克制大运伤官，月气官星无破，格局还是成立的。如甲生酉月，出现丁卯之局，柱中用土星化火生官，或者出现丑土，酉丑相合，官星入墓，财官太重，伤与官战，名利艰难。

甲生戌月，戌中有辛官、戊财、丁伤，财官伤者不论何者当权或透出，皆要日主强旺，才能驱用这些用神之臣，故喜比肩相助，或地支亥卯未作甲木之根，以助身气。柱中透出庚辛官煞与戊财，则可以作财官、财煞论其吉凶祸福；若柱中透出丙丁火神与戊己财神，可以依财格逢伤食论之，皆要甲木日主身强有力，才能成格。若柱中透出金神，火土不透，则喜见水印，以官印、煞印格论其喜忌也。若柱中仅透出戊己财神，则作财格论，要身强，走东北地，发财。总而言之，甲生戌月，天干透出庚辛，不喜见火，以其破格也，且庚辛金要确有强根相通，方能实用，若庚辛虚立于天干之上，地支无一点金字，则此官煞无力，仅是常人而已。甲生戌月，取火作用神，大忌金水干头出现克战伤食，财不得生，格局败矣。

乙日戌月，若逢庚辛申酉丑巳字，则取官煞作用，喜见壬癸亥子之印，可以拟贵论。若有丁火乱局，用水印去之无忌。

甲乙生于戌月，若专用戊土财神，只是富格，喜身强。两干在此戌月，用金不能见火，用火不能见金，若金火全有根交战于局中，去配不清，只是困塞之命。若甲乙生于戌月，局中见火成三合局，秋燥之火焚枯木，再运南方，一生驱驰不足，贫弱之命。总而言之，甲乙生于戌月，用财用官，总是喜印，惟怕身弱。当然，若局中身强，用财用火，是忌水印的，所谓"两干飞临无射月，内有财官要印存"是也。

从上面的释文中可以充分看出，万民英先生认为，甲乙生于秋天，柱中官煞混杂多多，只喜见水印化官煞之气作上命论，不太喜见丙丁火来取清庚辛官煞之混，这点论格喜忌分别，习者当要注意。

如丙申、戊戌、甲午、乙亥一命，甲生戌月，时上见乙亥佐身，日主身强，可以当就财官，午戌会火透丙生戊财，格成伤食生财，是以大贵，成状元尚书命。此命又是六甲趋乾之美格，又申年亥时，申为坤，亥为乾，年时形成地天交泰吉象，倍增格局分数，是以富贵功名显达也。

又如己亥、甲戌、乙亥、癸未，作财格佩印论，故官职给事，巳运冲亥破印，死。

　　　　甲生秋月主逢财，印绶官星并带来；
　　　　运转南方名利显，伤多只恐子星乖。

甲日生七八月官煞印绶多，又见戊己土财，运行南方伤煞之地；官贵太过，宜行剥削之方，乃得中和，主进爵加禄；但火金交战，赖财生贵，子终有损。经云：木嗣并绝于南，子息则损，纵有别生。

如癸酉、辛酉、甲申、戊辰；己酉、癸酉、甲寅、己巳二命俱行南运，虽进职无子。

注：甲木生在秋天，若柱中官煞混杂重，且有印星财星相随，日主有气，可发富贵，然终用神太重，宜行南方之地入于"剥削之方，乃得中和，主进爵加禄"也。然而火与金战，金为甲木子息，金受克，当主无子克子也。如癸酉、辛酉、甲申、戊辰；己酉、癸酉、甲寅、己巳此二命，局中财官太重，喜佩印生身，身主可当富贵，毕竟官星太重有化煞之嫌，喜行南方，克制太过之官煞，以求富贵，所以，行的南运，可以升官进职，然毕竟金受火克受损而无子也。

此一段释文很是重要，万民英先生实际上通过这些文字表明，论述一个人的事业运与六亲运是两个推理规则，以月令用神作为中心格局来论事业运，以日主作为中心来论六亲运的。本处两个例子就是说明了此理，按格局看，两例用神官煞太重，宜用火制煞化煞，则可以事业上升官发达。然对于日主中心来讲，金作为官煞毕竟是子星代表，子星受到伤食之火克害，则自然克子无子矣。所以，明此处之理，可以知论事业格局与论六亲之不同法则了。

甲申酉月煞官俱，莫要猜疑作混看；
干上再逢庚字透，地支煞党终一般。

甲申日生八月，莫言官煞混，柱中辛庚多总作煞论；遇印扶身及制煞皆吉。若火多无水盗气不吉，如遇巳酉丑时亦非金神，皆依煞论。

注：甲申日甲坐七煞之上，生在酉月，实际上就是官格混于日煞之象，若干头透出庚煞辛官，不必再讲官煞相混，直接当作煞格来言喜忌就可以了；煞重当然要见印来扶身，或者用火来制煞也可也。然而用火者必要身强，方可用来制煞，或无水而火重煞旺身弱，终是不吉之象。

若甲申日生于酉月，见己巳、乙丑、癸酉时，此三时也不作金神外格论，只依煞格论吉凶就可以了。

甲生八月禄当时，最怕卯丁来破之；

谁信北行终富贵，运南有水亦能支。

甲生八月辛官得时，柱遇卯丁火局本畏，如顺行运经北地，其火遇制不能害金，不可言卯丁玷之不贵。或原无水破带病行东南则真不吉；如柱有壬癸子辰亥水，干不遇土，行南亦能发达。若此月柱无火土，用印再行水地，盗尽金气亦不为吉，勿执官印之名。如辛亥、丁酉、甲辰、丙寅是贵命也。

注：甲生八月，酉月正是辛官得时，正官格，辛官主事，最怕柱中出现伤官丁卯火来破局，若大运顺行到北地，运上水印可以制原局之火，则辛官有印护去火，则格局无破还作贵命论。若甲生酉月，命中有丁火伤神，无水去火，原局带病，再运行东南木火之地，原局之病火会合大运木火，克制月令官星，官格犯伤官，大凶之象。如甲生酉月用辛官，原局有水印护官，大运走南方火地，水印制运火，辛官无伤，照样发贵。

大概而言，甲生酉月用辛官，水印就是相神，伤官丁火就是忌神，南北之运就是相神运、忌神运，原局有相神贴身保护辛官，运临忌神之地无妨于事，照样富贵，这就好比辛官有贴身保镖"防弹衣"水印在，到忌神所地"枪林弹雨"中也无所伤害一样。原局有忌神有病，如运行相神之地，则是原局有病得药之运，有去有来，格局先破而运来救，还可以成格。最怕的是，原局有忌神有病，再运忌神运病运，则格局大破，必主多灾患也。

对于任何正官格来讲，也包括这里的甲生酉月辛官来说，用印固然可以生身护官，然而若局中无伤官作害，则印星也不可太多，为何？印毕竟可泄露正官元气，会让正官无力不能任事，则空有正官之名，而无正官之实也，若官格中印星多多，再走印旺之地，官星精华泄尽，官星不能成用，日主还是无依，则格局就变坏了。比如甲生酉月辛官，局中壬癸水印重重，再运行到北方亥子地，印星旺乡却是官星死地，官星死不能为力，正官格全无其用，则格局徒然有官印之名，却无官印之实了，也是不吉之命，这就是原释文所讲的"若此月柱无火土，用印再行水地，盗尽金气亦不为吉，勿执官印之名"之意也。

如辛亥、丁酉、甲辰、丙寅一命，月令正官，柱中丙丁破官，格局好像有伤，喜年支亥水有印存在，大运走癸巳壬辰，去尽原局之火，官格无伤，自然功名显耀。

甲戌干支三两重，火金却喜格中逢；
如无金火复行水，此命终须主困穷。

甲生九月，若有二三重甲戌，干头宜一丙或一庚一戊，得地支申辰可言成人；如干支无金火，又行水地则无用。倘运得火乡可获其福，若身弱土火多亦不足之论。

注：甲生于戌月之中，参天大树植于高亢荒原之中，若天干出现多重甲戌，则众树成林，其势雄壮，气象不凡，若干头透丙水太阳高照，伤食生财，富贵必成。若干透庚戊，用庚修理甲木，用戊培育甲木，地支申辰含水滋润其间，土德厚载，富贵必巨。若此月之中，无金无火，反而透水或运行水地，秋木本寒，再受北方之气，必是贫穷之命。

若秋木运向南方，只要身强，火来温土，自然发财，最怕身弱财旺，只是富室贫人。

大凡而言，甲木生于戌月，气候渐冷，总要秋后艳阳丙火光照，再得木壮身强，自然富贵，贵不可言。就我的经验而言，甲木参天之树，惟经风霜于戌月之内，方显英雄本色，再有庚戊修理培育，则甲木雄壮参天之势力方能形成，是以此月甲木成格者，都是极品之贵，大命尤多。

甲生季月己巳时，壬癸推他作印奇；
火土相逢名利遂，水金运底更多非。

甲生季月有财官等物，时遇乙丑、己巳，宜见壬癸印助，非金神忌水之论；逢土火则发财，金水之方不利，别月及癸酉时忌见壬癸。

注：甲生季月者，有四种情况，辰未戌丑月也，若柱中透出财官等物，最要身强佩印，就是时遇乙丑、己巳，以丑己正财引旺于月令，也是喜印，作财格佩印论，这里的乙丑与己巳时就不作当金神论了。甲生季月，多是财

神当令之时，财神当令，最喜伤食相助，只要身强，必然发福。若透火土，又见金水，金水与火土相战，日主不能就于伤食生财取格，也不能就于官印取格，两用不专，日主无依，只是困苦之命。若甲木生于其他月令，则乙丑、己巳、癸酉进作金神格，一般不喜见壬癸水印，以金神格最喜见火也。

甲日无他丑巳时，金神格也定非疑；
赤黄运遇成名利，水木之方又不宜。

甲日他处别无取用，遇乙丑、己巳乃金神格，宜行火土运；忌入金水方冲拆皆作不吉论，主称意中亡。

注：甲日于他处别无取用者，必是年月日上比劫多多，地支木局，以致于财官印食煞星无气，不能任用服命于日主，于此年月日，见时上乙丑、己巳，则作金神格论，大运最喜入于南方火地，制服金神，大发财威。若运入金水之方，或有未或亥字来冲丑巳字，必主富贵中生灾，凶不可言。

金神格是十八格论中的一格，其性复杂，金神为其体，炎火是其性，是谓金神格也。甲木取用金神格，大概只能于年月禄刃重重之时，才能取用，以其金神本体，主凶煞之气，所以喜火来制服，以其火性暴躁，故忌金水来冲激矣。

乙日秋生官最强，喜逢辛煞反荣昌，
蛇牛宜见嫌南火，微水扶持入庙廊。

乙日秋官本庚，宜见煞则利；无煞虽功名未若煞而易成。若官煞互见，遇印绶则无嫌。孤庚无煞，则名利进退或白身异路之拟。

今世达官多用煞，故煞胜官。若遇丙火及土，无印入南不吉。

注：乙日生于秋天，本是庚官，庚官之力不如辛煞之势，所以，乙要成名富贵，用庚官不如用辛煞，以庚官过于有情而不如七煞辛金威权矣。乙木生于秋月，柱中官煞相杂，只要见印，就作富贵命论。乙木用辛煞，地支最要煞星有根，煞星佩印，自然功名显达。乙用辛煞者，就怕辛煞无力，或者柱中丙丁伤食太重，克合煞星，制煞太过，不作吉论。若制煞太重者，又要

印星来去伤食护煞，如此格局不伤，方能得贵。大凡乙用辛煞，如有水印，就不怕入于南方，以水可以去火也。

乙用庚官，无印护，无煞混，则名利不成，进退失据，或者异路功名也。

万民英先生这里讲了一句很关键的话："今世达官多用煞，故煞胜官也"，讲的就是官煞在格局大小中所起的不同作用。按我的经验来看，确实煞星之功远胜于正官之力，特别是大成功之命，命中大多有煞星作威，大老板或高官命中，几乎人人命中有煞也。所以，我就常讲一句话，无煞不成大命也，可见煞在格局中的重要之功用矣。

乙日如逢辛煞多，见丁相击无奈却；

旺金去火翻为吉，青赤交持名利薄。

乙日金多见丁火相战不吉，丁丑时不忌。原有丁火再行见丁，制伏太过，运行去火旺金之方又吉；若入火木会旺之地，用神虽倚，乃虚名虚利；柱中见丙皆不利也。

注：乙日见辛煞，只要格局配合的好，求功名富贵易如反掌也。然乙用辛煞者，最怕丁火太重，局中有丁，大运又走丁字，则制煞太过，七煞无力，日主不能尽倚，只是虚名虚利之命也。乙日如辛煞制的太过，又喜走旺煞生煞之运，或者印地去火，则煞星复苏发威，用神力壮，日主得辛煞之功，自然富贵无敌矣。

乙生巳酉丑月中，最喜时支一样逢；

印绶再来年月助，千红万紫感春风。

乙日生巳酉丑月，更遇巳酉丑时；柱中若得印佐或行印地，皆主富贵。古歌云：六乙生逢巳酉丑，局中切忌财星守；若还行运到南方，管取其人寿不长。又云：乙木生居酉，切勿逢巳丑；富贵坎离宫，贫穷申酉守。

如癸卯、辛酉、乙酉、丁丑此命平常，七十三入卯地死二子。

注：乙日生在巳酉丑月，就是煞局之月，巳月煞长生之月，酉月为煞星

当权之月，丑月是辛煞墓库之月，全是辛煞有力之时，若时上再遇巳酉丑，则月支与时支必合成三合煞局之象，取格定用务重辛煞，辛煞不离癸印，有癸印或运行印地，皆主富贵也。

　　这里古歌的意思也就是，乙木生居巳酉丑局，命中辛煞重，则不能再见财星，以旺财生煞攻身，日主不任，必危矣，若再运行到南方财旺乙木死墓之地，必主寿夭。乙木生于酉月，煞格当令，不宜再见巳丑来助煞，就怕煞星太重，最好见印化煞或伤食制煞，这就是"富贵坎离宫"也，若再见申酉字，谓之官煞混杂，身弱煞重，终身有损。如**癸卯**、**辛酉**、**乙酉**、**丁丑**一命，生于酉月，本是煞格，又坐酉煞之上，又逢丑时，丁食与癸印相战，不能制煞，煞星太重，只是常人，运入卯地，冲煞，死二子。

　　　　乙卯坐禄见财官，庚辛带水利名看；

　　　　不论何月时辰巳，丑午相逢亦类观。

　　乙日逢丑辰巳午时，俱财官煞印食神之奇，四时皆作一用，但金水互见乃功名之象。若庚被丙伤、辛被丙合无实用不吉。

　　注：乙卯自坐专禄，良莠可观，最喜见财官印食，必作吉论。生于丁丑庚辰辛巳壬午之时，全是财官煞印食神之奇，完全可以取用服务日主的。

　　乙卯专禄之日，若见庚壬或辛壬煞官印同时出现，必是功名发达之象，所谓"庚辛带水利名看"是也。若用庚官逢丙伤，用辛煞让丙合，导致庚辛官煞无力无神不能任事，用神有名无实，只是虚名虚利之命。

　　　　甲在春生乙在秋，煞官重叠福优游；

　　　　甲秋春乙如多遇，有印须知亦贵铸。

　　甲木春生官煞多，要印助之则吉。乙木秋生官煞多，遇印亦富贵。若甲生秋乙生春，官煞少富贵，多则不贵；无印尤不利。

　　如庚申、甲申、甲申、庚午，煞重木死无印困穷。

　　庚寅、庚辰、甲申、壬申，甲日春生煞多有印富。

　　如丁酉、癸卯、甲申、壬申，甲木春生煞纯有印贵。

如乙酉、乙酉、乙酉、壬午，乙木秋生纯煞有印贵。

注：在这里的释文中，万民英先生讲述了甲乙木在春秋两季用官煞的不同喜忌原则及运用要点，大家要特别注意记着分清。

甲生春天，官煞多，要印助之，则吉论；若无印助，则凶论。

甲生秋天，官煞少，要印相生，则富贵；若官煞多，无印，则凶。

乙生春天，官煞少，有印生，则贵；官煞多，无印，极凶。

乙生秋天，官煞多，要有印助，则贵重。官煞轻，无印，不贵。

换言之，甲春乙秋，官煞越多，只要见印，就越富贵，甲秋乙春，官煞少见印，则作吉论，若官煞重，则作凶命论，不见印，只是大凶之命了。

如庚申、甲申、甲申、庚午一命，甲生秋月，煞星太重，又无印星，煞重木死，一生困穷。

如庚寅、庚辰、甲申、壬申一命，甲日春生，煞多有印，主富。

如丁酉、癸卯、甲申、壬申一命，甲木春生，官煞重重，有印，贵。

如乙酉、乙酉、乙酉、壬午一命，乙木秋生，纯煞有印贵。

冬木

甲乙冬生木本枯，若逢金土反宜乎；

金多成格为官印，用火尤嫌水土敷。

甲乙冬生本印，无金火土则不足持印之美。柱中多申酉庚辛酉丑，乃拟煞印、官印格作上命论。

如甲只一辛、乙只一庚，干支别无金透藏，又不行金地，官露无根，虚名虚利。

如得丙丁戊己食伤两旺，行东南运发达。若壬丙相见，丁癸相持，皆不吉。

用壬癸印行丙丁巳午方，枭遇食刑战不吉。

用申酉官煞，若水太盛亦不作吉，当细详之。

注：甲乙生于冬天，本是印格，印格成格，必先要见官煞，方成大命。

所以，甲乙生在冬天，只要柱中见庚辛官煞，地支有根申酉丑巳丑落实，就可以作官印、煞印格论，且多是上命之造。但是，若甲见辛、乙见庚，地支无根，又不行西方之地，用神无力虚透，只能是名利不实。印格中之中，就是官煞有根，但是印星太重，官煞让重印泄露太重，也不作吉论，这就是释文中所讲的"用申酉官煞，若水太盛亦不作吉，当细详之"之义。

甲乙生于冬月，气候来上本是寒气逼人，寒木本枯，最喜火神发荣，特别是当柱中水印太多，或者是生于丑月之节，更要见火土来，则水温木暖，富贵自然。大凡而言，甲乙生于亥子月，柱中水印不多，那只能用官或用煞，以官印煞印取格来。若柱中水印多多，寒水飘流，则要土神止水，火神发荣，甲乙木冬日向阳，富贵极品矣。丑月之木，尤要火土，运向东南，发福天然也。甲乙木生冬，用庚辛则不喜见丙丁，用丙丁则大忌壬癸出干与火战克，也就是说只要柱中出现壬丙组合或癸丁组合，就是不吉之命。

甲生冬月亥午多，以亥破午反中和；
局中更得申庚用，定主功名掇显科。
甲午冬生遇子时，格全印绶喜同支；
莫言死败为无用，柱有酉辛贵莫疑。

甲生冬月亥午多，谓之两门遇贵。甲木死午、庚金败午本塞否之象，遇亥子共支，甲木生亥乾天庚方，否而反泰。如甲午日生子时，莫言金逢死败，得酉金助之，皆富贵之命。

注：甲生冬月，遇亥午，以亥破午，则午中丁火伤官受制，甲木死于午而又重生于亥也，是死而不死长生之象，甲用庚煞，庚煞本败于午，今午受亥制，运于申地，则庚申煞用亥子印，申为坤，亥为乾，庚亥得用相合，是以否而成泰也。甲午日生于冬天遇甲子时，若用庚煞，则庚煞死于子败于午，煞星不能运用，若柱中有辛官酉支，则弃无用之煞而用辛酉正官，以辛官配于子印，皆是富贵之命。

这一首诗诀只是说明了甲生冬天命中有亥午取庚申煞，命中有子午取辛酉官的不同论命法则而已，简单直白，容易了解。

　　　　甲日冬生水盛斯，高明不遇叹支离；
　　　　岁时如得辛庚见，运入东南梦叶罴。

　　甲木冬生本印，遇金土则有用。若柱得辛庚巳酉丑有一字，或得行西方发达名利。

　　如火土多互见，则两用不专，顾此失彼，亦不称情。若只见丙丁火戊己土轻微，得遇东南之地忽然发迹；忌见金水。

　　注：甲生冬天，印绶之格，若金土同见，就是财生官、官生印，再得庚辛申酉丑巳在命中干透支藏，或者运行西方官地，自然名利亨通。若水印不多，反见火土重重，以财破印，印不得用，食不得用，两用不专，困苦之流。惟柱中水印重重，无官煞，柱中用火土，运行东南之地，自然发达也。

　　　　乙生亥月时遇丙，年月逢丁作三奇；
　　　　坐丑兼戌引从贵，如专巳酉另详之。

　　乙生亥月印绶，如乙丑日丙戌时天干三奇，地支丑引戌从作大贵看。若乙酉则无前引，乙巳则冲亥，大减分数。此煞印格亦有轻重参详，水多则喜土制。如孟重侍郎：乙亥、丁亥、乙丑、丙戌，崔栋御吏日干乙酉不同，然官止七品，又无子；可例见也。

　　注：乙生亥月是印绶之格，如是乙丑日丙戌时，丑在亥之前作引路之神，戌在亥之后作侍从之神，是谓丑引戌从，冬天乙木水重，用火土之神发荣，乙丙丁作三奇，乙得丙丁，寒谷回春，自然大富大贵。如果乙酉日、乙巳日皆无引从之说，不作引从格论。然乙酉日作煞印格论，时上丙戌只是破格，不作吉论。如孟重侍郎：乙亥、丁亥、乙丑、丙戌命，正是引从之格，柱中重亥，水多则流，喜时戌可止，又乙带寒气，命中透出丙丁火神合成三奇之格以发荣光，是以作贵格论。至于崔栋御吏日干乙酉，作煞印取贵，然时上丙火破煞，所以官止七品，以时上戌害酉，所以又无子也。

　　关于三奇之格，能不能成立，事实上是很简单的。先要一个八字的基本格局成功，才可以叫三奇成格，也就是说三奇组合可以给格局加分，如果一个八字基本格局不成，那么就是见了甲戊庚、辛壬癸、乙丙丁也是没有用的。只有基本格局成功了，三奇之格才叫成格了，这时候的普通格局，由于有了三奇出现，其不再是普通之格局，就是伟大的奇格异局了。一般而言，普通成功者只是有一个普通的成格八字而已，那些伟人、奇人、异人的八字，在正常格局之外，必有特殊之处，这就会形成奇格异局了，三奇格只是奇格异局的一种而已。奇格异局是八字命学中最深的理论之一，这些东西今后有机会我会讲述一些的。

二、论丙丁

春 火

丙丁正二印当春，壬癸多逢格最嗔；
不忌浮财宜见化，遇辰月爱子连申。

丙丁春月以木为印绶，水为官煞；丁壬合化最宜。若见官只用官，见煞只用煞，不宜混杂；怕水多不能生火，徒有印名。或一壬二壬、一癸二癸，得去配亦不为害；不忌干头虚金，行南俱吉。

柱原金水多又行北地，更无去配皆不足之论，行南稍吉；如官煞原浅行北亦吉；若原金遇冲击提纲，伐木坏印则凶。

生三月本是伤官，又宜金水之用；如会申子全主发达。

注：丙丁生正二月本是印绶，逢壬癸水乃印格用官煞作上命论，但忌水盛湿木而不能生火也。《三命通会·论印绶》云："丙丁卯月多官煞，四柱无根怕水乡；湿木不生无焰火，身荣除是到南方。"其释："丙人用卯月为正印，或四柱官煞多则水太旺，木虽生于水，而湿木又不能生火，故喜南方身旺运。如丙人卯月行子运，虽为官运反足以坏印。观此印绶利官运之说，不可执泥。"

印格喜见官煞，这是格局的一般规律。但是，丙丁生于春月，虽是木印，木印且见壬癸水官煞可以生印，但是，官煞一多，就会湿木，反而失却印绶生身之义了，是以丙丁生春月，见官只宜官，见煞只宜煞，官煞不能混，官煞也不能重，就怕水多湿木不生火，官印之名不实而灾难生矣。若官煞重重混杂，宜有食伤去之官煞取清，也可以作吉论。丙丁生于春月，一怕柱中官煞水神太重，若再运行北方，一印化不了众煞，必生灾患也。所以，丙丁生春月，用官煞，极要看官煞之多少轻重，官煞轻可以运北方，以助官煞气，这样才可以发福富贵；若官煞重，要取清，还要运南方身旺之地，庶为小吉，若官煞重还运北方，官煞太过，一生有损矣。

丙丁生于春月，木印当权，最怕见金，贪财破印，格局尽破，大凶之格；若干头虚金，行南无忌。大概而言，贪财破印中，以丙丁用木印见金财破，最为凶险；就是丙丁生于春月，印星重重成局，也不喜财星金神相战，无益于事，徒然加凶而已。

丁生春月，若逢壬水，丁壬化木，自然大吉，但此化格成立不多，以其条件极苛刻也：一者丁壬必须无根，二者气候必然有阳和之气，三者宜生于寅卯辰巳午时，稍有不合，就不得以化合格来论之也。也就是说，丁壬化木成格，只有在卯月才有可能，其他亥未月或命中结成三合木局，也不能以化格来。换言之，丁逢壬水，一般还是要依正官论的。

丙丁生于辰月，本是伤神主事，若会合申子，化为水局，格成官煞，若运行金水之地或木印之地，也可以富贵，然毕竟月令土神太重，水土混杂不清，就是富贵也只能是小富小贵也。若原命局不会申子，不逢木印，不运西北，只能作伤官格论，必主出身贫贱，多灾多患，少时学业不就，中年成家立业，晚年克子早亡也。

丙临申位时遇辰，春夏生人煞最循；
金水运逢虽阜泽，辰壬酉亥子申分。

丙申日遇壬辰时，申辰会煞，春夏火旺相不依凶论；秋冬水旺相火受水制，全赖食神制煞，主险中求名发达，险中全仗主强。辰壬酉亥子申卯皆主

休败之地，吉凶宜细详之。

注： 丙申日生遇壬辰时，申辰会煞，成时上一位贵格，只要主强，必成大功名大富贵也，这就是穷通论中著名的"壬水辅丙"说也。丙申日见壬辰时，如果生于春天，月令印绶，时上逢壬煞，就是印赖煞生功名显达之象，作大吉论。丙申日生于夏天，成月令禄刃劫之格，最喜见煞星在时辰上，如此大格，必成大命。

大命固然重煞，但是，灾患也是多发于煞星也。像丙申日壬辰时，若生于秋冬，壬煞大得时旺之气，必有欺主之意，这时极要戊食来制煞，且要丙身自强，如此才能就险中求名发达，功名富贵全从患难中发生，不经历大苦大难，难有出头之日。丙申日生于壬辰时，若日主弱，再运行酉亥子申卯日主休败、煞星生旺之地，必然大灾，寿元有碍。按《渊海子评·继善篇》说法，丙申日生逢壬辰时，是四个短命日子之一，若再运行壬申、壬子、壬辰之地，必主寿夭矣。

丁生卯月卯寅提，虽化壬兮本木枝，
木火却当官煞任，酉申运底动离悲。

丁生寅卯，遇官化及煞，乃印之本；行北方官煞当其旺地，主功名发财。若行申酉虽是财官，反伤木印不吉。

注： 丁生寅卯之月，逢官或煞，皆是官煞生印，以印生身，运行北方官煞旺地，主功名发财，大忌申酉财星坏印，主多灾多患，成败颠倒，是非不一。大概而言，丁生寅月，天德在日，只要官星得时，自然有一番功名。但是，丁生卯月，多成多败，一生无福，劳苦多困，多是否蹇之命；再逢财星相遇，贪财坏印，不但蹉跎贫困，且心术易不正也。

丁日逢辰时戊申，伤官时内有生壬；
煞星若出干头上，会水相征祸始侵。

丁生三月伤官，如干上见煞，地支已有水局；若透戊字及水局全发达。行子申酉地伤官见官，水土相战，轻则非灾，重则破灭，称意中亡。

如癸未、丙辰、丁卯、戊申；戊子、丙辰、丁卯、戊申合此。

注：丁生辰月，本是伤官，再逢戊申时，申辰会局，干头透出癸水七煞，伤官合煞，只要身强，主发达富贵。但若癸水不透，反见壬官透出，伤官见官，行子申酉地，申子酉生合会辰，官星生旺来战月令戊伤，水土相战，必主生灾，称意中亡。如癸未、丙辰、丁卯、戊申此命，天干戊伤合癸煞，日主身强，富贵。再如戊子、丙辰、丁卯、戊申，地支申子辰水局成煞局，干透戊伤，以伤合煞，成格。

夏火

丙丁夏月本炎蒸，富贵须凭别象称；
金水相逢浑有赖，用伤格破作高僧。

丙丁夏生，丙有炎上、倒冲、类象等格；丁有飞晶、拱禄等格；如合不破，皆主富贵。不成前格，或见一壬亥癸及申子辰全，运行西方以富贵论。有戊己为用，煞枭相征，行西亦发；丁忌行寅戌，丙亦嫌墓，卯酉亥运吉，亦伤克不成之困。

如非格局，又无用神，及有用破坏，皆主不吉，多辟谷休粮之辈也。

注：夏火取成格者有三：一者取十八格论中的炎上、倒冲、类象等格来论成格败格之机；二者取金水财官局，也就是夏火专用金水，这方面命理在《穷通宝鉴》中有详论，可以与此参考着看。三者取土金伤食生财局；此三者局中犯嫌者，宜有去配仍作合格看待。

丙丁生于夏月，气候炎蒸，若成炎上、类象、倒冲飞天禄马等烧天火红之格，亦主富贵极品，但此奇格异局，成格极难，也不易看也。

正常而言，丙丁生于夏天，极要金水财官之局来济炎热之火，水火相济，自然功名卓著，成就不凡。大概夏天所生之命，不可离乎水神，以水神在炎炎三伏天正是大得用之时，夏水易涸，又喜庚辛申酉金神相随，以发水源，这样夏水源远流长，宇宙方得清凉，人命禀得这般天地清淑之气，自然富贵功名，所以，释文中讲"或见一壬亥癸及申子辰全，运行西方以富贵论"就是此意也。

丙丁生于炎夏，柱无金水，炎火无制，必取重土以晦火，光辉可以永久，是以可取戊己土神为用（当然要以丑辰之土为戊己之根），以火生土，以土生金，造化辗转相生，格局虽然不贵，但亦可以名利双收有所成就。然而用戊己为用者，一怕印来克，二怕官煞来战，以致戊己用神"分神分心"，不能一心于服事日主矣。丙丁生于夏天，取用戊己，最出柱中透出财星金神，再运行西方，土得炎火而化生出金神，于此可窥见造化神奇，是以必为富贵之造。然而丙丁用戊己之土，日主最怕入于墓地，炎火一旦无光，安能生土？是以丙丁大忌戌乡也。用戊己之土，最怕甲寅之木，克伤土神，土神受伤不能生金，造化就坏了。

丙丁生于夏天，不成炎上、类象者贫贱；用金水财官局者无根者，贫贱；用金水财官有根但受伤破坏者，贫贱；用戊己土神受伤者，贫贱；皆是"辟谷休粮之辈也"。这里的所讲的"辟谷休粮之辈"，也就是和尚道士命，无名无利，无妻无子，不是红尘中人。这里要特别指出的是，八字命学的价值观，就是世俗大众的价值观，也就是世俗大众的名利观，在八字命运体系中，名利上得分高的命，就是好命，名利上得分低的命，就是坏命。按此标准衡量，僧道命就不是传统八字命学中所以为的好命了。

丙申四月戊飞来，万倾田园主富哉；
最怕枭神同透干，平生辛苦命安排。

丙申日生四月得透土，食神坐禄主福；若透壬煞甲食，如用壬见戊，莫言食神制煞；四月水涸，遇旺戊去之不吉；柱得水局或壬亥一二字方可，忌行日弱及壬丙败气休囚之地；若壬多虽是辰时，主旺用旺皆不作上命看。

注：丙申日生于巳月，透出戊土食神，在月令上逢禄，谓之食神坐禄主厚福，此时命中若透壬煞，组成食神制煞之局面，这时，要特别看煞的轻重来定吉凶分别。如果柱中壬煞根浅无力，谓之制煞太过，功名无望也，若得甲木来伏戊食救应起壬煞，再运行煞地旺乡，也可以功名富贵。若壬煞得地支水局或煞旺禄作根，或者有财来生煞，煞势猖狂，危及日主安全之时，务

必要食来制煞，主艰难中发达。

若丙申日不透壬煞，只是用戊食来生财，则大忌甲木出干，谓之枭印夺食，凶不可言，此时又要庚财或己土来制合甲木，庶几危中有救。若丙申日生于巳月，又逢壬辰时，纵然壬煞得局虽旺，戊食当令太强，煞制太过，不作吉论。

> 丙坐三支寅午戌，月逢火局总皆同；
> 格成炎上多名利，土富嫌临水战功。

丙坐寅午戌日及生月又得局全，不遇水破，即炎上、倒飞、类象、从旺，见土亦吉；忌见水，类、飞失局失垣则凶。

如丙寅、甲午、丙戌、乙未；庚寅、戊寅、丙戌、甲午二命合格富贵。

注：丙坐寅午戌日，生月又是寅午戌或巳未月，时上再见寅午戌时，局中不见水破，就可以作炎上、倒飞、类象、从旺等外格来言之，这些外格只可见木、火、土三神，大忌金水混杂破局作大凶论。大凡而言，寅午戌合成火局，只有春夏才有合局成功，秋冬火局谓之失局失垣，不作富贵论。也就是说，比如丙火生于亥月，就是命中有寅午戌三合局，也不能作炎上等外格论，以寅午戌火局失时，实质不旺也。

就我的认知而言，炎上之格，只有在午月才能成立，比如丙寅、甲午、丙戌、乙未一命就是，至于类象只有在寅月才能成立，比如庚寅、戊寅、丙戌、甲午一命也。丙丁火就是生于戌月，纵然命中出现午寅字重重，也不能作炎上或类象、从旺等格论。

> 丙己相逢本是伤，官星就见又何妨；
> 火时土旺宜金水，时夏惟寅宜另详。

丙生季月内有戊己，或透或不透从土，无中生有，得寅午戌时俱入格。土透亦吉，不忌官星；如遇刃及照象、虎入中堂等格，非伤妻则少子。

官煞重遇则祸，如遇煞以煞论，此格最喜比肩。如六月丙寅宜另详之，不宜卯未随乙而反伤正用。

注：丙生未月，若透出己土，以火生土，火炎土燥，柱中不忌一点浅水，以调候之功，皆可以取用土神，以火生土，以土生金，无中生有，富贵荣华。若遇午刃，或者寅午相合于未月，木来伤土，火势太狂，比劫太多，则主伤妻少子。总而言之，丙生未月用己土，不喜甲乙寅卯之木，燥木与燥土相战，土神受伤，不能生金，反坏格局。

丙生未月，以火生土，以土生金，再运行西方，化烈火为金刚，无中生有，大富之命。然丙用己土，则大忌官星旺，以伤官与官星相战，格局破坏。丙生未月，只要不透戊己之土，则此未月可以当作午月一样论之，最喜柱中透出壬煞，以壬辅丙，运行西北，大发富贵功名。

丁生最怕午离间，金水无逢名利难；
运往兑酉成利禄，如行东地半愁颜。

丁生五月日元自旺，若遇金水，不成飞晶、拱禄；戊己不透只支土为用，行西则土生财官，亦堪利禄；行东原无格局，而有支土受木克，竟无倚赖，其主自旺，只宜入静及营托可也。

注：丁生午月，日主当旺，最要金水财官同行，格成富贵之造。若不见金水，地支反见辰戌丑未，可以用土，运行西方，以土生金，亦是好命。若柱中无金水财官，地支土神又受木克，运行东方，财官食神全部无用受伤，日主自旺无依，只能是僧道之命了。

丁日蛇提酉丑逢，水金运底利名通；
柱中原有尤为上，寅戌行来起战烽。

丁生四月或丑酉日，或得金局行西富贵；遇金水土亦吉，两行俱是有情之地。惟寅午戌及子申有战，倘伤枝叶或非咎也，过此又吉。

如甲子、己巳、丁酉、庚戌；癸未、丁巳、丁巳、戊申，俱行戌子运凶。

注：丁生巳月，日主当旺，日坐下丑酉，烈火化为金刚，金从火生，再

运西方，全是大富之造，柱中有土，只富不贵，柱中有水，由富致贵。丁生巳月用金局，则是财格，当然大忌寅午戌局来破金局财神，若见申也不吉，以巳申相合，可以破金局也，子地化煞，以财化煞，是非日有。

比如甲子、己巳、丁酉、庚戌，柱得金局行西发财，但柱中有子，财化煞，甲印合制不能化煞，是以行子运凶，行戌字运害酉，破财多患。癸未、丁巳、丁巳、戊申命，巳申克合，破财，子运煞旺，凶。

丁戊伤官要见财，原无偏喜运重来；
若逢寅戌虽为咎，谁信子申更主灾。

丁日遇戊伤官，喜见庚辛申巳酉丑为财，柱无宜行财地。

丁生夏月，用戊宜金火方利名至；寅戌主旺一停或克战晦滞，行子申一战。

丁生七月用戊，金水伏中，行午戌寅停节，子寅运防祸。

九月不遇甲寅得戊透，清者贵，互用者富；丑壬中行大吉，运遇甲乙亦可言富贵，忌寅午，如流年会煞会伤基之地，祸福响应。运长者发久，短者易聚散。

注：丁用戊伤官，当然喜见庚辛申酉巳丑为财，原局无财，行财地发财。用金局作财神，忌寅戌火局破财，寅破戌，戌墓丁，丁日主，戊用神，金财神全部受伤相战，当然不吉。丁生夏月，大忌见煞局子申，水与火战，主大凶。

丁生申月，用戊土伤官，支中伏有金水官煞之气，行午戌寅合局，比劫分财，若运子地，申子会煞，克丁主，主灾。运寅字，以寅冲申，凶。

丁生戌月，透戊，戊伤有力，只要局中见金，就作富格论。若丁火无光，则喜伤官佩印，要见甲乙，这样如能论富贵。

总而言之，丁用戊伤生财，一怕火局分财，二怕以财会煞局以克身，三怕印重破伤官用神，百不如意。

秋火

　　丙丁秋月总为财，丁可通融丙忌哉；
　　甲日怕逢兼怕刃，运行南地细推排。

　　丙丁秋生，金得时令俱作财论。若金水太盛，独丁火能任，丙火怕逢煞官多，弱甚无制则伤。

　　如丙生七月遇煞地，或透煞官，宜见戊己为寿星，再行官贵发达，怕逢子辰卯地。

　　八月丙死，若财多则秀而不实；如壬水得制，或卯辰时从化得阳字多，行旺地亦可；但不宜甲木并比肩相逢。

　　九月近冬时，一贵不多，或辰巳时是一贵格；亦不要官煞多。若类炎上格，亦贵。若遇庚辛为用，四柱不宜见官煞，戊己为用，不宜见甲乙壬癸。如用壬亥别是一格，其中更怕官煞及木土相战。

　　丁生七月，遇官煞及财重，宜行南则吉，不用木印。若生新秋遇劫重，逆行南不吉，顺则可。若无官煞遇戊土，或支遇子辰会水，行南北皆吉；惟忌子午寅有未咎，遇壬寅时虽作化木论，以金地无木，情不能化故也。

　　八月弃命就财宜财格，巳酉丑为美。丁酉为主，不利官星；比肩印绶无忌。行南亦吉，忌寅午子岁运。

　　九月遇煞官，或近冬界从化，但忌土木。如用庚辛行木地富贵，亦忌子运午运。用戊己宜行弱地，若水木在内，亦为不足。

　　大抵丙丁二火，丙怕弱，丁怕旺，宜细详之。

　　注：丙丁生于秋天，金神当令，总是财神旺旺，若见水神则是财神化作官煞，丙怕身弱，不任厚福，反主贫贱；丁火柔中，内性昭融，旺而不烈，衰而不穷，财官煞神再多，只要一点印星或一点根基，自然便可当大任，成大功名之人。

　　丙生申月，壬煞长生于月，若壬透，则喜戊己伤神制煞，戊己土重要行西北财官之地，壬煞重要运南方运，皆作富贵论。丙火用煞，最怕会煞旺之地与身死败之地，丙生申月，若行子辰地，会煞局，怕日主弱，生灾；至于忌行卯地，以卯地为丙火日主败地，日主见煞再逢败地，必然多难。

丙生于酉月，固然是财神逢贵之格，然而丙火死于酉地，正是"人为财死"之凶格，所以，丙生于酉月，多是秀而不实之命，一生失意者多，无论成何格局，基本不作吉命论。透壬者，以财生煞，身不胜煞，富贵中凶亡。辛卯时，丙辛化水，以身就妻，财到人亡。局中比劫多多，或者行运到南方，死处不能复生，比劫分财，只是为人作嫁帮人发财，若贪财，必然祸患百出。

丙生戌月，若生于月初之时，可用庚辛财神作用，喜见官煞，只要身旺，运行东北之地，就是荣华之命，不可见丙丁分财，运行南方，名利艰难。生于月中，透出戊土，取土为用，只要柱中有金结局或运行财地，也可发财发家；大忌有甲破用，苦难不已。生于月末，柱中透出壬煞有气通根，则急要甲乙之印来护煞，伏制局中支土，运行东北，定然大发名利。

丁生申月，若透官煞或财神，要身强，运南方，身得地，富贵，本月不用印，以木印绝于此月也。若不透官煞，只是财格取用，命中火旺，再运行南方，比劫太多，破格不吉。若柱中透出戊己伤食来生财，运南方发财。若透出戊伤，会成子申癸水煞局，只要身强伤旺，运行北方，主发达名利。丁用申财，怕火局；丁用戊伤，怕甲木；丁生申月，也怕寅冲，皆不作吉论。丁逢壬寅时，生于秋天，无化合之理。

丁生于酉月，长生于酉，身有气，财当旺，只要柱中财神巳酉丑成局或庚辛多多，就可以作弃命就财格论，特别是丁酉日生者，大富贵命。弃命就财格中，惟乙木、丁火、辛金、癸水四日才有，其中以丁日生于酉月作弃命就财者，格局最高。其次乙生辰戌月可以弃命就财格，辛生卯月可以弃命就财格，癸生巳月可以弃命就财格，其他月份再无弃命就财之格。丁生酉月弃命就财之格，喜土运木运金运，水运平平，火运中只忌午字，其他百无禁忌，自然福寿康宁。

丁生戌月，近冬用官煞，喜见印星，用假去真，大运助起官煞，足以富贵。若用庚辛，喜佩印以助身，但忌午运破庚辛财神，行子运化财为煞，皆可以生灾作乱，于格局不利也。丁近冬生，柱中透出壬水，化木，惟生于南方者，可以；生于北方者，必无可能。大凡化合之格，极难成功，也是极少之格，化合重在机缘，然后可以脱胎换骨，变化本体，一般论命中，日主本体何以轻易就化？是知，化格之极少也。

　　　　丙日秋生官煞多，无生得化致中和；
　　　　有生无制皆言弱，两地财名坦复波。

丙生八月官煞多，宜食制、合化俱吉；怕入子辰卯乡。如无制合，遇枭食，纵行旺地不吉。

如九月近冬，遇时上一位贵格，逢枭偏印，月有戊食，运入身旺寅辰方吉。

注：丙生酉月遇官煞多，死地财神化官煞，则官煞尽化为鬼，命极危矣，大要食制化合化，丙火绝处逢生，反成大贵，然丙生酉月，终是身死之时，运入子辰卯死败之地，祸不单行。

丙生戌月近冬，时上壬辰，壬煞进气，成一位时上贵格，大命多多，如偏印透出，月有戊食，喜运入印旺之地，伏食护煞，财官之乡生煞助煞，大吉。

　　　　丁日秋生格最吉，无根有煞两荣华；
　　　　有根无煞行南域，好似良琮玷缺瑕。

丁日阴柔宜弱，柱官轻，行南不吉，若遇土，官煞轻，行北大发。柱无比印，行两地皆吉。若七八月，寅时不作化看。

九月化煞化木，宜近冬界及行木地吉，忌午申寅巳。秋月柱中用煞透戊己，忌行寅午子运。

九月用戊己忌见甲乙，若六月界作七月推，更无金水逆行不吉，顺行则可。

注：丁火阴柔，怕旺不怕弱，也就是不怕柱中财官煞旺，就怕柱中根多成局，生于秋天，若柱中官煞轻，要行北方，大发；若行南方，不吉。若日主无根，行南行北皆可以。丁生秋天，从无化格成立一说。

丁生戌月近冬，柱中透出壬官，要行东北之地，官印成局，富贵之命。秋月透出癸煞，宜戊己制煞，要力量均衡，不可制煞太过，也不可克伤戊己，怕行寅午伤财局，怕行子运旺煞神，总要身主、伤食、煞星平衡，方作吉论。

丁生戌月用戊己生财，大忌见甲乙木来伤食伤，格局大破。若生于未月末近申月初，柱中庚辛多，可以当财格论，财格怕比劫所以逆行火地破财格不吉，运行北方，有伤食制官煞护财，财星不破，作吉论。

　　丁根石竹水源胎，金水乡来道利开；
　　寅午戌方行补弱，官伤职掌庶生灾。

丁火房日之源太阴之余也，逢酉则明，逢寅则灭。行弱阴则明，行旺阳则昧。今人取火截竹击石得之，如行弱地反见丽明，行旺地不吉。惟化格则是木用，木忌行金地。如生秋冬，忌行午及元地。命有土木忌行申子，非化木亦忌寅申。

夏生忌寅戌，春生木用，虽午晦昧，原有煞官又为吉论。木印忌西，所忌之方轻则非，重则凶。

注：丁火者，在地为星星之火，在天为星辰之光也。这里所谓"丁为房日之源"就是指卯时日出之际的一些晨曦之光也。卯为日出之时，卯中有房宿，太阳运行到房宿，晨曦之光渐渐生起，光明开始卓著也，故谓丁为房日之源也。至于太阴者，就是指月亮，丁火是为月亮之余光也。由此处万民英先生给丁火的定义，可知丁火为日月之余光，也就是星辰之光。只有日光月光不及之处阴暗之地，丁火才有光明之象，所以一到酉时，太阳下山，星光方能灿烂，是以丁到酉地则长生光明也，一到寅地，丙火太阳生地，自然星光失色也，是以逢寅则灭也。所以，丁卯（竹）、丁酉（玉石）是为丁火最为光明之地，所谓"丁根石竹水源胎"之义就是了。

正是丁火的天性，所以，丁火行于身弱之地，阴晦之所，财官煞之乡，可以大得意大富贵也；若行于身旺地午，阳明之所、印绶比劫之乡，光辉失色，功名难就也。所以，丁生于秋冬胜于生于春夏，喜巳酉丑财局而忌寅午

225

戌火局，喜官煞而不喜印局也。

丁生盛夏，不喜寅戌，以阳光太旺而丁火反而无光也。春生用木，虽是印星，却喜行官煞运，若行午地，虽是禄乡，不作吉论，再运西方财地破印，轻则是非，重则祸患百出。

丁巳居蛇弟袭兄，寅申月令喜庚壬；
两行运用尊荣贵，相击提纲祸始成。

丁巳己巳二日，丁日申月、己日寅月得壬水透干，原本有刑未全，得用神倚赖则成富贵，再见此运三刑全，轻则仕配晦驳，重则危灭；原有煞刃者尤凶。如顺行不遇财官，乃屠宰奔趋，亦无大咎；如享富贵中有大险。

注：丁巳日生于申月，己巳日生于寅月，前者用财，后者用官，日主身强，用神财官，日主得用神倚赖可以成富贵也。但是，丁巳日生于申月行寅运，购成三刑且冲提纲，财印相战，大凶；己巳寅月生行申运，购成三刑且冲提纲，官格行伤官运，同样大凶；原局若有煞刃者尤凶。如果顺行不遇财官破格，不逢三刑提纲相冲，亦主平安，如果犯前大忌，加上破格三刑，必有大难临头矣。

冬火

丙丁冬月用当垣，从化都宜不带根；
官煞当时嫌日旺，无生清用便为恩。

丙丁冬月，水当时，官煞旺，若从化作上命看。

如丙生此际，遇壬癸水干透相连，或申子辰会，柱有辛则化；有戊己则制；皆主功名。遇丁伤辛，有壬透不妨；遇甲是枭，有庚制方去。

丙生子月财官，柱无壬亥及坐申皆以财官论，怕刑冲破坏，及分官日弱，乃秀而不实；其煞格忌日主休囚死败之地，及煞旺去食拆合拆化之方。

丙生丑月有戊己为用，宜身旺怕木坏之；丑为财库，如透辛庚不宜见官煞。要日主健旺则吉；破用主弱则凶。

注：丙丁生于冬天，水神当时，官煞当令，若从煞或化合之格，皆作上命看。化合之格，指丙逢辛合，生于冬天，化水成格也。从煞者，丁生冬天柱中水重也。化格与从格，皆不喜丙丁见根也；若见根气，不作从化外格来言之。

丙生冬天，壬癸水透，或申子辰水局会成，只要丙无根，有辛合丙，可以作化格论，作大富贵命断。此化格当中，逢丁劫来夺辛，则须要有壬来克合丁火，则丙依然可以合辛，化格不破。若有甲来生丙，须庚来去甲，丙火无根，贪合辛妻，可以化成水格矣。

丙生子月是正官一格，无壬亥煞混，坐申地作财官格论，忌伤官坏格，忌身弱，忌劫分官；若犯上述所忌，格局破损，富贵大打折扣也。

丙生亥月，煞格当旺，忌日主死绝，要印化煞或食制煞，按一般煞格之理去论运高低。

丙生丑月，丑作财库，丑中有戊己用神，喜会酉巳辰申财神之地，只要身强，便作富贵命推，忌甲乙印与伤神战，更怕身弱，任不得命中重财，必主贫困多艰也。

丙生冬月喜逢辛，格内土来作吉论；
时上不妨壬字见，有丁合化俱无嗔。

丙生冬月，喜见辛化，宜土制为食乃吉；时月煞不以为害。若见丁克辛，时遇壬合，则丁不暇害辛，各全其化；岁运逢丁克伤妻子，轻者稍可，重者尤甚。

注：丙生冬月，无根，喜见辛化；无辛煞旺，只要有食制煞，也可以功名发达。若用辛合丙，最忌见丁，以丁破辛，合化之机破矣，此时急要救护，只要出现壬水，壬水合丁化木，则丙辛相合化水，各全其化，可作富贵命断。但是，这种化格当中，大运又见丁神来克辛，必主克伤妻子，祸不单行。

丁生十月得寅时，化象成都富贵推；

若再丁来即辰戌，戊分官贵庶人期。

丁生亥月，遇寅时成正化格富贵；或再见丁则分官，见辰则官入墓；见戌字戊癸乃拆合伤官，遇申酉乃破木之用，此等皆坏格不吉，如无此玷乃大富贵，行午巳申酉地，吉中主凶。

注：丁生亥月遇壬寅时，丁壬相合，化作木神，柱中无金伤害，自然成格，功名显达。但是，化合之格要求繁琐，稍有忌讳，便是破格不成：一者见丁分官争合，二见辰土或戌伤来克害月令正气官星，三见申酉庚辛金神可以破木之用，四见癸水煞星攻丁，丁受制于癸不能与壬相合，出现上述所忌，全是坏格不吉之象，就不作化合之格讲了。若无上述所忌，成化格之机，又是成格之正官格局，必然主大富贵也。但是，行运午地，丁火无光，巳地冲亥，申酉地破木，皆主吉中生凶，祸福同行。

丁壬化木卯羊寅，无破损纲利禄新；

官旺且宜身旺地，兔逢兑变虎愁坤。

丁壬十月官印俱时乃正化，其寅卯未偏垣，寅忌行申，卯忌行酉，未忌行寅；余亦忌戌子午巳运。

注：丁生亥月，官印当时，丁合壬官，正化之格，只宜行木地、水地、火地，不破提纲，不伤日主，不破化合之神，皆主功名富贵；最怕行申酉地，克破化神，必主大凶。

这里诗诀中认为，丁壬化木不仅仅于亥月之内，就是在寅卯未月，也是可以成格的。实际上，依我的观点看，寅月化合已是牵强，未月更无化合之机，只有卯月，丁壬相合，才有化合之机，然也不易成格矣。

丁卯秋冬煞叠昌，休来印绶助身强；

美乎亥子嫌重火，火木如来反主伤。

丁卯一日乃煞印之源，能任官煞之多，柱中多亥子及运遇之皆吉，若比肩印生，反不为利，行金水大发，行比劫及原有土神，子申运凶。

如高文荐都宁：丁亥、癸卯、丁卯、庚子，柱多亥子煞印为贵。

注：丁卯日，丁生于卯，是为煞印之源，柱中只要官煞多多，以卯化官煞之气，必然大富大贵，官煞越重越贵，官煞多便不忌金神，行财官运大发功名，只怕比劫分官夺财，或者有土神与官煞相战，于格局大为不利矣。

比如高文荐都宁命：丁亥、癸卯、丁卯、庚子，柱中官煞多，且混有财神生煞，财煞虽多，却因丁坐下卯，财煞之气全化为印星之源，一气流通，生化有情，功名发贵。

三、论戊己

春土

戊己当春官煞强，火金相见主荣昌；
干支财透无临劫，运向财乡田舍郎。

戊生正月，透官煞只以煞论，柱得水，行南则吉；火虽印，亦不宜多，多则燥土，行火地遇午，刃旺甲死是木遇火盛，用亦被焚，土燥木虚，官煞有名无实。若金水多，行此地则吉，若金水多无印，行北方亦主凶。

生二月正官，要日干有财，行南可功名利禄。遇甲从煞论，柱有财不忌印旺，行南吉。若偏正印多无财，行北亦吉。若财遇印多，行午地，引领原火，火土燥，水不能制，盗木之气，羊刃无情，虽得富贵，未免灾咎，重则危甚，俱忌刑冲。

己生正月乃官，再透丙火，官印两行俱吉，忌午戌运及冲提之方。遇子丑亥戌时合化。遇乙是煞，遇印无水，行北亦吉；若水金多，再行金水不吉，行南发达。

二月是煞，最宜透出官煞为美，有财无印，顺行功名，逆行北不吉。若印多原无水，行北亦吉。大抵宜行木火忌行金水，行午戌酉运，亦宜有灾伤。

戊生三月遇有壬癸申子，柱无煞劫，行金水方发福；如遇劫财便发，亦克妻损子反覆。见甲寅时一格，可云富贵；却忌壬癸，喜见庚金。如遇财局兼遇庚金，不遇枭大发，见煞逢枭不吉。

己生三月最宜财官全乎一格，或是伤官生财及丑亥俱拟富贵，用财亦吉。或遇庚辛巳酉丑金不见火木，行金水方皆利禄。如时上一位贵，格局清者可发科目。

又云戊己正月干见金局乃透金，最不宜见木在柱遗患，后行患旺地坏用，用煞不忌见金。

注：戊己生正二月官煞当权，宜火印透出形成官印或杀印论富贵。但又宜水财来济火印，调停中和方无风险。大致火印多宜行北方，水财多宜行南方。火印旺又行南，水财旺又行北皆非中道，皆生灾祸。

戊土生于寅月，七煞格，无论是透出乙官或甲煞，总以煞格论。煞为凶神作月令用神，则要相神火印来化煞生身，但相神火印也不可"喧宾夺主"，不可太旺太多，泄用神之气太过会让七煞寅中甲木反而无力，且火多会燥土，再运行午地，刃旺甲死是木遇火盛，用亦被焚，土燥木虚，官煞有名无实，不作吉论。这时，务要柱中有水财，以水财可以去多余之火印，生不足之甲煞，这样水火均匀，甲煞才有精神，日主倚之，大发富贵。若原局有水，运行南方，也不忌讳，还作吉论。若柱中有水财太多，生煞太过，这时也要运行南方，以火来济水，格局方能平衡，大吉。若再运行北方，以水财太多生煞，日主不任，反主凶命矣。

总之，戊土生于寅月，总要水财与火印来调济用神甲煞：一者，水财旺火弱导致甲煞太旺，再运行北方财地生煞，作凶论；二者，水财旺火弱导致甲煞太过，要运行南方化煞之气，作吉论；三者，水财弱火印旺导致甲煞弱，要运行北方生煞助煞，作吉论；四者，水财弱火印旺导致甲煞弱，再运行南方煞星更弱，作凶论。

戊土生于卯月，正官格，正官格用财印，同样要求水火作为格局中的相神来辅助用神乙官，其原理与戊生寅月一样，仿上段文字参考就是。

己生寅月，正官格，印长生于月，透出丙印，官星见印，格局特别清纯，其命尤大。但是，官格用印，也怕丙火太旺，或者行午戌之地旺印焚官，反主罢职。当然，寅月正官运行申地逢伤官，也是破格之运，不吉，有印护少凶，无印护大凶。遇乙是官格混煞，用印化，运南方，全作吉论；火印太旺焚去官煞之混，也不吉，反要水财来救。

己生卯月，七煞格，喜见火印，不喜见水财，运喜南方，不喜北方，是为原则。只有印旺焚煞，才可以用水财生煞，这是反局，一般少见。

大凡而言，戊己生于寅卯之月，无论是官格还是煞格，喜忌类同，皆喜火印，形成煞印、官印局论富贵功名，水财济火生煞，要随时以格局所需而论。要特别说明的是，戊己生于寅卯月，煞格或者官格混煞，皆不喜金神出干，以金神在春月失时无力，不仅不能制煞，反而徒然与官煞争战，激怒官煞之神，破格坏局，凶不可言。

戊己生辰月，日元时旺，可取年月官杀与印配局，或财官合局皆作高命看。又辰为水库会合申子，再露庚辛伤食生财，行金水方大发财禄。

戊日如逢甲寅时，却从煞格莫拘疑；
运宜木火通名利，金水屏干入是非。

戊日寅时生春夏，宜制则贵；生秋最怕庚露，木衰秀而不实。冬阳近木进气，制稍无忌，亦不宜多，行火木运功名。如伤官合财格，此寅时为战不吉。

注： 戊日甲寅时，以时上一位贵推论。春杀旺，宜岁月露火，行南方运大发显赫。夏火当令，杀势稍弱，又宜逆行东方亦好。秋木衰微，制杀太甚，宜火制金护杀或水来生木也佳。冬生水旺，财星生助时杀，最要日主刚强，行南方运一发如雷，身弱者多灾多难，重者夭亡。

戊日甲寅时，岁月上露丙丁者，大都作富贵命看。若局中透出庚食战甲煞，凶多吉少。

己临卯位透官星，木火重逢事业成；
顺得南方人富贵，水多金重更无情。

己卯日生卯或寅亥未月，遇甲透，从火木旺乃白手成家；如遇金水重重渗洋日主，金重破木，怕行午戌子运及流年时主之地不吉。

　　注：己卯日生于寅卯亥未木局之月，柱中无论透甲官或乙煞，都喜火印之地来化煞化官之气，官煞配印成格，定然功名显达，忽然发迹。若遇金水重重渗洋日主，日主衰弱，不任官煞，金重破木，水财破印，必然贫贱多难。

　　己坐卯未逢卯月，天干透乙身更衰；
　　弃命相从翻富贵，如行旺制便生灾。

　　己卯己未日更坐卯月，又透一煞乃弃命格，不宜丁己重见，若遇制地旺地，是非竞起，不遇所忌，发达功名。

　　注：己卯或己未日，生于卯月，局中透乙煞，日主无根，可以作弃命从煞格，运行财地、印地、官煞之地，皆主富贵。己生卯月，煞星旺相，只喜火印，木火相生同行，自然富贵。己用乙煞，不喜辛食，不作食神制煞论，只作食煞战局论。

　　己日如逢戌子时，节当官旺煞何疑；
　　丙丁火卯来相援，木进何愁金坐支。

　　己日逢甲子甲戌时合化，宜卯未日支，不谓官杀混。若官旺或二甲二己，俱是富贵；若被拆合分，金无配及庚申金有根皆不吉，若金坐寅午戌，局中有木不忌，亦宜丙丁火局。

　　注：己日生于甲子、甲戌时，以身合官，不论合化是否成功，总要柱中官煞与印星同旺，运行木火之地，大发功名。用官者，最忌庚伤，运庚金西方旺地，格局尽破。若透庚搅局，最好庚坐寅午戌地，有火局来去庚，则甲官乙煞无伤，运行火地，作吉论。

　　己日如逢戌子时，财官叠见最相宜；
　　若生季月多财禄，身旺用衰作别推。

己生辰戌丑未月，日本旺，若叠见甲或财，利禄之人。如化土生正月，坐卯未更吉，怕制合及寅破，忌行午戌辰丑乡。

如己丑、甲戌、己丑、甲子二品武职。

甲午、甲戌、己巳、甲戌富贵清高。

甲午、甲戌、己巳、甲子巨富纳贵。

辛巳、壬辰、己巳、甲戌富贵轻。

注：己生辰戌丑未月，日主时旺，若逢甲戌甲子时，时上正官力弱，喜见中柱中重官或有财生官，这样用神方能得力，日主才能发福。忌行日主过旺、用神。财官死地，午地官死、辰地财墓、戌丑之地比劫太多，全是凶多吉少。

一般而言，论命日主与用神要并行，日主要旺，用神要旺，这样日主才能倚赖用神才能发富发贵。若日主强，用神轻薄，不能为日主所用，日主身旺无依，一生无依无靠，必是贫困聊倒之人。若日主弱，用神重，日主不任用神之福，日主反为用神之"奴"，反为用神所播弄，当然不能发福，一生受制于人，凭技艺求生计，只是九流之人。比如日主强，用财神，日主旺，吾可以作财之"主"，自然吾可以发财矣；若日主弱，财神过强，则财神反成日主之"主"，日主反为用神之"奴"，日主受财神驭使，这样之命日主就会成为富人家的奴仆之人了，这就是"富室贫人"之本义。贫人者，日主也；富室者，财主矣；以八字中身不敌财神，那日主就只能屈身为"财神"之"奴"了。所以，八字命学中，日主身弱不能自立者，都是处世艰难之人，大多只能随波遂流（也就是讲日主无力，只能跟着流年大运中不同用神的强弱而沉浮），难于自立成就一番功名事业。

如释文中的"己丑、甲戌、己丑、甲子二品武职，甲午、甲戌、己巳、甲戌富贵清高，甲午、甲戌、己巳、甲子巨富纳贵，辛巳、壬辰、己巳、甲戌富贵轻"这些命造，全是身强，取用重官作福之命。

勾陈得位号高强，木火虽宜忌火昌；
四柱若无金作梗，一生名利入嵩廊。

勾陈为土，得位乃逢木之谓，如戊寅、己卯、己未、己亥日，更生亥卯未寅月方是，柱有火不怕庚辛，遇木火运主功名。若火太旺，焦土焚木不吉。

注：勾陈得位，指戊寅、己卯、己未、己亥数日，以日主戊己坐下木局成官煞也。至于戊己土坐下水局为财局者不是，坐下水局者，谓之土局润下，其喜忌与勾陈得位不可同论。

勾陈得位，且生于寅卯亥未月，官煞坐下身下，且得时令之气，官煞之局成矣，戊己官煞成局，最喜见火印，以火印化官煞之气来温育戊己之土，造化之功可谓伟矣！运行南方火地，功名有准。勾陈得位，最怕庚辛金神于命中相战，此时更要火印去之，则食伤无妨于官煞，官印煞印成格，大发富贵。若无金神而火太旺，焚官煞燥日主，也不作吉论。

大概言之，戊己日主见木火为官印，官印宜均衡相停，不宜火盛焚官。庚辛金伤害官杀，有火印去之不惧，西方运亦可，伤食不能害官杀，只怕金水齐来，伤官破印则凶。

大抵戊己土用木火，不宜见金水攻战，用金水，则不宜见木火斗争，是为定论。

夏土

戊己当时夏日期，土焦宜水乃相滋；

木金得格成其器，印绶轻时怕水洴。

戊己夏生当垣，印又生扶土过，宜微水滋泽其间，俱要金水作用。若用印怕财，行财乡不吉。

且如戊日午月，戊寅日甲寅时戊午时，乃木用，富贵可言。六月木库，用甲乙须透天干，甲寅时功名，余甲则否；遇乙亦不宜混煞，清者取贵，浊者不利，俱宜微水，不为坏印。

如用金，四月庚辛巳酉丑亥则可用，见壬水或水局破月丙火，行金水地利禄人也。若无水，更遇甲丙皆不吉。五六月金气轻伏，无可言用，须多方取。如六月用在七月近秋，作六月推者，遇金多，顺行亦可言用，行金水方发财。

戊生夏，若遇偏财时上，及金助之，行西方发财。

若露丁火无财印绶论，遇壬癸乙字及化格富贵，怕冲提再入财方。

己日四月得庚辛酉丑申金，时支又居酉丑，不见甲乙卯未丁字，行西北大发，忌入戊寅二运。若戊子丑亥时以官印煞印论，行官煞皆吉。

五月生遇木，行东方可言名利，用金绝木宜水，如绝木得金局，行入北方亦吉。

六月遇官煞，行东方可拟富贵，西行次之，亦怕入旺。用金水近秋则可，运宜顺行，反则不吉。

大抵戊己二干用金水，不宜露见火木。用火木不，宜露见金水；中间又有拱禄、拱贵格，宜细详之。

注：戊己生于夏天，正是当旺之时，又有火印当时生助，怕火炎土燥，故宜微水来滋润其间，若得金水相生，则是秀气之格。若透出火印作格局，则怕柱中水旺，以财破印，水火相战，则作不吉论。

戊生午月，戊寅日甲寅时或戊午时，则用时日甲煞，刃格见煞，可言富贵功名。六月未，正是戊土官煞甲乙入库之时，用官煞须甲乙透出干头来，方可权用。若甲寅时用时上一位煞，亦主富贵，其余甲午等其他六甲干支，以甲囚死不得实用也。若透出乙官来则取杂气正官，要正官得局，或者得财生官，则乙官可用。用乙官不得混甲煞，怕官煞混杂而于日主不利也。戊生于未月，也宜微水出现来润局，不作破印论。

戊生夏天用金，要分具体不同月份来细详。戊生巳月，巳中庚金长生，天干透庚辛地支逢巳丑申酉，则金神可以取用，再要见水局或亥水壬水，以水来克制当令之丙，形成金水之局，然后再运行西北，必然名利双收。若此月无水破火，或更见透出木火之神丙甲来战庚辛金，则用神不专，不吉之象。戊生午月，金于此月处于败地，一般不取金水之局来论之，只有时上或年上有庚辛金通根有力，且结成金水之局，方可以论之。戊生未月近申月，柱中金神进气，只要庚辛壬癸水有根，运行西方，名利显达，逆行东南方，破格局，极凶之象。

戊生夏天，时逢壬子，运行西方，弃火印用时上财星，则喜西方运，必发横财。

戊生夏天，透出丁火之印，喜甲乙官煞作相神，甲乙出现则喜财神壬癸出干助官煞，运行东方，立主富贵。然怕柱中水旺破印，运行北方，财印相战，不作吉论。

己生巳月，柱中庚辛申酉丑结局，时上再有地支金神，不见木火相战，行西北大发，忌入寅午戌年运之地，富贵中生祸害。若生于甲戌、甲子、乙丑、乙亥时，以时上官配合月上印星，运行官煞之地，定发富贵。

己生午月，柱中有甲乙官煞有根，运行东北，财官得地，功名利禄。己生午月，柱中无官煞，则喜见金水，运西北，声名大振。

己生未月，柱中遇木结局，官煞有气，可以取用作成格论，喜微水相生，喜运东方，官煞得地，功名不轻。近申月，金神进气，取用金水局作用神相神配合佐理日主，求富贵功名易如反掌，且格局有秀气矣。

大抵戊己二干用金水不宜露见火木，用火木不宜露见金水，中间又有拱禄、拱贵格等奇格异局，格局尤大，宜细详之。大抵八字论富贵者皆在格局，格局又重在用神相神配合得力，共同辅助日主而专一。《三命通会》所议论十干十二月之内喜忌分布成格成局者，都十分持平而又圆融全面，攻读这些经典诗诀，深入理解灵活变通之，一个八字拿来一观，又岂有难哉？

  己生季月旺身时，不遇官煞旺何为；

  命有财官如被劫，运行金水木乡奇。

己生辰戌丑未月，不遇官煞，空旺不吉；若遇财官之夺，秀而不实；行木金水地，倚运亦发，过此仍旧。

注：己生季月，身旺无疑，身旺之命，当然喜欢官煞与财食，运行财官之地，必然发福。如无财官，或者有财官而柱中比劫太多，将财官用神一一分夺，则秀而不实，富贵皆空。若己生季月，柱中无财官，运行财官之地，日主倚运财官用神，也可以应运而发；但是一旦运过，日主依然无倚，不得

继续发福也。

  己生辰戌旺根亥，木破重重芽未衰；
  制运更愁驱煞起，煞乡无谓就降猜。

  己生辰戌三九，遇财官本是一吉，若见煞多安身，身宫不弱，煞与身和，可言富贵，清者堪登科甲。若行制乡，击驱其煞，不吉；行入煞旺方，亦莫以旺煞论。若支遇卯木，更入火木则吉，行金水不宜，忌煞入墓，及午戌辰，土燥焚木，岁运如逢，轻则伤克，重则危殆。

  注：己生辰戌月，遇壬癸财甲官本是吉神，可以作吉论。若见煞星出干，煞有印化与日主相和，可言富贵，若煞星清纯，则可以为科甲之命。己用煞星，不喜庚辛战煞，煞星受制，不能一心服事于日主，自然日主不得成功矣，行入煞旺之方，徒然煞与食战，不吉。总之，己用乙煞，只喜火印，行煞印之地，功名发达，行金水地，不吉。煞入于墓地或死地，火印太旺，焚煞燥日主，也不作吉论。

  己生夏月用庚辛，遇水西行事业成；
  酉丑喜连申子吉，如逢木火病非生。

  己生夏月，火藏木泄，若得庚辛透壬癸及有申子酉丑，运入金水地发财。但见木一位便破格，忌午戌寅运，此乃无中生有之奇，行金水吉。

  注：己生夏月，用金水作局来论命，一般只有这两个月，一者己生巳月，二者己生未月近申月，两者全要柱中透金水地支有根，命中无木火来战，则无中生有，富贵不凡。

  大凡天地之间，以木火生发之气为一家，以金水收藏之气为一家，也就是造化之功中，上半年主长，下半年主消，一长一消，一年之岁功而成也。所以，出生于上半年者之日主命局，皆喜见金水作局；出生于下半年者，皆喜见木火作局，如此命局才能得造化之全功。另外，只有戊己日主，据天地之中气，左右逢源，可以取木火局成格，也可以取金水局成格，如此大命才会层出不穷，天地之化机才能源源不断。

己日如逢丑寅时，身衰宜印贵无疑；

行来木火愁金水，四季生人各另推。

己日用时煞，春不须印，亦同弃论。若非春月，纯阴俱偏，亦不忌枭。秋生遇乙多最宜，亦宜正印。冬怕水多，行入火木俱吉；如遇丑辰午戌运，专看岁会，碍此运有咎，非克伤为忌。身弱杀旺吉，若财多更透金水及用入墓，称意中亡。

注：己日乙丑时丙寅时，身弱喜印，官印有情，煞印相生，自然命格不凡。如逢时煞乙丑或乙亥，又生春月，柱中煞成局，无印，可以作弃命从煞格论。柱中煞星过多，最喜丙火，《格物至言》云："己土逢丙，无人不发"，无丙印而有丁印，也可以作杀印格论。秋生己用乙煞，乃是伤官或食神格用时煞，就怕煞星无力，一喜印星护煞，二喜财星生煞，如此功名有望。己用乙煞逢冬生，最怕水多，煞星受寒气无生机，不能作福于日主，喜行东南阳和发生之地，如此用神才能真实得力，日主方可富贵。

总之，己用乙煞，怕煞重，又怕煞轻，煞星身主均衡，再有印星化煞生身，才可以发达功名。若身弱且煞入于墓地，定然凶亡。

秋土

戊己秋生本泄气，少宜壬癸怕多逢；

如专金用来青赤，纵有财名亦酌中。

戊己秋生，本用金水，遇火则害用，遇木则害身；如此日生遇庚辛壬癸，身旺两行功名人也。

若遇癸化合，不利水地，火地则吉，丁乙不忌。

若全金用，惟怕丙甲不吉；如遇丙辰时，宜壬透制；及有寅字或支隐，甲丙遇庚，壬在干屏之，行北发达；一度入寅午运，两仇旺起不吉。若岁月丙居申子辰上，虽无壬透，子丑辰巳运，干得壬癸庚辛去岾会用为财名，如无此，西行亦颇可遂意。若丙有庚及申露，或隐寅无制，蹭蹬人也；运入午寅，重则危，轻则病非克伤。若丙年丁月连见，及丙甲俱见，小人，如无所忌，两行发达；亦忌丙甲岁运，大利辰巳子丑运。

若岁时遇丁作印绶，逢癸丑正化，伤丁则贵；如两癸争合，宜行戊土；两戊争合，宜行癸地。

若辛露怕见乙，俱忌财多；有官亦嫌丁辛在内，虽不为害，迤逗害地不吉；若印旺俱入怯疯之病，克妻害子。

若生九月遇甲寅时，则是一格，宜临冬首。

如庚申时近冬无玷破，及火木亦福，亦有化印格之拟。

己土七月见卯未日，又见甲戌甲子乙丑乙亥时，互见官煞富贵，不宜透庚，如庚居寅午戌上亦无害，此非正气官煞，惟忌财多。若用金水，不宜见木。

生八月遇丑亥时，叠见乙多皆富贵；甲戌甲子时亦要煞混，以虚官无实用也。

若壬申癸酉时，则是一用，不宜见木。

九月生亥卯未，遇巳时，亦可言吉，清者贵，遇合不宜露煞，从合亦贵。坐煞亦妙，惟混不吉。若庚申辛酉等金为用，宜见官印，亦主利禄，受木破者不吉，忌行火木及午寅运。

如用官煞行戌午运及木用入墓，用金败印者，忌行午寅木火岁运。

如得时上一煞，身弱不战克者，许登黄甲，战争者称意中亡。

注：戊己生于秋月，戊己为日主，金水为用神，命之好坏，格局成立与否，全在日主与用神两个方面。见木则为官煞可以害身，见火则可以害用，日用全破，命局大坏也。若日主自强，柱中透出金水流行，运行西北，以土生金，以金生水，真神得用，富贵平生。

戊生秋月，见癸化合成火，只有刚刚立秋数日之内，戊见癸合，生于火时，才可以论合之机，且喜运行东南之地，才能讲化合成格。戊癸化合，一怕水局，二怕水地，运行西北，不成化合。

戊生申酉之月，全用金神，以金生水，先要日主根源宏大，才可以运用金神作福。如用当时之秋金庚辛作用，最怕柱中有丙甲来战庚与日主，以丙害庚，以甲害身，丙甲搅局，为害不浅。若出现丙，柱中得去配也不太忌

239

讳，若丙辰时，有壬去之，则丙不妨庚，喜行北方水地之运，大忌寅午之地，局有甲丙，克用害身，不吉之象。若戊生秋天，全局中甲丙木火与金混战，必是蹭蹬之人，且恐心术不正也。

戊用丁印，又生癸丑，化合逢丁，只有是浅秋之时，可以论化。若一戊两癸，要行戊地，一癸二戊，要行癸地，总要夫妻得配，才可以论化合之机。

戊用辛金伤官，见乙正官，总是不吉之象。用伤官生财，又怕财多，身不胜财，名利不实。戊生秋天用乙官，最怕见辛，遇丁救应，格局也是不清，若运行北方，破丁伤官，命运不济。戊生用秋金，若土有根基，金作用神，则不喜旺印，以旺印生身，破月上正用神，运行南方，克妻害子必矣。惟深秋之弱土，土气浅薄，又有锐金来泄土气太重，这时方可见丙丁之火，以丙丁来温土育土，以丙丁火来锻炼顽金，如此土金之气才可以恢复生机，富贵有望。若戊生秋天，透出庚辛一位，这是秀气之金，不可见火神克破，只有金叠叠，才是顽金，顽金才喜火炼，秀金只喜水润，如此论金之喜忌，方得三命之道也。

戊生戌月遇甲寅时，如果近立冬之时出生，柱中只要有火印透出，功名有准。如果刚入戌月，逢金克战，不吉。

戊生戌月遇庚申时，柱中宜见水，富贵不凡，若近冬，财神水进气，更贵。

己生申月初，庚伤官不透，柱中透出重重木火官煞印星，运行东南，必发富贵，这就是假神得用，运助而起，借假显真，功夺造化。若透庚与乙煞甲官发生战争，则宜火印来去庚，格局不破，依然富贵。若己生申月，局中见子辰，只要日主有根，运行西北，必发富贵。事实上，依我的经验来看，戊己生于秋天，用金水局，真神得时，秀气流行，一般皆是有名无利之聪明才子，富贵难望，为何？以秋生之戊己土往往失时，日主弱者居多，格局虽成，日主不胜，固聪明秀气而不得厚福也。

己生酉月，本是食神当令，丑亥时上见乙煞，喜官煞混，这样官煞才能真实有用，富贵可靠。实际上，八字命学中，所有的十神当中，只有财官煞三个字才是致功名富贵的"三宝"，其他伤官或食神或印星或比劫，全是空洞无用之物，只有用来跟此"三宝"联系上，其他十神才有其意义存在。比如伤官吧，伤官不生财，有何用处？食神不制煞不生财，又有何用？所以，只有洞察了八字命学玄机，才可以来论命理之是否。己生酉月，用时上官煞，只因食神当令太旺，导致时上官煞太弱，那么，只有官煞旺了，日主才有富贵之可能，这里的食神实际上是起了坏作用，所以，这种食神之格可以弃而不论的。六格当中，财官印煞伤食格中，实际上，只有财官煞格才是真实可信之格，其他食伤印格，全可以弃月令用神之权来论年格日格时格之用，这也就是外格立格的原理所在。

己生酉月，若用壬申时癸酉时，就是用时上财格之义，柱中只有己土自旺扎根，才可以论格局之成，若日主弱，则财食过重，只能是富室贫人之命了。

己生戌月，坐亥卯未支，逢己巳时，正是日煞用印之象，只要格局清纯，自然大吉。若透正官用印同，吉格；若透煞星用印，同样是吉格，但就怕甲官乙煞相混，必有凶灾。

己生戌月，主要是要用官印或煞印才可以成大格之命，若用庚辛金神，必要柱中重重透金，且要在近酉月之时日出生才是，运行北方，勉强富贵功名，用金神者，自然忌寅午火运也。己在此月当中，用官煞固喜，然也要财印相均衡，方可以论吉，若柱中火印太旺，又运行南方，火旺焚去官煞，用神无力，也不能作好命论。

己生戌月，用时上乙煞，只要有火，自然富贵，但是身与煞战，总无好下场。事实上，己土这一日主，一般只喜甲官丙印，道德功名齐亨；若用乙煞，纵然富贵，也多小人之性矣，且平生多灾，不稳当。

     戊日申时金水生，更兼水局禄财成；
     如无枭煞来侵格，职位崇高莫与京。

戊日秋冬金水旺局，遇庚申时合禄格，不遇枭煞之玷，及戊申日主大富贵。夏生有水木金制合，亦主大富贵享用；春生难言。

注：戊日秋冬，遇金水结局，且时遇庚申，成合禄贵格，金水一气流通，不遇丙害庚，不遇甲害身，功名显达，戊申日更吉。戊生夏天，用金水局，不喜木火来混局，无中生有，亦主富贵。春生见金水局，全是贫贱多难之命。

戊日秋冬两样之，偏财时见最为奇；
伤官岁月嫌枭煞，丑亥不如子戌时。

戊日秋冬，宜见偏财为美；丑亥时天财入化格贵；有玷拆不及，子戌二时偏财为吉，忌煞官多，与前同。

戊己秋冬遇庚辛透为用，行金水方发财，支宜申酉巳丑壬癸申子辰俱吉。遇丙时，有水制亦吉，行金水地不妨；忌枭丙甲有根，行入子丑辰巳申酉运俱称意，丙甲午寅运不吉。

戊己日如用，次则从木论，官煞清，行吉乃富贵。用金水忌丙甲寅午戌岁运，轻则耗非，重则危殆。

注：戊日秋冬，生于壬子时或壬戌时，则为时上一位偏财格，只要身强，便可发福。如癸丑、癸亥时，虽然合化正财，但是格局平常者居多，难于论贵。

戊己秋冬，透庚辛食伤为用，行财地金水方发财，只要地支申酉巳丑壬癸子辰俱吉，不过，戊己秋冬用金水局，必要日主自强才可以论之，否则，秀而不实，不作富贵论。比如戊戌日戊午日，可以富贵，戊辰日会金水局，身弱财旺，只是富室贫人，至于戊子、戊申从财则大富贵，戊寅日不能用金水，凶命多多。总而言之，戊戌戊午日用金水就是用食伤生财格局，忌丙甲相战，行运亦凶。戊子戊申用金水就是从财格局，颇忌丙甲或火局来搅，行运亦忌，一旦犯之，凶多吉少。

事实上，万民英先生在诗诀中多次谈到了化合一格，以为其化合也是论贵的一条主要路线，可按我的实践经验中来，化合之格，少之又少，极为罕见。大多阳干之日主，见化合之正财，以夫就妻，以尊就卑，只是平常之格居多；惟阴干日主，见化合之正官，以妻就夫，以贱事贵，富贵之格较多也。

天地生长化育之机中，以木火之气为天地生长发育之气，所以，用木火之局来现生化之机，最为高贵。金水之局，本质上是天地收藏聚敛之气，其生化之机息矣，戊己土用金水局，以土生金，以金生水，表面上一气流通生化有情，事实上与天地之化机背道而驰，禀其气者，人虽秀气才华，然求富贵难矣。戊己得用木火之局，得天地生长发育之气，则土德厚载发育万物，其功伟矣，八字禀赋如此气机方才是与天地全体同功，一气同流，自然可以成为大格，富贵尤巨。

戊申辰子时为同，金用壬连水有功；
辰巳丑申为美运，午寅丙甲主贫穷。

戊日生，如坐申子辰及时亦遇，天干庚辛透出富贵，运行庚申辛酉子辰丑巳之地，可云遂意；若行寅午戌丙甲不吉，甚则死。

注：戊日坐申子辰，局有金水同行，成从财格，富贵双全，行金水之地如意，若行木火之地引起全局混战，极凶，甚则死。

己日秋生本用金，干头却喜木森森；
乙连三四皆为吉，遇甲相成入翰林。

己生秋月本金，时若不露庚辛为用，见一二乙字乃煞，食前煞后，遇丙亦吉，行火木地富贵。若坐下未卯，更遇两甲，亦主功名。若庚辛已露，甲乙再见，互相攻击反害，忌行木火，稍逐金水，宜详之。

注：己生秋月本金，时若不露庚辛为用，时上一柱中出现乙煞，则是食前煞后，食重煞轻，要有印来护煞，要行官旺之地，主功名发达。若己未、己卯日见乙煞，以煞有气，更吉；混官不忌，作贵命论。若庚辛甲乙混见于干头，只是战局之象，多灾之命，运行木火，为害更大，运行金水，稍微吉利。

冬土

戊己冬生财利滨，柱中金水喜相亲；

水金得局空枭煞，贵比班超富季伦。

戊己冬生，遇化则是一格，不忌官星，更怕枭煞。若弃命就财，又是一格。

戊日庚申时无火木，遇申子辰无火木，主大富贵。若戊申日遇金水或壬癸时，亦是化格，不忌乙木，如此者大贵，畏行冲提拆刃。

若遇甲寅作时作煞论，可许功名；年月见甲及金相攻，不吉。

遇庚辛金为用，原有丙辰之玷，行壬癸子丑辰巳，及遇申酉方，亦当称意；一度行寅午戌丙甲，重则危，轻则费患克伤。

己日遇子戌丑亥时，又是一用，见卯未忌透金水。

若申酉时为用，亦可言贵；不忌甲忌乙，亦忌木火中行。

如戊日合得水局，弃命从财，合禄化火，四格无煞破皆富贵。

己日从木亦吉。

己日丑月，透金伤官及用财，二格行金水申酉巳辰方吉。用时上一位贵亦可言功名。

注：戊己冬生，戊见癸，己见甲，若成化合，可成一格。若命中水局旺，日主无根相从，以夫就妻，发财。

戊日庚申时，无火木，见申子辰水局，以金水流行，可以论富贵功名，若成从财，更吉，金水作用，必忌火局。这里要说明的是，戊日用金水流行或从财，秋天格局高于寒冬，以秋天金白水清，气象脱俗，是以富贵者多多。用寒冬金水局者，以金寒水冷，天地全无生机，是以虽成格局，纵然富贵也多艰难困苦。以天地之化机而言，上半年出生多是创业之命，下半年出生者多是守成之命。从一年岁功运化角度来看，上半年出生之命是好于下半年出生之命的。

戊日冬生见甲寅时，只要柱中见火，运行东南，必发富贵功名。若无火神，则寒水冻木，甲寅木全无生机，只是贫困之命。若得身旺以敌财煞，格局成功，则是江湖大盗之命。

己日生于冬天，见子丑戌亥时，只是用时上官煞，只要官煞旺，印星同行，必是功名中人。用火木者，大忌金水来。

己日冬生用庚辛，格局成功，只是名流或才子，富贵不巨。

己日冬生用官煞甲乙寒木，最要喜火来发荣温养，这样格局才大，富贵无敌。

戊干合化在秋冬，遇癸逢壬化始通；

火地财名功业就，最嫌枭煞两相逢。

合化格见壬癸为煞，行火地吉；见两戊亦不妨；怕丙甲己，其丁乙轻无害；如丙辰时水多壬解，不甚为忌。

注：戊干合化在秋冬，就是见癸而化，若有壬水，则要见丁，丁壬、戊癸相合相化，终利于火旺之地，惟怕煞来害身，枭来害食，这样化格才有机会成功。大概而言，化合之格也是奇格异局的一种，喜身旺以化，喜四吉神相助，喜行旺地，是其一般之原则。

己亥日逢乙亥时，岂宜丁火柱中期；

运行木火尤堪美，金水重逢不是奇。

己见重亥，丁为己枭，亥中壬水渗洋不利，宜入火木则吉；若行金水运争战不修不化；如在秋冬入东南则发。午中一咎，辰丑戌宫一碍。

注：己土作为阴土，极不喜壬水渗洋，若见大水，则泥沙俱下，己土必然流离失所，岂为吉祥？己土只爱丙火，行东南运自然发财发家，富贵自在，若行金水旺地，只是身亡家兴，有何福德可言哉？

四、论庚辛

春金

庚辛春月正逢财，最忌干头比劫来；
官煞要分嫌混杂，身强用吉乃康哉。

庚辛生正二月本财，遇官杀只宜独见，不宜混杂，要身强用吉为贵。庚生正月，财旺杀生，透煞只宜煞，不宜再见官星，无壬癸戊己并见，日主旺，运行吉地，可言功名。若身坐子午，遇丙透又逢丁位，无戊己壬癸，运行子戌午方为咎。若多遇合冲，劫财多，身弱秀而不实；又怕寅午戌及枭食岁运，殃祸速至。如庚坐辰遇丙或丁，不会火木及劫则吉。

二月同论。二月庚辰日连庚辰时或庚辰月，及间寅字，乃是大格；否则又宜丙丁为官煞遇印之论。此日亦有用伤官者，须细详之。

若庚生春遇乙，乙庚合化另是一论。大怕身轻财多，身弱遇劫，及水局水多盗气，火局销熔，驱驰病弱之辈。

辛生正二月，或透一丙，不宜壬戌、癸亥、壬子、壬申岁运，及柱中傍位再见有丁，却不忌壬，运两行俱吉。若官煞互见无去配作混杂论，如遇地冲，劫财太重，行火地亦可，水地不吉。两月不遇火，亦是营利之徒，清者微名，难作贵论。若寅午戌时，成一妙也。若水多，原本是财生煞，见水屏火不生，皆不为贵，中亦有沽名钓誉者，太泄困乏。若劫财多，入南颇可，带火而发；若无水劫，经行亥戌稍可，酉申不遂。若丙合辛只一，不遇破富贵。壬辰时亦有一用。其余被劫官煞，及金破水泛俱作下论，运行火木之乡颇宜，再入金水无望。

辛生三月是印格，喜木火，亦有伤官格论，稍不忌水，余忌如之。

注：大凡天地之气，以木火为生成一家；以金水为收藏另成一家。木火或金水在八字中形成财官、官印、伤食生财皆可言富贵。甲乙木见金水为官

印杀印局，丙丁火见金水为财官财杀局，戊己土见金水为伤食生财局，戊己土见木火为官印杀印局，庚辛金见木火为财官财杀局，壬癸水见木火为伤食生财局，以上诸局得天地生长收藏之功用，可言大富贵命。

庚辛生于寅卯财月，遇官煞就是财格生官或财旺生煞，不喜官煞混杂，只喜官煞一位，用神清纯，日主身强，运行吉地，必发功名。

庚生寅月，透出丙煞，是谓财当令，煞长生，财煞有情，不宜混见丁官，最好见戊己透印在干化煞，或者透壬制煞，只要煞星受制合适，身主强，运行吉地，功名必发。若庚子或庚午日，日主自坐死败之地，再见柱中丙丁官煞混杂攻身，又无印化或食制，运行子地，则为日主死地，身弱不任官煞攻，大凶；若运行午戌地，会原寅成煞局，大凶。庚生寅月，最怕申冲提纲，一生多难；又怕劫多，破月令财神，贫苦；更怕身弱，秀而不实，富贵皆空，运行火局寅午戌煞旺之地，短命者有之。如庚辰日生于寅月，柱中透出丙丁官煞混，喜坐下辰印化官煞之气，只要运行印旺之地，大发功名，最忌再行财地或官煞旺乡，恐身弱不敌，大有祸患也。

庚生卯月，喜忌原则大都与寅月相同，喜身强，喜印地，不喜官煞混杂。卯月庚辰日生于庚辰时，若柱中再见一寅字，是为拱虎大格，只要官煞出干一位，定是大命。若丙丁混杂，则与寅月庚辰日同论。庚辰日生于卯月，若会子申，透出壬癸水者，也可以作财格逢伤食相生，秀气，富而不贵。

庚春生遇乙，乙庚合化，只有庚金自旺，才有化格之成，若庚弱，以夫就妻，穷命居多。大凡而言，庚生春月败格者，一者身弱财太旺。二者比劫太多与财战。三者火局全透火克身，有印晦火，一生劳碌，驱驰不定；无印透，多病多灾命，运行南方，早夭。四者水局在柱中，贫寒之极。

辛生寅卯月，本是财格，若透一丙，可以成为贵格之造，但用丙官，则忌壬癸之运，以水来破火，伤官也，若丙官混有丁煞，则反要壬来合丁，以清丙官之局。若丙官丁煞混于柱中，不吉。若柱中有申酉字冲月令，或庚辛大多，则急要行火局之地，破去比劫之搅局，尚可有救，若反行水地，贫无寸铁。辛金生寅卯月，无官煞，只是营利之徒，若想成名，必要见官煞，方有机会，若官煞逢壬癸水破，还是无贵可寻。劫财多，要运南方火地来制伏，方可以稍吉。辛用丙官，只喜一位，格局清，发贵定然。至于辛金在春月破格者，大致与庚生春月破格者类同。

辛生辰月，是为印格，喜见官煞，只宜一位，不宜混杂，清者贵，浊者贱。辰月会子申，可以作伤官格论，只是辰土会水，格局不清，只是小富小贵之命而已。

　　　　庚居子午月逢寅，官杀相渚干上评；
　　　　子午运中愁咎起，戊壬若遇暗回明。

庚子庚午生寅午戌月，遇煞在柱混淆；更见财多，无水土扶济乃弱论，再行子午则灾，若遇壬癸、戊己反为吉论。

如辛丑、庚寅、庚子、丙戌，身弱，行子亥运颠困。癸卯、甲寅、庚戌、丙戌，此亦不足。

注：庚子日庚金自坐死地，庚午日庚金自坐败地，日主处于死败之地，弱不可言。若庚子、庚午生于寅午戌月，干上透出丙煞，柱中更有旺财生助，柱中无水无土，日主弱极见财煞猖狂攻身，再行子午死败之地，大灾难免。若有壬癸水来济火制煞存身，或者有戊己土来化煞生身，定主凶中有吉，历经大难方发富贵。

如辛丑、庚寅、庚子、丙戌与癸卯、甲寅、庚戌、丙戌这两命，皆是身弱，命中财煞猖狂，日主不胜，一生多难也。

就我的经验而言，庚金日主逢火局，确是劳碌多困之命，一生失意者多，一事无成者也不少，为何？以庚金天生之刚健，来受火局之销熔，自然一生煎熬。

　　　　庚逢寅午巳提纲，遇亥同壬利禄昌；
　　　　丙火透干无水制，不堪回首叹凄凉。

庚生寅午戌巳月，遇壬亥功名发财。若丙透无水制及无印，支离惆怅之人。如坐寅午戌，忌丙丁丙寅丙午丙戌岁运，轻者悲伤讼耗，重则患难。

注：庚生寅午戌巳月，全是丙煞当令掌权之时，庚用丙煞，定要壬亥食

神制煞，主功名发财。若丙透无水制或无印化，则是支离惆怅之人。如坐寅午戌，更透丙煞，忌丙丁丙寅午戌岁运，煞旺更遇煞旺运，轻者悲伤讼耗，重则患难。

    辛未辛卯坐支财，最宜丁丙向干来；
    月生寅卯甲乙透，富比陶朱不用猜。

  辛未辛卯坐财，喜透丁乙为吉，宜寅卯午未亥月。如用丙，忌丁壬亥，宜火木旺地，不宜水金旺乡。秋冬煞旺根不宜入南，寅午戌妙，亥日亦吉。

  注：辛未辛卯坐下财神，喜透乙财，喜官煞，这样功名有望，只要有印，自然富贵。如果用丙官来佐日主，则丙官有二忌，一忌壬亥伤官，二忌丁煞来混，则要印来去伤化煞取清，如此方得用神得力。辛未辛卯日如果生于寅卯月，从财或财格佩印，皆是富命。秋冬用煞旺，不宜再行煞旺南方之地。如用寅午戌火局之丙官，亦主功名。辛亥日生于寅卯月，也是财神当道，只要格局有成，定然发达。

    辛日提纲戌巳寅，贵乎丙火擢元神；
    再财庶利官加爵，最怕相逢见亥壬。

  辛日生人，巳戌月透丙是一贵格，主功名富贵，若遇亥壬坏格，虽得己戌破之，格亦不清。如逢寅午戌时，又云一吉，怕丁混。

  注：万民英先生看待辛金日主极重财官，财者亥卯未甲乙，官者丙火也，认为取辛日富贵者重在财官也。所以，辛日生于巳戌之月，透出现丙官，是一大贵格，主功名富贵，若遇壬亥伤官来破丙官坏格，务要戊己印来制壬亥伤官，格局败中有救，虽然不纯，也可小就富贵。如逢寅午戌时，可用时上正官，也主富贵，用丙官只怕丁混，所谓"辛金珠玉，最怕炉火（丁神）"是也。

  《穷通宝鉴》一书对于辛金之发达功名，以为必要用壬水淘洗，辛金才能富贵荣华，此论只是论辛金之体，没有论辛金之用，体者，出处本体也，用者，用世也。故论辛金之出处体性，当要壬水来淘洗，若论辛金之有用于世，当要丙官甲乙寅卯未之财辅助。

　　　　辛金最喜赤青逢，丁乙相逢名利通；
　　　　青赤不加名利改，水金相见落残红。

　　辛日宜弱，喜木火，忌金水，春夏遇火木，两行俱吉，惟酉地则否。若原劫多，行财则凶。原财遇比，行亥戌运可，入酉亦凶。用丙忌壬亥，怕癸屏之，成则富贵，破则困滞。秋冬原有火木重者，入南不吉，破丁乙又不吉。

　　五阴之干颠倒而人不知，不宜身旺，须中和则可。

　　注：六辛日有辛巳、辛丑、辛酉、辛卯、辛未、辛亥之分别，前三者辛金日主自旺中和，可以受财官煞之任，后三者辛金日主偏弱，最好生于巳酉丑时，就可以不作弱论，而是日主中和有气了。辛金日主只要中和有气，就要用财官，行东南之地，这样必发功名。若用丁煞，则要丁煞有情，如此才能发达，若丁煞太重，也不作吉论。辛用木火财官，大忌西北身强、财官死绝之地，比如行酉地，虽是辛日禄乡，却是财绝官死之地，日主旺而用神死，岂能发福？辛用丙官，最怕壬亥水或癸水搅局破用，富贵皆空。

　　五阴干日主颠倒，不喜身强刚健之性，只要中和有气，就可以任事，驱财官煞物成就功名，为何这样说来？五阳干，男人也，当然要刚健有力，自然要求身强力壮，这样才能成事。五阴干，女人也，只要阴柔中和有气，这样就可以立世行事了。至于五阴干何时强旺？比如辛金日主，柱中巳酉丑成局，或者比劫重重，根气太深，皆是过旺也。

　　　　辛衰春夏行西可，官煞秋冬南地凶；
　　　　木火畏逢金水破，秋冬要火木重镕。

　　辛日春夏衰甚，火木周遭，原无水劫，行西亦吉。若辛不弱带劫水，行金亦不吉。秋冬有火木，亦宜入南。若以火木为用，怕金水破。

　　注：辛金生于春夏，日主自坐于财官之地，时又无根气，柱中全是木火，日主太弱，则宜行西，身主有气之地，可以成就功名。或辛金日主自旺

中和有气，柱中木火多，不宜行西北，以金水来战木火，不吉。或辛生于秋冬，用火木，火木失时于节令，且火木财官无强根，则可以入南地，以图富贵。

辛日如逢丙甲壬，相生相益又相征；
东南运底宜名利，西北无成向酉倾。

辛日见丙壬甲三物，乃壬生甲、甲生丙，又壬克丙为征，行西北乃归致之乡，用此如断。

注：辛日用甲丙财官，本是吉象，若透壬伤，壬生甲，甲生丙，然而壬又克丙，是壬字一体两面，宜行运调之，宜行东南运，壬字失势，则壬难克丙，丙官有用；若行西北，壬字得力，则壬克丙，用神财官受伤，日主富贵不成。

辛日东南丁酉时，火方名利却相宜；
金强水旺亏财禄，西北风寒叶自飞。

辛生春夏，丁酉时则是一格，行火木方功名发达。柱原劫水又行金水，乃亏财禄，所谓"火木盛早成，入西北惆怅"。

注：辛生春夏，逢丁酉时，则为时上一位贵格，日主托根于时禄，局中七煞有制，运行东南方所，主功名发达。若原局中有金水制煞太过，又运行金水运，主名利两失，一无所成，所谓"火木盛早成，入西北惆怅"是也。

辛日如逢寅午时，戌亥卯未亦如之；
火明木秀财名就，事不谐兮金水就。

辛日若得寅午戌亥卯未时，俱是一吉，宜木秀火明俱吉。若金水行入丑辰运，销金绝墓，及申酉亥之方，拟其非耗病伤，丁煞重则死。

注：辛日若得寅午戌亥卯未财官时，就可以取用时上之格，只要身有气，必主财禄有成。若局中有金水劫财伤官，又运行西方，财官死绝，灾患

251

重重，丁煞旺极无制者，凶死。

夏金

庚辛夏月两分评，遇煞逢官各有情；

庚遇壬亥煞喜制，辛逢丙合利名成。

庚辛夏月，两干不一。庚生四月本煞，五六月或遇巳丙及寅午戌皆煞，得壬亥癸水制之，无官混，格局清者贵，次者富；混坏减论，无前平平。

五月午多见巳亦煞，皆要亥子壬癸制伏，戊己佐助，皆拟富贵，无则患难困乏。六月同论。

辛生四月乃正官格，遇丙合官，遇丁为煞，俱作贵论。行西北得时，用官忌亥壬，再行见攻冲必祸；用煞不忌，得巳午未时为妙，岁运同。

五月煞印在支，亦不宜透，透则宜制。如辛亥日巳午未时亦吉，遇壬无害，旋入金水之地欠佳；原无水行水亦无害。如辛未辛卯辛巳等日，遇巳午未时行入财官，方堪甲第魁选，有玷减论。

六月宜火木，宜向火木运行，忌壬水旺地，不妨癸水。若不遇火木，遇水土劫自旺，更行金水，官煞混杂，太过无制，俱不吉，运忌丑酉亥乃官煞投墓，轻者非，破克重者尤甚。

注：庚金生于巳月，丙煞当令，日主长生，煞与身同旺，且煞与身同居一宫"同根共祖"，是谓有情，则喜食伤制煞，格局有成。若午月未月遇丙巳或寅午戌火局，皆是煞格之义，全要壬癸水来制煞服煞，无官星相混，格局清者贵，次者富。若官煞杂，则多是富命论。官煞混杂无水制，多凶之命。

庚生于午月是正官格，生于未月不作杂气财格印格论，只依杂气正官格论。若午未月不见其他火局干支，依官格喜忌论。若见丙煞或火局相混，则作煞格论，要壬子癸亥制煞，若无水神制煞，则要戊己戌辰丑未印来化煞佐助，则全是富贵之造。庚生夏天火太旺，无制无化，多是患难困苦之人。

辛生巳月，正官贵格，只要身有气，官有财印相助，必是贵命。遇丁混煞，要取清，要行西北，去官煞之混，格局方能显贵。如生巳月无丁煞午火相混，大忌壬亥伤官破官，运行亥地，必见凶灾。辛用丙官混丁煞，则不忌壬伤，以壬合丁，两凶合去，正官得用，依然功名富贵。辛得巳午未时，可作时上官煞格论。

辛生午月，支中有煞印，若透丁煞，则要癸制或印化，以作富贵。若辛亥日自坐下水神，则不忌柱中煞重，运行东南，照旧发达。如辛未辛卯辛巳等日，遇巳午未时行入财官，只要日主柱中有根气，必然甲第魁选，有玷减论。

六月辛金，要柱中木火多，运行东南，定然富贵，就怕壬癸水来破财官，又运行西北金水乡，财官受伤，日主无依，只能贫贱过日。若官煞混杂，煞星太过无制，则又不吉也。

庚生四月巳多逢，壬癸透干作制功；
南北两行俱富贵，却嫌戊甲在其中。

庚生四月遇巳午多，宜见壬亥；如遇丁混有癸，皆主功名。如透丙或见戊甲，及官混无癸破之，又无壬亥减论。

注：庚生巳月，或遇巳午多，总是煞格之论，宜见壬亥食来制煞，皆主功名，混丁官，可以见癸伤，以癸去丁，庚还用丙煞，则是富贵之格。如透丙用壬，反见戊伤壬，或者混丁官，无癸去官，无壬制煞，格局有损，福分降低。

庚金坐午又为提，丁己齐明两可宜；
干支无丙来杂混，水绝肩多作富推。

庚午日生五月，逢丁己官印俱明，发达名利。若午多，壬午时亦吉；如遇丙煞不利。若从煞格，宜水制之。

注：庚午日生于午月，透出丁官己印，官印有情清纯，发达名利，多是正人君子。若遇壬午时，虽有壬水不妨。若混有丙煞，宜有壬制煞去煞，官格不破。若形成火局煞局，煞极旺，宜水来制之，无救，早死。

253

秋金

　　　庚辛秋月太身强，卯未逢支乃吉昌；
　　　庚遇午寅宜见水，辛遭丙众喜非常。

　　庚金七八月，遇煞最吉，坐寅午戌见官煞，宜逢壬癸及印，行南运吉；无行南太过不宜。

　　九月遇官煞，清者富贵，亦宜壬癸水。若火局火盛无救，行水遂意；行午寅运则灾生。秋绝无火木气，不吉。若用壬癸为引领，无戊己破，行水地，亦拟财名。

　　辛金七八月，遇丙二三则吉，行水地发财，若孤立一丙乃小人也。如无丙遇丁则不宜重，以煞多则咎。如无火气，坐亥卯未得甲乙木局，行南大发。午未时可拟贵。

　　九月遇丙合，不遇丁，乃是一格，可云富贵，亦忌壬亥，如有戊己救亦吉。若用煞只宜煞，怕官混，行火旺运生祸。有官会木成局，行火木运发达。

　　注：庚金日主生于申酉月，本是当旺之时，庚金阳刚，最喜见丙煞，若坐下火局见柱中透出官煞，宜食伤与印配合成格，透官宜印、透煞宜食、官煞俱透要取清，皆要印星助日主，行南方火地，大发福。若柱中本有火局，无印无伤食，再行南方地，火金交战，终是不吉。

　　庚金生于戌月，柱中逢午寅巳未字，干上透出丙煞或丁官，皆是富贵之格，要视官煞不同之情况来分而论之。火旺要水行水旺，再行寅午旺生灾。水旺要行南方运，去水助火，这样才可发贵。总之，秋生庚生，富贵总在木火之神，无木火之神，有志难伸。若柱中无火，有壬癸水申子辰水局，行北方运，引通金水流行之性，也可以功名发财。

　　辛金日主生于申酉月，总是喜欢丙官，丙官有根则喜一位，丙官无根喜成众，则功名发达。若无丙，用水，也是功名格局。若只用一位丙官无根，一生虚名。无丙官可以用丁煞，但丁煞也要印星来化，不宜煞重；无制化多生灾患。辛亥、辛卯、辛未日生于申酉月，用天元之财，行南方地官煞护起财神，大发财。辛日生于申酉月，年日无格可取，生于午未时，则取时上官煞财神，功名小就。

辛生戌月，用丙官，格局清纯，只要有财印护丙官，定然富贵不小。若用丙官透壬亥，则要戊己印屏蔽伤官之神，则丙官无损，服务日主，功名必达。用煞不宜煞星，怕官混，行煞旺运，必灾。有官会成财局，成格之论。总而言之，辛金富贵全在丙官之上，用丁煞成格者虽然发达，但多险厄，平生多精神压力矣。若用丁煞，不用癸食制而用壬合者，易流于邪道也。大凡而言，八字命学中君子小人之分，正道邪道之别，全在四吉神四凶神上，命中吉神受伤，君子化为小人，命中凶神有制，小人化为君子也。像辛用丁煞却用壬伤作合，虽然格局成功，日主却是全用小人之道来行事，虽然富贵，却非厚道君子矣。

庚辛七八比肩来，格局无成又无财；
水用北行为利禄，逢财争兢一时灾。

此乃用水，庚日壬午癸未时，辛日壬辰癸巳时，外己丑己亥时，皆比肩，更无火木，以自旺日为用，乃逢戊己，行水地发达。若行木及见甲乙，原比肩多庚辛无财，遇财争夺不吉，不可以见财为吉论。

注：庚辛金生于申酉月，本是金旺，金是刚硬之物，天性最喜火神锻炼，这样方显"金刚"本色，若无火神，则不得已找其他用神，以图富贵。庚日壬午癸未时、辛日壬辰癸巳时己丑己亥时，皆是用水来流通金性，金生丽水，只要金白水清，定然功名显达。金生丽水一格，关键是在金水清白之上。若柱中金旺，行北方水地，金生弱水，化至刚之性成至柔之质，脱胎神化，大贵之象。或原局有戊己土混杂污金浊水，最要行北方或壬癸申子亥大水之地，去除污泥浊水，金水流洁，至清至贵之命，必主寒门贵子，拯救浊世之大命。

庚辛生于申酉月，柱中无火无水，只有叠叠比劫，行运见甲乙财神，则是比劫争财之格，较之一般比劫争材者，尤凶，为何？以金神本是刑杀之神，以此刑杀之神来你争我夺财产，更易出大灾大难也。

庚日都宜丑亥时，壬癸相见亦相宜；

丙逢亦许居名利，土重财多反坏之。

庚秋冬，遇丑亥时乃一用，如遇壬癸透亦吉，本是水用，以火为副用，且不嫌相见，若土重木多，不吉。

注：庚日生于丁丑丁亥时，乃为时上一位正官，只要柱中用木生火或者丁官有根，运行东南之地，可以致富。如生壬午癸未时于秋冬季节，可以用水，运行西北，金生丽水，秀气功名。如用冬水，可以见火，金温水暖，富贵有福。若庚生冬天，无火，土重木多，只是一片死气，不吉。

庚逢壬癸在秋冬，有子生财各利名；

时岁木星相合见，金方发达见枭平。

庚日秋冬无火，用水导引兼癸水乃伤官生财，亦有夹丘之格。壬午丁亥癸未时，或庚寅日庚辰时，庚申日壬午时，**怕行午运**；此是寅辰日俱忌辰时戊土入库，及戊岁运不吉，动伤枝叶是非颠倒，咎祸不测，有子伤子。

注：庚日秋冬无火，只能用水，如此才能见财，作伤官生财格论。若无火无水，则无用土用木之理，格局一无所成，所谓"秋金叠叠逢厚土，贫无寸铁"也。庚寅庚辰日于秋冬，无论是用水与用火，皆喜木财，才能功名显达。用水者忌辰时或戊土破水，水神不流，只是顽金而已，为人呆板死样，一生运滞。大约而言，庚金见戊土偏印，顽金陷于重浊之土，皆是死倔冥顽不化之辈。

庚子秋冬水局全，井栏义格理诚渊；

柱中无火方成贵，青赤交持未是便。

庚子日乃中堂，会申辰，冲寅午戌中财官，干是庚，用地支水局及比肩多方是。若格不全，金水多则是伤官；如逢丙火煞论，毋执此格言遇丙破。

注：庚子日生于秋冬，柱中有庚辰、庚申相会，则作井栏义格论，以三庚合申子辰水局冲寅午戌中财官，功名发达，喜行西北之运，大忌官煞与财官来破格。若地支成水局，干头没有三庚，只是金水伤官论，喜丙煞，要财

官有力，煞星有气，自然发达功名。

　　　　辛日秋生怕煞肥，冬生水火喜东离；
　　　　赤青月令嫌行水，无火伤官恨酉西。

　　金水伤官，宜见官也。夏无伤官之名，乃官印，遇水反破正官，春亦忌之，水无益，用木生官，水则盗气湿木则火难明，官不能生。

　　惟秋冬金水之时，乃云金水伤官喜见官，煞亦同论，财亦可。

　　注：辛金用丁煞，只怕煞旺，身弱不胜，夭折者有之。若庚辛秋冬是金水伤官，则可以见官煞，作大格论，金水伤官喜官煞，身弱要印，身强有财，总要财印相佐于官煞左右，这样才能成就大功名。庚辛生于夏天，则是官印之格，见水反破正官，不吉。春天庚辛见水，本是财生官格，见水则湿木破火，官不能生，反是凶格。

　　总而言之，庚辛日主，不论生于何季，用火总是胜过用水，无论用水或用火，皆要财神相随，才可以成就格局。特别要说明的是，庚辛日主事实上是没有从革格的，所谓庚辛日主逢金局或申酉戌会成格者，皆是臆测之词，于事实上难验。

冬金

　　　　庚辛冬月作伤官，丁丙无逢金水寒；
　　　　甲乙相连分上下，称心更要认悲欢。

　　庚辛生冬月遇官煞，皆拟富贵。

　　如庚生亥子遇两官、两煞、一官一煞俱主利禄。飞禄、夹丘亦吉。如无官煞宜见财星，原无，行财官煞运亦美。若金水自持，更无格局用神及木者贫寒。

　　辛金一煞，清者富贵。若丑亥时乃飞禄；如遇丙亦吉，若虚露丙亦不济事。如辛卯辛未日得木局及寅午戌时引火，纵无干火，行火木地亦发。若枭多无火木隐露，行火木不吉。

丑月乃印也，遇一煞则吉；官轻者宜行官旺方。若木局行木火，亦主白手成家。土重则埋，水多则沉，宜细详之。

两干无火木，更无格用则不成器；其夹丘、飞禄怕行官煞方。

若巳酉丑无格遇辰巳时行水地金地，亦作上命论。

注：冬金喜见木火，乃金水伤官论财官格，亦要身旺身弱来论。官煞有强根，且有旺印来制伤食生身护卫官杀，最为富贵；若财官俱露无印者，要日主自坐或时上栽强根，也作贵显看。金水伤官见官杀露而日主弱者，纵富贵多不长久。换言之，金水伤官喜见官煞乃是极论，金水伤官依然遵循一般伤官格或佩印或生财的喜忌。所以，从大方向上讲，庚辛生于冬天，只要见官煞，且官煞有根，皆作富贵论。

庚生于亥月子月，本是金水伤食格，若是出生于北方之人，更的，必要见丙丁官煞方可以作吉论。若生于广东香港等南方或东南亚地区，则不作高命论。实际上，只有命格合于地理五行区域性质，才能产生大命。很多人说，相同八字不同之命，说明八字命学不靠谱。事实上，同一八字正是由于出生地的不同，才会使人生命运层次上有较大的区别。一个研命者，一定要特别注意不同地域出生对八字的不同影响力。庚生于亥子月，不论柱中官煞如何，总要官煞有根，财印相佐，才有富贵之可能。至于无火用飞禄、夹丘等外格，总是少数，成格者也少。若庚生冬天，柱中无火神，则也要见木，行运东南阳和之所，才能发福。从一年四季来看，生于春夏秋天，富贵命居多，生于冬天者，苦命居多。以月份言之，一年当中从卯月到戌月，出生的好命多，至于亥子丑寅月，天时太寒，出生的苦命居多。庚生冬天，无木无火，柱中只有金水自旺混合土印重重，行运又是逆运，一生贫寒无疑。

辛金生于冬天，用丁煞或丙官皆可，但要官煞有根，或者有财生助，这样火神才能生动，行运东南，必发富贵。如辛卯辛未日得木局及寅午戌时引火，纵无干火，行火木地亦发。若枭多无火木隐露，行火木不吉。辛生于丑亥时，柱中丑多亥多，可以作飞禄外格讲，但此外格，必要生于北方，才能主贵，或生于南方，作夭命论。

庚辛金生于丑月，本是印格，但此印生金，必要官煞来温印星，土印才能真正产金，否则仅是土冻寒金之贱格，行运也喜东南。生于此月之庚辛，若干头全是土印，或者全是冬水泛滥，无木火生发之神，全是一生受罪之命，劫数难逃。

庚辛金生于寒冬，用木火之神是正格论，若用金水自旺且行西北之地，出富贵者，亦有，只是少数，这是反格之理。且此反格，大忌见土重，一旦土重，反格之论不成立，必主贫夭。大凡木火格要用金水，金水格要用木火，这是正格之理；若木火格用木火，金水格用金水，这是反格，总是少数，且要考虑出生地域。就是成全反格之理，也是富贵不得长久。

在格局论中，正格论与反格论是统一体，是组成格局论的两个方面，正格论是绝大多数，反格论是另类，是极少数。实际上，反格论是正格论的特殊变化，研究者必要注意当心。

庚金冬月本元疲，壬癸多逢盗日脂；
丙丁若来庚更暖，逢温都作利名推。

庚生冬月本弱，又遇水多盗气，须得丙丁火照乃可谓吉；如无火见财亦可此言。金水伤官宜见官煞，可以成就功名，终不大就，以本原疲也。

注：庚生冬月，本是水来盗气之时，身弱之极，且是寒金，急要丙丁火照乃可谓吉，如无火，必要见财，以财可以生火也。释文云："金水伤官宜见官煞，可以成就功名，终不大就，以本原疲也"，这里要特别注意的就是所谓的"本原疲也"，实质就是指的庚金日主，以为庚金日主就是整个八字的本原所在。实际上，八字论命从日主到月令用神，就是一个从日主本体论到日主运用论的过程。以日主为中心，就是论命之体，以月令为中心，就是论命之用。日主就是体，月令就是用。换言之，论日主就是论先天体性、就是论先天体象、就是调候论、就是格物论，就是论气象规模，就是八字论体，也就是日主中心论。论月令就是论后天之用，就是去留舒配论、就是六格论、就是十八格论、就是奇格异局论，就是论用神出处，就是八字论用，也就是月令中心论。所以，一个八字上手，从日主中心看到月令人元用神格局，就是一个从论体论象到论用论格局的思考过程。以日主为中心，不重视

月令的作用，只是知体而不知用，是本而不知末；以月令为中心，不重视日主的作用，只是知用而不知体，弃体而讲用，用无所存。只有"由体赅用"，才是论命之大道。

体用论是中国宋明理学中一个极重要之范畴，八字命学中也曾经引用过这个概念来作为命理的一部分。我在《子平正解》中曾经批评过古命书《滴天髓》引用"体用"这一概念的虚幻性与不确定性，以为任铁樵并没有真正整明白"体用"命理学说之本质。经过长时间的研究，我对子平命学的如何运用"体用"概念与理论有了客观务实之定论，那就是以日主为体，以月令为用，由此真正构成可信可实践的八字子平体用命理说。子平命理体用说主要包括日主先天体性、体象说、一体一用说、一体多用说、多体一用说、多体多用说等理则，了解此说，对于充分了解掌握日主与月令格局论之间的关系有着巨大的作用。

　　　　庚生冬月丙双存，便是功名利禄人；
　　　　行运柱中攻战斗，却愁称意设荆榛。

庚生秋冬逢二丙为夹煞，其势急矣。名彰乃煞之用，吉者甚吉，凶者甚凶；若运行击触煞起及会冲刑之地，其凶不可挡，多不善终。

注：庚生秋冬，逢两丙在月时干上，谓之夹煞，日主可谓危矣，只要日主坐下有印、有食或自旺，制得煞星，自然功名发达。但是若运行煞旺之地或财星破印之乡，触犯煞性，日主脱制煞之运，则凶不可挡，多不善终。

大命固然要煞，但是用煞是"双刃剑"，一旦煞神无制，无情攻身，日主必有大灾。大富大贵不离煞，大灾大难也是煞，可知煞之一物为祸为福，全看日主能否掌控此物的程度如何了。

　　　　辛金寒月兔猪羊，局会财成富贵详；
　　　　无火莫言金水冷，全阴福禄怕枭伤。

辛生秋冬，以卯为尊。若局坐亥未，主发财吉。飞禄又是他格，柱丑亥多冲巳为禄马，如全阴化，柱中无火，不可以金寒水冷言之；但忌无格枭煞，此以辛癸润泽，阴木遇土则党，须行木地则吉。

注：辛金之富贵荣华全在财官之上，升官发财，命理之基本价值观也，无官求财，人生之大道矣。辛生秋冬，以卯为尊，若局全亥未，主发财吉利。若无木火财官之神当道，命中多丑或多亥，四柱纯阴，无火，不可以当作金寒水冷来言之，却是飞天禄马格或丑遥巳禄格，这种外格不按正格来通论。辛生寒冬，柱中多亥，可以遥冲巳中财官，成就功名。柱中丑多，可以遥合巳支，用起巳中官印，以求富贵。飞天禄马与丑遥巳禄格，全是外格中的奇格异局，成功者都是异人，非常人之命，其功名富贵一生事业出人意料之外也。

五、论壬癸

春水

壬癸春生喜会财，干支得土亦奇哉；

无财营获难成利，木遇金多成断荛。

壬癸生正二月，用木喜见比肩及食伤透干，不畏官煞，最妙见财，切忌金重反坏木用，如浮金无害。

壬生正二月，遇寅辰午戌，干透一甲二甲，得全阳寅辰多，清者贵。有寅风无云者富，火局亦富，南行不忌戊兼庚，透丙甲亦宜得丑亥时为妙，若金重忌财轻，木少行西北不吉。

二月寅午戌辰日遇戊己庚辛巳是一贵格，行南北俱吉；透甲为用，忌见枭，遇丙屏之亦吉。

三月有煞印之名，官印一格成则富贵。若寅午戌辰日，干遇一甲二甲乃富，风云骑龙虎则贵，但怕申酉冲刑运。若劫旺无火土，阴阳交混，旺金克木，又无火屏，驱驰之命也。

癸日生正月寅时刑合格，忌庚申己；得亥丑辰时又是一格；比肩行南北皆吉，忌官煞财印透，行南不吉；如秉中和入格，两行富贵；切忌金多，又遇财官煞印不吉。

二月寅时拟贵格，不忌浮土浮金，亦不忌庚申。或近三月，庚字全阴亦拟贵；若辰巳卯时行吉亦发，不甚忌土；若金局再入水金之地不吉。

三月有官煞为用，遇辰巳午未时是一格，申酉时亦是一格，俱忌甲木；若无根，土多亦不为害；透木亦嫌，甲寅时比肩不忌。原有官煞忌行官煞方。

此春月俱宜比肩及见火土皆主富贵，忌庚申辛酉会金折木，若浮金不忌。

辰月不忌见金。正二月原无比肩有财官多，忌行财官运，谓之太过；伤妻克子。一度重则变，俱忌申子行。

注：壬癸水生于春天寅卯二月，本是水木精华之象，只要格局成就，自然功名富贵也。但是，春水太寒，春木生机，必得火神来，春光明媚，春木纳水，水得流行，则天地生气勃勃也。所以，壬癸水生于寅卯之月，以寅卯中甲乙作用神，必要用神生发，日主才能富贵，春之甲乙木，一要水滋，二要火温，则春木勃然而发也，是以春壬癸水生于寅卯月，先要见甲乙木神清透，再得财神丙丁透干，方可论为好命，这就是原文中的"最妙见财"之义也。春水生寅卯月，用甲乙木，再得火神，则水生木，木生火，一气流行，春天生发之气现矣，所以，命多富贵，且还高寿。如得火，再见土官，富贵中功名不凡，所谓"水木伤官格，财官相见始为欢"是也。

大概而言，春天是一年生气之时，无穷生意，大忌见重金来伐木，则生机尽灭，大不祥也。

壬生于寅卯月，遇寅午戌火局与辰地，火局生发，寅辰为龙虎，风云际会，干透甲，必主大富贵。有寅主富，有辰主贵，寅辰相会，只要行南方运，富贵双全也。大凡春水不怕身弱，只要有微根，就可以润土生木，一点火气，便可鼓舞众英，感动天地。

壬生卯月，干头透出戊己庚辛，伤官元神不透，格取杀印论；印重行南，杀重行北，功名两宜。若干上透出甲乙木与庚辛金战，宜行北方运，稍可平安，行南运，寿夭。

壬生辰月，本是煞格，只要甲寅透出，以壬骑龙背之理来论。辰多要助寅，寅多要助辰，总要寅辰相等，自然功名显达。凡是壬用戊煞，最爱甲来伏煞，功名最大。若不见甲，则要有申，则煞印相生有情于日主，也可成功。就是用煞，最怕甲食庚枭相攻，必是贫寒之造。

癸生寅月，于寅时，只要见火行南方运，定是富贵显达之命。若命中寅重，无论日主旺弱，总是大忌见申庚坏寅，岁运同论。生于亥时亥多，倒冲格，生于丑时，丑多遥合格，辰时则为时上官格。癸生于寅月，只有木火同行，才能生发癸水之气，功名有望。若柱中甲伤透出，与庚戊相攻，总是少吉。

癸生卯月，富贵之月。如见寅时，只要生火，运行南方，一气顺行，定然以技出名，浮土浮金无碍。若生于乙卯丙辰丁巳时，只要顺行，发达必早。癸生卯月，身弱只喜辛庚申金，忌酉冲提纲。大凡癸水生于寅卯月，只要干上透辛见丙，运行南方，总是好命居多也。

癸生辰月，本是官格，只要不见寅甲，功名有望。柱中有火，则作财官格论，柱中有金，则作官印格论，全是清贵之造。

壬癸日生于春月，俱宜比肩及见火土，皆主富贵，最忌庚申辛酉会金折木，若浮金不忌。正二月原无比肩有财官多，忌行财官运，谓之太过，伤妻克子。一度重则变，俱忌申子行，辰月不忌见金。

壬骑龙背喜风云，财局之中亦自欣；

遇甲全阳名利客，戊庚一见要详分。

壬骑龙背以辰寅为风云，多者主富贵；若寅午戌财局亦吉，柱透甲最妙，如遇庚戊乃坏格。如戊申时以煞论，当细详之。

如己丑、戊辰、壬辰、庚子；甲子年中举即克父，戊辰年煞重二月死，是见庚戊坏格。如壬辰、甲辰、壬寅、庚子大贵；是透甲全辰寅为妙。

注：壬骑龙背大格，以壬日以辰寅字组合在柱中出现为是，寅为风，辰为云，多者主富贵，如遇庚戊坏格，戊重最要见甲食，若见庚去甲，戊攻

263

壬，日主危矣。壬生寅月见辰，再见寅午戌财局，大富命。食神当中，以壬见甲食最易发达矣。

壬日生于戊申时，壬水长生，煞星长生，会于申地，必是大命。

如己丑、戊辰、壬辰、庚子一命，甲子年制官煞化权，所以中举，戊辰重，原犯煞重又见煞，其死宜矣。若壬辰、甲辰、壬寅、庚子大贵，以甲透制戊煞身强得局也。

壬临午位禄马同，叠见财官富贵翁；
春喜见金不怕木，如逢子月土成功。

壬午日丁己为用，春生本忌木害官，若遇庚辛巳酉丑则不忌。子月得土多则制癸，子虽冲午，丁自若也。或生夏月，财官多者皆贵。

癸巳、己未、壬午、己酉贵。

癸巳、己未、壬午、庚子；丙辰状元。

注：壬午中坐支内有丁财己官，财官贴身，官者有禄也，财者为马也，于日柱论之，当是好命无疑，故古书中谓其为禄马同乡也。大概而言，就六十甲子日而言，各有其本体上的天然吉凶，也就是讲八字中的年柱、月柱、日柱、时柱，是可以分开来讲的，每一柱各有其吉凶之天性的。比如壬午日是禄马同乡，那么，生于壬午年或壬午月或壬午时，皆有禄马同乡之天然吉凶也。

壬午日坐下己官，最怕见甲乙木破官失去贵气，如在春生，本是木旺，木来害己官，如柱中有庚辛巳酉丑金多，则金多可以护官制木，则己官不破也。壬午日生于子月，子中癸水可以破午中丁财，若局中土多，重土制子中癸水，则虽然子水冲午，丁财无妨自若也。壬午日，若生于夏天，财官有气透出，只要主健或者有印生身护官，定是世上富贵翁也。

比如癸巳、己未、壬午、己酉，柱中财官极旺，喜年支时支海底遥合，巳酉拱局，用印作相神生起日主，护起官星，自然功名发达也。再如癸巳、己未、壬午、庚子一命，也是官格用印，特别是时上庚印通根于巳中长生，这个长生印也是太岁之印，有力有情于日主官星，丙辰命子辰全水局，壬水逢龙，故而成为状元命了。

  癸生春夏食伤提，比劫重逢克子妻；
  如得干支存火土，更行南地禄财齐。

  癸生春以木为用，比劫多，更无火土藏透，乃克妻子不堪之命，行北尤为不吉。若得火土为佐，及阳干多，甲透，并行南地，其子更多，此乃无中生有而人难知。

  注：从六格论来看，财官印格，格中之上品也，杀伤劫刃，格中之下品也，也就是说，格局本身分上下层次的。像食伤之格，本是日元脱气，无甚可取，只有当其转生财星而成财源，或者当其制煞之时，这样的食伤才有益于日主，若食伤旺相，不能生财制煞，则此食伤只是日主脱气盗气，仅是凶神而已，一无是处。

  癸水生于寅卯月，伤食月令，若见比劫多多，不见火土财星煞气，则成背禄逐马之凶格，克妻害子，穷困之命，行运北方，助起劫财，更为不吉。

  癸水生于春天，若柱中火土多多，运行南地，火土共旺，则伤食生财，财生官煞，其子更多，此乃无中生有之格，人所不知也。关于这个"无中生有"说法，验于事实，确实也。我的外公命，1926年生人，丙寅、辛卯、癸卯，时辰不详。就是癸水日主生于卯月，运行南方之地，火土并行同域，无中生有，他有八个孩子，寿命又高远，今年已是八十五了，身体还很好呢！

  癸居金局巳辰时，月值寅卯水木滋；
  最喜煞官来入格，平生名利自相宜。

  癸日逢巳酉丑枭印也，生春月以木为用，亦不相害，遇官煞为吉。辰巳两时乃财官也。格中忌破丙丁两引用。

  注：癸日生于春天，若局金局全，则金生水，水生木，水木清华，秀气之格也。若生于寅月不喜见申，喜见酉印，生于卯月，则喜申印，又忌酉印，怕冲也。若癸日生春，局中印全，透出官煞土，则以官印、煞印论高

命。丙辰时、丁巳时，财官之时，也喜印星也。

　　大凡生于春月，无论任何日主任何格局，这个月令当值的甲乙之木，都不可以破之，以春木为天地之生气，不喜金来砍伐，以伤生气，是以凶格居多也。春木当用，只有火气转生，才是富贵之命。比中壬癸日主生于卯月，日主弱，用旺金生，生了日主伤了用神，也不作吉论，都是平常之命。真正的好命，只有日主与用神各自有力，相互配合，格局又成，这样才能为好命也。若伤了日主助了用神，或生了日主伤了用神，皆非中和之道，常人居多。

　　　　癸日如逢巳酉丑，时利庚申南地走；
　　　　木火功名比劫嫌，财官入格命少有。

　　癸酉、癸丑、癸巳此三日生遇庚申时，宜火木方行吉，怕比肩。

　　注：癸酉、癸丑、癸巳三日又逢庚申时，三千弱水得金发源，弱而不弱，当然喜见火木，一气转生，富贵之造化也。若用木火，大忌见水比劫，湿木伤火，大忌。若见火土同行，财官生旺，必是极品。

　　大概而言，生于春天之命，禀天地生发之气，只要木火同行，两神同心，一起辅佐日主，必能开天辟地，创造伟大事业，为何如此说来？这是依格物论来看四季之气象来分的。春天生发，夏天成长，秋天收成，冬天隐藏，是为天地岁功之"四象"，此春生夏长秋收冬藏"四象"中，当然是春生所蕴气机最旺，力量最大，人命受此勃勃生气，成格者当然是大命了，自然功名卓著也！呜呼，人命富贵贫贱大小，实定于天也，受天之浩荡大气，自然成就大格之命，受天微渺之气，命不岂成寒微？奈何乎？

　　哎，穷究子平者，洞晓阴阳，深达造化，窥破天机，不知是好还是不好？

　　　　癸居羊兔甲寅时，刑合格中最是奇；
　　　　得运只嫌申午地，会青枝上利名期。

　　癸日甲寅时乃刑合伤官，宜春亥卯未月，要木局全则贵，行木局及岁运木秀利名可期；午戌亦富贵，忌戊庚申戌戊重运不吉。

甲子、丙寅、癸丑、甲寅行申中休致。

丙子、辛卯、癸亥、甲寅行申休官。

注：癸日生于甲寅时于春天，只要木旺，日主一点微根，行南方运，木得火发荣，日主依之，自然功名显达。最怕庚申伤甲寅，又怕戊己伤癸水，日主刑合不得，用神受伤，日主受制，功名无望而有灾厄也。

甲子、丙寅、癸丑、甲寅与丙子、辛卯、癸亥、甲寅两命，全是用木火之气，运行南方，发福，若行申地，寅申冲战，休官有难，理之必然矣。

夏水

壬癸生炎论旺赊，若逢枭印盛无涯；

有根壬子方成美，癸水无根作大家。

壬癸生夏以火土为用，不宜比劫。夏月水衰官煞旺，但得印绶则成士大夫君子。食伤为财官之忌，惟刑合从彼论不忌；寅上之甲若得己配则吉。

壬子、壬寅、壬午、壬戌日生四五月，遇戊庚辛一透可拟贵，偏官偏印贵高财足，正官印次之；劫刃财名反覆。若甲丙透不足，得己配顺遂；怕丙丁，丁从化亦吉。

五月忌冲官，庚戊透从煞不忌。惟壬申日不喜财官，丙甲透成煞印可也。

六月伤官一格会全者贵富，亦宜正印。壬寅壬午壬辰壬戌日遇官印煞印一格，清者贵，混者次。壬子会伤为合亦可拟贵。

癸日四五月若就财富贵，遇申酉辰巳午未丑卯时皆作吉论。劫多不吉，全阴大吉。化火大富贵，煞印亦然。

六月有杀印一格贵，如丙辰丁巳时，又辛己二时，俱主功名。甲寅时刑合格，怕庚申重刑；宜亥卯未富贵，忌戊己戌。用食伤比肩多，行东方大发财。木用怕金，土用宜金。

又壬日六月得寅午戌日支，干得戊己，富贵可拟。趋艮亦吉，遇丁多反覆；会甲宜木火，忌往金行。

267

注：壬癸水生于夏天，论命极其简单，夏天火土当旺，财官有力，只要日主有根有气就可以发富发贵了。但是，夏水易涸，最喜金印来发水源，则命必成富贵双全。若壬癸日主身强有源，则重在火土用神之成败上研究了。若用财星，怕见比劫，若用官星，则怕食伤。比如癸水用戊正官，大怕甲伤，若有己合去，则吉。

壬水生于巳午月，柱中透出戊庚辛，杀印之格，只要印有根或运行西地，贵高财足。若用己庚辛，官印之格，以己官不如庚煞之力（阴干官不如阳干煞之力），则功名次之。若柱中透出壬癸比劫，功名财利反复。用戊者怕甲，用庚辛印者怕丙丁透出伤害，皆宜配合论之。

壬生午月，怕子水冲午，提纲有伤，发福不大。若透出庚戊，则作煞印格喜忌来细论。壬申日生于午月，怕财官重，破了长生印，反而是凶命多多了。

壬生未月，作火土财官格论，必要金多水多，水多可去暑气，金多发水源，功名才显。若会木局，方可作杂气伤官格来谈，总要水多，才可以盛夏之木绿叶蔓延生机盎然。

癸水生于夏天，若局中无水无源，可以作从财格讲，大富格。若见金，印星发水源，则作财格佩印看，取富贵成功名易如反掌，所谓"金水会夏天，富贵永无边"是也。大凡壬癸日生夏天取用金作印，要分不同月令来细详，巳月用庚辛印，巳中金长生，火中栽莲，富贵异常，以此月之金正随火长生之时，火越旺，则金越旺也，是以巳月之庚金辛金，火旺则金旺，火弱则金弱也。午月之庚辛金，正是败气之时，火旺则金熔，死无葬身之地也，此月之金务必要丑辰字来"藏身"，才可以火中永生，有功于日主也。未月之庚辛金，上半月生人，不怕无根，只要水润，金自然有生机也。若下半月生，金临初秋，进气之象，金自然生旺有力了。总之，壬癸水生于夏，只要金印有根，命就可成为小康之上，格局配合完善，再见二德贵人禄马，自然富贵不同凡响。特别是癸水作为三千弱水，最要见金印来发水源，癸水一有依靠，至弱转为至旺，发达必巨。

癸水至阴，若四柱全阴者，生于夏天，富贵功名。丙火至阳，若四柱全阳，生于寒冬，发达必早。

癸火在夏天化火者，富贵者早夭，贫贱者寿长，为何？以其脱离本体而化于火，成于此必败于彼，有一得必有一失也。

癸水生于未月，火土燥极，一点癸水，极贵，只要见印延寿，自然功名早遂。甲寅时刑合煞，怕庚申冲，极凶。此月癸水，月上土煞，用木制煞，必要水木同行，则木得水滋，木有生机可以制土，水得木助，则燥土不克水也。依格物论言之，未月之土正是沙漠之原野，只有"植树造林"，水土才能不流失也。也就是说未月之癸水，只有在木旺成林，则水不流失（癸水才会干涸）也，这样改造，造化才有生机，对应人命，自然发达也。未月之土作沙漠地带，除了"植树造林"外，也可以引进水源啊，这就是见金印之理，未月之癸见辛酉印，声名必发之理所在。总之，未月癸水用土，必要有木，用木怕金。癸水无木，用金者则怕火。

大概而言，生于夏天，无论任何日主任何格局，总是要见水来润泽，这样天地之间才能阴阳和谐，水火既济，万物始能成长。

壬生四月戊丙该，煞印相逢大用财；

癸日临期应拟富，只愁原带食伤来。

壬寅壬戌日生于巳月，巳中有丙戊庚三偏奇为用；癸日逢此乃三正奇，皆富贵之拟，忌比劫及甲字。癸日遇乙卯时乃破土，甲寅时乃坏土不吉，土多亦不妨。大抵吉中生凶，甚则危。

注：壬寅、壬戌日生于巳月，巳中丙戊庚三偏奇，与寅戌中的戊煞偏奇相呼应，只要有庚印透出，定是富贵发达之大命。癸水生于巳月，透庚印不如辛印有情，富贵可嘉。壬癸生于夏天，有了庚辛之印，才可以用戊土官煞，如果局中有旺相之甲乙木来克破戊煞，不吉，用神无力，吉中生凶，甚则危矣。只有土重金重，金屏木伤土，官有力可依，日主才能功名有成。

大概而言，壬癸水生于巳月，月令中有财官印，按格局看自然是富贵之格，然而，于日主来看，水绝于巳，日主于死绝之月，用神旺而日主绝，如何才能成就功名富贵？这就是要见印，谓之绝处逢生之大吉格。壬癸水生于巳月正是绝地，若逢印星透出，不正就是绝处逢生格？绝处逢生，富贵无边。

事实上，甲乙木生于申月、丙丁火生于亥月、庚辛金生于寅月、壬癸水生于巳月，只要柱中出印，皆是绝处逢生的吉格，大体上可以作好命论之。然而，其间尤于丙丁火生于亥月、壬癸水生于巳月尤为奇格异局，为何？一者水火既济有情，二者月令贵人作格主气，是为格局论中的大格之一。

实际上，日主与月令的长生十二诀之关系，是可以完全与六格论联系起来的看。当然，这是格局论的深化部分内容了，有机会在今后著作中我会展开来谈。

壬日蛇提六兽支，内中壬午别为宜；

余逢阳土多尊贵，甲木飞来便可疑。

壬日坐申子辰寅，生四月乃富贵；得庚辛透更吉。或带刃逢煞主权要显职；其中有混比财印相持，主才高不第或异路功名，妾多无子。

壬午一日乃支官也，清者贵；俱忌甲木，遇甲得己合庚透不妨；若丙甲丁俱露不吉。

注：壬日坐申子辰寅，生于蛇月就是巳月，只要日主有气，就是富贵大命，得庚辛印透，其吉不可胜言。见刃带煞，则主武职，生于夏天，又是显职之象。若格局中财印相杂，比劫混处，主才高不第或异路功名也。妾多无子者，以巳中丙财为妾，戊煞受甲制，自然妾无子也。

壬午日生于巳月，地支中官煞暗藏，喜见印，不喜见甲食。若透官煞，不宜见甲，见甲则要己合或庚制，如此方作好命看。总而言之，壬日夏生用戊煞，不能用甲来伤，以燥木之甲无力制煞，反激煞气攻身，徒然妄为，无所利益日主也。只能用庚，以庚化煞，以庚生身，如此煞印相生，功名才能显达。壬见戊煞，何时宜用甲食，只有甲食生旺有气机，方可用之；若夏之甲木为燥木，秋之甲木为凋零之木，甲木本身衰微，如何能制得了煞神？是以壬用戊煞，用甲食制要辩证变通言之。

壬戌壬寅散月生，干头喜逢戊和庚；

煞多尤利风云会，富贵愁逢丙甲申。

此二日散生，柱宜见庚戊，透辛亦吉。若干支煞多尤吉，怕丙与甲党煞坏印，及官星混；夏月尤甚。

注：壬戌壬寅两日生于其他月令，只要柱中干头透出戊庚，多作煞印大格论，但是，最怕丙伤庚，甲伤戊，及己来混戊煞，富贵不成反主早夭。

壬申夏月赤黄时，干遇财官不是奇；

庚戊若来成一妙，岂期丙甲两相依。

此日夏月不喜财官多，原有根也。

注：壬申日喜见戊庚作煞印，若见己官辛印丁财，虽是财官印三正奇，格局稍佳，并无过人之处。壬用庚戊，定要戊庚同行，不能见丙甲两字，伤了相神用神，定然见凶。

壬申日夏生，必要用印作相神，就怕柱中财星太旺，破长生印助煞精神，日主危矣。

癸日多财春夏间，若成弃命福难攀；

干头官煞来相混，犹事驱驰不解闲。

癸日生春夏，遇财多乃弃命从财。若遇庚辛戊己又是从煞印之论，四者怕相混，以财印相征之忌。若戊己为用，又是他格。庚戊又是一用。辛己又是一用。

注：癸日生于春夏，坐支木火，火多财丰，作弃命从财格论。若局中透出官印煞印字，当然又从官印煞印论了。但木火伤财与金土煞印怕混杂相战，则必成下命，一生不闲。癸日官印者有戊庚、戊辛，煞印者有己庚、己辛，然癸水日主，天性喜戊官辛印也，不甚喜己煞庚印也。阳干喜煞，阴干喜官，此天性也；阳干喜正印，阴干喜偏印，此又其必然矣。

癸日如逢己未时，煞星更怕戊来持；

如或制尽行财地，不是人间富贵儿。

癸日未时乃煞，见戊从化又嫌己妒，所以不宜。戊己俱透须宜制，又怕太过，秀而不实。

注：癸日如生己未时，乃是时上煞格，极凶。见戊杂煞，格局大坏。若官煞尽透，要食伤制，制的太过，尽法无民，秀而不实，格局虚伪，无成之命。

就我经验而言，癸水用己煞，是煞神中最次的一个，大命少而凶灾多，是其基本之性。

秋水

壬癸生临旺九秋，功名火土遂情求；

如无火土犹行北，几度欢笑几度愁。

壬癸生秋乃印，其作用要火土，火土秋月不时，虽多无害。如无火土行北，既在中秋逢生，太过乃不足之流。

壬生七月，岁月俱寅，又得辰戌时，得戊申以煞印论，顺行富贵，子位欠吉，行南破印。若止一丙孤栖申子辰上，行南无害，顺行怕寅。

八月遇戊字及戊申时，顺则贵，逆则富。亦有原无火遇劫，行火亦贵，不忌丙。

九月煞印官印又是一格，其地自有煞印，若得全阳及遇庚富贵。若近冬生，更坐辰午寅戌，干遇甲木主大富，清者贵。若丑亥寅辰时，干支遇煞则吉。若遇重木，金木交争及刑冲者凶。

癸日七八月遇庚申时合禄。七月遇火，火土行北亦吉，忌寅冲提会火之地，见火返南则破。若辰巳时土多，两行皆吉。

八月遇戊己丙丁及地支火土，行北富贵，但子少，返南有子，又怕伤印冲提。若癸巳日或亥巳日时，比肩多，得申酉印，行北功名，但财不聚，怕遇冲提刑地。

七八月原无戊土，如逢甲及原有甲申，行戌寅乃伤官见官，亦言称意。中有纯阴成格亦吉；若水不相持，阴阳混杂则凶。此两干七八月，最宜土火为妙。

癸日九月不妨比肩，忌亥日时隐甲害戊，若土多则富。申庚辛时巳辰午未卯，但得一格俱吉。若通寅申，纵有利名立见反覆。此月入冬令，甲寅时得干，从刑合格论。

注：壬癸水生于申酉两月，是为印格，其格之要求就是要火土财官同来，且不忌财官多多，是谓吉论。若无财官同行，顺行北方比劫之地，日主太旺，无财无官，是谓不祥。

原释文中讲："壬生七月，岁月俱寅，又得辰戌时，得戌申以煞印论，顺行富贵，子位欠吉，行南破印"这一句，我疑原文因刻版有误，为何？以壬生申月，本忌寅冲，以寅中有丙可以破申中之庚印也，如何可以岁月俱寅呢？至于生于甲辰、庚戌时，得庚戌字以煞印论，运行日主强地，可以富贵。但到子地，印星死地，不吉。若无戊煞，只有财星，再行南方，破印极凶也。壬生申月，最怕见丙，以丙可以破格，如一丙坐于申子辰之上，孤立无援，则行南方，也不甚忌，最怕运行寅地，申金死地逢冲，格局尽破也。

壬水生于酉月，透出戊煞，顺行北方，身强用煞，贵命。运行南方，以财生煞，必要日主原局中有根，方可许富。柱中比劫多，行南方运发财，不忌丙，只怕丁。

壬生戌月，柱中透出庚辛戊，可以按煞印格论其吉凶喜忌。若近立冬，柱中煞重，局有逢有甲木，主大富贵，以甲敌戊，化煞为权，功名必遂。用甲木者，大忌见金重，用金者也不喜木来杂，两用不专，凶多吉少。

癸日生于申酉月庚申时，只作一水体全之象，运行北方，也作富贵论。七月见火，只要同时见土，则为印格见财官同来，运行北方，也作好运断。癸生申月，大忌见寅，会火之地，也是破格之乡，有凶无吉。若丙辰时、丁巳时，只要柱中土多，南北皆可运行。

癸生酉月，柱中干透财官，或者支中所有财官字，则行北富贵，但官煞死于北地，主子少，行南地财生官，反主子多。若癸亥巳时日，命中比多，得申酉印重，运北显贵，但毕竟劫神太多，不能聚财，且易克妻。癸生酉月，也怕卯地冲印。

癸生申酉月，原局中无戊官，反有甲寅伤官，运临戌地或戊土之官，以印原局制伤，虽是伤官见官，不作凶论，亦主称意得志发达。

总之，壬癸水生于申酉月，必要火土财官同行，方作吉论。若单见火财，以财破印，格局大破，运行南方，多灾多患。若单见土官煞，格虽成印见官煞，又怕官煞失时无力，不能佐用，难于显名，只有财来生官，官得财助，如此印格见官，方得实惠，功名有准矣。行运之喜忌，又要观身与官煞旺弱来定，原局官重，喜走北地；原局身旺比多，则喜南方。格中无火土财官，运南破印，不吉；行北日主太过，不足，皆不是好运。

癸日生于戌月，只作杂气财官格论，只要身有微根，柱中有印，南北两路，功名必达。最怕甲寅伏于支中，大运透出，官格逢伤，定主大败。癸生戌月，时见甲寅，木土交战不和，格局尽坏矣。

就格局论来讲，壬癸水生于申酉月，是为印格，印格必要见官煞土星，则印绶逢官，定能一官半职。然而，换个角度从格物论来看，壬癸秋生，秋水通源，最喜清澈，若见戊己土杂，水土混浊，气象不清不明，何能大发富贵声名？所以，壬癸水生于秋月用官者，只要生于平原之地，格局纵成，也是平常人居多，就是少有发福作小官或公职者，一生也多波折，声名不振。惟生于大江大河之地，功名方可大发。

壬癸秋生比劫多，无财财地奈贫何；
干支有土兼逢火，雨后桃夭春已过。

此比肩多原无财，行财地比肩争财不吉。若干支有火土，虽少比劫亦赖蔽印，初行贫乏；行财地发财，但不久耳。

注：壬癸日秋生，本是印格当政，若逢满地比劫，局中原无财星，运行南方财地，比肩争财，穷困之象。若干支火土同行，行财地可以发财，若原局中比劫多而火土财官杂，行财地也难发福。总之，无论任何格局，只有命中比多劫多，必是福禄有损，严重降低格局层次也。

　　　　壬生七月印属申，火木相逢便是春；

　　　　无劫有官多吉庆，劫来相伴主薄贫。

　　金为水母，秋金太旺，无土则流，故宜见财官为美，运宜顺行；柱无火土及枭食相持，遇南行运则吉，行北不吉。

　　注：壬生七月，长生作印，就怕水旺太多则流，则要见土，土又见火财，财官同来，运走南方，可以富贵。若柱中有土，无火，行南以财生官，主吉庆。命中见比劫有气出干，多是贫穷之格，再运北方，更为不吉。

　　　　癸生秋月水金明，土火相逢便有情；

　　　　比劫可图南地禄，赤黄顺北有功名。

　　秋生比劫多，火土少行南有禄，虽有财名不实；原见火土多，行北不吉。癸亥、庚申、癸亥、乙卯南贵。

　　注：癸水生秋见比劫多与壬水生秋见比劫多一样，火土财官同行，富贵，但局中比劫多而有力分福者，虚名虚利，反复成败不一。若柱中财官太重，日主又弱，又喜行北。

　　如癸亥、庚申、癸亥、乙卯一命，柱中有水可以屏火，故行南方地，金印不伤而发福也。

　　上述三首诗诀反复强调一点，那就是秋水格局中不能比劫太重，重者必然大损福德，验之于现代命例，确是如此。

　　　　癸生秋月印生身，丙火相逢亦不嗔；

　　　　有土许成名利客，若逢寅甲丧青春。

　　癸遇丙不嫌破印，有土乃吉。见巳午及戊己辰戌丑未俱吉。若干支有寅甲遗患，虽印格成亦无功名，行运再遇寅甲冲印销印，变改忽然，其凶不测。

　　注：癸生申酉月，若支中无火会局，则不忌丙财破印，见土官煞星，以丙财生助官煞土星，可以作功名论。若干支有寅甲冲申庚，虽印格成也无能

275

成就功名。特别是申月之人，行运遇寅甲，生起丙财会起火局，冲印销印，凶不可言。

　　癸亥多肩九月生，金水运底最无成；
　　若行南地无寅甲，富贵功名断可成。

　　癸亥日生九月见比肩多，行金水地不吉，行南方及火土皆吉；惟怕寅甲戊申。戊土忌寅甲，如得南行不忌；再行水地不吉；若非亥日遇寅甲有比肩亦吉。如甲寅时近十月作戌月推乃作水论；如遇庚申字，火土多不忌亥寅甲；行火土旺亦可名利。如己未时煞不畏寅甲亥，戊午时畏甲，不畏亥寅。

　　注：癸亥日生于戌月，见比肩多，再行金水之地，比劫分福争官夺财，不吉。若行南方及火土，财官有助，吉。大概而言，癸生戌月，多用戌中戊官，用戊官，当然最忌寅甲了，若亥日生者，亥日伏甲，一旦行运引出甲伤，岂不成灾？当然，若原局有甲寅隐患，运走南方，伤官死地，官星生旺，亦可发福，惟忌水地，官死伤生，原犯此患，行运助起，必有不吉。如生于近立冬时，甲寅时伤神有力，只要柱中有庚申字屏之，火土财官势多，再行火土旺地，亦可名利，但发达艰难。如己未时，不畏甲寅，以甲寅合己煞，杂气官格反清，作吉论。若癸生戌月，又是戊午时生，自然大忌亥寅也。

冬水

　　壬癸时垣比劫逢，运归旺地反成功；
　　如逢火土从他格，食木飞刑又不同。

　　壬癸生冬令，再行旺地，飞天禄马禄从旺，则吉，怕逢火土。

　　如壬生十月十一月，遇此肩多是飞禄格，忌官填实。若水局从旺，如全阳得甲丙，行东南大发富贵。见丁合化亦吉。如遇戊乃煞，宜庚辛为印，不宜见甲。如用地支宜寅午戌辰俱有火地主功名，轻重言之。如巳辰丑亥时一用，俱喜行东南方，清者贵，混者次，此身旺宜任也。

丑月官煞多，或遇丙丁，宜行酉地吉；偏官偏印及寅午戌辰日时食伤之类，皆可论吉。

癸水十月全阴乃飞禄。亦有乙卯时食伤为用，行东南发福。己未时乃煞，庚申辛酉时乃合禄飞禄，遇印亦可名利。见戊官印、己煞印，忌行丙丁，官煞多贵小富，宜行土金旺地，但子少。

十一月亦有飞禄、食木为用，乃刑合夹丘等格。遇申酉时亦宜，己煞清者贵，次者富。壬癸混劫主用乏。如癸巳癸丑癸亥癸酉多互即财官煞印，不忌飞玷。亦有土多即煞印，非邀巳格，两月同论。

十二月全阴即煞非飞禄也。先正所谓："无煞方重用，有煞用难重。"如遇官则化，见己从煞，亦宜印透为吉，怕壬阳混劫金水交争。其癸干冬月甲寅时无印，士金透劫亦奇，运宜东南方。乙卯时宜火土。全阴行东南发达，忌庚申辛酉在干。丑月无合禄格，申时酉时乃煞印，忌财方，有劫小畏。

注：壬癸水生于冬天，柱中多亥子字禄神，可以依飞天禄马从旺等格言之吉凶，最怕火土搅局，作凶论。关于壬癸日生于冬，丙丁日生于夏，甲乙日生于春，庚辛日生于秋，日主各逢于时令，柱中一气当权，古命书都作富贵格讲，事实上真是这样吗？依我看法，事实不然。为何？其中之理容我一一道来，甲乙生于春天，生于寅月，且是北方之地，一片森林全是春寒之象，气象过于清冷，人命如何可得富贵？如生于南方人，稍有福泽，亦主六亲有克。甲乙生于卯月，柱中见木一气，南北方生人，皆可富贵，然必要见火发荣，始能功名惊天动地也。丙丁火生于巳月，柱中见火一气，炎光炳于宇宙，可以富贵，午月未月，天地洪炉，万物焦枯，人命禀之，一发如雷，一败如灰。庚辛金生于申酉月，柱中一气，富贵功名都从武职出身，然于戌月者，地狱之月，杀气大盛，多成凶夭之命也。壬癸水生于冬天，柱中见水一气，寒气太重，滴水成冰，北方之人，富贵艰难异常，南方人，功名稍遂。

壬水生于亥子两月，总喜木火同来，行东南运，出名发财，必然矣。若柱中戊庚辛煞印当权，功名多从艰难困苦中来。

壬水生于丑月，财官重，可行酉印之运，功名富贵兼有之；若无丙丁火，成功艰难，也不大显。若原有煞印，行运东南，忽然发迹。

癸日亥月生，亥多，飞天禄马格，这是奇格异局，常人不易遇也。实际上，奇格异局总是少数，一旦成格，就是异路功名，成功出人意料之外。一般而言，天才、怪才、高人、异人、另类成功者，基本上全是奇格异局之命。世俗之中，上至省部长高官，下至百万小老板，这类不同层次的功名富贵者，皆是正格成立之命也。

癸生亥月，也喜木火同行，或乙卯时甲寅时，行东南方，发达自然。若无木火，只有金土官印煞印，功名只能小就，不显不威，平生多冷淡。天地气运之中，只有南方之火，才可以出声名卓著之大人物，癸水生于子月，喜忌大致与亥月相同。木旺可以食木之气，生起财星，功名发达。遇申酉时，只要柱中官星透出，就是富贵之人，再见火财，大发之命。

癸生丑月，无火总是苦命，若得庚辛之印，格局成煞印局，无火，只能小发，名利艰难。只有火来，才能鼓动煞印之气，功名方能得大。若癸生丑月，无火无金，只是土多木重，以乙卯食制起戊己官煞，运行南方，忽然发财，不可限量。

壬坐申辰子亥中，比全水局甲无功；

东南北地皆名利，金再相逢又是空。

壬日坐冬，申子辰全，日干本旺，若得辰时，或干支别透寅甲食神财，行东南大发，见庚戊争征不吉。

注：壬日生于冬天，又是水局全，日主太旺，得甲辰时，甲木寒枯无有生机，若别支有寅甲，则食神有力矣。运行东南，以食引财，木火流行，财官得时得地，当然大发。若用甲食，见庚戊与甲不和，自然不吉。

下 篇

喜忌篇继善篇解

原著:徐大升　评注:徐伟刚

一、喜忌篇注解

四柱排定，三才次分，专以日上天元，配合八字支干，有见不见之形，无时不有。

凡看命先看四柱年月日时，次分天地人三元。干为天元，支作地元，以支中所藏金木水火土为人元。年为基本，月为提纲，日为命主，时为分野。故以日上天元配合，取其财官印绶，有无败伤争斗，论其八字也。碧玉歌曰：甲官辛兮柱无有，支内宜精究卯冲，酉合喜合巳酉丑，如无喜绝衰旺休。或三合，六合贵地，虽禄马、妻财、子孙、父母、兄弟皆是有见不见之形，无时而不有也。

注：凡看命，以年月日时为四柱，以干、支、支中藏干分别为天地人三元。元者，造化之始也。人之命，禀天地之气，受父精母血，十月怀胎而生，究其本原，确乎天地人三元为肇因，是以三元为本，四柱为根，而人之天命见矣。

年为太岁，一年之君，主一岁之造化，是为岁功之主。月为提纲，君令所在，治政之象，日为人臣，受命于君，推之行之于时，积时成日，积日成月，积月成岁，以人臣行君之令遂有贵贱吉凶之分也。取日干为主者，以代人臣之象，以年柱太岁者，以代一年岁君，以月令为提纲者，以见所受天命之令也，以时为辅佐分野，助日之行也。论命以日干为主，岁月时者内之财官印绶者，表岁君、行令、分野之意象，日主与之议论，有无败伤争斗，则命之吉凶可以现矣！

柱中干支，一共有八个字，表面上看，只有干支之字，然以日干为主，则四柱当中禄马、六亲、十神、神煞全系其间矣，如果再考虑地支三合六合、刑冲破害，则其不见之形更多，是无时不有也。赋文意思就是，命中支干虽然明见只有四个天干、四个地支共八个字，然而在这八个字上，就有神煞、六亲、十神、贵人禄马相依附，这些伏藏不见之象，实论命之根本关键也。

神煞相伴，轻重较量。

神者，贵人也。煞者，七煞也。若神杀混杂，看入节气深浅，或有去官留杀，或去杀留官，四柱或岁运亦当知轻重较量。

注：此句赋文所讲的"神煞"，当应该就是指子平命学中的贵人禄马、二德、劫煞、罗网、空亡等吉神凶煞之类。神煞相伴，其意就是指神煞中的吉神与凶煞往往会混杂于命中支干之内，要别其主次轻重，以定吉凶也。

原注文中，将"神"当作贵人，也就是正官星，将"煞"解释成七煞凶神，以为神煞相伴就是官煞混杂之义，我以为不当，因为后面的赋文十分明确地提到了官煞混杂的问题，显然，这里原注文中强将"神煞相伴"当作"官煞混杂"来解不是太到位的。神煞就是神煞，不仅仅在子平命学中，就是其他术数六壬、择吉、风水中，神煞就是吉神凶煞之义象，这是非常定性明确的，所以，原注文将"神煞"当作"官煞"有可能是原注者的误解或误注。

若乃时逢七杀，见之未必为凶；月制干强，其杀反为权印。

此论时上一位贵格。只有一位，方可为贵，别位不要再见，始为清贵。若年月上再见之，反为辛苦艰难之命。要日干生旺，不畏刑害阳刃。为人性重，刚直不屈。若四柱中原有制伏，却要行官旺运，然后可发福。又不可专言制伏，贵在得其中，乃尽法无民之命。假如史弥远之命，甲申、丙寅、乙卯、辛巳。此用日干旺，时上偏官，月上制伏，得其中和，故为贵矣。

注：这一句赋文与原注文，就是重点讲了时上煞格之喜忌。所谓时上煞格，也就是指的时上一位贵格。就古人经验而言，时上一位煞格，主要是指时上天干为日主七煞之格，时支内藏干为日主煞星者，一般不论。时干上见煞，煞是大凶神，一般皆主凶恶之象，以煞攻日主，必会造成日主病症灾患不测，若年月上再见七煞，则为七煞重犯，定主辛苦艰难，多灾多困，凶无敌矣。

赋文与原注文告诉我们，时上见一位七煞，本是凶象，要想转凶为吉，也就是要想从凶格转化为吉格，是要有这两个条件的：一个就是先要日主强旺，第二就是要月上有食神透出来制伏时上七煞，则此煞星猖狂有力之"小人"，从"害主之人"化为日主之"家奴"，日主反而可以驱之用之以成事，这就是化煞为权主功名极品也。时上一位贵格成立者，多主贵命，或是武职之命，古命书中还以为此格多是镇守边疆的武将之命。

时上一位贵格者，必主日主性格刚强凶悍，威武不屈。此格喜忌全在制煞一位之上，煞旺必要制神旺，制神力不足，要大运助起，方可以发功名。若制神太旺，制尽克绝煞星，则就是尽法无民了。也就是说，本是厉害之"小人"，因让食神制服太过了，这个"厉害小人"受制归顺日主后，反而成了无能懦弱之"家奴"，那这种无能之"家奴"，日主又如何可以驱之用事以求得功名富贵呢？是知，煞要制，就是要让煞归顺于我"日主"，但制煞也要中和有分寸，不能对此煞控制"死"了，也要让此"煞"有气有"本事"，则日主可以用之而化煞成权印富贵了呢。

史弥远之命，甲申、丙寅、乙卯、辛巳，此命日干旺，时上偏官辛煞自坐长生之地，月上丙食合辛制伏，运行得土金助煞，得其中和，故为贵矣。

财官印绶全备，藏蓄于四季之中。

此论杂气财官印绶格。四季者，辰戌丑未也，乃天地不正之气，为杂气也。盖辰中有乙木余气，壬癸之库墓，有戊己之土，辰戌丑未各宜所藏之气而言之。此四者暗蓄杂气，为我之官星、财气、禄马、印绶也。须看四柱天元透出何字为福，次分节气浅深，若杀旺官少要制伏，喜官乡，喜身旺。要冲开财官库，兼喜行财运。大抵福聚之处不可破，如无所忌大发财。假如史太师命：丙戌、戊戌、甲午、己巳，杂气财官格。此命用辛官己财，戌中有辛金余气，戊己土财，财旺生官，所以富贵两全。但墓库中物无鎗开是为闭藏，要有刑冲破害之物开局鎗之物，则发财官之贵矣。若四柱中原有刑冲破害，再不要逢此比肩气则反贵为贱。原命无财又喜行此运矣，学者宜细推之。

注：杂气一格，主要是指日主生于辰戌丑未此四个月内，此四个月为春夏秋天之季节过渡的中间"地带"，五行之气混处，气禀不一，故名杂气。杂气者之主要定义，取于四库之象，辰为水库，未为木库，戌为火库，丑为金库，与日主论，就有官库、财库、印库、食库、本库之分别。比如甲木见辰为印库，甲木见未为本库，甲木见戌为食库、甲木见丑为官库也。杂气喜原局有刑冲破害之物，谓之开库，必主发福。如原局无开库之物，则运喜刑冲破害之字，谓之开运，定然功名。在实际测算中，财官印食四库必要会局之后，才是真正的杂气格局。比如甲木生于辰月，必要会申子亥水，干头透出壬癸水印，才可以谓之真正的杂气印格，才可以按印格喜忌去论吉凶。若无干透支会之局，则不可以依杂气格论，只依辰戌丑未本气来讲。也就是说，辰月只依戊土来取格局，戌月也是只依戊土来取格局，未月不然，未月当以丁火来论格局，丑月则是取己土来定格局，是谓按从重者来论。

官星财气长生，镇居于寅申巳亥。

财官生旺于四孟，寅申巳亥乃五行长生之地。假如壬申、辛亥、己巳、丙寅，此命先荣后辱。己用甲为官，亥中有甲木长生。己用壬为财，申中有壬水长生。己用丙为印绶，寅中有丙火长生，此为四孟凶局。

注：古命书中讲过，阴阳全凭纯美，造化最喜长生，寅申巳亥为五行长生之地，天地之大德于此可见。如命中财官印食逢此长生，则富贵发福不可言也，但此长生处不可刑冲破坏，则主富贵中生难，不得善终。如壬申、辛亥、己巳、丙寅一命，传说是韩信之命，柱中财官印全逢长生，主人聪明发奋，一发不可收拾，富贵极品，但局财官印之长生全逢冲破，又见三刑全备，印逢财破，官逢伤神，是以先成后败，不得善终也。

庚申时逢戊日，名食神专旺之方。岁月犯甲丙卯寅，此乃遇而不遇。

此论专旺食神格。戊以庚为食神，其中有庚金建禄，戊土用水为财，申中有水长生，乃财旺也。戊用乙为官星，庚能合卯中乙木为戊土官星贵气。

若四柱透出甲丙卯寅四字，则坏了申中庚金贵气，此乃遇而不遇。假如己未、壬申、戊子、庚申，此谢丞相之命。

注：戊日庚申时，时上食神清纯之极，日主赖之作用神，定发富贵，为何？以庚申可以合来乙木官星，戊日遂有贵气也；申中有壬水长生，日主得逢财星，戊日遂有财气也；庚申两字，其功极矣。只要庚申不受破坏伤害，日主一心赖之，自然功名显达，不劳费神。然而，此一日主所依赖之神，一旦受伤，则日主无依，富贵无望矣。庚申所忌者，甲寅相冲战斗，丙字七煞，皆是搅乱庚申之志，庚申受此等字伤害，自身难保，何能效劳于日主乎，是以用神一伤，甚于伤日主也。

戊日生于庚申时，若见乙卯正官透出，日主志必在官，用官星而不用食神，然官星反让庚申合住，乙卯难于作为，日主虽然赖之，以官星贪恋私情庚申也，不能全心全意全力服务于日主，日主也难于发大福也。

己未、壬申、戊子、庚申，传说是谢丞相之命，此命中就是以庚合乙官，以申会子成财官，戊日得财得官，是以发贵。

月生日干无天财，乃印绶之名。

此论印绶格，十干生我者是也。为父母、为生气，又能护我之官星，故印绶无伤官之患矣。大要生旺，忌死绝，若四柱中元有官星尤好，忌见财气，行官运乡则发，若行财乡，贪财坏印，祸患百端，行死绝运必受其伤。假如丙辰、甲午、己未、丁卯，此命月生日干为印绶，系高和尚命。大运丁酉，流年壬午，当年三十岁，至元十九年三月二十四日遭极刑，何故？谓印生逢死绝之运，又见壬来破印也。此当年用天元，大运用地支。

注：月生日干，此是印绶格也。印绶者，我之父母、生气也，我一生所依赖者也。我之父母、生气，岂能伤害之？一旦伤害父母生气，日主岂不大灾？是以印格最忌见财也，特别是干透支藏之财，克伤生气印绶，凶不可言。印为日主生气，生气者吉神也，有益于日主之大吉神，此一吉神若逢相生，则生气之根越深，日主福德岂不更重乎？官煞者，印星之生气，生气逢生，吉利无比，是以印格最喜见官煞也，印格见官煞，功名必发，此显然易

见之理，其验极矣！大概而言，印格之人都得父母长辈的好处，若印格见官，则更得官方贵人之助而发达也。

是以，印格最喜行官煞之运，大忌财运，以贪财坏印，因财惹祸而生意破产名誉尽坏也。若更行至印星死绝之地，甚者犯国法牢狱之罪，或者有生命之险，为何？我之生气尽也，我命岂能无险？

这里原注文中举例所讲："高和尚命，丙辰、甲午、己未、丁卯，此命月生日干为印绶，大运丁酉，流年壬午，当年三十岁，至元十九年三月二十四日遭极刑，何故？谓印生逢死绝之运，又见壬来破印也。此当年用天干，大运用地支。"这一例子中有矛盾的说法，为何？看其注文中，说是高和尚当年三十岁，按原文中所讲流年是壬午年。事实上，若真是高和尚三十岁，当是丙戌流年，不当是壬午流年。若是壬午流年，当是高和尚26岁，不当是30岁。现在，对这一例子的注解，我们故当是高和尚在壬午年犯极刑，这里的命理注解就大致对头，丁印逢酉死地，流年再见壬财破印，是以犯凶，据说是犯极刑了。

通过上述这个例子"高和尚年纪大小与流年干支间的不对应"可以提示我们，研究古命例，我们不能太过较真，时间太久远了，有些例子可能会有所刻板的原因，导致原例可能出现谬误。我们只能通过其例了解所说的命理大意就可以了，了解其大意而变通之，是我们研究古命书古命例的一种方法。

日禄居时没官星，号青云得路。

此论归禄格，要四柱中无一点官星，方为此格，为青云得路。最要日干生旺兼行食神伤官之乡可发福。但归禄有六忌：一忌刑冲，二忌作合，三忌倒食，四忌官星，五忌日月天元同，六忌岁月天元同。犯此六者，不可一例以为贵矣。假如甲子、丙子、癸丑、壬子，此是张都统命，乃子多为聚福归禄矣。

注：日禄归时，要四柱中无一官煞之星，日干坐旺，月逢印绶生气，运行食伤财地，再加柱中有天月二德，是谓青云得路，必主事业发达，青云直

上，大富贵，为何？以禄财食本是一家之物，利益日主，其性一矣，三者相见，富贵必达！《三命通会·日禄归时》中以为，日禄归时只有七日可以论之：甲日丙寅时、丁日丙午时、戊日丁巳时、己是庚午时、庚日甲申时、壬日癸亥时、癸日壬子时。依我个人意见，庚日甲申时与乙日己卯时一样，皆是时上一位偏财格，丙日癸巳时是时上官星坐贵人，辛日丁酉时则为时上一位煞格断。

归禄格当中，一忌禄逢冲刑，二忌日主比劫太多分财夺禄，三忌倒印克伤食之气发挥，其余所忌，只是减低格局分数而已，对成格无有大关系。

大概而言，甲日丙寅时，喜财星，喜春冬生，运南方，功名大发。丁日丙午时、戊日丁巳时、己是庚午时，喜生夏秋，运西北方，大发财气。壬日癸亥时、癸日壬子时喜春冬生，运东南方，名利裕如。

假如甲子、丙子、癸丑、壬子，此是张都统命，柱中甲丙子财食禄为一家之气，行运东南，发福厚重，此命乃子多为聚福归禄矣。

阳水叠叠逢辰位，是壬骑龙背之乡。

如壬辰日生，遇辰字多者贵，寅字多者富。盖壬以己土为官星，丁火为财星。辰巳暗冲戌中之官库，所以贵也。寅字多能合午中之财，所以富也。诗曰：阳水多逢辰字乡，壬骑龙背喜非常，柱中俱有壬辰字，富贵双全在庙堂。

注：壬骑龙背一格，以壬辰日为主，柱中辰多主贵，寅多主富，经验证，此论成立。但是，古命书讲壬骑龙背一格之理，主要是以辰多冲戌中财官，以寅来合戌财来解释的，依我的感觉来看，此说过于勉强，不太合理。窃以为，壬骑龙背之格，不如以壬辰本身来言之吉凶，似乎更为到位。壬为阳水，喜见辰本库，辰中有戊煞，身与煞同宫，是煞与身有情矣，喜见寅木者，以寅中甲木来制戌中戊煞，化煞为权，故而壬辰日命中多见寅，壬寅日命中多见辰，全是富贵之格的原因所在了。至于壬寅日多主富，主要是寅中丙财长生，丙为壬水之极旺之偏财，以壬生寅甲食神，以寅甲食神转生丙财，是以大富者居多矣。

阴木独遇子时，为六乙鼠贵之地。

此格大怕午字冲丙子时，子多尤妙，谓之聚贵也。或四柱中有庚字、辛字、申字、酉字、丑字，内则有庚辛金则减分数，岁君大运亦然。如月内有官星则不用此格，若四柱中原无官星，方用此格。

注：六乙鼠贵，是指乙巳、乙酉、乙丑、乙卯、乙未、乙亥日生于丙子时者也。按古命书注解六乙鼠贵者，以为用时上丙火遥归巳禄，以巳合申，申来会子，则申中庚官得用，以至乙日得庚官而显贵也。此一古说，过于辗转牵合，显然不合理致。依我个人以为，用格物论观点注解此格，较为到位。以乙为花草之木，最喜光照雨润，今时上干支丙者阳光，子水雨润，则乙木自然生意无穷，是以作贵格论。当然，此论来于《穷通宝鉴》一书论乙木之理法也。可是，深入下去，就会无穷深意。子为一阳初生之地，甲子、丙子、戊子、壬子、庚子中，只有丙子上的丙字，才真正体现出子水一阳生出之象，为何？以丙就是太阳也。子处一阳生，干头上就见丙阳透出，此天地生机阳和之气，一点春意从中发出，岂不为贵？故而，乙日丙子时生于夏冬，夏用子水润泽根荄，冬用丙火太阳照耀枝叶，乙木日主左右逢源，生意盎然，富贵无穷。

事实上，六乙鼠贵格最深一层的意义者，必是年月见辛煞，则此乙木才是真贵人也。六乙日主用丙、用子或用辛，皆可以致富贵于将来，惟忌戊己土财庚官也，其他成格者，皆可拟贵。

庚金全逢润下，忌丙丁巳午之方，时遇子申，其福减半。

此论井栏叉格，只是庚子、庚申、庚辰水局为贵，何也？盖庚用丁为官，子冲午。庚用木为财，而申冲寅，戌中戊土为庚之印，而辰冲之，又辰戌为财印，故以申子辰三字来冲寅午戌为财官印绶。若四柱中须用申子辰全为贵，得三庚金者尤为奇。或戊子，丙辰亦不妨。喜行东方财地，北方伤官，南方火格不为贵，故忌丙丁巳午方。假如庚子、庚辰、庚申、丁丑，此是王都统制命，丁卯出戍边土，得四品官诰。

注：所谓井栏，就是井口也，润下者水也，井中有水，所以济人。庚日

见三庚会申子辰水局者，以金生水，井中之水源源不断，可以无穷利人。见午未则填实井口，见戊己土则浊乱井水，见寅午戌火局水火相煎，反受其祸。此井栏叉格，大概一要金生水，井水方可不涸，不见尘土，井水可以清澈，故而此格最喜金水木运，大运西北东方，则井可以得用，可以济人，所以富贵。此格大忌见火，破坏金水一气，若见土重，则减分数。

如王都统制命庚子、庚辰、庚申、丁丑，行东方丁卯运，出戍边土，得四品官诰。

若逢伤官月建，如凶处未必为凶。

此论伤官格。伤官之格，务要伤尽而不为祸，四柱若原有官星，伤之尤重；原无官星，伤之则轻。若三合会起伤官之杀及运行伤官之地，其祸不可言也。故伤官见官，为祸百端。若当生年有伤官七杀，为祸最重，谓之福基受伤，终身不可除去。若月时见伤官之地，可发福矣。若女人命有伤官者，主克夫。若见合多，则为卑贱或淫滥。若无制者为师尼，合则非良妇也。若遇贵人七煞日，亦作命妇而推之。

注：原赋文中的本意，若逢伤官月建，一般意义是凶的。但是，如凶处未必为凶。也就是讲，月令上有伤官，不是百分百的全凶，如果有转化，则未必一定大凶了。

月令伤官，凶在什么地方呢？一者见官，谓之伤官见官，其祸百端。二者年上见伤官，为祸最重，指福基受伤，克祖宗克父母，不得父业家业，平生多困。三者，女人命中见伤官，主克夫也。伤官格如何不凶？一者原局不见官星，行运也不见，谓之伤尽，只要身强有财，就可以发福。二者，伤官者，身弱见印，也作凶处未必讲凶论。

这里也牵带讲到了女命的一些看法，一怕伤官主无夫，二怕合多，主淫乱。

从六格上看，伤官格是下格之一，女主克夫，男主克子，不利功名，这是基本规律，不管格局如何制化，男女命伤官格对于家庭幸福总是会造成较大的伤害。

内有正倒禄飞，忌官星亦嫌羁绊。

内有正倒禄飞者，乃丁巳得巳多，冲出亥中壬水为官星，乃正飞天禄马格也。若辛日得亥字多，冲出巳中丙火为辛官星，乃是倒飞天禄马也。柱中若壬癸辰巳，皆是官星羁绊也，则减分数，岁运亦同。诗曰：禄马飞天识者稀，庚壬二日贵非疑，柱无羁绊官星现，平步青云到凤池。又曰：飞天禄马少人知，辛亥多逢亥位宜，不见官杀无羁绊，少年富贵拜丹墀。

注：飞天禄马格分两种，一者是正冲格，庚子日壬子日逢子多，冲午字，冲出丁巳分别作庚壬之官星，辛亥日癸亥日亥多冲巳，用巳中丙戊作辛癸日官星；二者倒冲格，丙午日午多冲子，丙得癸官，丁巳日巳多，冲亥，丁得壬官。此二格皆喜有三合六合字来合住所冲之字。比如庚子日子多冲午，喜格局有未字，未字可以暗合午字，也喜格局有寅字或戌字，以寅字戌字可以三合午字也，这就是一冲一合，确保日主可以得到这些"虚拟"官星也。

如这些日子出生的人，年月上有财官印煞旺神当用，须依正格来断之。

六癸日时逢寅位，岁月怕戊己二方。

此论刑合格。以六癸日为主，用戊土为正气官星，喜逢甲寅时，刑巳中戊土，癸日得官星。如庚寅刑不成，惟甲寅时是，行运与飞天禄马同。若四柱有戊字、己字，又怕庚金伤甲字，忌申字刑坏了寅字。如癸酉、辛酉、癸卯、甲寅，乃娄参政命也。

注：六癸日生于甲寅时，本是伤官之时，无甚可取之处，惟寅中丙财长生，只要见一点火，甲寅伤官之神就可以成为财源，生起火财，日主身旺，便可以出名发财矣。古命书中以寅来刑合巳字，癸得戊官一说，不太靠谱。癸水甲寅时，只利火运，大发，其他平平，然癸日见甲寅时，不论何格何局，一见庚申，其命休矣！

如癸酉、辛酉、癸卯、甲寅，乃娄参政命也，非以刑合得贵也，以金白水清，水木菁华而致贵也，然终非大贵之格，仅是书生参政也。大概而言，格局清秀者，多是才子文人、九流艺术、名人之命，贵者少见。真正的大富大贵之造，不在于格局如何清秀之上，主要在于格局中全是浑厚之气，气象雄壮，如高山、如大江、如红日……

甲子日再逢子时，畏庚辛申酉丑午。

此论子遥巳格。甲用辛官，辛禄在酉，二子为甲木之印绶。子中癸水遥合巳中丙戊，合动酉位之辛为甲之官星，巳酉丑三合会起官星。喜壬癸亥子月，忌庚申辛酉，乃金来伤甲木，午字来冲子字，尤忌丑来羁绊，则不能去遥合矣。假如甲申、甲戌、甲子、甲子，此乃是罗御史之命，虽然是遥巳，但年上有申中庚金冲克甲，运行戊寅，寅刑巳，反成祸矣。流年乙丑则罢官。

注：甲子日甲子时，谓之子遥巳格，其格在外格中，最是无理，不可当真。此格甲日甲时地支皆子，子中癸印，年月最喜庚辛申酉，以年月官煞制时上甲木，生时日癸印，行运西北，必发功名。

如甲申、甲戌、甲子、甲子，此乃是罗御史之命，此命正是由于年支中庚煞得用，所以行北方运，主功名，但是一到寅运，以寅冲申，比劫成群争煞，是以反成祸矣。流年乙丑罢官者，以丑财破印之故也。

辛癸日多逢丑地，不喜官星；岁时逢子巳二宫，虚名虚利。

此论丑遥巳格，只辛丑、癸丑二日可用。但要四柱中无一点官星方用此格。盖辛用丙官，癸用戊官，丙戊禄在巳也。丑能破巳，丙午之禄出矣。不要填实巳位，子午羁绊不能遥也。若申酉得一字为好。假如乙丑、己丑、癸丑、癸丑，乃是叶待郎之命。又有丁丑、癸丑、辛丑、己丑、乃王通判之命。

注：丑遥巳格，只辛丑、癸丑二日可用，但务须生于丑月者，此格才能成立。若不生于丑月者，且丑字不多，只此两日最喜丙火财官，自然功名发财，岁时见巳，大得意。

乙丑、己丑、癸丑、癸丑，乃是叶待郎之命，贵在乙食制己煞之上。又有丁丑、癸丑、辛丑、己丑、乃王通判之命，此命贵在年上丁煞之上。

大概而言，癸丑、辛丑两日，前者为田间之浊水，后者为珠玉陷于烂泥之中，纵然气象混浊，却多富命也。

拱禄拱贵，填实则凶。

此论拱禄拱贵二格，乃两位虚拱贵禄之地，四柱不可占了贵禄之宫，则填实不容物矣，只为吉星荣显也。其禄贵者拱之，盛物之器皿，若空则容物，乃贵禄荣显。经曰：官荣禄显，定是夹禄之乡。又忌伤了日时，皆拱不住矣。假如丁巳、丙午、甲寅、甲子，此是王郎中之命，此二日来夹丑中癸水余气，辛金库墓，己土乘旺，乃甲木之财官，人命逢之，岂不为贵，后运行辛丑，除通判。入庚子运，庚金克甲木，又是年月冲破甲子，乃天中杀，即空亡，夹贵不住，走了贵人，一旦坏了。

注：拱禄拱贵，填实则凶，此说过于支离，不可当真。命中最喜财官禄马贵人，岂有明见者不如暗拱者乎？凡见此古格，只依六格论喜忌断之。

时上偏财，别宫忌见。

此论时上偏财格，又名时马格，与时上偏官同。用时上天元及支内人元，只要时上一位有之，始为贵，若别位有之，便多了，难作偏财而论。要身旺，不要克破，要财运旺即发矣。假如丁酉、己酉、戊子、壬子，邵统制命也。

注：时上一位偏财格，是为大格。然其格十日当中，只有甲日戊辰时、丁日辛丑时、戊日壬子时、壬日丙午时、癸日丁巳时才是，其间成真正大格者，惟有戊日壬子时、壬日丙午时才是，其他时日纵然成格成局，财富不巨。时上偏财，大怕年月再见偏财透出，只是财多身弱富家贫人。

时上偏财格，身强，官运护财，食伤运生财，印运助身，皆是发财之运，最忌比劫，财破人亡。

如邵统制命：丁酉、己酉、戊子、壬子，时上偏财，运走东南方印地助起日主，身强担起命中旺财，是以功名发财矣。

291

六辛日逢戊子，嫌午未位，运喜西方。

此论六阴朝阳格。辛金至亥为六阴之地，而得子时，故曰：六阴尽处一阳生，故云六阴朝阳之格，乃谓阴尽还阳。辛用丙官，癸为寿星，只是要子字一位，若多不中。喜戊土，戊来合癸，动巳中暗丙，丙为辛之官星，四柱中忌见午冲破子禄。西方乃金旺之地，故喜也；东方财气，木乡次之；不要行南方火乡，北方水伤官也。假如戊辰、庚申、辛卯、戊子，此毕甫之命。

注：六阴朝阳格，乃为天地间温厚造化也。辛金生于戊子时，子水涵珠玉，辛金到子地长生，长生之处见戊印，戊得子滋，土润金生，辛金得真印也。六阴朝阳格，最喜见丙火阳光，丙光照耀珠玉，珠光宝气，富贵福德。六阴朝阳格，贵在朝阳，见丙火也，不见丙阳，只用水木秀气，贵而不富。如用丙阳，运走东南，辛金闪烁光芒，发福异常。地支怕见午未，便减分数。

如戊辰、庚申、辛卯、戊子命，只是用水木之秀气，命中无朝阳之丙，只是文贵，此毕甫之命也。

五行遇月支偏官，岁月时中宜制伏。类有去官留杀，亦有去杀留官。四柱纯杀有制，定居一品之尊。略有一位正官，官杀混杂反贱（偏官即七杀也）。

此论偏官之格。若四柱中全无一点官星，用七杀为偏官。若有正官，此谓七杀之鬼，乃争夺之人也，故谓有见不见之形。全要日干生旺，故喜身旺，喜羊刃，只要制伏，不要四柱见正官，有兄不显其弟之说。或岁运中，或四柱中是去官留杀可也，乃制伏是也，若官杀混杂不为清福。只此偏官七杀者，乃小人之辈，多凶暴，无忌惮，乃能劳力以养君子也，惟怕是不惩不戒，无术以控制之，则不能驯服而为用矣。若四柱中原无制伏，要行制伏之运。四柱中原有制伏，要行身旺之乡。若有制伏，又行制伏之运，盖为尽法无民之喻。假如己未、乙亥、丙寅、辛卯，乃王章台相公之命也，乃月偏官制伏在年上，兼日坐长生之火，三合木局，丙日逢贵，所以发禄。后遭刑戮，无棺椁，谓行运至壬申，天克地冲也。

注：月上七煞（"杀"字与"煞"字，在古命书中通用）乃是六格论中的最凶恶之格，七煞为凶狠之小人，杀人如麻，日主逢之，当然大凶。所以，月上七杀格，急要食伤或印来制化此小人，通过惩戒，则此小人驯服而为用，乃能劳力以养君子，是谓化煞为权。对此凶格要想转凶为吉，一要日主强，二要看煞的制化情况，原局中无制化，大运要走制煞之乡，原局中有制了，大运要走日主身旺之乡。当然，制煞不能太过，尽法无民，煞无力，则此小人也成"废物"，有何功用服侍日主乎？

煞格当中，大忌混官，以官煞相杂，必要去官留煞取清为上，若无取清，岁运逢财官煞地，日主大灾，必有性命之患。煞格当中，基本没有去煞留官一说，为何？以煞当令，如何去之去尽？如果去官不得，煞当令，必是大凶之格也。

如己未、乙亥、丙寅、辛卯，乃王章台相公之命也，乃月上亥中壬水偏官，制伏在年上，兼日坐长生之火，三合木局，丙日逢贵，所以发禄。后行运壬申，破印生杀，又与日主天克地冲，遭刑戮，无棺椁。

戊日午月，勿作刃看；时岁火多，却为印绶。

此论羊刃者，非犬羊之羊，乃阴阳之阳，此禄前一位是。惟阳位有刃，阴位无刃。如丙戊禄在巳，午为羊刃者。戊日得午月，不可作刃看者，何也？乃阴火生阳土，正谓月生日干，若岁干时干又见火，乃是印绶格也。

注：戊日午月，若柱中不透丙丁火神，只作阳刃格论，若年月时干透出丙丁火，别位地支再见巳午，作印绶格论吉凶。换言之，戊生午月作印格，必柱中重重见火，透出丙丁火印，才是。如全局仅是午字一位，不见其他丙丁巳午字，只作阳刃格论。

月令虽逢建禄，且忌会煞为凶。

大凡命中以财官为贵，若四柱中有一作合，谓贪合忘官，又兼会起七杀，反为凶兆。且如甲日用酉月为官星之正气，若年时子辰又会起申中庚金为七杀，乃甲之鬼贼，故为凶。

注：子平论人生命运，以财官为本，若月上出现财官，格局之最善者也。然而，财官出现，不可破坏，则贵气见而不见，不作吉论。此处原注文中，会煞一说，只是空理，不值一谈。甲用酉官，见子辰水局，则是官星逢印，作大吉论，岂有会来庚煞一说？不可当真。

官星七杀交差，却以合杀为贵。

官星乃贵气之神，纯而不杂，乃为清福；杂而不纯，便坏造化。有支中合出七杀为吉兆。经云：合官星不为贵，合七杀不为凶，乃是五行赖之救助。且如甲日生人得卯时，卯中之乙能合庚字为甲之偏官，是为合杀也。若男子得之和气，与人投合贵者。女子得之，多生心意不足，虽美丽性乐私情，主克夫害子。如庚日生，四柱见丙为杀，则有申辰合起子为水局来救之，丙化为官则吉矣。

注：柱中有官有杀，官与杀天性完全不同，官为贵气之神，喜清纯有力，喜财印相伴，必然功名显达，朝廷大员，官星最怕见食合去，谓之贪食忘官，只顾玩乐（食）不顾工作（官）了，必然功名不达。杀者，凶神也，宜制之合之，则杀贪合忘煞，化为偏官，服务日主而成事业。

男命喜合，女命怕合，这是一般定理也。

柱中官星太旺，天元羸弱之名。

大抵人生以财官禄马为贵，取其中和之气为福厚，偏党之气为福薄。若官星太旺，天元身弱，又行官旺乡，反成其祸。且如甲乙日天元，用庚辛申酉巳丑为官贵，四柱中官星既多，原有制伏则妙，本身弱，须制伏之运乃可发福；若行官旺之乡，乃造化太过，其祸害破财不可胜言，运岁亦然。

注："羸弱"这一名词之义，百度中称之："躯体瘦弱或贫弱无依"，就是指身体瘦弱、处世贫弱之意，也就是弱者之象。子平中，日主羸弱，那其人就是弱者之象，先天上命格就不好了。

命中固然以财官禄马为贵，但其气也要中和为福厚，日主承受的了为佳，若贵气太重，日主太弱禁不起，恐怕是无福无寿之人。如甲乙日天元，用庚辛申酉巳丑为官贵，四柱中官星煞星太多混杂，必要原局有制伏则妙。若原局无制，须制伏之运乃可发福。若再行官旺之乡，乃造化太过，其祸害破财，不可胜言，运岁亦然。

日干旺甚无依，若不为僧即道。

　　此论时旺，主本得地，乃为时旺之乡也。其人沉疴不染，耆年齿牢发黑，强其体骨，天年过数，此格多出俗避世，出尘尚志，慕道修真，乃日干甚旺。且如庚日生人，月时在申，或运又入酉方，此庚以火为官星，火至酉方而死，庚以木为财，木至酉方而绝；既是财官禄马俱无，则欲步于前程，何以设施，故无依倚，远害保身之命。假如乙卯、丙子、丙午、癸巳，此祁真人命，日干极旺，又旺于东南方运也。

　　注：此处所论，就是和尚命、道士命的命理依据，那就是日主身旺之极，柱中财官禄马死绝，命中只旺了一个身子，其他六亲全无，则就是出家人的命格了。当然，这里也可以看出，身旺的八字的好处，就是可以沉疴不染，耆年齿牢发黑，强其体骨，活的很长。实际上，常人之心志，在命中要有财官字，让日主贪恋之，若四柱中不见财官名利字，或见财官字死绝，引不起日主的贪恋之欲，反而只见日主自我意识极强，所有心志全在一身之"自恋"上，想要修炼，想要成道，只重本身自我，全在自己本体上作功夫，这就是僧道之命了。讲来讲去，世俗之人的命格，主要是日主之志在财官上，也就是红尘中人，一心系在名利妻子之上。而出家之人的命格，主要是日主之志不在于财官妻子名利的追求之上，其志向全在肉身修炼之上。所以，归根到底，出家人与世俗中人的区别在于各自的人生观不同，也就是追求的目标不同，体现在命中，就是日主之志的不同了。

　　且如庚日生人，月时在申，或运又入酉方，此庚以火为官星，火至酉方而死，庚以木为财，木至酉方而绝；财者，利也，官者，名也，既是财官禄马俱无，无名无利，则欲步于前程，何以设施，一生何能在社会上立足？财者，妻也，官者，子也，妻子俱无，岂不就是孤家寡人，不是和尚命就是道士命了。

假如乙卯、丙子、丙午、癸巳，此祁真人命，日干极旺，又旺于东南方运也，以木火旺者，主道士也。金水旺者，都和尚命也。

实际命例中，只要身旺无依，不是僧道之命，那就必然是社会上的孤寡之人，六亲无依，一生不幸，穷困到老。

印绶生月，岁时忌见财星；运入财乡，却宜退身避位。

此论月生日干，乃印绶之名。印绶乃喜官星，畏财乡，恐乃坏印也。印绶者乃我气源，须要根固，若行财位者宜退身避位，不然必遭降谪徒配也。假如庚戌、甲申、癸丑、丁巳，此命月中正气庚金印绶，不合巳中丙火为癸之财，其水见财，贪财坏印，一生蹭蹬。故曰：印绶在刑克之地，身乱身亡之故也。后大运行己丑，流年丙寅，四月死，何故？原有伤印之杀，岁运又行伤运气，庚入墓也。

注：月生日干，是谓印绶格。此格喜官星，忌财星，一定之理。若庚戌、甲申、癸丑、丁巳，此命月中正气庚金印绶，不料巳中丙火为癸之财，其水见财，贪财坏印，一生蹭蹬（蹭蹬意义：主失意、倒霉、困顿）。后大运行己丑，庚印入墓，流年丙寅，四月死，岁干透出丙财破庚印，死宜矣。

劫财阳刃，且忌时逢；岁运并临，灾殃立至。

劫财乃是日上天元分争财禄，比肩是也。阳刃者，禄前一位是也。且如禄马，甲禄在寅，甲用己土为财，见卯为刃，来相侵夺己土也。假如戊午日并月时相同者，二三戊字者，其相侵夺癸水为财，故曰劫财。以戊禄在巳，前一辰见午，午有己土克癸水，此之谓劫财阳刃，故主破财散业，离家失祖，施恩反怨，心性卒暴，进退狐疑，偏生庶妻为正，带疾破相，性勇贪婪，志大心高，伤害不足。若运流年逢之，因财争竞，不然疾病连及妻子矣。假如癸未、乙卯、甲子、己巳，此岳飞将军命，此为劫财羊刃。甲以己为财，以乙为刃，见卯阳刃，劫而有损，乙卯正谓劫财阳刃。运行辛亥，流年辛酉，三十九岁死于狱中。

注：劫财阳刃，命中大忌。劫财者，干头透出日主之劫星也，比如甲日

主见乙，丁日见丙之类是也。阳刃者，甲见卯、丙见午之类。劫财本凶，阳刃也凶，若此两个凶神相逢组合在一起，穷凶极恶也，命中逢此，其凶不可形容矣，破家破财，失业流浪，或克父母，或克妻子，一生多灾多难，岁运并临，主恶运连连也。

如岳飞将军命：癸未、乙卯、甲子、己巳，甲以己为财，以乙为刃，见卯阳刃，劫而有损，乙卯正谓劫财阳刃。运行辛亥，流年辛酉，阳刃一冲一合，三十九岁死于狱中。

我的拙著《子平正解》中讲述的岳飞命的基本论述思想，就是源于此处的原注文。想当初，我为了研究格局命理，发现格局论的原本面目，不知花了多少心思反复研读《渊海子评》、《三命通会》等古命书，当中辛苦，不是外人所能知道的。

十干背禄，岁时喜见财星；运至比肩，号曰背禄逐马。

禄之向也，为顺；背也，为逆。且如辛得酉为禄，若遇巳丙为背禄。经曰：背禄主无财之论，主初明后晦。喜财星戊己土助其身。火克无气，至比肩见甲分财。经云：马者，在乎财位。乃甲见寅为身旺。甲用土为财，土至寅病，甲用金为官，金至寅绝，乃禄马皆不扶身。赋云：马劣财微，宜退身避位，岂不谓之守穷途而凄惶也。

注：原注文中将禄当作临官之禄也，比如甲见寅、乙见卯之类是也。事实上，徐子平在论格局中，就提出了一个完全的禄马新定义，那就是将正官当作禄，将财星当作马，这就是格局论中的禄马之说。据于此，伤官克官，故谓伤官为背禄，比劫克财，故谓比劫为逐马，命中见伤官比劫一道，便谓背禄逐马，守穷途而凄惶也。了解到这个定义，我们可以对这个原赋文作出一个确实到位的注解。

十干背禄，就是讲日主生于伤官之月，岁时喜见财星，以伤官作生财之神，则伤神有用有益于日主也，只要身旺，就是伤官生财的成格之局。但是伤官生了财神，就大怕来比劫破了财神，这样一来，伤官岂不是空生了财星一场呀？是以，伤官格生财，最怕比劫来破财星，谓之背禄逐马大凶格，必然守穷途而凄惶也。

五行正贵，忌刑冲克破之宫。

正气官星者，提纲之位，用时上财气乃贵人也，忌刑冲克破之神填之。

注：月令正官当权，是谓正气官星，五行正贵，最要年时有财气相生相助，大怕伤官克之，七煞混之，又怕地支字刑之冲之破之，总主不吉。

比如甲生酉月，用酉中辛官，是谓贵气，怕丙食合之，怕丁午伤官克之，怕申庚七煞杂之，怕戌土害之，怕卯刃冲之，怕重酉刑之，种种忌讳，可知正官之贵重，不易得也。

日干无气，时逢阳刃不为凶。

且如甲申日，卯时为阳刃，此是申中庚金能克卯中乙木为财，为马为妻，虽逢阳刃，不为凶矣。

注：日干无气，时逢阳刃不为凶，此说要辩证看待，为何？阳刃本是命中至凶之神，百无一是，岂有不凶之理？只有少数情况之下，才不为凶，这就是在日干无气又逢七煞的情况下，这时候的时上阳刃才可以反凶为吉也。比如甲申日，卯时为阳刃，本来甲坐于申上，申中庚煞攻身，极凶之象，喜时支卯中有乙木，乙木可以合庚金，则甲以乙妹妻庚，从而让庚煞贪合忘杀，从而不再攻击甲木日主了。也就是，只有这种情况下，日主无气见煞星，以时刃合煞，则时上阳刃方不为凶。

退回来说，日干不论有气无气，只要命中无煞出现，时上阳刃总是极凶之神，不能作吉论，必主克妻子，破财禄，一生多非横事。

官杀两停，喜者存之，憎者弃之。

甲用辛酉为官星，又见庚申，何以决？又见三合之混，同。甲乙用庚辛为官贵，而有巳有丑，是官杀混杂，要有制伏之运，或去杀用官，或用杀去官，方可发福。若混杂之命，岁运更在旺乡混官杀，其祸不可避逃矣。

注：这处赋文还是强调了官煞不可同处于一个命局中的问题，官煞是两

类人，一者是天地正气，一者是凶恶小人，两者岂能混于一局之内？是以官煞混杂，必要取清，日主才能发福，若不能取清，日主受制于官与煞双面攻击，必然祸患不断也。若更大运助起官煞之气，其祸不可避逃矣。

地支天干多合，亦云贪合忘官。

且如甲用辛为官而有丙，见庚为杀而有乙，用庚为官而辛为杀，又有丙及支干多合。此阳官阴杀，或阴官阳杀，乃是造化之必然也。若是四柱有合是为贪合忘官。经云：合官星不为贵，合七杀不为凶，五行有救助之谓也。

注：本处赋文与注文，无非是重复前论，官星贵气不可合去，七煞凶神反喜相合，一君子一小人，要分别处置。

四柱杀旺运纯，身旺为官清贵。

此七杀即偏官也，喜制伏。四柱内以杀为官，且如甲见庚为杀，而甲生于寅地，乃身旺，其寅暗包丙长生，则不畏金为杀，以杀化为官，是则甲庚各自恃旺之势，而行纯运，乃为极品之贵。

注：甲寅日生用庚煞，用丙食制煞，丙食长生寅支中，化煞为权，身煞食三者皆清纯，且各自极有力，是谓极品之贵也。大命全出于七煞，斯言极验矣！

凡见天元太弱，内有绝处逢生。

此论日主自坐官杀，乃是人元弱处复生，乃是胎生元命。且如甲胎在申，申中有庚金为偏官，有壬水为印绶，受气相感，气生胎元，得壬辰水长生，此格只要官星旺运方可发福，不要冲克。

注：绝处逢生一格，可以按月上论，也可以按日上论。日上论者，古命书中谓之为胞胎印绶格。比如甲申乙酉日，日主坐于煞地，也是日主受胎之地，只要见壬癸水印，就是绝地逢生，也是胞胎印绶格，富贵千秋。其他壬午癸巳日见金印、庚寅辛卯日见土印、丙子丁亥日见木印，皆是此一贵格。

如甲申日生，见壬印透出，行西北运，必然大发，为何？胞胎格，日主

299

刚刚有丝微之气，得印相滋，生意无穷，行到印地，必然如雷之发！

柱中七杀全彰，身旺极贫。

伤官本禄之七杀，败财本马之七杀，偏官身之七杀，四柱有之，身旺建禄不为富矣。

注：这处所论，就是柱中有伤官、有比劫、有七煞众凶并临，是谓极恶之命，身旺者，一生极贫；身弱者，残疾或早夭。

无杀女人之命，一贵可作良人。

大抵看男命与女命不同。女命不取官星，不取财帛，不取贵人，不取三合六合，不要财马生旺暴败，不要干支刚强羊刃，不要比肩。乃见如此，何以知其贵贱乎？答曰：阴人者，如此一同论，若天元运动，岂能分别寒暑、四时、八节、霜露、雨雪、阴晴哉？阴人者，全靠夫主，夫贵妻亦贵矣，夫贫妻亦贫，乃天地阴阳之理也。凡女人之命，大喜要安静清贵，旺夫旺子为妙。若绝气并刑冲破害不美，若命夹贵者，必为贵人矣。

注：女命与男命不同，此为天经地义也。女命只要夫星、子星旺，就可以作好命论。古云：女人无命，但看夫星是也。夫荣妻贵，夫贫妻辱，此为天然之理。女人之命，忌讳甚多，怕伤官、怕身强、怕官煞混杂、怕倒印、怕比劫，种种所忌，可知女命要想成富贵者，真不易也。

女命福德富贵者，只有财官印食透于干支中，日主中和有气，地支不冲不破，行运不走伤官煞地，自然一生荣华，夫子两旺，福寿全备。

贵众合多，必是师尼娼婢。

贵者官杀也。官者正夫，杀者偏夫。合者地支暗合，三合六合、心多不足，虽生美质，性乐私情，非良妇也。

注：女命柱中，日主身强，又有官煞混杂，地支三合六合，必然多情多欲，非贞妇也。

偏官时遇，制伏太过乃是贫儒。

偏官主人性聪明，有刚强傲物。若四柱中制伏多，乃尽法无民也。中和之气为福厚，偏党为福薄。假如丙午、甲午、癸亥、乙卯，此乃是钱应宾秀才命，月上偏官，所以伤残，目盲足跛，却有文章秀气，终身贫穷矣。

注：偏官一物，要制化得度，方能化小人为君子，为日主所用，主刚强聪明，功名富贵可以求矣。若煞制伏太过，行运又不生助，只主其人聪明，怀才不遇，终身运晦，不得出头矣。又主其人性格懦弱，胆小，无力任事，一生困穷。

如丙午、甲午、癸亥、乙卯，此乃是钱应宾秀才命，月上偏官，所以伤残，目盲足跛，却有文章秀气，终身贫穷矣。

四柱伤官，运入官乡必破。

此论伤官，四柱有官星，运入官乡必破，须要明轻重。假如癸未、癸亥、辛未、癸巳。此一都丞命，辛以丙为官，巳中有丙，月中有壬水财破其官星矣。

注：此论伤官格中见犯有官星也，是谓伤官见官，其祸百端也，原犯行运又见之，尤重。如癸未、癸亥、辛未、癸巳，此一都丞命，辛生亥月，正是用壬水为伤官，辛以丙为官，时支巳中有丙，这就是伤官见官之破局，以月中有壬水破其丙官矣。

五行绝处，即是胎元，生日逢之，名曰受气。

胎元逢生，名曰受气。诗曰，五行绝处是胎元，生日逢之富贵全，更若支元来佑助，定然衣锦早乘轩。度理可以知幽微之妙，度性可以知生死之理。木绝在申，即受气，胎酉则养戌，亥宫是木又长生，定主财名遂意也。

注：此句赋文与注文之意，可参见上句"凡见天元太弱，内有绝处逢生"赋文注解，其大意相同。

是以阴阳罕测，不可一例而推，务要禀得中和之气。神分贵

贱，略敷古圣之遗书，纵约以今贤之博览。若通此法，参详鉴命，无差无误矣。

注：命理复杂多变，不可一例而推，要举一反三，中和之气为福，不及太过为殃，此为定理。命格十神要分贵贱吉凶，今略传古人先贤论命之思想，汇合要点，辩证思维，这样论命才能大方向不会错了。

大概而言，《喜忌篇》是八字命学中的第一赋文，其重要性可想而知，也是学习古命理人所必要背诵的一篇命理文章。当然，能够背出来，这是第一步工作，更要紧的是要能对此赋所讲的种种命理相关内容问题能够深入研究，掌握其博大精深的内涵，这样才算真读明白了《喜忌篇》了。

事实上，《喜忌篇》与《继善篇》实际上是命学祖宗书《渊海子评》中的两篇纲领性赋文，所有中国古代子平命理，全不出于此两赋所范围当中的。

二、继善篇注解

人禀天地，命属阴阳，生居覆载之内，尽在五行之中。

人禀二五之数，犹天地之生物以成形。人得万物之灵，乃天地之正气方为人，所属阴阳五行，不离乎金木水火土也。

注：人禀受天地间阴阳五行之气，乾道成男，坤道成女，为万物之灵，与天地同参，赞助化育，位立三才，一身造化与天地同体，一身运化与天地同流，知阴阳五行之情，则知天地万化之机，知天地万化之机，则知人命一生之运也。金木水火土，在天成象，在地成材，在人成事，五常五事，皆五行所运也。人事不外乎五行，知五行，则知人事，天地人物造化不出其范围也。

欲知贵贱，先观月令提纲。

月令乃八字之纲领，更知节气之深浅以知灾祸。如寅中有艮土余气七日半，丙火寄生又七日半，甲木正合共十五日。此三者不知用何为祸为福。见正官、正印、食神则吉，伤官、偏印则凶也。

注：月令，天命所流行者也，令者，命之推移，命者，令之主体；无命则令无从所出？无令则命不能行，是知，命令不可分离也。月令者，领太岁之命而行令者也。一年分十二节十二气，二十四气七十二候，皆天地流行之气发现矣。节气有深浅，气运有来往，成功者退，未来者进，知一月气运之来往进退深浅，则知命格之吉凶祸福也。

一月之内，主气者人元也，是谓令神，令神有主有辅，共赞造化，分别主事，以见天命之流行。天命流行有常有变，常者，主气当令，气候正常，春温夏炎秋凉冬寒是也。变者，参差不齐之气也，客气主事，或春行冬令，或秋行夏令，令之不齐，以至气候反常是也。然而人命中，终于主气为常，以见人命之上下。气之深浅，又见福禄厚薄也。如寅中甲木是谓主气，丙火戊土谓客气，三者之内，寅月甲主事，以见春天消息，是天道之常经，用丙火戊土客气，终是气候反常，令不齐也。主气为人命财官印食为福必大，主气为煞伤劫败，为灾必甚。客气为福，其福不厚，客气为灾，其灾也浅。

次断吉凶，专用日干为主。三元要成格局，四柱喜见财官。

天干为天元，地支为地元，以支中所藏者为人元。年月日时为四柱，专以生日之干配合四柱三元而成格局，惟喜财官。

注：天地人，三元肇始，造化见矣，天命流行，现于人物之兴衰之中，于四柱中，日主一身担之。天地与人相和，三元才成格局，人命兴旺发达，不离四柱财官。

用神不可损伤，日主最宜健旺。

如月令有官不可伤，有财不可劫，有印不可破，凡柱中有用神不可损害也。仍要日干强健，则能任其财官。

注：月令人元，谓之用神，日主吉凶，全赖此神推移运行。此神为财官印诸吉神，不可以伤破，日主赖之，富贵可望。然定要日主身旺，方可受得

303

用神之福矣，若日主衰败，受不得用神福，终是命薄之人也。

年伤日干，名为主本不和。

假如日干甲乙，年见庚辛克之，故曰主本不和，乃父子不相合也。年逢七杀克日，祖宗无力过房。若还日月及时中归禄，逢财夭丧，杀旺运逢为祸，印生多助为祥。比肩旺运莫猜疑，只是单衾纸帐。

注：年为四柱之尊位，主祖宗父亲，为一身之根本，日为己身，四柱之主，年伤日干，主本不和，天生不得祖宗父力矣，父子不和，少年多克剥。若年上七煞，归禄于月时日支中，再见财来党煞，又运行杀旺之地，是谓夭折之命。只喜见印，煞为印源，日主根气坚实，反殃为福，富贵不凡。

岁月时中，大怕官杀混杂。

岁月时中既有官星又见七杀，则不吉也，务要配合而取断之，则祸福有凭也。

注：官煞混杂，小人君子竞相攻击日主，日主岂不为灾？逢此官煞，急找食伤，以子救父，日主才能转危为安，不然，官煞混杂无解，日主必然大难。

取用凭于生月，当推究于深浅；发觉在于日时，要消详于强弱。

用者，月令中所藏者。如甲木生于十一月，乃建子之月，就以子中所藏癸水为用神。癸为甲母，忌土克之，要日时相辅其旺相休囚可也，其余仿此而推。

注：人生天地之间，一岁当中历经春夏秋冬，顺受天地气候变化，是以取用必当于生月。生月当中，气候有深浅，运气有来往，当以主气为主，以见天地之常道。然又要见客气是否发现于时日，要详观客气之强弱，是否对主气造成影响，以见天地之变化。通观主气之深浅、客气之发现强弱，以见日主受令之不一，统盘考虑，则人命吉凶可以知矣。

如甲木生于十一月，乃建子之月，就以子中所藏癸水为主气，当作用神。癸为甲母，忌土克之，要日时相辅其主气，则甲木有福了。

官星正气，忌见刑冲。

《碧玉歌》曰：官星正气莫混，财多伤食莫逢。且如乙卯见庚辰时，月戌逢冲。指甲生巳酉丑月，午未火局休逢，若还官旺见申，时有印见之吉用。

注：甲生酉月，辛金正气官星，不可混庚，不可见丙丁伤食以破官。甲生酉月混庚申煞，喜见壬癸水印，官煞皆爱印，有印助身，反凶为吉。

时上偏财，怕逢兄弟。

甲人见戊辰时为偏财，见乙字比劫之地，则不吉之命也。

注：时上偏财作用神，不论日主强与弱，最怕干头比劫来，克倒财神，破产克妻败亡，难免也。甲人见戊辰时为偏财，见乙字比劫之字，戊受乙制，我财落于他人之手，岂不为凶？

生气印绶，利官运畏见财乡。

甲乙生人见亥子月为印，喜见庚辛申酉运则发。若行入戊己巳午运，不吉兆矣。

注：印格喜官忌财，一言尽矣。甲乙生人见亥子月为印，喜见庚辛申酉运则发，理所必然也；若行入戊己巳午运，贪财坏印，不吉兆矣。

七杀偏官喜制伏，不宜太过。

壬日见戊则为七杀，方要见甲木制之则吉，贵也。不宜甲乙木多，若多则太过，如小人受制于君子，太过必主反逆。

注：七煞为强势小人，要小人为君子服役，必要先收伏，才以成为"部下"，这就是制煞之必要。然收伏煞为"部下"，也不可制的太过分了，导致小人或懦弱或叛逆或闹事，总不利于日主也。日主收伏七煞，要制之于力，

讲之于理，发之于情，软硬皆施，这样小人才能心悦诚服于日主矣，这样才能成事服侍于日主也。

伤官复行官运，不测灾来；阳刃冲合岁君，勃然祸至。

此甲日生人，见卯乃为阳刃，遇酉金而冲之，见戌而合之，则祸至。若当生四柱中原有阳刃之神，忽来相对，克破流年太岁，或三合相招，克害岁君，则其勃然祸至。若岁乙卯，于甲日生，四柱有乙亥相合，或有巳酉丑为祸。

注：伤官怕逢官运，不测灾来，理所必然。阳刃怕冲合，阳刃刚暴之神，软不得，硬不得，其神安静，最好。若其神因冲合发动，必发凶祸。如甲用卯为刃，见戌合之，或亥未合之动之，或者酉冲之，皆是激动阳刃，以致生出不测灾患来。

富而且贵，定因财旺生官。

经云：财多生官，须要身强；怕财多盗气，本身自柔。且如甲乙以庚辛为官，戊己为财气，得天干生旺，则土生金，金乃木之官也，主先贫后富，盖是财旺生官也。

注：财旺见官，谓之财旺生官，主由富而贵，先要日主强旺，这样才能富贵双全，然此格主气在财，所以只能大富而小贵了。财旺见杀，则谓杀为财之盗气，财逢盗气，不但财散且有灾患生出，如果身弱，则必因财生灾。

非夭则贫，必是身衰遇鬼。

经云：旺则以杀化权，衰则变官为鬼。且如甲乙生人，生巳午为身灾，失天时，见庚辛申酉来克，不夭则贫贱矣。

注：官煞本不同性，不可混为一谈，用官煞与日主身之强弱极有关系。身强，化煞为权，俗说以为化煞为官，此乃含糊说法，不可当真。身强，化煞为权，但绝对不能将化的煞当作官一样。同理，身弱化官为鬼（煞）也是不确切的说法，官再如何凶，也不能等于煞一样凶，煞再如何制，也不能等

同于官一样吉，是知此理，要精益求精也。

大概而言，身强化煞为权，可以事业成功得权柄也，但煞毕竟是煞，凶性不会轻易改变，主事业成功中还是有凶灾会发生的。身弱化官为鬼，固然不利有灾，但此灾不会是（成为煞的主象）性命大灾，只主小病小灾，不顺而已。

身衰遇鬼，也要分日主阴阳来说，阳干日主，多夭折或多病灾，阴干日主，多主贫困也。

六壬生临午位，号曰禄马同乡。

壬以丁为财马，己为禄官，丁己禄居午，故曰禄马同乡。此格喜秋生，有庚辛金制甲乙，故无害。若见寅卯旺，则文秀而不明。冬生玄武当权，知是火财而纷争。春生甲乙旺，寅卯时乃为凶杀会聚也。

注：壬午日，丁己财官皆禄于支中，故号禄马同乡。此日喜秋生，以有庚辛印可以护官也，忌春生，以当令甲乙寅卯木可以破支中己土官星也，忌冬生者，固然是玄武当权吉格，就怕壬癸水亥子比劫旺，劫夺午中丁财也。

癸日坐向巳宫，乃是财官双美。

癸日以戊为官，丙为财，乃丙戊禄在巳也，故曰财官双美。若是四柱中不要见水局，时逢癸丑不为凶，何故？丑中有己余气，可以克癸也。

注：癸巳日谓之财官双美，为何？以支中有丙戊庚财官印也，然癸坐下巳，又是贵人，此日又是日贵格也。事实上，癸巳日较之壬午日更为吉祥矣。

财多身弱，正为富屋贫人。

且如甲申年、壬申月、丙申日、辛卯时，申中有庚金，乃为财多。又有壬水，乃七杀制日主，身弱之甚也。此是富家营干之命也。

注：如甲申年、壬申月、丙申日、辛卯一命，丙日主见叠叠庚辛财神，财多无疑；又有壬水，乃七杀制日主，身弱之甚也，这就是给富人家干活的

穷人之命也。富屋贫人，比如大财主家的保姆、清洁安、保安等人皆是也。大财主家，就是富屋，这个屋子里的主人当然是全是富人了，然而此富屋中的穷人，那就是侍候富人们的一帮佣人也，这些佣人在现代就是保姆、清洁安、保安、厨师等打工人。当然，这个含义可以类推到公司、工厂当中的穷人们。

以杀化权，定是寒门贵客。

大抵七杀化为官星，如丙忌壬为杀，巳午旺反恃土之势，则壬不能为害，化杀为官，发于白屋。若四柱中有土，则丙逢壬时以为极品之贵也。

注：化杀为权，必要日主刚强，且有食神制杀，杀得制，则掌生杀大权，功名起于寒微，行运有力，必主极品之贵矣。丙用壬煞，原是壬水辅丙，只要壬水有制，自然格局洪大，富贵鼎盛。

登科甲第，官星临无破之宫。

正气官星，四柱中不见伤官，无杀混杂，行旺运，幼年必主登科及第。

注：正气官星，国家开科取士之象矣。只要命中官星清纯有力，印星相护，少年走官印之运，必主早年登科及第，功名过人。现代社会中，最能在应试教育中出人头地者，惟此正气官星也。

纳粟奏名，财库居生旺之地。

此谓墓库格，谓如临依官星之库墓，须要一物开之，其人难发于少年，经云：少年难发库中人。只怕有物压之，若行财旺运或开库，故云纳粟奏名。

注：命中有财库，且库中有官星，但此财官之库命中无刑冲害之神，其人难发于少年，若得大运冲破，或行财运合起财库，必主以财捐纳以得官爵，故云纳粟奏名。

官贵太盛，财临旺处必倾。

且如甲乙用庚辛申酉为官星，又有巳酉丑之类，乃是官星多，若四柱中无制伏，更行财官旺运，造物太过，其祸患不胜言。

注：人命当中，固以财官为喜，然造物不可太过，若财官太盛，行运又生助之，物盛不祥，必主倾覆之灾，祸患不可胜言。比如清代奸相和珅，就是官贵太盛，财临旺处必倾的人生命运格局。

印绶被伤，倘若荣华不久。

印绶本生气之源，不可有伤，被伤乃见财也，为福有损，纵应禄位，不久而败，所谓贪财坏印是也。财见重重，有事难夸。

注：印绶主清名，主盛誉，主权印，主荣华腾达之象，财者，浊物也，叫人神昏，印星见财，必贪财而坏印，因财而失誉去职。财星者，印神大忌，格局逢之，一生倒霉。

有官有印，无破作廊庙之材。

有官有印，乃杂气年藏官印也。鬼谷子云：罡中有乙，魁中伏辛，此为杂气印绶财官也，乃少年不发库中人也。假如丙寅、辛丑、甲辰、丙寅，此延生俊命。甲用辛为官，己土为财，癸水为印，提纲中有癸水余气，辛金墓库，己土见旺，故得谥封之贵也。

注：天生百物，各有其用，人物无数，其理相同。或为君子，或为小人，只因生时气禀定了。柱中财官印各效日主，日主可任，当是国家之栋梁，朝廷之重臣，此也就是可以从命中看出其命是否为人才矣。

无官无印，有格乃朝廷之用。

正气，杂气凭财官印绶为贵格富贵之命。若成格局，要全无一点财官，方为富贵之命矣。假如己未、壬申、戊子、庚申，此乃谢左丞相之命。此命专食合禄之格，若四柱中全无一点财官印绶，以戊用乙官、癸财、丁印，四柱中全无矣。取戊食庚申、戊禄旺巳与申合，名前格。

309

注：正格当中，全依财官煞来取得功名富贵。外格者，局中无财官煞，全依印星伤食比劫禄神等外神感召财官煞以求富贵。然而，外格者，或是异路功名者矣，或为九流艺术成功者，其多财货声名而少贵也。如己未、壬申、戊子、庚申，此乃谢左丞相之命。此命专食合禄之格，若四柱中全无一点财官印绶，以戊用乙官、癸财、丁印，四柱中全无矣。取戊食庚申、以庚申来感召财官名利也。像这种命，若生于现代社会，多声名利禄而无贵气也。

正格之富贵成功，全系命中本来财官煞物，天生就是富贵之人。外格者，命中无财官煞物，不得已求之于外物伤食印劫等神来感召遥合财官煞之物，以求功名显达矣。人生在世，当以财官为重也。

名标金榜，须还身旺逢官；得佐圣君，贵旺冲官逢合。

身旺逢正气官星，又得旺运，必登科及第。若四柱中是飞天禄马，冲官合禄，乃人臣极贵也。冲官者只有四日。

注：少年发达，必是财官印清纯，行运得力，主功名早遂。若成飞天禄马，纵然发达，也有限矣。和平时代，要想成为朝廷大员，总是要财官煞等大物，拱卫日主，外格者要成人臣极贵之大命，除非乱世矣。

非格非局，见之焉得为奇；身弱遇官，得后徒然费力。

若四柱中用作财官，见所忌，非格局，有财官，此等命不为奇妙。又论：自身天元赢弱，纵官星得之，荣华不久也。

注：正格当中，有了财官煞等物，也要相互护卫呼应，格局配置合理，这样才能成功。若见财官煞物，不仅不成格，反见破格之物，财官煞用神受伤无力，那也只能是贫贱之命了。若外格中，有财官煞外物混入，与柱中主要感召之神相战，不成正格，也不成外格，那也只能是失败之命了。

小人命内，亦有正气官星。

印绶者，怕逢财气坏印。官星者，畏见伤官必败。若四柱中虽有财官印绶，遇其伤害，不成真名，反为凶恶，岂不为小人哉。

注：命中见官印，本是君子之象，若官印逢破，官不成官，印不成印，则是化君子为小人，其命不吉。是知，小人命内有官星，官星必破也，小人命内有印星，印星必坏也。官印逢害，不成真名，反为凶恶，岂不为小人哉？

君子格中，也犯七杀阳刃。

七杀有制化为官，阳刃无冲极为贵。偏官发于白屋，阳刃起于边戍，为将为相，岂不为君子者哉。刃与杀主诛戮之权。

注：命中有杀刃，本是小人，或杀刃有制，化恶为善，是以小人化为君子也，定主君子，其命多是削平祸乱的武将之人。命中有刃与杀主诛戮之权。

为人好杀，阳刃必犯于偏官。

阳刃者，在天为紫暗星，专行诛戮，在地为阳刃。偏官者，七杀之暗鬼。阳刃又犯七杀，人多主凶狠。若遇贵人吉，则无大恶。

注：阳刃与煞，皆是刚暴好杀之物，人命得之，必主凶狠性刚，好斗好杀，无同情心。然成格者，又是大命，不成格者，平生多凶，克伤六亲，自身也多不善终也。

素食慈心，印绶遂逢于天德。

如命中元犯凶神恶杀，若遇天月二德神救之，则凶不逞也。印绶本慈善之神，又逢天月德相助，主人心慈而食斋矣。

注：印绶天德，皆上天好生之德神，命中逢之，平生慈善，好信佛道，一生多福平安。凶格逢之，也主有救，吉格逢之，福分倍增。

生平少病，日主高强。

日主自旺为恃旺，乃是本主得地，自恃旺乡，其人沉病不染，耆年齿牢

311

发黑，强其体骨，天元遇旺，顺身远害，欣然无忧，乐天之命也。

注：日主代表身体，日主强自然身体好。人的寿命长短，先要日主强旺，自然长寿之命，格局配合，福禄寿全备，天生五福完人。

一世安然，财命有气。

此论财者，妻财，马也。财旺有气来助，我身乘旺，必享财而用之，是得安然之乐矣。如甲生辰戌丑未之乡，皆作财气。

注：人生在世，一要身旺，二要财气，财为养命之源。日主为身，身体如何？全在日主之气如何？养此身者，要财。身财两强，自然一生安然，快乐度日。

官刑不犯，印绶天德同宫。

此五行自得天时名为旺。若印绶扶身，又带天月二德，一生不犯官刑之论。

注：印绶天德，皆上天好生之德神，命中逢之，平生慈善，好信佛道，一生多福平安，自然一生官刑不犯也。

少乐多忧，盖因日主自弱。

此言日主无气，落于衰乡，又失了天时元气，持鬼败之乡矣。多主奴婢之下，孤寡临于五墓，一生忧闷，不足之命也。

注：日主身弱，百无一是，无自信无能力，胆小懦弱，身体又不好，自然一生少乐多忧不足也。

身强杀浅，假杀为权。

假如丙戌日见壬辰时是也，生于四五月依此而断。碧玉歌云：化杀为权何取？甲生寅卯之乡，更逢亥卯未成行，何怕庚金作党。乙生巳酉丑月，喜逢木局相当，若逢亥卯未生殃，处世艰难贫汉。

注：身强杀浅，化杀为权，此显然之理。

杀重身轻，终身有损。

如戊寅、壬戌、壬戌、己酉是也，月时暗有戊土为七杀，故为伤身也。

注：杀重身轻，终身有损，其凶不可胜言。

衰则变官为鬼，旺则化鬼为官。

若日主衰弱，纵有官星，当他不得故变官为鬼矣。若日主旺盛，纵有七杀，其杀自降伏，当化鬼为官，乃主大富大贵之命也。

注：日主弱，官星当不起，纵然是吉神，也主有灾。日主强，纵杀星旺，只要制化，纵然是凶神，因为受得了，所以也可由贱发贵，富贵功名从穷困中出来。

月生日干，运行不喜财乡。

月生日干即印绶也，印乃母也，故云忌财破之。运行入财乡，谓之贪财坏印。譬如为官者掌印，贪百姓之财则不美。

注：月生日干，只要官生印，运财地，贪财坏印，其理显然可见矣。

日主无依，却喜运行财地。

甲乙生于春月，柱中若无财官，谓之无依，若运行辰戌丑未运，以土为财，方可发福。余者仿此而推，如背运不可言福。

注：日主身强，原局中无财官煞可依，又无伤印等感召之神求取富贵，则大运运行财官煞地，也可以发福一时，然运过，依然不足也。

时归日禄，生平不喜官星。

命中日禄居时者，最怕官星，所以强官破禄，反贵为贱矣。碧玉歌曰：日禄居时最妙，年提畏杀官星，若见官星则剥禄矣。

注：时归日禄，若归外格，当然不喜年月官煞混局。或年月财官煞成格成局，时上禄可以作日主之根，可以受柱中财官福德，不作破格破禄论。

阴若朝阳，且忌丙丁离位。

此言六辛日见戊子时也。岁月若见丙丁二字，乃南方火伤了辛金，所以不得朝阳以成真格局。若不见丙丁，皆主大富贵命，官自居一品之尊。此谓喜忌篇云：六辛日逢戊子时，嫌午位运喜西方。见丙字，露出官星；见丁字，乃七杀克辛。此说非。

注：六阴朝阳之格，详见上文《喜忌篇》相关赋文注解中。

太岁乃众杀之主，入命未必为灾；若遇斗战之乡，必主刑于本命。

太岁乃一年所主之君，统众杀之主君也，未可便作凶推。若命中羊刃诸杀或日主刑克岁君，乃臣犯君，必招战斗之祸。

注：太岁为年中天子，掌至尊之权，作祸福之主，一年吉凶，全在此神喜忌之中。太岁作恶，一年有害，太岁作福，一年吉祥。太岁吉凶如何，全凭格局而论。日犯岁君，岁君作恶神，其年大凶；日犯岁君，岁君作吉神，其年大吉。

岁伤日干，有祸必轻；日犯岁君，灾殃必重。

若太岁克日干，谓为父怒子，其情可恕。日克岁君，如子怒父，罪不可赦也。假如太岁庚辛，日干甲乙则灾轻。日干庚辛，太岁甲乙，无救则灾重。

注：古命书中，往往将太岁与日主当作"父子"关系模式来断，这种关系模式过于机械，要辩证接受理解之。太岁作为年中天子，日主只是其下属一"臣民"而已，不存在什么"父子"之情。太岁克日，天子惩治臣民，其凶必矣。若是正官作太岁，反主进职发财升官，太岁作煞治下，多主凶灾不测矣。日犯太岁，以下反上，凶多吉少。然而太岁若本为命格吉神，反主发财顺利，一年大发。

总而言之，太岁作为如何，先观太岁是为何种十神？再观其与格局配合如何？再论日主关系，如此全面统一论证，方可断对流年。

五行有救，其年反必为财；四柱无情，故论名为克岁。

此言日犯岁君。若当生有救，祸减一半，其年反招其财。若无食神救之，便是造意不好，主害岁君，还伤日主。如甲日克戊岁，若得己字在，便是夫妇贪合有情。乙日克己，岁君干头有庚，亦是夫妇贪合有情，若无配合克制，便是无情，其祸不免。

注：日犯岁君，不是一例作凶而论。先看大运吉凶，再定岁君喜忌。岁君为一年之主，也是命格之主、大运之主。大运吉，必通过太岁之吉而呈现，大运凶，必通过太岁嗔怒而呈现。

原注文中，以格中有合作为解救之神，不合理致，基本不验。

庚辛来伤甲乙，丙丁先见无危。

如庚辛金克甲乙木，柱中若有丙丁巳午火，则有救也；其余依此例。

注：若庚辛太岁作煞克日，柱中有食伤救神，当然主化凶为吉也。

丙丁反克庚辛，壬癸遇之不畏。戊己悉逢甲乙，干头须要庚辛。壬癸虑遭戊己，甲乙临之有救。壬来克丙，须要戊字当头；癸去伤丁，却喜己来相制。庚得壬男制丙火，夭作长年。

注：日主若逢克神，只要柱中有食伤子孙，子必护母，反不忌克神伤害也。

甲以乙妹妻庚，凶为吉兆。

庚金最怕丙火，有壬水制伏反吉。甲乙忌见庚金，得乙妹配庚为妻，则以甲为妻兄，以变凶化吉也。

注：凶神害日，若得"中间神"来调解，也可以化敌为友。如甲用庚煞，中间神可以是壬癸水印，化煞为印，也可以用中间神乙木来合之，总是要化庚煞凶神为我日主之"亲人"，这样才可以变凶为吉呢！

天元虽旺，若无依倚是常人；日主太柔，纵遇财官为寒士。

碧玉歌曰：天元日主太旺，岁时月印财官，三才不显，主贫寒，僧道孤刑之汉。日柔全无生旺，财官多反生殃，当之不住守寒窗，守若囊消邈状。

注：日主与财官，本是一体两面之关系，也就是名实（日主为实，财官为名）、体用（日主为本体、财官为用神）之关系。日主轻重，要以财官来衡量；财官价值，要以日主旺衰来比较。日主太轻无力，财官过重，是名过于实，是本体过轻，不能大用；财官太弱，日主太旺，是实过于名，本体虽强，不能运用，皆非中道，只有财官与日主相配，才是名副其实、体用相当，才是吉祥之格。

日主太旺，命中无财官无依倚，有体无用，废人一个，只是常人，主贫寒，僧道孤刑之汉。日柔全无生旺，财官多反生殃，体弱难用，弱木难支，终不能用，当之不住守寒窗，反主寒士。

命格之判断，确是要依日主与财官两个角度去同时衡量才可以看出一个人命的好坏价值来：日主为体、为价值、为实，财官为用、为价格、为名，以此两者比较才可以得命格的实际意义。

一、日主体旺，财官用旺，是名副其实，是体用相当，日主本是好货本有好价值，又有高价格标出（财官旺相），是以"命主售世"当然可以卖出好价来，论命自然作吉论。

二、日主体弱，财官用旺，是名过于实，是弱体大用，劣货（日主弱）本无好价值，想标出高价格（财官旺）卖高价，不可能，是"命主售世"终是作凶论。

三、日主体旺，财官太弱，是实过于名，是强体无用，本是好货（日主旺）有高价值，但是价格标的太低（财官太弱），市场无人需要，是以"命主售世"不能成功，只能是无用失时之废人，当然作凶论也。

四、日主体弱，财官过弱，是名实相称，体用相当，但是劣货（日主弱）本贱，以依低价（财官弱）标出，当然"命主售世"更不值钱了，是以命格当以凶论了。

女人无杀带二德，作两代之封。

凡阴人之命，不宜见伤官。若有天月二德全者，必主有封赠矣。天月二德命中有者，主人慈惠温良，镇压诸杀，不敢犯也。

注：女人之命，最忌见伤官，克夫害子，一生凶也。若有天月二德，再有财官印食。一生性格慈惠温良，不犯凶事，旺夫益子，福寿双备。

男命身强遇三奇，为一品之贵。

诀曰：日主高强，富贵财官，印绶俱全，甲逢辛己癸为禄，乙戊庚壬可见。丙日癸辛乙位，丁壬庚甲高迁，戊喜癸乙丁卯，己壬甲丙奇，庚辛壬癸例。依前无破，名登金殿。

注：日主高强，逢财官印三奇全透于干上，财官印又各见长生禄旺，岁时吉神得位，柱中逢二德贵人禄马，三合六合之地，不犯空亡刑冲破害，寒暖适中，金木相协，水火相济，五行全备，一气流通，支干有情，用神有力，气象清朗，格局雄壮，行运顺遂，必是大富大贵之命也。

甲逢己而生旺，定怀中正之心。

诀曰：甲逢己土合生旺，富贵荣华定可量，常怀中正得人心，当遇贵人须可望。甲属东方生旺之气，主乎仁。土属中央厚重之气，主乎信。甲己化土，而四柱中更带生旺，为人忠厚正直之辈。

注：甲合己，以阳就阴，必然贪财，刚直之气化为就财之义，不作中正之心论。只有己土合甲，甲为正官，以阴就阳，阳就光明通达，才是忠厚正直之辈。

丁遇壬而太过，必犯淫讹之乱。

诀曰：丁遇壬而太过，多阴独阳定主淫讹，男因酒色须倾夭，女主私通内乱多。丁与壬为合，若丁月见壬水制太过，主淫。

注：丁火日主女命，若命中见三壬或壬癸水官煞混杂，或地支申子亥辰丑暗会，必主淫乱。

317

丙临申位逢阳水，难获延年。

诀曰：丙临申位火无焰，阳水逢之命不坚。若得土来相救助，却加福寿享延年。若丙申日主，行壬申、壬辰、壬子运主夭。

注：丙申日生，透出壬水，壬煞长生于日下，必主极凶，若再行水局之运，定然凶夭。若丙逢壬制，反有土来伏煞，或者有木来化，反主高寿。

己入亥宫见阴木，终为损寿。

己亥日主，行乙木乃亥卯未运，主寿夭。诀曰：己为强土见双鱼，阴木临之寿必疏，四柱若无金救助，丰都岳岭寿无虚。

注：己入亥宫，透出乙煞攻身，再行木局运，定主早死。若有金相救，反主寿命高远。

庚值寅而遇丙，主旺无危。

庚寅日主而遇柱中有丙火，若庚金多亦无恙，谓之多则生出艮土，土又生金，故无危也。诀曰：庚逢寅位禄当权，丙火重逢寿不坚。身旺鬼衰犹可制，应为鬼杀化为权。

注：庚寅中见丙煞透出，极凶，运到寅午戌地，有生命之危。若柱中透出土神，土来晦火，转生庚金，见凶不凶，反主高寿。

乙遇巳而见辛，身衰有祸。

乙巳日主，柱中有辛金多，乃乙木衰而杀旺，故有祸也。诀曰：乙逢双女木衰残，若见辛金寿必难，不得丙丁来救助，岂知安乐不成欢。

注：乙巳本身日主极弱，又透辛煞，必然不贫则夭，若运西方，凶多吉少，若有丙丁制辛，反凶为吉，富贵定然。

乙逢庚旺，常存仁义之风。

乙日见申月之类，此格者有仁有义之人也。诀曰：乙逢庚旺是官星，遇此当为宰相行，若遇五行无冲破，常存仁义镇边疆。

注：乙日主最喜见庚官，当然是富贵仁义之人。

丙合辛生，镇掌威权之职。

丙日见辛酉月，辛日见巳月，此格乙者，当主有权柄之命也。诀曰：丙合辛生非是贱，掀轰保利真堪羡，不然黄阁显公卿，执掌兵权难有变。

注：丙合辛，就财，多是拘泥财利之人，小格。惟有辛日主，见丙火太阳作正官，方显威权之职，又主名播四方。

一木重逢火位，名为气散之文。

甲乙日生，重见丙丁之火，则泄气也。诗曰：木能生火本荣昌，木火通明佐庙廊。一木重逢离火位，终身泄气落文章。

注：甲乙日主生于夏天，再见丙丁重重火神，是谓木让火焚，大凶之格，名为气散之木，功名不就，多灾多患也。

独水三犯庚辛，号曰体全之象。

壬日生重见庚申辛酉，则印绶生身，主富贵也。诗曰：独水三犯庚辛重，金能生水水还同；年生骨格天年秀，名利双全福禄丰，主大富贵。

注：壬癸日生于秋，见多重金，作金水清白讲，主秀气，有名，小有富贵。

水归冬旺，生平乐自无忧。

甲乙生于春三月，丙丁生于夏三月，庚辛生于秋三月，壬癸生于冬三月，辰戌丑未戊己之所旺也，皆节气内，主寿无忧。

注：日主旺于天气之内，主本皆旺，身体好，平生活的长。只要财官有力得地，自然快乐一生，逍遥过日。

木向春生，处世安然必寿。

甲日生居春月，柱逢寅卯二重，温良性格定慈心，青史朝廷仍用。财食印官旺处，太旺又反夭穷。术家精究似中庸，谈命须求有用。

注：木生仲春，见火发荣，行运南方，自然主有寿。若生寅月，又见水重，多主贫寒。财官太重，又不作富贵论。

金弱遇火炎之地，血疾无疑。

金主心肺者，心之华盖，金若被火来冲，必主因酒色成疾，肺心受伤，呕血痨疾也。

注：庚辛申酉金陷于四面丙丁巳午未寅戌火局当中，必主肺疾，凶恶者，主绝症。

土虚逢木旺之乡，脾伤定论。

土主脾胃，若被木来克制，必受肚腹寒病之症。

注：土陷于众木当中，必主肠胃之症。

筋骨疼痛，盖因木被金伤。

诀曰：甲木干衰不旺，运提辛酉庚申，岁适巳酉丑来临，瞽目风癫邪症。乙日身衰同论，巳酉丑字相刑，未逢此地四肢宁，须作不宜自矜。

注：木陷于众金相克之中，必主筋骨疼痛、肝胆之病，难免也。

眼昏目暗，必是火遭水克。

肝属木，心属火，肾属水，水克火，无相生之道，故有眼暗目昏之疾者矣。

注：火主光明为眼，水克之，当然主有眼病，轻则近视，重则眼瞎。

下元冷疾，必是水值火伤。

肾主北方水，心属南方火，肾水上升，心火下降为既济。若上下不交，则有冷疾之症也。

注：生于冬天，水旺，火弱无光，定主下元发冷，元气不足，主肾病也。

金逢艮而遇土，号曰还魂。

庚辛金受气于寅卯，得土生金，故曰还魂。

注：庚辛生于寅卯月，本是胎绝之地，气息极弱，得土印生身，就是绝处逢生，如死人还魂，极贵之格。

水入巽而见金，名为不绝。

水受气于巳，水得金而能生水，故曰不绝。

注：壬癸水生于巳月，本是水涸绝地，而得庚辛申酉金发源，名为绝而不绝，一息如缕，反主富贵极品也。

土临卯位，未中年便作灰心；金遇火乡，虽少壮必然挫志。

己土生至卯，厄于沐浴之地，虽是中年进退，五行遇死，必挫其志气也。金至午暴败中沐浴之地，男子至此亦挫其志。

注：戊己生于卯月，若会木局，助起官煞攻身，压抑不得志，必然灰心不已。庚金逢寅午戌月，运又逢，金受煎熬，必然挫志无力，人生失意。

木从水养，水盛而木则漂流。

水生木弱，用金土为官，大旺则官失矣。诀曰：甲子生居子地，但逢一二为奇，壬癸亥子叠干支，则木漂流无奇。辛亥年，提庚子、甲申日，乙丑时支，年逢丁酉运，甲木溺水之灾难免。

注：木用水生，水多木泛滥，自然之理也。同时，水印太多，也会导致财官无气，日主无财官可依，反让淫水侵蚀，不吉可知。如辛亥、庚子、甲申、乙丑，柱中冬水大旺，再逢丁酉生水之运，甲木溺水之灾难免。

金赖土生，土厚而金遭埋没。

金以木火为财官，若土太多，则金遭土埋没而乏光辉矣。

注：金固然以土为印，为生气，但是，土一多则金受土埋没，金如何出人头地？是以诸格当中，印星虽吉，也要中和，太过不及，皆能生灾。

321

是以五行不可偏枯，务禀中和之气。更须绝虑忘思，鉴命无差误矣——看命要审节气浅深，旺相休囚，去留舒配，顺逆向背之理。只以中和为贵命，旺相为福。若休囚死绝，非格非局，为下贱矣。

注：论命先观五行大象，再论干支禄马，一一思量，以日元为主，以月令为纲，以中和为贵，以格局为衡，以大运为化，综合辩证，这样才能论命无误也。

大概而言，《继善篇》这篇赋文，句句实在，其中有些赋文更是断命中百试百应的技法，实战性极强。所以，学命者最好将此《继善篇》倒背如流，结合《喜忌篇》全面理解掌握赋文所就诸格要点、支干特征、断病、断性格、五行体象等命理要点，这样您的断命功力就会更上一层楼了。

杂 篇

命理随笔

一、论命先观气象规模

古之论命，研究精微，则由体而该用。今之论命，拘泥格局，遂执假而失真。是必先观气象规模，乃富贵贫贱之纲领；次论用神出处，尽死生穷达之精微。不须八字繁华，只要五行和气；浪指三元六甲，谁知万绪千端。学者务要钩玄索隐，发表归根，向实寻虚，从无取有，虽曰命之理微，于此思过半矣。

按：上述文字为《三命通会·气象篇》中所论，意义极其深刻。我近年结合多本命书之研究，终于对此上述文字有了深刻之理解，知道何为由体达用，何为气象规模，何为用神出处……

二、格局论框架

格局论框架将《子平真诠》的基本格局论进行完善，此"完善"过程花费了我大量心力，从而到现在构建起完美的格局论体系。也是"五一"正在进行八字高级面授班培训的核心内容之一。

1. 认识命运之神。
2. 格局论模式流程图。
3. 格局论分析工具：病药说。
4. 格局论四柱评价指标：大小、有情无情、成败结局。
5. 大运与格局的配合。

三、格局论中的常见败格真机

在八字格局论中，以六格论的破格原则是作为败格的基本规律，这是一般习格局者都是可以理解的。下面第一次透露一些最有意义的败格常见形式，这是格局论败格之真机所在。

1. 八字中五行不全，不全者是命中最关键者。

2. 吉神重重，身弱不胜，此是最无情的败格形式之一。

3. 战局。

4. 格局中比劫透干出现。

5. 八字中干支没有感召，出现太多的"孤"干"孤"支。

6. "冰箱"八字与"焚化炉"八字。

7. 大运走逆运。

8. 八字受制于地气，无法发福。

9. 生育高峰年、明显贫贱生肖年出生的八字。

以上九条，就是常见败格的普遍形式，普通人之所以普通成为常人，大多是犯了上述中的数条禁忌。

四、神目如电——格局论发展中的数种谬论

格局论发展中的几种谬论：

第一种谬论就是将格局论当作月令中心论，与之跟日主中心论对立起来，不知格局论当中早就包含了日主这一中心，格局论之所以用月令来作推算之依据，其主要目的就是要月令来对日主这一中心负责。

第二种谬论则是以为格局论只适合成格的富贵命，破格的大多是普通人，所以格局论不能看普通人的命。这种胡说的人事实上没有真明白格局论的喜忌与变通，成格的程度越高则此八字的富贵程度越高，破格的危害程度不一，则对应的八字人生就成为不同的失败命运。换言之，格局论完全是分三六九等的，其完全可以算出社会上不同级别的三六九等不同人的命运。普通人的命也是在此三六九等当中，格局论当然也可以算常人之命。

第三种谬论就是以为格局论只能算命局本身，不能应对算大运流年，这种胡说显然对格局论的全面中伤。

第四种谬论有些所谓的"盲派"也讲格局论，实际上，民间那有什么像样的盲派存在？就是民间的盲师，也不过是师徒之间数人的传承而已，谈何

成派？（派，至少有几十人或成千上万的人才成派）看看现在那么多的"盲派"支流，有的是用现代名词来包括其盲理；有的是自编口诀然后讲这是师承秘诀，以来胡弄世人，有的盲派是将八字与八卦什么都胡乱联系起来，自炫神奇……种种表现，不可形容。

五、八字格物论

格物论是子平八字论命从人的社会性回归到自然性角度的自然论命学说。

格物论是我研究《穷通宝鉴》及其他古命书理论基础上的提高，主要是从阴阳、五行、干支、四季、生肖、天元、人元、地元、四柱等八字中所有相关信息进行自然层面上的天然吉凶认识，从而进行八字的判断。

我们知道，格局论主要是从十神角度语言的层面来认识八字的，这是一种用人事关系来描述八字干支关系的方法。而格物论则是要从自然现象、自然关系来描述八字支干关系，研究万物之理来作为八字命学之理，从而研究认识人生命运。

格物论是在理学格物致知的基础之上，对于八字进行本原、自然的认识，更有天人合一的意味。当然，格物论必要与时俱进，才能发展命理，这也就是格物论对穷通论的提升与意义所在了。

六、从格局论到格物论（1）

对于人生命运的关注与重视，是我进行术数研究的一个重点。我对八字命学的研究一直在进行着，并且不断的积淀深化对八字命学的认知。

相对于2001-2002年间，我对正统八字命学——格局论的提出，到今天已是近10个年头了。像到现在，我的命学认知也在不断地加深与提升。比如格局论已从六格论回归到十八格论了，这是一种格局论的真正"复古"与集大成继承。再如，在2003年，我从格局论到重视穷通论，也是我对八字命学"本真"研究进行回归的一种新认识。通过近两年的思考与研究，我也将《穷通宝鉴》的调候论进行了拓展与提升，这就是格物论。

换言之：我的正统八字命学的提升深化路线有两条，可由以下图例描述说明：

格局论：六格论 ——→ 十八格论
穷通论：调候论 ——→ 格物论

这里要说明一下的是，穷通论中的调候论主要重视月令气候与干支性情特征组合来论命，而格物论则从月令气候转移到八字中所有干支的先天体象、体性来论命，特别重视一个八字天然的"气象规模"，以来定富贵贫贱之大纲。比如据于格物论而言，我们就会知道甲木日主的人最易出头，丙壬戊日主的人最易成大富大贵，当中有何妙理？全是据于格于物理而论。

以上正统八字命学理论的深化与研究，全是据于八字的宏观整体理论的进步。在八字命学研究的技术层面，我的研究也在全面拓深与定性。比如比劫夺财，到底是应于克妻呢？还是克父？还是破财呢？这些都是可以归纳出规律来的。再如，对于流月、流日与流时的研究，我与一些学生已在一起进行同步研究过程中了。

对于命运的总体关注，我对命运的研究早已不再全部完全独盯在八字一门学术身上了，我早就提出了"新三命通会"的概念，就是研究人生命运，古今流行术数主要有三门，这就是子平、星命与紫微斗数，这就是新的三门命学，研究者全要知晓全要"通会"，这才可以多角度全方位来研究认知人生命运。当然，更深或者可以走得更远，那就要研究铁板神数与邵夫子神数之类学术了。

对于术数之间的纵横比较，我提出了命相合参的观点，八字命学与相学同时研究人生命运，一个是从理，一个是从形去了解人生命运，全是确实把握人生命运的有效路径。

人生命运是就是人类过去、现在、未来的全部历史总和，其复杂程度无与伦比。所以，从术数角度来研究认知人生命运，当然是理论广大渊微，不是简单而论就可以完事的。同时，当然也是不断地提升个人的认知来更全面地认识这个人生命运，这就是我研究命运、研究正统八字命学的最新进程。

七、从格局论到格物论（2）

　　对于八字命理的研究，格局论只是一种"理气"之说，这种理气说主要是以"十神"为语言的命理逻辑体系，并不重视干支本体的"体象""体性"去作研究。

　　格局论的好处是，可以对所有八字在十神场面上进行整体性研究。比如在格局论中，甲木生于酉月与乙木生于申月，全是正官格，两者有一致的正官格规律：比如要日主身强、正官要财印相随，这些共性规律，就是格局论所研究之对象。但是，很明显，难道甲生酉月作辛官，与乙木生于申月作庚官，两者是显然不同的。比如前者是甲木人作了"辛局"长官，后者是乙木人作了"庚局"长官，这个"辛局长"与"庚局长"虽然是同一系统内"正官格"的相同级别"官员"，但是，毕竟"庚局长"与"辛局长"是不一样的，为什么？以"庚"不等于"辛"嘛。所以，命理仅仅以为格局论就是真理，这是远远不行的呀！

　　所以，格局论的深入研究，必然是要与干支先天体象联系起来的，这就是调候论、格物论的引入，特别是格物论更要与时代同步，格物致知，以现代物理来印证现代命理，这就是格物论在调候论基础上的提高与深入。比如在调候论中，辛金是喜壬水来淘洗的，这是《穷通宝鉴》书上的观点，这一观点本质上实际上是古代格物论命理，为什么这样说呢？因为辛金是喜壬水来淘洗是事实上对古代采金技术的描述。我们知道，"中国古代大部分时间，采金技术基本上使用原始而简单的淘洗法，即用木盘或淘床，将含有金子的河砂放在木盘或淘床里，放入水中不断反复淘洗，比重较大的砂金就会沉淀在木盘底部，再一粒一粒地用手挑拣。"这一古代采金技术在现代社会基本不用了，所以，若以古代调候论中辛金用壬水淘洗之理来验证现代命造，当然基本不验了。那么，辛金在现代社会中以什么命理来取验富贵功名呢？这就要依时代的前进，找寻相应的格物论之命理了。

了解到了这个原理性，我们就会知道，为什么同样是煞格，在中国古代，甲木用庚煞，富贵必巨，在现代社会中，甲木用庚煞，大命极少的原因之所在了。这同样可以让我们深入了解到，这个时代，最易富贵的日干为什么会是丙火与壬水的原因了。

格物论命理，在干支先天体象的基础上，结合时代，深入研究干支在时代的先天体性，只有支干先天体象与体性符合这个时代物质生产或社会生活需要的，才有可能成为这个时代的"宠儿"。所以，本质上，格物论命理是与时俱进的，是与时代生活紧紧联系在一起的命理。格局论是讲"千古人事"的不变之"理气"，而格物论则是与时俱进、格物致知，强调命理在每一个不同时代的演化。

格局论是从人事变化角度来讲述命理的，格物论则是从物质现象世界来讲述命理的，只有两者统一，才能完美阐述在不同时代物质世界的不同人类的不同命运问题。

八、集大成八字命理的简单思考

研究百家命理，总是想要集其大成，方能成全渊海之理！

1. 论日主就是论先天体性、就是论先天体象、就是调候论、就是格物论，就是论气象规模，就是八字论体，也就是日主中心论。

2. 论月令就是论后天之用，就是去留舒配论、就是六格论、就是十八格论、就是奇格异局论，就是论用神出处，就是八字论用，也就是月令中心论。

所以，一个八字上手，从日主中心看到月令人元用神格局，就是一个从论体论象到论用论格局的思考过程。以日主为中心，不重视月令的作用，只是知体而不知用，是本而不知末；以月令为中心，不重视日主的作用，只是知用而不知体，弃体而讲用，用无所存。只有"由体赅用"，才是论命之大道。

九、八字命理如何研究？

就我本身对八字命理的学习与研究，作为一个过来人，还是有一些体会的，今天就谈谈这个体会。

对于八字格局理论的重新发现，正是由于我对以日主为中心的平衡用神理论的深刻反省之后，回归到古命书中重新研究后发现的真知。

想当初，我对《三命通会》、《神峰通考》、《渊海子评》、《子平真诠》、《穷通宝鉴》这些古书不知化了多少心思，作了多少对比性研究。无论是书中的理论，还是各书中的实例，全都作过深刻的研究，可以讲，就是到今天，这些书中至少有90%的古代命例及原书注解，还深深地印我的脑海中，这些理论与古命例作为我八字研究的"知识库存"，是我脑子中八字研究的基础。强调古命书的重要性，是我一贯通的理论，对于所有的学员都是这样的要求。很多学员看了我的书，听了我的课之后，我还是要求他们去看古命书。因为本质要想学习我的八字理论，必须要了解我的命理"底蕴"在哪里？显然，正统八字命学的"底蕴"当然在古命书中了。

但是，不是所有的人全去看了古命书，就能一定学好八字或进步了，为什么啊？一本书，各有各的看法，各有各的理解，真正能读明白书的本义的人，掌握书中精神可以变通运用的人，毕竟是少数人。更多的人，只是看看而已，了解到皮毛而已，这就是真理为什么掌握在少数人手里的缘故了。

当然，我不是说重视古命书，就以为古命书本本是经典，句句是真理，对于古命书的研究中，我充满着反省精神。大家不要以为我天天鼓吹六格论，事实上，我老是在反省格局论有什么不足的地方。对于格局论，我一直进行着"肯定"与"反省"的两条并行路线来进行的。"肯定"式研究格局论，就是对格局论命的正确性方面进行深入验证与实践，看到格局论的正确性一面。"反省"式研究格局论，就是对格局论进行反思研究，格局论难道是百分百的正确了？没有任何的不足了？我是这种态度，"反省"式研究不仅对于格局论，就是对于古命书，在肯定大体的前提下，进行批判式的反省式的去看去思考古命书中的理论观点也是我一直的研究方法。

正是有了这两条线的研究，六格论的研究已拓展到十八格论，从十八格论拓展到奇格异局论（奇格异局论本质上就是研究一些格局的"特殊性"。比如一些大富大贵的八字，这些八字一方面必然遵循格局论的一般原理，但同时必然有其在格局上的"特殊"，这就是格局的"奇异"之处，对于这些奇异之处作出"聚焦式"的研究，就是奇格异局论。六格论适合所有人的八字，奇格异局论研究的对象是有传奇人生命运的八字，也不是普通人的八字，或奇福，或奇灾，所有这些八字的特殊性，就是奇格异局论研究的对象)。同时，我对穷通论的研究也在深入，在结合《格物至言》、《李虚中命书》、《兰台妙选》、《演禽通纂》、《星学大成》、《六壬》、《遁甲》、《风水》、《择吉》等理论的基础上，推出了格物论。如何理解这个格物论呢？比如民间常以一个人的生肖来大致讲命运的好坏，说属猪的人就是好命多了，属牛的人一生会辛苦啊……这些民间说法固然粗糙，难道真的在命理上一无是处吗？这就要我们来反思其中的道理。像这些生肖说，本质上就是格物论，取动物之性来类比人生之命。所以，格物论的本质就要用天下万物之理来推人命之事。

格局论与格物论，本质上是原理。了解了原理，不等于就能算的百分之百准，为什么？这就要深入下去研究一些专题定性式的规律。比如什么样的八字会得癌症？什么样的八字会中风？什么样的八字炒股会发大财？什么的行运是负债运？这些问题都可以研究出定性式的规律。像我算的八字多了，一看八字，就知道这个人现在是负债累累，大概多少？全是可以确切算出来的。这些定式性的八字判断具体规律，也是在格局论格物论深入研究的产物。

还有，流年是重要的，那么，一些重大的流月、流日与流时是否要重视呢？是否要研究呢？

八字值得研究的问题还有很多，一时真说不完，今天就说到这里吧！

十、你的实践能创造理论吗?

好多学术数的人，一直强调要实践，要多看八字，才能提高水平，为什么？这就是所谓的"实践出真知"，也就是所谓的"理论指导实践，实践促进理论"。于是，好多学易者，天天来"实践"，期望在水平上提高。

问题就在这里，作为一介普通人，你的实践能创造出理论来吗？特别是一个有普遍指导价值的完整理论体系，你作为一个普通人，有能力搞出这样的理论来吗？我看，99%的人是没有这个能力的。你就是聪明过人，有点才气，就是所谓的创造出的"理论"，也只是一知半解、盲人摸象的片言只语式的心得，而不可能是真正的"理论"学说。

那么，又有何人有能力可以通过一些实践真正创造出相对完善的"理论"呢？这就是一个学术体系发明之时的先行者、先知先觉者，只有先知先觉这样的"圣人"与"天才"，才有机会通过实践能创造出理论来的。普通人想都不要想，你的智力是搞不出什么东西来的，就是一定要硬搞，那也基本也只能是自己是臆想出来的种种歪理之说。八字中的新派学说，就是这方面的典型代表现象了。这种歪理学说的最后结果就是"人亡政息"，过些年头，当这样的"臆想者"离世，他的理论自然会随着他的消失而无声无息的灭亡了。

所以，凡是一些传承上千年的学术理论，经过先知先觉的发明，再到后来各种研究者的完善，再到集大成者的出现来进行综合整理，那么，这样的学术理论自然可以成为体系了。作为后来研究者，你自然可以直接去学习之，就可以了，而不是你要去重新发明定义创造已成熟的理论体系了。比如八字命学，你要想想，在你之前的一千多年之内，有多少人来考虑过各种各样的八字命理问题了，你不要以为你是天才，你想的问题古人没有想到。比如八字的原理问题、四同八字（同八字）问题等等，你以为八字发明以来一千多年中的无数古人无数学习者研究者们，全是弱智，没有一个人会想到过四同八字问题吗？当然不是了，肯定有无数人研究过四同八字。当然，古人们也同样会考虑过八字中各种各样的问题了，对于这些各种各样的八字命学原理与技术问题的思考，就集中地体现在古人们的命理作品中了。

所以，我在本文中所要表达的观点是，对于八字、六壬、风水等有上千年历史的传统术数理论来说，我们作为普通的后学者，是没有什么能力可以通过所谓的"实践"来发明创造什么新的理论的。有资格来讲，实践出真知，通过实践创造理论的人，那只能是先知先觉的发明者，这些人全是"天才"级、"祖师"级、"圣人"级的人物。当然，你如果以为自己很"天才"，你当然可以通过你的"实践"来发明创造"理论"。当今世道，易学界这样自以为本人很"天才"的人不在少数啊。

圣人通过实践可以创造理论，常人们只能通过理论学习才能真正指导实践。

所以，我本文最终表达的意思是，我们作为后人，学习八字的正确路线，就是要学习古人的理论先行，只有理论学通学对了，才能实践正确，不重视对先人们的理论研究，依靠自己的一些个人师心自用，来通过"实践"提高水平，其结果就是学命30年，就是连自己的命还是稀里糊涂当中了。

十一、理在占先——如何鉴别命理学说之真伪

在术数学习研究的过程中，到底是理论学习研究重要还是进行案例实践活动重要呢？我的观点当然是前者，没有任何正确理论的实践全是瞎实践，理论学习研究才是最重要的。也只有有了很高程度的理论功底，才有可能退回来实现"实践可以促进理论"。一个没有任何理论功底的人，所有的实践全是盲目的，就是一些少量瞎算碰上的正确个例，也绝对不是明确之理论指导的产物，也只能是个人灵感的结果。

但是，世上术数理论太多了，比如八字命学，理论流派之多令初学者都分不清，其中必有对有误，那么，如何鉴别一种理论是正确的呢？这里我谈一下学习者鉴别理论正误的一些原则。

1. 看这种理论是否靠谱，首先要看这种理论是不是传统的，如果这种

理论有传统有经典作为支撑，那么，这种理论的可信度就高。如果这种理论是现代人的"个人发明"或"新创造体系"，那基本上不太可信，为什么？因为真正的发明家创造家在历史上总是极少数，这些人一般皆有极高之天赋与后天之见识，积累终生，才有可能创造发明出一个新的理论体系来。但是，现代术数界一些人的"发明创造"现象早已说明，这些理论全是个人臆想的产物，基本是不靠谱，从新派命理到新派六爻的破产，就说明这种现代术者无知者无畏的作为，短短数年，这些所谓的"新理论"已成为过去时，已成为现代笑柄。所以，当代学术数人，特别要警惕所谓的"新理论"，因为发明这种理论的人，只有两种可能性，一者是骗子，一者是伟大的智者（比如徐子平张良之流）。当然，现代社会易学界能不能出能够开创术数伟大局面的智者，我始终抱着怀疑的态度。

2. 看这种理论是否靠谱，其次要看这种理论成立的佐证是否可信可靠。比如八字命理的研究上，可以推出种种理论，但是佐证这种命理的实例是不是可信，这就很重要了。如果实例不可信，那么相应的命理不就成了空中楼阁了吗？现在命学界流行的一种方式就是用名人的八字来论证一种命理，可是，大家要想想，名人的八字的可信度有多高呢？事实上，好多名人或大人物连自己的出生时辰都不能确定，那么，术者振振有词所谓的名人八字能信任吗？比如网上流转的文强八字乙未、己丑、乙未、庚辰，就我所知，这是不对的，为什么？就是出生时辰不对嘛，依此现在流行的八字根本对不上文强的人性与命运，而术者们却来曲解附会之，这种名人八字作研究根本不靠谱。当然，有些术者更是可笑，可以借希特勒的八字、弗洛伊德的八字来论证中国的命理，这种笑话竟然可以公开发表来愚弄世人，请问研究的先生，希特勒的八字、弗洛伊德的八字你是如何得来？是问他的妈？还是他们本人呢？所以，凡是大张旗鼓用名人八字来讲命理的人，基本上不太可信啊。用这种手法最熟的人就是港台大师们，现代国内有些人也向港台大师们看齐，三天两头就发一些名人八字来大谈命理，力图证明其命理的高深与正确。可在明眼人看来，这仅是糊弄世人的招术而已，也是长久不了的啊。

3. 看这种理论是否靠谱，还要看这种理论是不是普遍真理，就是这种理论有没有普遍适用的功能。如果一种理论只有老师会，自己可以用，人家学不好学不会，那这种理论不是真理，只能是个人经验主义的产物，上升不到理论的高度的。这次国庆十一我的八字学习班上，来自浙江义乌的朱同学，上了四天课之后，想试试我的理论是否正确。在晚上宾馆中，写了3个八字，分别给3个同学看，结果3个同学按照面授班上的理论去看，全部看对了。第二天，朱同学就说，老师你的理论确实是对头的，昨晚我试了一下同学，他们都看对了呀。我就说，我所悟的命理，根于传统经典，从格局论到格物论，全是我一步步深研命学的产物，其中更有大量的实例作为支撑，当然是真命理了。只要学会学好，定然能看对八字命局人生运程，这是一种普遍真理，任何人只要掌握，自然可以在八字预测上达到很高的准确性。

4. 看这种理论是否靠谱，还要看这种理论是不是植根于天人合一的易理作为支撑。中国术数的理论不是依靠统计学作出来的，全是古代智者依据天人合一之理进行推导出来的。一种术数理论没有天人合一之理作为根本，全是不可靠的。比如我在八字面授班上，按照格物论的观点，一年当中分四季，出生于冬天的人命格最差，为什么？其中就有天人合一之至理存在。再如，按照格物论的观点，寅戌半三合是不成立的，但是按照格局论，这种半三合就会成立的。再如辰酉合，格局论只是地支六合而已，可按格物论讲，这是一种贵格之象。凡此种种，全是根于天人合一之理的产物，验证于人生事实，其验极也。再如壬生戌月，格局论只是杂气之格，可按格物论，却是魁罡作煞的恶格，凶不可言。凡此种种，全是依据天人合一，以天地万物自然之理来作命理验证人生命运事实的一种理论推导。

以上数条，是作为一个术数研究者在学习一种理论之前必要所知的原则，了解之，必然有助于提升学习者的认识能力，这也是我所希望的一点点。一个人能不能学好术数，其中是要讲缘分的。第一个是书缘，书缘不好的人接触到了不好的书与歪理，那学好的可能性就少多了。第二是师缘，分不清老师的面目，盲目投师，也是不行的。但无论是讲书缘还是讲师缘，都是学人家的理论，理论对不对，自己要先分辨，张开自己的慧眼，选择明师与好书，这是学好术数的第一步。

十二、八字主要到底算什么？

自从我的命书出版以后，不断有人来问，某人的八字理论不错，某人的理论也是很好，那么，到底何家八字理论最为正确呢？

我想要回答上面这个问题，就须先要回答一个这样的问题，八字到底主要算什么？

我们知道，八字是主要可以测算一个人的命运，当然命运包括人生各方面的内容，比如婚姻、六亲、身体之类，但是这些东西不是人生命运之主象。人生命运的主象、大象、主要内容是什么呢？就是一个人富贵贫贱之大纲。换言之，八字首先主要就是要回答一个人命运的基本内容与人生档次。

在我个人测算八字的经验中，一个人富贵贫贱是完全可以分出具体情况与三六九等的。细言之，一个八字来，你先要断出这个八字的命运大象：贵命？富命？贱命？穷命？夭命？残疾命？僧道命？等等诸如此类。看出命运主象之后，才可以对此命格进行档次的判断。比如富命，可以分为小康、小富、中富、大富、巨富之命，这些富命的档次命理格局断法你要明白，这样才可以断人命格高下。现如贵命，可以为文官命、武贵命，这些文贵武贵你在断命时也要分出三六九等来：科级、处级、厅局级、省部级、国家级之不同上。至于平常之命，你也要断出个层次与不同情况：打工的、吃技术饭的、做小生意的，诸如此类，全是人生命运之主要现象。

所以，只有算出人生命运主象、大象与人生档次之后，才有意义去讲大运如何，流年如何？最后，才有意义去讲人生各专题命运单元，比如婚姻、六亲、学业之类了。

综上所述，真正的八字算命就是要算这三个方面的内容：

第一，八字最根本的就是要测算出人生命运主象与档次，也就是命运格局层次。

第二，依据第一条，才有意义是推算大运流年的人生起伏命运曲线。

第三，了解命运主象与人生起伏基本趋势之后，才可以去说人生命运各单元内容。

以上三条标准去看天下百家命理观点与各种命学著作,合乎此三条才是真命理,显然,八字格局论完全可以推算这些内容。也就是说,天下命理,只有格局论才是正统真命理。很多人的八字命学可以算人生命运单元内容,也可以算人生一些运气变化,但是,估计现在国内外98%以上的八字命学著作内容全是落在"第三条与第二条"中。所以,这些命书作品我在命学面授班上一直就讲,这些命学作品只能是八字命学的判断技法,这些判断技法类似对八字进行"占卜",抽出一些局部信息与命运小象来,严格地讲,这些东西不是真命理。真命理可以对八字整体定出一个命运大象来,其次也可以对人生命运单元进行小象的解析。正是技法应用的某些正确性,导致极肤浅所谓的"八字新派"之流行,"八字新派"从命学原理上讲一无是处,它只是生生克克的八字"数学游戏",它也可以算对某些人生小象,但其本质只是"盲人摸象"而已。所谓"新派"如此,所谓明眼人搞的"盲派"也是如此,其他更是如此。

到此,我们可以回答了,天下命理无数家,只有传统格局论才是真命理,只有格局论才能回答八字最主要算人生什么内容了。

十三、高人算命指点迷津讲什么

现代人算八字来预测人生命运,已落入"写作编书"的层面了。很多命学公司给人批命,已是电脑算命与人工算命的结合,一生的批命可以成一本"书"了。这种现象的出现,完全是命学公司投客人所好,瞧,人家给批的命书,多厚啊,多细啊,值啊。这招现在很是流行,但是,对于古往今来的高人们来讲,算命只是指点迷津,很简洁,直指人生命运要点。换言之,高人算命指点迷津只是三言两语就可以完事了,没有现代人做算命生意那样多的废话。

就我理解高人算命指点迷津之事如何简洁性的问题,是这样的,那就是高人说人一生,只要几句话就可以完事。下面举例说明之,依据某人八字,高人可以如此说来：

　　此命出身贫贱，早岁克父，依母过日，性情温厚。16岁中功名考上名校，24岁入官场，29~49岁仕途通畅，50岁后官至副部级。28岁结婚，夫妻恩爱，二子出息，晚年死于心肺病，寿至86岁。

　　上面聊聊数语仅70多个字，便可以将人一生主要命运全指点出来了：出身、父母、性格、学业、一生主要事业运程、重点流年、婚姻、子女、身体病症、寿元全都一一指到了，如此简洁，才是真高人所为也。

　　从历史上看，凡是古往今来的高人，话说的总是很少，但其含金量极高，可以做到几乎没有失误。当然，要想成为高人，说出可以指点人一生命运的几句话，其功夫不是一天两天可以做到的，都是要经过千锤百炼的钻研才有可能。

　　就是今天你想成为子平命学的高手，成为世上的高人，没有天赋，没有深入的研究，没有眼界，那几乎不可能啊！

十四、"面授"什么？教授"真机"

　　又到一年国庆面授期间，这次我想借博客说明一下正统八字六壬在面授时到底讲些什么内容？我的回答是，那就是教授"真机"。何为"真机"？就是八字命学、壬学在研究运用过程中的核心理念、真窍门与真法则。只要掌握这些"真机"，八字与六壬之学好、学会易如反掌也。

　　大凡一门学术之研究学习，必要探讨如下四个方面的内容：

　　一者，学术之原理、模式与发展历史等问题。比如八字中就有八字到底用北京时间还是用地方时间？相同八字为什么不同命？胎元命宫到底如何用？等类似问题，这些问题的回答都有"真机"所在，只有了解了"真机"，才能对这些问题会正确理解掌握。

　　二者，学术基本的演算理论等问题。比如八字学中，基本的推算理论就有格局论与调候论，格局论中有六格论与十八格论之分别，调候论中就有穷通论与格物论之分别，到底如何定格？杂气定格到底如何运用？何时用格局论何时用调候论？格局论与调候论对立时如何分别？这些问题当中也是有"真机"所在的。

三者，学术的技法问题。比如八字中有旺衰之问题，像辛巳与辛酉之自旺程度到底哪个更强？一般人会想当然的以为辛酉当然旺过辛巳的，事实不是这样，为什么？这就是里边有"真机"。再如癸亥这个日子自旺是极弱的，为什么，当中也有"真机"？再如贵人禄马长生之问题，特别是这个禄神问题，现在所有的流行命理都以为禄神不过就是比肩而已，根本不是当见到禄神就作好命论的。这种流行之观点只说明一个事实，现代研究者根本没有掌握禄神运用当中的"真机"所在。实际上，90%以上的富贵八字全要是有禄神来起重要的作用，为什么会这样？当中就用运用甲禄在寅乙禄在卯的窍门真机所在。贵人如何运用？墓库到底有何意义？三合局申子辰、寅午戌、亥卯未，巳酉丑的半三合中就很有玄机，比如前日我看过一个八字，乾命：壬子、甲辰、丁亥、癸卯，相信所有的命理研究者一见此八字，就会认为年月中子辰两字合成水局的，这是半三局的，局中水最旺的。可我一看此命，直接讲子辰不能半三合水局，这个命中最旺的不是水，所以这个命主不可能当官，现在只能做点生意。再如这个八字必主父亲早死，事实上父亲在其2岁时就死亡了，为什么会这样讲这样断命？就跟这个子辰能不能三合就有很大关系，当中就有玄机、真机所在。这些东西，都会在面授班上教授。换言之，你有缘来参加正统八字命理的学习，一定会学到很多真东西的。

四者，学术研究当中的经验运用问题。比如八字富贵贫贱的评价基本体系，这要结合不同地区与时代来分别，更要结合研究者本身环境进行自己构建。再如面对的客户如何沟通？什么样的八字是炒房发财的？什么样的八字是可以通过炒股可以发财的？在南方发财与在北方发财的八字区别主要在什么？如何是走破产运与破产流年？这些命理上的东西，只有看的八字多了，才会有这种深刻的经验的总结。这些经验总结，更是老师研究子平命学的核心"真机"所在，如果有缘学到这些，你也掌握了八字命学中推算的灵魂理论法则了。

当然，八字六壬中的"真机"永远不太可能全面公开写在书上，这些东西只给有缘人，这些东西本质上是老师多年的心血所在，也是八字六壬学中的智慧结晶，更是老师的"知识产权"，"知识产权"当然要保护了。那些很多在网络大讲特讲子平命理的人，我从骨子里对他们充满"怀疑"，如果真是自己千辛万苦悟来的八字"真机""真东西"，怎么会轻易公开在网上作为吸引人气的"广告"文章呢？

十五、妙手偶得"福如东海"之佳名

　　根据八字进行命名，是术数家们的基本工作之一。事实上，根据我多年实算八字的体会，名字对八字格局的成败、大小有着直接的影响。所以，依据八字起名，起出的名字对八字就有反馈之作用，如此一个良性之循环就是最好的"命""名"关系。

　　当然，"命"与"名"之关系，实际上是一个表里同运之关系。我常给客户们讲，"命"如一个"美女"，"名"就如一身"衣服"，好命如绝色佳人，好名如同名牌时装，好名起出，就可以给"命"锦上添花。

　　起名考虑各方面的因素很多，一者姓之本象原义，二者命中五行亏盈，三者名字文字意象，四者名字字形结构，五者名字音韵，六者五格数理。此六者要相调和，如此才能得出一个好名。其中，第三者名之意象最为关键，其直接在姓名学中象征其人一生命格主象。像我给人取名定意象主象，主要从《四书五经》、成语、律言、名句中找的。

　　前10天左右，一个父业家资上亿的王姓友人喜得千金，自然生产，过来请我起名。

　　小公主生于2010年阴历5月18日（阳历6月29日）戌时·北京

　　坤造：庚寅　壬午　庚戌　丙戌

　　这个八字，显然是火气太盛，时上丙煞透出，全依月上壬水食神制服，命中壬食固然得胎元之气，又得年庚之生，但还是壬水偏弱，当然，起名当然要加水来考虑之。

　　此女孩子是"王"姓，其本象就是皇上、天子，王天下。所以从此理上讲，"王"姓是个贵姓、大姓。

据于格物论，壬是大海水，我结合上点思路，就突然想到了一个成语"海宴河清"。此成语之本义就是指：沧海波平，黄河水清，形容国内安定，天下太平。何人最希望有这样的局面？当然是一国之君，皇（王）上了。所以，用"王"姓来配这个"成语"是极妙之格。

能够想到这个"海宴河清"成语，对这个成语进行"去留舒配"就很自然了。当然取"海宴"两字了，大名就是"王海宴"了。为何要如此起法？一者命中壬就是大海水，用"海"字就是取用世间最大之水，以此水来济命中狂火自然可以相济成道。二者，壬是命中食神，食神就是福神，大海之水来作福，岂不是福如东海之象，福禄无边了。三者，食神在命学中主饮食宴会，用"宴"字就是取用饮食之义。将姓与名结合起来看"王海宴"之文字意象，就是王者以大海为宴席，正是富有四海福如沧海无穷无际之象了。

当然，从字形结构上，王海宴三个字，有左右结构主阴阳和谐，有上下结构主天地通泰，有独立字体主中宫，这样，字形结构上看，王海宴这个名字是四象全具，五方协调。

另外，特别重要的是：王海宴这个名字，五格数理也是极为优秀，五格分析如下：

姓名：王海宴

五行分别是：土、水、土

笔画分别是：4、11、10

天格、人格、地格、总格、外格数分别：5（土） 15（土） 21（木） 25（土） 11（木）

总评数理得分：80分。

详细解说如下：

天格数理5（又称先格，是祖先留下来的，对人生影响不大），暗示：
（种竹成林）五行俱全，循环相生，圆通畅达，福祉无穷。（吉）

人格数理15（又称主格，是姓名的中心点，主管人一生命运），暗示：
（福寿）福寿圆满，富贵荣誉，涵养雅量，德高望重。（吉）

性情温和，表面斯文，对部属宽厚雅量，能受到尊敬与欢迎，**此格适合公职人员或薪水阶层者，若想经商应从事小资本之行业，为难成大事之数**，但精神生活较佳。

地格数理21（又称前运，是前半生的命运，会影响中年以前），暗示：（明月中天）光风霁月，万物确立，官运亨通，大搏名利。（吉）

总格数理25（又称后运，是后半生的命运，影响中年到老年），暗示：（荣俊）资性英敏，才能奇特，克服傲慢，尚可成功。（半吉）

外格数理11（又称灵运，主管命运之灵力、社交能力和智慧），暗示：（旱苗逢雨）万物更新，调顺发达，恢弘泽世，繁荣富贵。（吉）

最后，考虑一下"王海宴"这个姓名文字读音，也是简洁响亮有韵有味的。考虑这么多，然后能起出一个这样"福如东海"且"命"与姓、名意义极其凑合的好名字，诚是天助我也。

十六、一份起名原理简要分析书

1. 家庭人员（为保护当事人隐私，此处隐起真名）

父亲：赵先生　　母亲：耿女士　　爷爷：赵老先生　　奶奶：王女士

外公：耿先生　　外婆：曹女士

2. 孩子生辰八字

性别：男孩

公历：2009年07月03日00时08分出生

农历：己丑牛年（霹雳火）闰五月十一子时

乾造：　己　　庚　　己　　甲

　　　　丑　　午　　酉　　子

大运：　己巳　戊辰　丁卯　丙寅　乙丑　甲子　癸亥　壬戌

　　　　2018　2028　2038　2048　2058　2068　2078　2088

简评：

己生午月，日主得禄，大得天时之旺气，日主旺，命根深，小病小灾不少，皆能逢凶化吉，一生高寿。

命中五行皆全备，丰衣足食无忧愁，小时多用父母财，长大方知亲恩深；十四之后逢财库，智慧慢慢开，学业有前程；二九之后运官印，从此人生大发达。日时食神逢财官，贵人当时喜非常；妻贤子孝平生福，命中得此值高歌。

命与名，命是第一先天力，名是后天助福缘，由命得名是真理，离命讲名全是空。

名字如何起？要借命理谈。本命赵姓字，此是祖宗根，赵是皇家姓，大宋王朝香。此子不凡人，命名有深义，小富小贵天安排，好姓好名人为来。命中吉利起贵名，贵名一得助风云。时上正官逢财生，还喜名中栽木根，火旺时来印护官，一生做官总平安，如此命名无大误，意义深刻方有力。

名字中五行全备，只要加木就可以，这样加深时上正官甲木之气，一生有利功名事业。

3. 命名取义

宋理学祖师周敦颐说："士希贤，贤希圣，圣希天"，其意就是士人希望成为贤人，贤人希望成为圣人，圣人希望成为与天地合其德的知天之人。

清高宗乾隆皇帝的书房，取名为"三希堂"，其名义也是取此句话。三希堂以储存三希墨宝而闻名于世，三希堂始于乾隆朝，至今仍保持原貌，位于故宫养心殿的西暖阁，现开放供游人参观。

故起名：赵希贤

取此名之意，希望宝宝长大以后，不断上进，成为一个对国对家有用的贤人、知识分子，一生平安有功名成就，福慧双全。

参考名：赵文博　　赵柱玉

小名：庆庆

说明：宝宝于国庆60周年之年生，国有大庆，家生贵子，家有小庆，双喜临门，两庆而生，故名庆庆，以此吉名，常给家中带来好事。

参考小名：小宝

名字基本分析：

赵	14	天格	15	属土
希	7	人格	21	属木
贤	15	地格	22	属木

总评数理得分：91 分

五格解说如下：

人格数理 21（木）又称主格，是姓名的中心点，主管人一生命运，暗示：

（明月中天）光风霁月，万物确立，官运亨通，大搏名利。善于计划并有领导才华，行事稳健，注重实际与工作，个性主观而理想高远，自律也甚严，比较受人尊重与佩服。

外格数理 16（土）又称灵运，主管命运之灵力、社交能力和智慧，暗示：

（厚重）厚重载德，安富尊荣，财官双美，功成名就。

天、人、地三才 512（土木木）颇有向上发展的生机，目的容易达到而成功，基础、境遇俱佳而安泰，必定长寿享福，配置吉祥。

1. 总论：配置很理想，可顺利发展成功，做事较积极且有计划，不辞艰苦，大都在中年以前就能在社会上建立良好的信誉。

2. 性格：外表乐观，喜助他人，为别人多劳易处，内心有时烦闷。喜欢研究事情动脑筋，不断进修自己，积极向外发展，必能有所作为。

3. 意志：意志、耐性尚称坚定，思想亦正确，能平步青云，一展抱负。

4. 事业：家内团结一致，能专心创业而得到成功发展，名利可得。

5. 家庭：事业过程较劳碌，对家庭责任感重。能在社会上一展抱负。

6. 婚姻：男娶贤淑之妻，婚后圆满。

7. 子女：子女聪明而孝顺，能在社会上成功。

8. 社交：人缘与社交能力都不错，快人快语容易得罪人，与晚辈或部属较投机。

9. 精神：精神虽有点烦闷，但事事都能称心，得到良好的安慰。

10. 财运：能掌握时机，财源滚滚而来。

11. 健康：健康长寿，注意气喘、呼吸系统之疾。
12. 老运：晚景吉祥，衣食无忧无虑。

十七、起名改名要有想像力

在一般人眼里，术数家起名改名是个小事，没什么的，人人都会起名嘛。事实上不然，起名改名实际上颇是考验术数家的知识底蕴，一个没有知识内涵的人，是很难给人起出一个极有新意的名字的。实际上，起出一个好名或改一个好名字，术数家也要像诗人做诗似的，也要有灵感，也要妙手偶得之。

前些日子，北京的一位李先生到我处，要求改名，为什么？主要他听了一位所谓"江湖老师"的说法，说他的名字数理与林彪的名字数理一样，大凶，是一个要被人枪毙的名字，如此危言耸听（不良江湖术士最爱用此法，来恐吓世人)，让李先生极是紧张。于是来问我名字学如何回事，我就耐心地对他讲了一些名字学的基本要义：名字的好坏主要在于名字中所注入的意义与象征，其次是发音上的问题，最后才是数理上的吉凶。当然，所有的名字起出的一个总依据就是出生八字的情况，要配合八字中的命势来取意象。

从名字学的基本要求来看李先生的名字，确不是太好，但不是数理上的主要原因，而是名字中的字意是语气助词，不是名字正体，难于作为的字象，所以，我也是支持李改名了。

李先生的八字是：乙丑　辛巳　癸亥　丁巳

根据此一八字，我就为这位先生酝酿了四个名字供他选择更改：

李元亨　　李天禄　　李经纬　　李开元

改名的基本理由如下：

李元亨，取易经中乾之四德中之二德，元亨实春夏之象，李性本义为一种植物（李树)，植物在春夏之季大得天时，可以发荣旺盛。且元字，为开天辟地之字，最利创业或开拓新事业也。

李天禄，取紫微斗数中李先生命宫天机化禄之象，天机星所代表人物为姜子牙，天机星为智慧之神，天机化禄更有"智慧创造财富"之意向。这一意向与命中财格佩印的命势一样，此是名与命统一而来。且天为乾字，阳气发越，可以让这个谦谦君子的李先生大气起来，格局开阔起来。

李经纬，取经天纬地之义，李者理也，经纬就是要理络起来才成，以理来经纬天地，自然成材之象，极明也。

李开元，取意义者，主要是李是大姓，且是皇家之姓，大唐王朝就是李性之天下，开元者，唐代（唐玄宗年号）一盛世也，以李来开元，正是取李唐盛世气象之义也。且元之一字，本是极吉之格，我在给人命名中，也是颇爱此一字格。

上述四名，意义取象完全不同，思路非常开阔，从易经到斗数，从李性本象（李树）到李唐王朝，又考虑到文字中的吉格，且最后从数理上看，也是有吉无凶。所以，上述四名完全可以用之，其中我向李先生推荐"李天禄"一名，以其更为大气响亮也。

十八、择吉求子　富贵由我

生辰八字对人的一生起着最重要的作用，人的一生命运贫贱富贵全是决定于生辰八字。若有人问剖腹产的人造八字也管用吗？回答是肯定的。人只要见了阳光、空气和水分，就会受到宇宙气场的影响，剖腹产也不例外，由剖腹产诞生的人造八字照样决定着孩子一生的基本命运与造化。

从现实角度来看，剖腹产择日生子是一种结合传统命运哲学与现代医学技术的优生术，它是现代家庭最聪明、最有效之投资。它比孩子成人之后一切的培训与支持都重要，命生得好，自然成材。生命一旦诞生，就会按照自身生辰八字规定的命运轨迹运行。如果想要人为地通过先天的措施改变命运，那就是择吉日通过剖腹产的办法达到要求。命是种子，什么样的种子就会长出什么样的苗，结出什么样的果。花草种子不会发育成松柏，松柏种子也不会发育成花草，后天的改良只能使花草长得茁壮一些，但永远不能使之变为松柏。正因为后天改良命运的局限性，八字命学家们便设想对命运的种子进行先天优化选择。这种方法就是首先选择一个比较理想的出生时间（好的生辰八字），人为地造一个好命，然后通过剖腹产的方法将婴儿从母腹内准时取出。这种人为造命的方法，从命理的角度来分析，是很有道理的。推命的基本要素是出生时的八字，好的八字就会有好的命运。人为造命的关键就在于选定一个适时的理想的出生八字，生辰八字是主宰一生命运的基础。

总之，人为优化造命实质是借助于作为现代医学技术的新时代"造命法"，真是可以人代天工，夺造化之权，通过择吉求子，实现富贵由我的改天命夺神功的创举。因此，通过人代天工的择吉生子方案，不但可以从先天上给孩子创造一个好的人生未来。同时，还可以通过一个有好八字命运的孩子，实现优生优育，为一个家庭未来家运的飞黄腾达寻找到一个可能的机会。

十九、择吉生子造命求福流程

1. 孕前准备

准备想要宝宝的准爸准妈们，首先要知道生个宝宝是个伟大的系统工程，必要做完美之计划与准备。

孕前准备，先要明确自己、家人想要个男孩还是女孩，男孩女孩全是宝，生男生女都一样。其次，要明确自己喜欢什么的生肖宝宝，不同生肖的宝宝，先天上就有不同的性格与命运，这就要准爸准妈作出选择。

2. 胎室：孕妇居室风水调整

传统命运风水哲学认为，孕妇所居住的房子，谓之胎室。胎室风水的好坏直接关系到孕妇与腹中宝宝的生命安危与身体健康。因此，对胎室风水进行选择、考查与调整，是择吉生子流程中极重要的一环，不可轻忽。

3. 胎元：受孕时间确定

受孕时间，在中国传统命运哲学中谓之胎元。胎元的确定，直接关系到未来宝宝面世的出生月份、日子，也就是将要决定宝宝生辰八字中的月柱、日柱干支，月柱、日柱干支的好坏则基本决定了一个人造八字的基本格局了。因此，选择一个良好的胎元，是保障择吉生子，求取富贵良好人造八字的前提条件。

4. 胎神：保胎养胎注意

宝宝投胎到妈妈子宫之后，这时的宝宝在传统命运哲学中谓之胎神。保护胎神的智力发展与身体正常发育，也是极为重要的。

（1）在胎神安室之阶段，孕妇不得杀生；

（2）在胎神发展之阶段，孕妇最宜养神，务须心平气和；

（3）在胎神成熟之阶段，孕妇要做催生准备。

5. 造命法：择吉时生产

在预产期的前三个月，准爸准妈们就必须选择一个完整的择吉人造八字剖腹生产方案。所谓的择吉剖腹生产方案，就是按照不同家庭对将来孩子不同人生之路、不同命运格局要求的专业设计方案。

择吉剖腹生产方案作为现代造命法，其目的就是通过人代天工、择吉生子来进入富贵由我的人生自由境界。本方案共分九种，分为九种命运格局层次，实现人生命运、人生价值的大提升！

（1）格局方案：幸福快乐一生平安之命，人生命运，平安是福，设计一个幸福平安、一生顺利的生辰八字进行择吉生产是所有人的基本追求。

（2）格局方案：经济丰裕生活小康之命，人生在世，都有追求，有房有车，生活宽裕，一生工作事业小有成就，实现一定的人生价值，可谓小康之命。

（3）格局方案：小富之命，财为养命之源，积蓄财富，成就自我，享受人生，实现小康小富，这就是小富之命一生展现。

（4）格局方案：大富之命，小富由人，大富由命。命由生辰八字而来，八字大富，命则大富。

（5）格局方案：学术之命，文章者，经国之华业，学术有成，名扬天下，利国利民，实为清贵之命。

（6）格局方案：官贵之命，官贵之命，人中龙凤，掌握权力，身跻高位，建功立业，名成利就，国家栋梁。

(7) 格局方案：富贵双全之命，富者财也，贵者官也，富贵双全，一生荣华，福禄天然，丰功伟业，名播天下。

(8) 格局方案：大富大贵之命，大富大贵，定于天命，掌天下之大财，握天下大权，位重权高，生杀由我，国家柱石。

(9) 格局方案：富贵极品之命，一代天骄，名闻天下，丰功伟业，流传青史，富贵极品，天之所佑。

二十、一份真实策划择吉生产方案

二〇〇九年九月二十四日徐伟刚设计

1. **已知数据**（为保护当事人隐私，此处隐去父母真名）

   父亲：陈先生　1970年1月29日　戌时　呈瑞

   父亲生辰八字：**己酉　丁丑　己酉　甲戌**

   母亲：康女士　1977年11月19日　申时　呈瑞

   母亲生辰八字：**丁巳　辛亥　庚辰　甲申**

   性别：B超女孩

   预产期：2010年1月1日

   出生地：在广州或香港生产

   父母期望：学业有成，智慧美丽，婚姻美满，大富大贵。

2. **基本数据梳选**

   时间2009年12月1日~2010年1月1日之间

   图标示意：★表示优　☆表示一般　●表示凶

   2009年十二月

   1号　己丑年　乙亥月　庚辰日　★ ★

   2号　己丑年　乙亥月　辛巳日　● ●

   3号　己丑年　乙亥月　壬午日　● ●

   4号　己丑年　乙亥月　癸未日　● ●

5号　己丑年　乙亥月　甲申日　★★★　　　周六
吉时：庚午时　辛未时　癸酉时

6号　己丑年　乙亥月　乙酉日　●　　　　周日
7号　己丑年　乙亥月　丙戌日　●●
8号　己丑年　丙子月　丁亥日　●
9号　己丑年　丙子月　戊子日　☆
10号　己丑年　丙子月　己丑日　●●

以下11号—18号为医生建议时间段

11号　己丑年　丙子月　庚寅日　★★★★
吉时：辛巳时　壬午时　癸未时　甲申时　乙酉时

12号　己丑年　丙子月　辛卯日　☆　　　周六
13号　己丑年　丙子月　壬辰日　★★★　周日
吉时：甲辰时　乙巳时　丙午时　丁未时　戊申时

14号　己丑年　丙子月　癸巳日　☆
15号　己丑年　丙子月　甲午日　●●
16号　己丑年　丙子月　乙未日　●●
17号　己丑年　丙子月　丙申日　●●
18号　己丑年　丙子月　丁酉日　●
19号　己丑年　丙子月　戊戌日　☆
20号　己丑年　丙子月　己亥日　●
21号　己丑年　丙子月　庚子日　●
22号　己丑年　丙子月　辛丑日　☆
23号　己丑年　丙子月　壬寅日　★★★
吉时：甲辰时　乙巳时　丙午时

24号　己丑年　丙子月　癸卯日　☆
25号　己丑年　丙子月　甲辰日　☆
26号　己丑年　丙子月　乙巳日　●　　　周六
27号　己丑年　丙子月　丙午日　●　　　周日
28号　己丑年　丙子月　丁未日　●
29号　己丑年　丙子月　戊申日　☆
30号　己丑年　丙子月　己酉日　●
31号　己丑年　丙子月　庚戌日　☆

2010年1月1号预产期　己丑年　丙子月　辛亥日　●

3. 择吉生子优选方案

A：12月5号　己丑年　乙亥月　甲申日　★★★　周六
时辰：庚午时　辛未时　癸酉时
优选：庚午时　中午11点—13点之间

B：12月11号　己丑年　丙子月　庚寅日　★★★★
时辰：辛巳时　壬午时　甲申时
第一优选：甲申时（下午3点—5点）

C：12月13号　己丑年　丙子月　壬辰日　★★★　周日
时辰：甲辰时　乙巳时　丙午时　丁未时　戊申时
优选：丙午时　中午11点—13点

D：12月23号　己丑年　丙子月　壬寅日　★★★
时辰　甲辰时　乙巳时　丙午时
优选：丙午时　中午11点—13点

351

4. 择吉方案选择结论

（1）最优选方案以 B 案（2009 年 12 月 11 日下午申时生产）为第一吉案，其他方案全是候选备用方案。

（2）第一候选方案 C 案，其他方案排序为 D、A 方案。

（3）方案选择次序：B→C→D→A 其中三个候选方案相差无异，皆是好命八字，完全可以应用。

（4）第一方案（B 案）宝宝生辰八字预定（择吉生产时间为 2009 年 12 月 11 日下午 3 点到 5 点之间）。

     年 月 日 时

吉造：己丑 丙子 庚寅 甲申

说明：年上印，有父母之福，小时候好养育，一生平安。

月上格局金水伤官，主聪明，长相漂亮，多才艺。

日时财禄换，丙作夫星，主得丈夫之爱，旺夫。且本身有财。

此命极吉，生于此时，天生有福之人。

（5）第一候选方案（C 案）宝宝生辰八字预定（择吉生产时间为 2009 年 12 月 13 日中午 11 点到 13 点之间）。

吉造：己丑 丙子 壬辰 丙午

说明：身强财官得禄，一生富贵双全，身体好，惟婚姻多异性缘，一生多男友。

（6）候选方案（D 案）宝宝生辰八字预定（择吉生产时间为 2009 年 12 月 23 日中午 11 点到 13 点之间）

吉造：己丑 丙子 壬寅 丙午

说明：大富之命，名利双全，财官并旺，婚姻一般，自立，有女强人之象。

（7）候选方案（A 案）宝宝生辰八字预定（择吉生产时间为 2009 年 12 月 5 日中午 11 点到 13 点之间）。

吉造：己丑 乙亥 甲申 庚午

说明：一生有财有德，旺夫之命，有好婚姻，财运虽旺，但一生财来财去，不太聚财。

（8）此方案实行之中有不明白问题或有其他情况，可以电话咨询。

（9）宝宝出生之后，老师可以提供起名、养育指导、人生规划等后续服务。

反馈：宝宝在设计时间，安全生产于香港，母婴平安健康。

二十一、准，是应该的

一个高明的术数老师，他预测未来的预言，应该不断的成为事实，这种预言能力的实现，就是一个术数老师的基本功！

今天早上，与我的小舅妈通话，谈起了他哥的事。为什么？去年他哥出事了。他哥担任公职，多年任一镇土管所所长，在2009年让检查院抓了，说其贪污。当时，小舅妈找我问事，问能不能找人将其哥弄出来，没事最好！当时，我讲，这事不可能，必定有罪，且较严重，要判七年多。小舅妈听了，很是失望，只肯自己藏在心里，不肯说出来，因为她的老娘天天以泪洗面啊。

结果，早上的通话中我了解到，他哥的事今年确实没有出来，已判刑了，七年半啊。果然是七年啊，知道了这个反馈结果，我自己也感到命之定数，有时候真的不能逃啊。

感觉很是感慨，与妻谈了这个事，而且也讲了近期一些反馈回来应验的事，讲了这个术数的很高准确性。妻就说，你这个准，也是应该的，不准才是稀奇。因为你做这个工作呀，就像补衣服的，补十件衣服，难道可以八件补坏吗？当然应该是至少九件补的好，才是正常。你作为搞个术数的，给人看的准，就像补衣服一样，是应该这个样子的。

很多故事在不断地发生，预言不断地成为事实。在惊奇术数神奇的预测功能之时，要知道，拥有这个预言能力，这是吃术数饭起码的工夫。

二十二、明理保证预言成真

对于术数的研究，起始我一直着重于理的开悟，认为只有理的通悟之后，才能占验、断验、预言成真不断的成为真正的事实。

在我对六壬八字之理真正悟通之后，断验与预言成真的故事越来越多，以至于对这类应验成真的事几乎有点麻木了。也就是说，算对的事太多了，没有太多的兴奋性了。真是没有了这么多的兴奋性，所以，在博客上讲这种真实故事就写的不多了。我的想法只是为了研究的精深，不断地总结其中之理，由此感悟而成了很多博文，力图揭示八字壬课风水等术数更内在的精蕴。

从现在开始，为了证明我对理的悟达，不是空谈，我也会适当地发一些近期预言成真的案例，以示只有理通了，才能获得真正的预言能力。

12月13日，廊坊学生龚校妍在我手机上发来信息，讲道："徐老师，好久没有联系，很是想念！2009年我参加学习班的时候，我给您提供的我的承德那个朋友的八字，男：庚戌、甲申、庚申、甲申。当时您说，他在今年会有大灾。他开业的日子也是您帮着选的，也一直想见您一面，人算不如天算！在昨晚，他心梗发做归天了。真是万般都是命啊！"

学生龚校妍发来的短信让我回忆起她的这个朋友的一些故事。她的承德这个庚戌命朋友，是在承德做商场的，财产过亿。当时，在2009年学习班上，龚提供了这个八字，我就讲了这个八字富贵的命理原因。且特别郑重指出，这种八字是最易发生"突发性"灾难的命，也就是说这种命的特点会大灾突然来临，且凶不可言，直至危及生命。此命现在无妨，但到2010年下半年，不是车祸凶亡，就是心脑血管病突然发作会危及生命。当时讲了这个话后，龚全部记下了。

后来，学习班结束后不久，龚从廊坊过来，因为这个朋友在承德又开了一个大商场，准备请林心如等明星去，要求我择个日子。于是乎，我就选择了一个日子，这个商场就在我选的日子开业了。但在这个选日子的事体当中，我又跟龚谈了她这个朋友明年2010突发性灾难的事，要求她转告，一定要重视。龚同学后来也确实转告了他这个朋友，但是，这个老板生意太忙，一直与龚约时间，想到北京来见我，一直没有成行，这事就拖了下来。

这事拖了下来的结果，就是这个老板在我所说的2010年，在今年的12月13日晚，发生了急性心肌梗塞，一下归天了，这就是命啊！

龚发来这个消息之后，我跟其讲，我们并不是神仙，我们的预言能力本质上只是理的开悟，我们的预测本事实质上取决于是否真正对一个八字命理的高度精确把握了，如果真能把握了一个八字，那对这个八字这个命主的今后人生命运的预言会源源不断地实现，这就是预测的威力了。

但是，预测不是我们的目的，预言实现也不是我们的目的，我们的最终目的就是要干预造化，要化灾解灾，这才是术数研究的终极目标。可能有人会问了，如果这个人找老师了，就能解了这个生死大灾了？因为不找，所以必死，其中有什么命理呢？我说，因为不找，所以必死，因为找了，才有不死的机会。就像感冒初期，不找医生看病吃药，病必会发展越来越重，这是定数。如果去找医生挂水打点滴，这个病就会受于人力的干预，就有了变化之机。八字预测找不找老师，进行不进行禳解，当中天机自然是不一样的。因为，有这样的案例故事发生了，这个故事会是什么样的人生命运故事呢？容今后我有空再来说吧！

二十三、客观评价徐乐吾先生

大家看到了我的"由徐乐吾误解《真诠》谈伪命理师的'研究'风格"一文，不要以为我会全面否定徐乐吾先生的。这里我要谈一谈我对这位90多年前的本家命理先生作个大致评价！

一、在《子平真诠经义解》的序言中，我就讲过，对徐乐吾先生在《子平真诠》一书学术上所犯的方向性错误，大家一定要明白。但是，《真诠》一书之所以面向大众走红命学界，与乐吾先生的评注本发行市场是分不开的。也就是，乐吾先生在《真诠》一书的主要功劳是将此书推向大众，有传播之功，这点要肯定。

二、乐吾先生在《穷通宝鉴》一书上，无论是学术上与推广此书方面，都是有历史功劳的。一个是，乐吾先生先生对《穷通宝鉴》基本原义的注解整体上是到位的，从其后期所作的《造化元钥评注》（《造化元钥》是《穷通宝鉴》书名的另一名称，另一版本，但全书主要内容大体一样）一书可以看出，这对普及此书起了根本性作用。因此，在穷通论这一方面，没有徐乐吾当初的努力与付出，我们现在是看不到这本书的。在此点上，所有命学研究者都要对他表示感谢之意！

三、在《滴天髓》一书方面，乐吾先生也作了《滴天髓征义》一书，对《滴天髓》一书作了重新编排，这对从不同角度来理解认知《滴天髓》也是有功的！

四、徐乐吾先生所释之玉井奥诀入门程序及《命理一得》等命理杂文或小书中，所提出的一些命理见解还是可以理解到位的。

五、从学术角度上看，徐乐吾先生确是以日主旺弱论与穷通论思想为个人命理主调来看命的。从其晚年作品《子平粹言》中可以看出，乐吾先生已经发现了格局用神与日主强弱用神之间的不同，所以在其书中讲了"立体明用"一说，以月令格局来立体，从日主旺弱与这个"体"之间的关系来取"用"。乐吾先生在《子平粹言》中所讲的这个"用"，但在本质上还是以日主中心论去讲的，并不完全等同于格局论中的"相神"。也就是讲，这位先生到晚年，虽然讲到了月令这个"体"的重要性，但他还是以这个"体"来定日干旺衰来考虑全局的，其整体命理学术思想方面还是倾向于日主身强弱为论命基调来取用神的，这是其人一生的命学思想之局限所在了。

综上所述，乐吾先生的历史功劳第一是传播了经典命书，让我们后人了解到了真诠与穷通等书。同时，在学术上发展了日干强弱中心论，且将穷通调候学说杂于其中，整体学术思想较之乾隆后清代命学水平有了进一步的提高，这也是他的功绩所在，我们后人要肯定之！

总言之，徐乐吾先生在命学历史上的地位，功劳是第一位的，错误永远是第二位的！这点是我对徐乐吾先生一生在命学界活动作的基本评价！

二十四、拼命

在这个世界上，只有两种人：一者是才俊，一者是庸人。这两种人只有两种命运人生：一者是成功，一者是失败。于是，两种人与两种命运人生就会组成4个人生命运观：

一者，才俊成为命运的成功者，这时这种人的命运观，就是事在人为，我的命全是奋斗出来的。

二者，才俊成为命运的失败者，这时这种人的命运观，就是命在老天，万般皆由命啊。

三者，庸人成为命运的成功者，这时这种人的命运观，就是我命真好啊。

四者，庸人成为命运的失败者，这时这种人的命运观，就是我就是这样的命啊，没法子的事。

综观上四种命运，证明了一个观点，人活在这个世界上，全是在"拼命"啊，也就是全在"拼各人的八字命"啊，只有命，才有不同的人生，只有不同的人生，才能证实不同的"命"在背后起决定作用。

活在世界的人全在奋斗，实际上全是在"拼命"啊！

二十五、淘汰

在一个人的生命成长过程中，有好多人会与你相遇，也有好多人与你相遇之后然后离去。然后，离去之中却有不同之实质内容。

在一个人的生命成长向上走的运道中，如果有些人与你曾经很近，然后又离去，那么，这种"离去"本质上就是"淘汰"，为什么？他们的运程跟不上你了，这就会从你身边淘汰而去了。这就是，很多发福发贵的男人会弃结发妻子，实质上就是结发之妻不能享受大福，所以，只能从一个发福贵的男人世界中消失淘汰。

今年，我认识一个老总，他的运程正处于强有力的上升通道中。但是，今年有些多年的员工离他而去，他伤心。我告诉他，这不是凶象，这是好象，这也是自然的"淘汰"法则，是他们无福，不能享受未来之福。所以，只能提前出局，离开一个将要发大福的人，这就是"离去"的"淘汰"实质。

所以，我在生活中也常戏言，如果一个人与我接触很近，且能长久，其人必能走上好运，为何？命以类聚啊，一个向上成长的人，必然会聚一群同时运程向上的人啊。证之于周围家人、朋友、学生、客户，与我缘分较近长久者，基本皆是如此。比如我们的朋友小赵，与我们一家人接触特别近。到今年现在，也在北京买上房子，是其有运乎？还是跟我们在一起而有好运乎？事实上，她购房之事，何时成功？成于何位？筹钱之事？所有购房重大之事，全在我的壬课料断之中。于是乎，其人有其运，于是乎，在北京购房成功，天大的喜神啊！当然，也有一些人，曾经与我接触很近，后来因缘不足，终从我生命历程中远去离去，于是乎，我只能祝福他们了……

所以，当你的生命上升之时，有些人离你而去，不要伤心，这就是自然之"淘汰"法则。只有淘汰这些失时之人，才能聚合更多得时得势的人在一起，命以类聚，运以类聚也。

二十六、学生余海平学易成功创业之路

今天上午，我接到了浙江学生余海平的电话，询问老师，风水学习班什么时候开办？我讲，暂时没有计划，主要教材只写了一半。余很是急切，要求老师在明年争取早日开班。

余海平是我2007年六壬、2008年八字班面授学生，悟性不错，学习很是认真，一直就想吃这个易学饭碗，我也一直鼓励他学易就业。今天他告诉我，他已在今年阴历6月19日在家置了一个办公室，正式开业了。

开业收费这一块，余海平收费比好多当地老师贵一些，但是找他的人还是很多。因为在朋友们、客户中传，余海平算的很准的。所以，收费稍高于

当地同行，照样一开业生意兴隆。余海平高兴地告诉老师，第一个月，接触了一些当地有层次的人，算准了一些事，很神，名气在当地一下子响开来，创业首月收入就有3万多啊。我听了以后，为有这样的学生感到很是欣慰。

余海平先是跟我学正统宋明六壬，六壬用下来极是精准，对我产生了巨大的信任。于是，在2008年又到北京跟我学习八字，学了正统八字格局理论后，余海平马上如虎添翼，用壬测事，用八字测命，准确度大幅提升，基本所有客户的事都能断的八九不离十，以此高明算法，在当地快速打开了市场。

正是因为余海平跟我学习八字、六壬之后，感觉到我的六壬、八字理论的高度准确性与实用性之后，所以，迫切地还想跟着我学习催官风水，想进一步丰富自己的术数实用体系，在易学市场上闯出一片新天地来。

近年来，跟随我学易之后，回家用易创业的学生已不少，去年就有近10多名学生在本地开办了易学咨询机构或办公室，学易用易，服务社会，成功就业，创造财富。余海平同学作为这些用易创业学生中的佼佼者，跟随我学到真本领之后，自己创业就一炮打响，值得学易之人想就业的术数爱好者们学习。

二十七、各人头顶一片天

研易人都知道乐天知命一说，按我家乡的老话就是，各人头顶一片天，牛吃稻草鸭吃谷，各有各的福。这老话的意思就是，各人各有各的命运，牛那样辛苦吃的只是草，家中养育的鸭子无所事事却吃的是稻谷，人一个样，各有各的命，各有各的福，不服也不行，争也争不来。

在易学界内，各种情况与关系也是非常之复杂，这里我想谈一下在这个圈子里个人所持的一些原则与想法，让大家更了解我是如何的一个人。

一、对于学术之讨论，我的原则是只是学术纷争，不做有任何恶意的人身攻击。2004年出版的《八字正解》中涉及到一些八字名家，也谈了我的一些看法，但在2009年版本的《子平正解》一书中我删除了所有相关的评论文字，君子和而不同，这是我的学术研究观。

二、对于同行，我的原则是从不挡人财路。比如有人跟我说，说某某人的八字理论好、风水好，我从不挡人财路，我只会说，你原意去学，你可以去学，不学不了解嘛，了解之后再作判断也是可以的。要相信任何一个出名的老师，肯定或多或少的有些水平，不可能一个能开班的老师真的是一无是处的。对于同行，我都是抱着这样的态度，从不一棍子打死人。以前有学生说，某老师水平极差，我就不太相信，人家研究好多年，难道真的一无是处了？对于同行，我历来是这种宽容之心态。

三、对于师生，我的原则是，有缘才能成为师生，无缘对面不相识，有缘来，我当然要真诚的教，目的只有一个，尽量教会你们，让你们学有所成。当然，能不能学好，还有其他因素，你的悟性，你的努力程度等等，都是影响一个人学术数能否学好的原因。老师是指路人，我作为一个老师，当然希望学生们学好用好，这也是这几年来我除了在学术上教育学生们，同时在学生们在学易用易的职业之路中帮助他们，让他们就业生活，之所以这样做，就是我对学生们一直有责任心。

四、对于一些恶意攻击的同行或小人，我的态度从来是一笑了之，人怕出名猪怕壮。阴阳有五行，有生必有克，这很正常。幸运的是，支持我肯定我八字研究、六壬研究的人很多很多，恶意诽谤攻击我的人只是少数之少数。这说明，群众的眼光是雪亮的，人间自有公道在。自古以来，小人们是没有好下场的，人做着，天看着，这就是道。一个充满着阴暗心理的人，一个整天诽谤各种老师的人，老天会给他有什么好的命运呢？

五、对于客户来说，我是一个认真的人，讲究品质的人，从不恶意骗人伤人，君子爱财，取之有道！比如给人孩子起名，表面上看这好像是一个小业务，但是考虑到这个名字人家要用一辈子，就不能有随意起名的想法，而是要用尽心思认真给人起名，这是一个基本的态度。对于倒霉落魄的客户，我这个人心软，总是充满同情之心，好多人都是免费测算的，为什么？我总是希望大家都好啊。

所以，在每年大年初一，我去寺庙烧香，我总是许这样的愿：希望我的家人亲人们幸福平安，希望我的学生们及家人们幸福平安，希望我的客户们幸福平安，希望跟我有缘的人幸福平安。我的心愿从来不会像宗教般伟大，要普济全世界六道众生，我只是小小的现实的祈愿，希望与我缘的所有人幸福平安，只是如此而已。各人头顶一片天，走好自己的路，就是了！

后　记

继《子平正解》、《子平实战指引》之后，现在的《四柱真经》这本书可以视作为我的第三部子平命学专著。这本书主要是我对命理经典作了一些阐释，旨在为子平命理先贤在当代社会中"发言""代言"，让历代先贤们研究的命理格局论重放光明于这个时代。

子平命学作为中国传统术数学中的大宗之法，其对于人生命运的预知指导价值的重要地位首屈一指。正是认识到了这个重要性，我对子平命学的研究之路一直持续到现在。子平命学研究之路漫长而无期，学习、看书、思考、实践、总结、整理、写作、教育、讲课……其中不知要付出多少精力，个中艰辛我是深有体会，头上的白发已是很多了，一路走来很不容易！

大概而言，对于子平命学的研究，我也在慢慢地深入与提高。一方面进行继承式研究，这就是格局论；另一方面，也在进行着谨慎的创新，这就是格物论的提出。何为格物论？就是以自然之理、万物之性来类比研究人生命运的一门新论命法。《四柱真经》一书主要是讲了格局论，但是，格物论的点滴论述在《万公论命诗诀解》中已经有所涉及，这点要请读者们细心留意研究。比如生于春天卯月的己土日主，从格局的角度看，这是个煞格，当然可以用辛食来制乙煞，这样可以成为贵格。可是，事实上从格物论来看，这种格是大凶之格，不能用辛食来制煞的，为何呢？这是因为春天用金伐木逆了天理，违背了天地自然生长的造化之理了，当然是会大凶啊！当然，格局论是子平命学的根本之法，只有学了格局论，才可以深入研究格物论；没有格局论的基础，空谈格物论也是不行的。

当然，我对子平命学的研究不仅仅限于格局论、格物论此两论当中，此

后 记

两论只是子平命学的论命大纲。在对子平命学的原理、技法、岁运、六亲的人生各专题的研究方面，现在的我有了更多的全面的认识与体悟，这些东西相信在若干年后会写成专著，会系统地阐述我的所有的命理研究心得与实践经验，以此来全面推动子平命学在这个时代的发展。

古人讲，读万卷书，行万里路，这是成才的一条必经之路。我想，研命者，除了这两点外，更要阅命无数，这样命理学术研究才有可能成为大家。我在北京从事这个命理职业也有十多年了，北京这个城市，为我阅命、阅人提供了广阔的舞台，同时，北京也带给了我好运，我爱北京。

2009年11月到2010年4月份，在北京，我亲身经历的一件命运故事，让我的学术研究之路有了重大的变化。这就是在我从事术数命理的研究实践的同时，转移到道教的神霄雷法的研究之中去了，为什么会有这样重大的变化与转折，我想这也是我的命运之神所指示的道路吧。

这里，我要感谢命运，让我走上这条研究之路。当然，也要感谢生命当中所有与我有缘的人、帮助我的人，让我的生命因为研究命运而"闪闪发亮"，这就是命运的神奇。

易学同仁们及读者们如有学术方面的交流与问题，可以登录我的专业网站与我们取得联系。网址：http://www.diwangcn.com；电话 010-87867781、13522501712。

徐伟刚
2011年3月1日辰时初稿于北京
2012年6月19日再校稿于北京